U0451436

民初高师与
近代社会文化转型

杨彩丹 著

商务印书馆
The Commercial Press

图书在版编目(CIP)数据

民初高师与近代社会文化转型 / 杨彩丹著. —北京：商务印书馆，2021
ISBN 978-7-100-19880-6

Ⅰ.①民… Ⅱ.①杨… Ⅲ.①高等师范教育—教育史—中国—民国 Ⅳ.① G659.29

中国版本图书馆 CIP 数据核字（2021）第 075219 号

权利保留，侵权必究。

民初高师与近代社会文化转型
杨彩丹 著

商 务 印 书 馆 出 版
（北京王府井大街36号 邮政编码100710）
商 务 印 书 馆 发 行
北京顶佳世纪印刷有限公司印刷
ISBN 978-7-100-19880-6

2021年8月第1版　　　开本 710×1000　1/16
2021年8月北京第1次印刷　印张 23½

定价：120.00元

序

近代中国发展师范教育的思想，肇始于梁启超。1896 年梁启超在其倡言变法的雄文《变法通议》中，列有《论师范》一篇，明确提出："欲革旧习，兴智学，必以立师范学堂为第一义。"次年，盛宣怀在南洋公学内附设师范院，中国的师范教育由是发端。而中国高等师范教育的出现，则是以 1902 年京师大学堂师范馆（北京师范大学的前身）的建立为标志。1904 年清政府颁布"癸卯学制"，不仅意味着我国建立起了完整的现代教育体系，而且高师教育与普通高等教育分立，形成了自己独立垂直的系统，影响至今。民国后，高师教育日益发舒，尤其是 1949 年后，发展更加迅猛，乃至其院校规模与普通高校平分秋色。高师教育是近代中国社会发展的产物，但它对于近代中国包括教育在内整个社会的影响，既深且广，是怎样估计也不过分的。

梁启超 1924 年在《师范大学第一次毕业同学录序》中说："北京高等师范学校者，全国中等以下教育师资之所由出也，比年来教育上之功罪，斯校盖尸其半焉。顷以时势之要求，改建师范大学，其对于教育前途之责任益重且大。"① 这是就北京高师一所学校而言，若就整个高师系统广而言之，则此种责任自然是更加"益重且大"了。不过，高师教育对于国家民族的意义，不仅限于提高基础教育的质量，为大学教育提供合格的生源。依上述梁启超所言：中国社会文化的新旧更替、革故鼎新，"必以立师范学堂为第一义"，这无异于是说，国之兴衰系于师范教育了。梁之所言是否确当，容有可商，但其强调师范教育关乎国运全局，却无疑是对的。故高师教育更重要的价

---

① 《梁启超全集》第十二集，中国人民大学出版社，2018 年，第 289 页。

值，还当进一步从以下相互依存的两方面去把握：为数众多的高师院校本身既是推动社会变革的重要力量，同时，它复借助自身"传道、授业、解惑"的功能，借内在的教育教学改革，不断地将社会变革的正能量，转化为富有生机活力的国民教育的活水源头，以"养成一种特色之国民，使结团体以自立竞存于列国之间"。① 正是从这个意义上，我们可以说，高师教育是国家改革与发展重要的工作母机。

民国初年新文化运动蓬勃发展的时期，也恰是我国高师教育分区布局，获充分发舒和迅速发展的重要时期。故此种关乎国家民族全局的高师双向社会功能也表现得十分鲜明。只需看一看北京男女高师成为了北大之外，北京地区新文化运动又一重要的策源地；同时，两校在国文、教育及史地等学科进行的卓有成效的生动改革，如何有力地彰显了新文化运动的精神，就不难理解这一点。

学界对于高师的研究已取得了很大的成绩，成果丰硕。但是，也存在不足，许多研究视野多限于就高师谈高师，就教育谈教育，而对于高师与近代中国社会文化变动间互动的历史大背景，则甚少关注。很显然，欲将研究引向深入，还需进一步将高师置于近代中国社会文化变动的整个进程中加以考察，并从中引出教训来。

《民初高师与近代社会文化转型》是作者在博士学位论文的基础上修改、扩充而成的。其主要创新之处，即在于超越了就高师谈高师，就教育谈教育的窠臼，以民初最重要的七所高师——北京高师、北京女高师、南京高师、广东高师、武昌高师、成都高师、沈阳高师为中心，集中探讨高师与新文化运动及其时社会文化思潮变动间的互动关系，包括与新文化运动主将的关系，与白话文运动、国语运动、平民教育、工学主义、新教育、新史学等之关系，展现了开阔的视野。在作者笔下，高师院校不单单是办学单位，同时还是一个与近代社会变革息息相通的多样化的文化重镇。同时，作者通过

---

① 《论教育当定宗旨》，见《梁启超全集》第二集，中国人民大学出版社，2018年，第491页。

北京高师学生与陈独秀间的问题讨论，尤其南京高师学衡派对新文化运动的批评，注意到了高师在此种互动中所表现出的可贵个性。她说："在新文化运动中，民初高师师生们对新思想并不只是被动地接受，而是从一开始就结合自己的独立思考，形成了自己的理解。""更为难能可贵的是，师生们还对新文化运动进行了反思，提出了一些独特的见解，引起了主将们，乃至整个思想界的重视，并为我们今天反思新文化运动提供了有益的借鉴。可见，民初高师与新文化主将之间的关系是互动的，正是通过这种互动，他们共同把新文化运动引向深入。"这些见解，发人所未发。本书用力甚勤，不乏新想，但我更看重其新视角为高师研究开辟了新方向。

郑师渠

2019 年 2 月 18 日

目 录

导 言 1

第一章 民初高师沿革及其历史境遇

第一节 "师范兴学"与清末高师教育的创始 7
 一 "师范兴学"思想兴起与初步实践 7
 二 "癸卯学制"与高师学校的独立设置 11
第二节 民初高师学校的发展 14
 一 高等师范区制的推行与民初高师学校的建立 15
 二 从民初到"五四"时期高师学校的发展 17
第三节 "高师改大"的不同路径与影响 27
 一 北京高师、女高师：升格为"师范大学" 28
 二 武昌高师、成都高师：先升格"师范大学"，后并入"综合大学" 31
 三 南京高师、沈阳高师、广东高师：改组或合并为"综合大学" 34
 四 "高师改大"不同路径的命运及评价——以南京、北京高师为例 37

第二章　民初高师与新文化运动（上）

第一节　新文化主将与民初高师……………………………43
　　一　新文化主将执教高师……………………………44
　　二　新文化主将兼课高师……………………………46
　　三　新文化主将在高师的演讲………………………48

第二节　新文化运动与高师学生活动……………………59
　　一　学生社团及刊物…………………………………59
　　二　早期马克思主义在民初高师的传播……………70

第三节　民初高师对新文化运动的反思…………………79
　　一　常乃惠与新文化运动……………………………79
　　二　早期学衡派对激进思潮的制衡与反思…………85

第三章　民初高师与新文化运动（下）

第一节　民初高师与白话文运动…………………………95
　　一　钱玄同与白话文运动……………………………95
　　二　北京高师的白话文理论与实践…………………101
　　三　北京女高师与白话文运动………………………107
　　四　南京高师学衡派对白话文运动的反思…………112

第二节　民初高师与国语运动……………………………120
　　一　北京高师与国语运动……………………………120
　　二　南京高师与国语运动……………………………132
　　三　沈阳高师与国语运动……………………………137

第四章 民初高师与近代社会思潮

第一节 民初高师与工学（读）主义······143
一　北京高师工学会与工学主义······144
二　北京女高师与工读主义······154
三　工学会与工读互助团之比较······158

第二节 民初高师与平民教育思潮······167
一　北京高师平民教育社······167
二　北京女高师与平民教育······185
三　南京高师的平民教育和乡村教育······187

第五章 民初高师与新教育运动

第一节 民初高师与教育科系的创建······194
一　北京高师的教育专攻科······195
二　北京高师的教育研究科······200
三　南京高师的教育专修科······212

第二节 民初高师与杜威、孟禄的中国之行······220
一　南京、北京高师与杜威来华······221
二　南京、北京高师与孟禄来华······227

第三节 教育民主化的探索与实践······234
一　女子高等教育的发展······235
二　学生自治运动······252
三　教育经费独立运动······265

第四节 教育科学化的探索与实践……………………………276
　　一 教育统计和教育调查……………………………………277
　　二 教育测量与心理测验……………………………………283
　　三 教学法实验………………………………………………296

第六章 民初高师与新史学建设——以南京、北京高师为中心

第一节 民初高师史地部的建立与发展……………………………306
　　一 史地部创设及相关活动…………………………………307
　　二 史学研究团体和刊物的创办与发展……………………316
　　三 史学专业人才的培养……………………………………326

第二节 南京、北京高师与"五四"时期的史学………………………332
　　一 对西方史学的引进………………………………………332
　　二 对传统史学理论的认知…………………………………339
　　三 对现代史学理论的初构…………………………………345

主要参考文献………………………………………………………356
后　记………………………………………………………………365

导　言

近年来，伴随着学界对教育史人文学特质思考的逐步深入，教育史和社会文化史交叉研究的趋势日益明显，越来越多的教育群体，尤其是近代大学成为"历史活动的主体"。它们的生存状态、发展命运及其与社会政治文化的互动引起了众多学者的关注，产生了一批颇具影响的学术成果。而目前关于高师院校与近代社会文化的研究成果寥寥，这可能与高师院校教学目标较为单一，与社会文化的关系不如综合大学那么密切有关。事实上，高师教育是在甲午战争后"救亡""兴学"的热潮中产生的，本身就是中国近代社会变革的产物。由于高师培养的学生是未来的教师，他们又将影响自己的学生，以至普通民众，因此高师教育对于近代社会文化发展的影响，更是不容轻忽。鉴于此，从社会与学术的角度，选取民初高师学校来探讨社会文化与高师教育之间的关系，也许更能说明现代高师教育所面临的一些基本问题，诸如师范性与学术性、民族性与世界性等等。

一　关于本书

本书把民初七所高师——北京高等师范学校（以下简称北京高师）、广东高等师范学校（以下简称广东高师）、武昌高等师范学校（以下简称武昌高师）、南京高等师范学校（以下简称南京高师）、成都高等师范学校（以下简称成都高师）、沈阳高等师范学校（以下简称沈阳高师）和北京女子高等师范学校（以下简称北京女高师）作为研究主体，主要是基于以下几重考虑：

其一，民初七所高师时期是近代中国高等师范教育发展史上的大变革和大发展时期。中国高师教育自清末发轫，到民初进入变革和发展期，通过划分高等师范区、提升高师学生的入学规格、以教师专业化为导向的课程结构改革、师范生公费待遇、女子高等师范教育的发展等诸多变革，高师教育成就突出。1922年，七所高师学校学生近3000人，且大部分毕业生专业基本功扎实，其服务教育之成绩受到社会各方面的称赞。美国教育家孟禄就曾评价北京高师的学生："学识方面，教授管理训育方面，皆可与美国大学毕业又进教育院研究二年之学生相比。"① 舒新城也称赞道："民国元年制之高等师范，成绩卓著。"② 之后长期战乱，高师教育不可避免地衰落。前承发轫，后继衰落，民初的高师教育外部环境相对稳定，内部发展也较为充分，可谓是最能反映近代高师教育成就与问题的一个阶段。

其二，从中国近代社会文化史的角度看，民初高师的存在时间基本上和新文化、新教育运动相始终。师生们通过多种方式积极投入两大运动，他们对"民主""科学""新道德""白话文""国语改革""民主教育""科学教育""教育中国化"等问题进行了深入研究和广泛宣传，使得各所高师都成为当地新文化和新教育的中心。研究民初高师与新文化、新教育运动的互动关系，不仅可以深化我们对近代高师教育的认识，亦可以拓展新文化和新教育运动的实践图景。

其三，就每所高师学校而言，七所高师均是各校发展历史上的重要时期。除了武昌高师外，其他六所高师均是前承清末优级师范学堂和师范学堂，后启"高师改大"后相继成立的师范大学和其他地方大学。相较清末优级师范学堂和师范学堂的初创，以及改大后师范大学和大学的举步维艰，位于中间阶段的高师确立了现代意义的办学宗旨和学科专业体系，开创了作为一所高等本科师范院校的办学模式，恰恰成就了各校历史上声名鹊起和大发展的黄金时期。

研究民初高师与近代文化，不仅能进一步梳理各高师学校的发展历史，为各校的校史研究做一扩充，亦可对民国时期的高师教育做一整体研究，进

---

① 《北平师大实行师范教育独立之运动》，《教育杂志》1928年第20卷第8号，第5页。
② 舒新城：《中国新教育概况》，中华书局，1928年，第135页。

一步深入挖掘高师教育发展的内在规律。更重要的是，通过发挥学校"重要的中心作用"，以一个文化单位或文化组织的视角去分析民初高师与近代社会、文化之间的互动关系，彰显民初高师鲜明的特色和影响，进而深化对近代社会、文化转型的理解。这是本书所追求的目标，也是其学术意义所在。"往者不可谏，来者犹可追"，民初高师的办学经验，存在的问题，又为今天高等师范院校的转型提供一些历史的借鉴。这即是本书的现实意义。

二 学术史回顾

关于近代高师学校的研究自其产生之日起即已出现。但和近代大学研究成果的集中频出和多面性[①]相比，它不仅分散，且多从教育史的角度，探讨近代高师学校的教育政策与制度实施。如民国时期贾丰臻的《师范学校论》、汪懋祖的《师范教育问题》等；改革开放以后刘问岫的《中国师范教育简史》、马啸风的《中国师范教育史》等。此类研究无疑有助于我们从宏观层面把握中国高师教育的一些基本问题，诸如高师学制、国家师范教育政策、高师学校管理体制、课程设置与改革等。但却忽视了近代高师学校个体的多元性和差异性，忽视了各高师学校因主体（校长、教授和学生）不同而对上述政策实施的关注点不同，因而形成了不同的校园风气和文化。

20世纪80年代以来，高师学校也出现了一些个案的研究，主要是各校的校史、研究资料整理以及记事性书刊。校史和资料整理对民初高师的历史沿革和重大事件进行了清晰的记载，尤其是对历届校长、院系设置均有细致的叙述。但是，它们的重点在于寻求光荣的历史，不仅将各高师学校纳入革命的历史叙事之中，带有一定"革命史"色彩，而且对于各校发展过程中诸多困境要么论述不清，要么只是将其作为光荣历史的陪衬，并没有完全将各

---

① 许小青即把近代大学的研究成果总结为四种研究模式：教育史研究模式、文化比较研究模式、现代化研究模式、政治与文化研究模式。见许小青：《政局与学府：从东南大学到中央大学（1919—1937）》，中国社会科学出版社，2009年，第5~16页。

高师学校置于当时的特定历史中,来揭示近代高师院校与近代社会与文化的关系。而记事性的书刊虽文风活泼、形式不拘一格,为研究者进入研究提供了诸多历史真实的场景感,但这些材料更多的是后人的回忆,或多或少掺杂了今人的想象成分,当慎重使用。

近年来民初高师学校的研究出现了新的特点:一是开始关注师生群体。如姜丽静的《历史的背影:一代女知识分子的教育记忆》、张素玲的《文化、性别与教育:1900—1930年代的中国女大学生》、吴忠良的《传统与现代之间——南高史地学派研究》、陈宝云的《学术与国家:〈史地学报〉及其学人群研究》等。和以往研究多关注重大事件、重要人物不同的是,此类研究重心开始下移,更多地聚焦于学校的基层和边缘地带,注重对非精英群体和个人日常教育生活的研究。

二是引入国家政治与学术文化研究模式。主要有许小青的《政局与学府:从东南大学到中央大学(1919—1937)》、王东杰的《国家与学术的地方互动:四川大学国立化进程(1925—1939)》等。此类成果从政治与文化的关系来立论,既体现了高师学校在近代政治生活中的地位,也凸显了高师学校独特的文化个性,更揭示了近代政治生活的多重面相,展示了中国近代历史的复杂性格。不过可惜的是,此类著述的重点仍是放在大学史的研究,高师学校仅是作为大学的前身或是一个发展阶段简单涉及,但毕竟给我们研究高师院校提供了实例层面的指导。

三是选择教育与社会文化转型的视角。主要有武增峰的博士论文《中国近代高师与近代文化》、王芳的博士论文《北京女高师与五四时期的社会文化(1919—1924)》、何玲华的《新教育·新女性:北京女高师研究(1919—1924)》等。这些研究都非常注重发挥学校"重要的中心作用",以一个文化单位或文化组织的视角去分析高师学校与近代社会、文化之间的互动关系,不仅彰显了高师学校鲜明的特色和影响,且深化了对近代社会、文化转型的理解。

三　问题意识及基本思路

毋庸置疑，较近代大学，民初高师更是近代社会思潮涌动和国家官方意志支配下的产物，因此只有将高师学校置于近代社会与文化的变迁之中，才能真正把握近代高师的发展轨迹和历史规律。诚如有学者指出："现代大学总是处于特定时代总的社会结构之中而不是之外。"[①] 近代高师更是如此。本书所致力于的目标主要是把近代高师代表性的一个阶段——民初各高师学校看作一个文化现象或文化组织进行系统研究。不仅要关注各高师的内部情况，而且更多地把高师学校放在民初这一正处于巨大转型时期的"外部社会"的语境下去加以考察，力图展现学校与近代文化之间的关系。我们试图解决的问题是，在民初思想文化的大潮中，各高师学校是如何从单纯的师资培训学校发展成为当地乃至全国文化与学术的中心？一方面注重从学校外部考察西方的教育、文化思潮、中国传统文化观念以及国内的社会变革对各高师学校的影响；另一方面就学校内部而言，注重考察师生们学术文化的基本倾向，其中，师生们在新文化运动、工学主义和平民教育思潮、新教育运动、"五四"时期的史学建设等方面的贡献是考察的重点。

本书试图跳出传统的研究框框，借鉴近年来出现的新模式和特点，将民初高师学校置于社会文化变革之中，力图揭示高师学校和近代文化变革的互动关系。无疑，笔者在书中也会较为详细地梳理各高师学校的发展历程，尤其是在"五四"新文化运动时期各校的办学指导思想及其活跃的校园文化建设。但区别于校史或高师教育发展史的研究，本书的重点在于：其一，在新文化和新教育运动的大潮中，新文化、新思潮主将和新教育大师们与各高师学校是如何结成千丝万缕的关系的？其二，各高师学校的师生们在新文化和新教育运动中所占有的特殊地位，他们是如何参与到文化建设与思想论争中，从而进一步扩大新文化和新教育运动的理论与实践图景？总之，笔者所关注

---

① 〔美〕亚伯拉罕·弗莱克斯纳：《现代大学论》，徐辉等译，浙江教育出版社，2001年，第1页。

的是民初各高师学校所昭示的学术与社会文化变革的相互关系，尝试探讨当时中国的知识分子是如何处理传统文化与西方新文化、新思潮之间复杂的关系，从而试图对民初高师学校发展中的特色及面临的困境有所揭示。

民初各高师学校的发展之所以颇具文化变革的象征意义，主要在于它们的存在时间基本上与新文化和新教育运动相始终，各高师学校从始至终以不同的方式参与到这两大运动中，由最初单纯的师资培训学校一跃成为各地乃至全国新文化和新教育运动的一个个中心。这关键在于民初高师广大师生站在时代的前列，积极参与教育革新和文化变革。这种教育中心与文化、学术中心的结合，使民初各高师学校获得了良好的社会声誉。在两大运动交叉进行时期，高师师生们是如何寻求自身的定位，又是如何在师范教育与学术文化之间寻求一种相对稳定的平衡，亦是本书所要关注的问题之一。

从高师教育与学术文化相互关系角度来看，这一问题还牵涉到高师与大学的区别、师范性与学术性的争论、高师独立教育体制等诸多问题。从1912年教育部划分高等师范区开始，各高师学校就面临着如何办出与普通大学不同的特色问题。新文化运动之前，各高师学校多根据教育部规定的规程和课程标准，师范性特色日渐明确。新文化运动的爆发给各高师学校带来了民主、开放、自由的学术氛围，各校学术研究能力大为提高，高师与"大学"的差距缩小，最终引发了20世纪20年代的"高师改大"运动，然而高师独立体制却遭到极大动摇。高师学校是应该固守"师范性"，还是应该积极参与并引领文化与学术潮流，进一步发展"学术性"，这也是直至今天中国高师教育依然需要探索的问题之一。

当然，民初高师学校的发展也并不是一种模式和铁板一块。由于校长的办学指导思想不同，教师群体的学缘差异，再加上所在区域情况有别，各高师学校的校风也相差甚远，甚至形成了如南京、北京高师这样截然不同的学术风格。时人是如何看待这两所高师学校的关系，以及两所高师分别承担了什么样的社会文化功能，包括它们如何处理各自所面临的问题并展望中国高师教育的未来等等，也是本书所关心的一个重点。

第一章　民初高师沿革及其历史境遇

从世界范围来看，师范教育是在工业革命之后产生的。大机器生产需要大量掌握一定知识技能的劳动力，义务教育广泛开展，接着又需要一大批既具备一定知识又懂得一定教授方法的教师，现代师范教育应运而生。1681年法国神甫拉萨尔在兰斯创立了一所师资训练学校，成为师范教育的发端。1810年，法国成立高等师范学校，并与巴黎大学建立联系，高等师范教育开始出现。而中国的师范教育直到1897年盛宣怀在上海创办南洋公学师范院才算正式产生，高等师范教育则要追溯到1902年京师大学堂师范馆的创建。由于产生在灾难深重的近代社会，中国的师范教育并不完全和其他国家一样，是为义务教育培养师资，而是从一开始就担负起了启蒙、救亡、兴国的神圣使命。

第一节　"师范兴学"与清末高师教育的创始

一　"师范兴学"思想兴起与初步实践

近代"师范兴学"的思想肇端于1895年清政府在甲午战争中的惨败。是时，列强乘机掀起了一个瓜分中国的狂潮，生死存亡的危机感弥漫整个华夏，"救亡"凸显为时代的主题。时人开始对施行了30多年的洋务运动进行反思，认识到"泰西之所以富强，不在炮械军兵，而在穷理劝学"[①]，而

---

① 康有为：《上清帝第二书（光绪二十一年四月）》，见孔祥吉编著：《康有为变法奏章辑考》，北京图书馆出版社，2008年，第35页。

洋务运动时期所办的教育是"人才教育",只注重实用技能的培养,毫无助益于国民的思想启蒙。因此,有识之士主张通过兴学来广开民智,"夫才智之民多则国强,才智之士少则国弱","故言自强于今日,以开民智为第一义"。①"兴学"的呼声在维新变法时期达到高潮,康有为几次上书光绪皇帝,"请远法德国,近采日本,以定学制,乞下明诏,遍令各省、府、县、乡兴学","令民七岁以上皆入学"。②梁启超也认为,当时的中国,"亡而存之,废而举之,愚而智之,弱而强之,条理万端,皆归本于学校……今国家而不欲自强则已,苟欲自强,则悠悠万事,惟此为大,虽百举未遑,犹先图之"③。其他一些政府官员也纷纷奏请"兴学"。如李端棻在给光绪皇帝的奏折中明确建议:"自京师以及各省、府、州、县皆设学堂。"④盛宣怀也提出:"自强之道,以作育人才为本,求才之道,尤宜以设立学堂为先。""学堂迟设一年,则人才迟起一年。"⑤

甲午战争之后,中国出现了兴办新式学堂的热潮。据统计,从19世纪60年代到甲午战争,由中国人开设的新式学堂只有25处,其中大部分为洋务派官僚所办。⑥而1895年至1899年的5年间,新办学堂达107所。⑦为保证"兴学"所需的大量师资,必须广设师范学堂。1896年梁启超在《变法

---

① 梁启超:《学校总论》,见北京大学校史研究室编:《北京大学史料》第1卷(1898—1911),北京大学出版社,1993年,第9页。
② 康有为:《请开学校折》,见李友芝等编:《中国近现代师范教育史资料》第1册(内部交流),1983年,第99页。
③ 梁启超:《学校总论》,见北京大学校史研究室编:《北京大学史料》第1卷(1898—1911),北京大学出版社,1993年,第9~10页。
④ 李端棻:《请推广学校折(节录)》,见李友芝等编:《中国近现代师范教育史资料》第1册(内部交流),1983年,第92页。
⑤ 盛宣怀:《拟设天津中西学堂章程禀》,见陈学恂:《中国近代教育文选》,人民教育出版社,1983年,第73页。
⑥ 乐正:《从学堂看清末新学的兴起》,见《中华近代文化史丛书》编委会编:《中国近代文化问题》,中华书局,1989年,第152页。
⑦ 同上注,第171页。

通议》中专列《论师范》一篇,发出"欲革旧习,兴智学,必以立师范学堂为第一义"①之先声。此后,"不论保守党、进步党、急激党,莫不公认教育为当今唯一之问题矣。即就教育而论,不论官立学堂、民立学堂,莫不公认师范为当今唯一之急务矣"②。这些思想也影响到清政府。1898年总理衙门在《筹议京师大学堂章程》中指出:"西国最重师范学堂,盖必教习得人,然后学生易于成就。中国向无此举,故各省学堂不能收效。"③1904年清政府负责学务的大臣张百熙在《重订学堂章程折》中也强调:"办理学堂,首重师范。"④同年,张百熙、荣庆、张之洞所拟的《学务纲要》再次强调:"宜首先急办师范学堂,学堂必须有师。"⑤总之,为救亡而兴学,为兴学而办师范教育,救亡兴学就构成了中国师范教育创建的原动力,中国的师范教育也因此担负着更神圣的历史使命。

随着"师范兴学"之议的兴起,中国师范教育开始出现,其滥觞于1897年盛宣怀在南洋公学内附设的师范院。之后,其他师范学堂纷纷建立。主要有:

第一,京师大学堂师范馆。该馆可追溯到1898年《遵筹开办京师大学堂折》,其总纲第四节即建议:"今当于堂中别立一师范斋,以养教习之才。"⑥后由于八国联军侵华、义和团运动爆发以及京师大学堂停办而不了了之。师

---

① 梁启超:《论师范》,见李友芝等编:《中国近现代师范教育史资料》第1册(内部交流),1983年,第132页。
② 璩鑫圭等编:《中国近代教育史资料汇编·实业教育 师范教育》,上海教育出版社,2007年,第632页。
③ 总理各国事务衙门:《筹议京师大学堂章程(节录)》,见李友芝等编:《中国近现代师范教育史资料》第1册(内部交流),1983年,第107页。
④ 张百熙等:《重订学堂章程折》,见李友芝等编:《中国近现代师范教育史资料》第1册(内部交流),1983年,第117页。
⑤ 张百熙、荣庆、张之洞:《学务纲要(节录)》,见李友芝等编:《中国近现代师范教育史资料》第1册(内部交流),1983年,第120页。
⑥ 总理各国事务衙门:《筹议京师大学堂章程(节录)》,见李友芝等编:《中国近现代师范教育史资料》第1册(内部交流),1983年,第107页。

范馆正式建立是在1901年"新政"时期京师大学堂的重建时,"凡……举贡生监等,皆准考入师范馆……师范馆三年卒业。学有成效者,由管学大臣择其优异者带领引见。如原系生员者,准作贡生。原系贡生,准作举人。原系举人,准作进士。准作进士者,给予准为中学堂教习文凭。准作举贡者,给予准为小学堂教习文凭"①。1902年10月14日,师范馆开始招生,通过招考录取学生79名,从各省选送的学生中录取50余名,共计130余名。12月17日,师范馆正式开学,校址在北京景山东马神庙(旧称四公主府),共开设14门功课:伦理、经学、教育学、习字、作文、算学、中外史学、中外舆地、博物、物理、化学、外国文、图画、体操。整个课程又分成了普通与专门两类。普通课程学完后,进入专业课程的学习,专业课又分成外语、史地、理化、博物等四类。②师范馆不仅奠定了民初乃至今天两大高等学府——北京大学和北京高师(今北京师范大学)的基础,而且成为中国近代高等师范教育的开端。

  第二,三江师范学堂。该学堂创始人是张之洞。1903年,张之洞上《创建三江师范学堂折》,强调兴办教育,必须"扼要探源","先办一大师范学堂,以为学务全局之纲领"。③1904年9、10月学堂举行两次招生考试,共录取300人,分为三年制初级本科32人,二年制速成科187人,一年制速成科81人。11月26日,学堂正式开学④,校址在江宁省城北极阁前。该学堂成为当时江苏的最高学府,"堪与京师大学堂比美"(日本东亚同文会报告语)。⑤

  除此之外,还有湖北师范学堂、直隶师范学堂、通州师范学校、贵州公

---

① 北京师范大学校史编写组:《北京师范大学校史(1902—1982)》,北京师范大学出版社,1982年,第2～3页。
② 郑师渠:《论京师大学堂师范馆》,《北京师范大学学报(人文社会科学版)》2002年第5期。
③ 张之洞:《创建三江师范学堂折》,见《张文襄公全集》第58卷,中国书店,1990年,第15～16页。
④ 《大公报》,光绪三十年十月十九日、十一月十六日。见王德滋主编:《南京大学百年史》,南京大学出版社,2002年,第17页。
⑤ 王德滋主编:《南京大学百年史》,南京大学出版社,2002年,第18页。

立师范学堂、成都师范学堂等。总体而言，此期师范学校在质量上主要缘于现代教育的推行急需相应的师资，缺乏对师范教育特质的探索和认识，在数量上还处于零星状态，没有形成完整的师范教育系统。尽管如此，这些学堂的建立培养了中国第一批近代意义上的师资，开创了中国师范教育的先河。

二 "癸卯学制"与高师学校的独立设置

"癸卯学制"即1904年清政府以日本明治时期学制为蓝本颁布的《奏定学堂章程》。该学制明确规定师范教育独立于其他教育机构，在师范教育方面颁布了《初级师范学堂章程》《优级师范学堂章程》《实业教员讲习所章程》三个独立章程，把师范学堂分为初、优两级。关于优级师范学堂，学制规定"京师及各省城宜各设一所"，以培养"初级师范学堂及中学堂之教员管理员"为宗旨，招收初级师范学堂及中学堂毕业生，学科分为公共科、分类科、加习科三节，公共科设有人伦道德、群经源流、中国文学、东语、辨学、算学、体操等8科，限1年毕业。分类科学科分为4类，分设不同课程，限3年毕业。加习科设人伦道德、教育学、教育制度、教育政令机关、美学、实验心理学、学校卫生、专科教育、儿童研究、教育演习等10科，限1年毕业。[1] 自此，中国师范教育系统从普通教育系统中分立出来，形成了独立垂直设置的体制，中国近代师范教育制度开始形成。

根据"癸卯学制"，同时考虑到师范馆的学生还没有毕业，京师大学堂师范馆于1904年暂改名为京师大学堂优级师范科，先后录取学生200余名，加上师范馆第一期录取的130余名，优级师范科共有学生300余名。1908年，清政府考虑到"现在分科大学将次开办，势难兼筹并顾"[2]，决定将京师大学堂优级师范科改为京师优级师范学堂，从京师大学堂中独立出来，在厂

---

[1] 李友芝等编：《中国近现代师范教育史资料》第1册（内部资料），1983年，第29页。
[2] 《学部奏设京师优级师范学堂并遴派监督折（1908年6月14日）》，见璩鑫圭等编：《中国近代教育史资料汇编·实业教育 师范教育》，上海教育出版社，2007年，第757页。

甸五城学堂改建校舍，派陈问咸为监督。1908年10月22日，京师优级师范学堂举行第一次入学考试，录取学生80余名，11月14日正式开学。这是我国高等师范学校独立设置的开始，从此中国高师教育有了师资独立培养的办学模式。京师优级师范学堂的学科分为公共科和分类科①：公共科相当于预科，课程包括人伦道德、群经源流、中国文学、东语、英语、辨学、算学、体操。分类科相当于本科，分为外语、史地、数理化、博物四类，此外还设置了相当于现在公共必修课的"通习科"，包括人伦道德、经学大意、教育、心理、体操等。②

据统计，到宣统元年（1909），全国优级师范学堂完全科共8所，学生1504人；选科学堂14所，学生3154人；专修科学堂8所，学生691人。③其中，影响较大的主要有：

第一，两江优级师范学堂。1906年5月三江优级师范学堂更名为两江优级师范学堂，李瑞清任学堂监督。在新聘日本总教习松本孝次郎的支持下，李瑞清对学堂进行改制，开办优级本科的"公共科"和"分类科"的"选科"，招考"预科"及"补习科"，重视实验、动手，兼顾理论、实践等，使得该学堂"颇具时代意义"，"即令与同一时期的日本早稻田大学优级师范相比，也不逊色"。④

第二，四川通省师范学堂。1906年创设于成都，分简易、初级、优级三部，每部分两班。简易科一年半卒业，初级部三年毕业，优级部六年毕业，包括公共科（预科）三年、本科三年。公共科讲授中学课程，本科注重教育

---

① 《奏定学堂章程》规定，优级师范学堂的课业学习分为"三节"：公共科，一年；分类科，三年；加习科，一年或两年。但京师优级师范学堂并未设立加习科。
② 《奏定优级师范学堂章程》，见李友芝等编：《中国近现代师范教育史资料》第1册（内部交流），1983年，第31页。
③ 《第三次教育统计图表》，见朱有瓛主编：《中国近代学制史料》第2辑下册，华东师范大学出版社，1989年，第468页。
④ 苏云峰：《三（两）江师范学堂：南京大学的前身》，台湾"中央"研究院近代史研究所，1998年，第54页。

学和心理学。该学堂虽"简易、初级错杂一堂",但注意力仍在优级和四川省师范教育的最高学府。①赵尔丰即指出:"省城复创学堂以造师范者,诚以首善之区宜树中央之鹄,是诸生非唯具有中小学教员之资格,且将为各郡邑师范之标准也。"②1911年该学堂更名为四川优级师范学堂,1912年改称四川优级师范学校。

第三,奉天师范学堂。1906年由原有的简易师范学堂和初级师范学堂合并而成,学制五年,开设优级预科和初级本科,专门培养初等、高等小学教员。1907年,改名为奉天两级师范学堂,开设优级师范科和初级本科,各招三个班,仍以培养小学师资为主。两级师范学堂被誉为"东北第一个正规的师范学校,东北地区由此开始了系统的师范教育"③。1912年改称奉天两级师范学校。

第四,两广优级师范学堂。1908年4月1日在"两广速成师范馆"和管理练习所的基础上成立,共招生204人,分甲、乙、丙、丁4个班,采用分年选科制,第一年为公共通习科目,其余三年为分类专习科目,设文学、史舆、数理化、博物四科。如果学生自觉在教育理论方面学力不逮,还可申请入加习科,选择教育理论方面的数门科目进一步深造,毕业时须写出著述论说,以考验其研究所得。为方便学生实习,1909年8月,该学堂附属小学成立。1910年3月,附属中学开办。1911年2月附属初级师范创设。

随着国人自办女学规模的日益扩大,加之中国社会发展急剧转型的需要,清政府也认识到当今"以教育普及为务,然则欲端修齐之本,培蒙养之基,自非修明女学不可。欲求正本清源之道,尤非注重女子师范学不可"④。

---

① 《四川省教育行政报告书(民国纪元前一年十月起至三年六月止)》第4编第1章,第1页。
② 《护理总督部堂训通省师范学堂速成班毕业生辞》,《四川教育官报》戊申第1期(光绪三十四年正月),论说第1页。
③ 荷莉:《奉天两级师范学堂 东北第一所师范学校》,《今日辽宁》2014年第10期。
④ 《学部奏遵议设立女子师范学堂折》,见璩鑫圭等编:《中国近代教育史资料汇编·实业教育 师范教育》,上海教育出版社,2007年,第794页。

1907年清政府颁布《奏定女子师范学堂章程》，明令"女子师范学堂，须限定每州、县必设一所"[①]，将女子师范教育正式纳入国家法定的教育系统，中国女子师范教育随之而兴。其中办学规模和质量较好的当属京师女子师范学堂。它是经御史黄瑞麟奏请，由学部主持，创设于1908年7月15日，总理为傅增湘，校址在西安门内仁寿寺废址。根据学部规定，京师女子师范学堂应以"启发知识、保存礼教两不相妨"为指导思想，"不但语言行事力戒新奇，即一切服饰皆宜恪守中国旧式，不得随俗转移"，设修身、教育、国文、历史、地理、算学、格致、图画、家事、裁缝、手艺、音乐、体操课程，所聘女性教习要"以归划一而谨防闲"，堂中布局也要"界限谨严，力求整肃"，并重点要求国文、修身教习要"选取经史所载列女嘉言懿行，时时与之讲授，以培根本"。[②] 学堂招生"以毕业女子高等小学堂第四年级，年十五以上者为合格"[③]。从1908年到1911年，学堂先后录取学生3批，共320人，其中简易科190人，完全科87人，本科43人。[④]

第二节　民初高师学校的发展

1912年，中华民国成立。南京临时政府改清学部为教育部，任命蔡元培为教育总长。孙中山和临时政府非常重视师范教育的发展，强调"顾欲兴办中小学，非养成多数教员不可；欲养成多数中小学教员，非多设初级、优

---

① 《学部奏定女学堂章程折》，见璩鑫圭、唐良炎编：《中国近代教育史资料汇编·学制演变》，上海教育出版社，2007年，第584页。
② 《学部奏详议女子师范学堂章程折》，见璩鑫圭等编：《中国近代教育史资料汇编·实业教育 师范教育》，上海教育出版社，2007年，第795页。
③ 璩鑫圭等编：《中国近代教育史资料汇编·实业教育 师范教育》，上海教育出版社，2007年，第601～602页。
④ 《北京女子师范学校十周年纪念册》，1918年。

级师范学校不可"①。1912年3月14日,教育部下令已设立的初级、优级师范学校,应与高等学校、专门学校一并开学。7月,教育部召开全国临时教育会议,开启了民初高师教育改革的历程。

一 高等师范区制的推行与民初高师学校的建立

高等师范区制设想的提出是在1912年全国临时教育会议上,起因于同年颁布的《师范教育令》中关于将"清末优级师范学堂改为高等师范学校,定为国立,由教育总长通计全国,规定地点及校数分别设立"的规定。其正式实施则到了1913年6月。是时,范源濂已接任教育总长,基于"统一教育从而统一思想的集权思想"②,以及考虑到当时"财政之艰,达于极点"③,他将全国划分为直隶、东三省、湖北、四川、广东和江苏六大高等师范区,每区辖数省,在各区中心城市即北京、南京、武汉、成都、广州、沈阳各设高师学校一所,直属教育部领导,区内原有高师或并入或降为中等师范。虽然该制度也存在着不少问题,如"规定流于形式,基本上未能达到原来的目的""学校分布不尽合理""抑制了地方办高等师范教育的积极性"④等,但它毕竟是留日生们采取日本由国家直接管理高师教育模式的尝试,体现了他们急于办好统一的资产阶级教育的愿望,其积极作用也是不容忽视的:不仅在一定程度上集中了国家有限的人力和物力,创办了一批无论是办学规模还是质量都较清末有明显提高的高师学校,一定程度上保障了中等学校的合格师资;并且这些高师事实上也都成为当地的学术文化中心,承担起了大学的社会功能。

根据该制度,民初七所高师学校先后成立:北京高师:1912年5月15

---

① 《孙总统令教育部通告各省将已设之优级、初级师范一并开学》,见璩鑫圭等编:《中国近代教育史资料汇编·实业教育 师范教育》,上海教育出版社,2007年,第817页。
② 崔运武:《中国师范教育史》,山西教育出版社,2006年,第70页。
③ 朱有瓛主编:《中国近代学制史料》第3辑下册,华东师范大学出版社,1992年,第485页。
④ 崔运武:《中国师范教育史》,山西教育出版社,2006年,第72页。

日，京师优级师范学堂改为北京高等师范学校（北京高师），陈宝泉为校长，8月20日正式开学；广东高师：1912年12月由两广优级师范学堂改设；武昌高师：1913年7月新设；南京高师：1914年8月在两江优级师范学堂校址上设立；成都高师：1916年由四川高等学校与四川高等师范学校合并改设而成；沈阳高师：1918年12月1日在奉天两级师范学校基础上创建；北京女高师：1919年4月由北京女子师范学堂改建而成。其中沈阳高师和北京女高师成立较晚，颇费周折。

早在1913年，奉天教育司长莫贵恒就"电商吉、黑两省教育司长拟由东三省筹措巨款设立一高等师范学校，造就师资以求教育之发达"①。1915年，宋宪文"入京会议极力运动当局，先将国立高等师范划归奉省设立，将来该校尚须续招高等科数级，改为国立一切经费由中央支付"。②但1916年冬，"经奉部复，谓于国立学校计划有关，未准照办"③。1917年东三省又决定"开办费预定十万左右，常年经费约须十三万左右"。④但"惟地址须择于长春，校长一席不得由奉省委派，须经教育部派员管理方昭郑重而示公允"⑤，此次计划再次搁浅。直到1918年夏，教育部"认东省有设置完全高师之必要，派员赴奉查勘。又电召其昌来京询问一切"⑥，遂议决设国立沈阳高等师范学校，并委任孙其昌为筹备员和校长。但因"南北争峙"，"教育部筹备□需，犹虞不给"⑦，沈阳高师之所谓"国立"已成虚设。后在地方财政拨款的支持下，直至1918年12月1日，沈阳高师才正式成立，"惟以款项

---

① 《三省合并高等学校之预闻》，《盛京时报》1913年9月24日。
② 《师范将改国立》，《盛京时报》1915年9月11日。
③ 《〈教育公报〉记沈阳高等师范学校概况》，见朱有瓛主编：《中国近代学制史料》第3辑下册，华东师范大学出版社，1992年，第676页。
④ 《设立高等师范近讯》，《盛京时报》1917年1月14日。
⑤ 《高等师范校搁浅之原因》，《盛京时报》1917年2月14日。
⑥ 《〈教育公报〉记沈阳高等师范学校概况》，见朱有瓛主编：《中国近代学制史料》第3辑下册，华东师范大学出版社，1992年，第676页。
⑦ 《高等师范成立之详闻》，《盛京时报》1917年8月25日。

关系，预科学生延至本年四月中旬始上课"①。

1912年《师范教育令》虽明确提出设立女子高等师范学校，且规定了其培养目标，但由于没有具体的法令法规相继出台，遂不了了之。1916年，在新文化运动和妇女解放思潮的推动下，全国教育会联合会第二届年会专门提出《请设女子高等师范学校》的议案，要求"从速筹设女子高等师范学校，先由北京设立，以后各省逐渐推广"。②1919年3月，教育部正式颁布《女子高等师范学校规程》，对女子高等师范教育的诸方面作了较为具体的规定。依托这一法律依据北京女高师才得以成立。

二 从民初到"五四"时期高师学校的发展

民国教育部于1913年相继公布了《高等师范学校规程》《高等师范学校课程标准》，对高师教育制度进行了新的规定。首先，在学制和规格上，改公共科为预科，分类科为本科，加习科为研究科，修业年限预科一年，本科三年，研究科一年或二年。规格虽较清末优级师范学堂有所提高，以国立为原则，经费"国库金支给之"，但仍较国立大学低半格。其次，在教育宗旨和培养目标上，从培养共和国民目的出发，取消读经科，废除人伦道德和经学大义两科，新设法制、经济、农业、手工等实用课程，使学生全面发展，养成"自动之能力"；同时减少清末优级师范学堂培养"初级学堂管理员"的任务，把目标集中在造就"中学和师范学校教员"以及"女子中学和女子师范学校教员"上；此外，在课程设置上，较之清末的公共科，预科课程门数和授课时数都有所减少。仅开设论理学、伦理学、国文、英语、数学、图画、乐歌、体操8门，每周30课时。本科则由清末的4门改为6部，除伦理学、心理学、教育学、英语、体操等通习科目外，其余科目则因各部专业

---

① 《〈教育公报〉记沈阳高等师范学校概况》，见朱有瓛主编：《中国近代学制史料》第3辑下册，华东师范大学出版社，1992年，第676页。
② 璩鑫圭等编：《中国近代教育史资料汇编·实业教育 师范教育》，上海教育出版社，2007年，第865页。

不同分别设置，另外以世界语、德语、乐歌为各部的选修。

各高师学校成立后，按照新规定并结合本校实际，先后制定了各自规程，进入了新的发展阶段。总体而言，虽然有袁世凯、张勋、段祺瑞为首的三次复古运动的干扰，民初各高师学校许多积极方案没有得到很好地贯彻实施，但基于民国成立后时代的需要，孙中山、蔡元培等资产阶级先进分子的推动、中国经济的发展、教育平等理念的传播、国家财政对高师教育的集中投入，以及师资和生源质量的保障，各高师学校还是获得了较大的发展。

第一，北京高师。经过战争破坏，建校之初，"校内青草满地，荒芜没人，伊威在室，蟏蛸在户"①。在首任校长陈宝泉的经营下，学校得到了较大的发展。在学科设置方面，1913年2月，文科第二部改称英语部，理科第二部改称物理化学部，理科第三部改称博物部。8月，增设历史地理部。1915年，增设国文部、数理部。同年，根据各地中等学校对各科师资的需要，开办国文专修科（修业期2年）、教育专攻科（修业期4年）、手工图画专修科（修业期3年），并附设音乐练习班、职工科。1917年，又增设体育专修科。此外，北京高师还采取代培的办法为地方培养师资，如1915年受东三省的委托，开设东三省教员养成班（修业期2年）。1919年又受山西省的委托，设立山西省教员养成班。至此，形成了比较完整的与中学课程配套的六部本科，并辅以各种专修科、教员养成班的学科结构。在师资方面，学校聘请了大量留日及留欧美的教师，"阵容比清末的师范馆乃至优级师范学堂，都要好得多。有些人当时已经成名，或有了学术著作"②。在招生方面，1912年9月，首次招生，录取预科学生64名。此后不断扩充，到1918年共有学生666人，历届毕业生299人。③在校园建设方面，到1916年，学校

---

① 王桐龄：《北京高等师范学校过去十二年间之回顾》，见北京师范大学校史编写组：《北京师范大学校史（1902—1982）》，北京师范大学出版社，1982年，第65～66页。
② 北京师范大学校史编写组：《北京师范大学校史（1902—1982）》，北京师范大学出版社，1982年，第30页。
③ 《本校提出于全国高师会议之报告》，《北京高等师范学校十周年纪念录》，1918年，第35页。

共占地101亩，拥有办公室4个，普通教室16个，专用教室4个，理化实验室4个，仪器室3个，图书室1个，寝室87个，风雨操场1个等。① 后又经过邓萃英、李建勋校长的经营，北京高师"日日计划，月月进行，年年扩充，辛苦艰难十余年，卒蔚成此全国最大高等师范之基础"。②

第二，广东高师。1912年初设时分文史、英语、数理化、博物4部。1913年重建校舍，添购仪器，规模得到较大扩充。1915年增设图画手工专科。1919年8月添设社会科学部。之后金曾澄掌校时期除了"安定高师"，且"间接使全省中等学校师资有正常的教育，各中等学校亦按照轨道行进"。③ 到1923年学校已经初具规模：在学科设置上，分文史、英语、博物和数理化4个系，另有附属中学、小学，附设初级师范、图工乐体专科，此外还有一个短期班和一个华侨班。在学风方面，学生谨遵校训"诚、朴、勤、爱、勇"，大都"勤学、安分及踏实"。在校舍建筑方面，可谓"高水准冠于全国的"，有能容千人的礼堂、两个雨天操场、钟楼，以及"都是洋式的二层或三层四方形的建筑，光线与空气都很好的"东讲堂、西讲堂、图书馆和宿舍。④ 在教学方面，据陈炳权回忆："数学教师朱汝梅，方御友，化学及英文陈宗南，均美国M.I.T.毕业。又数学教师胡章是美国依连诺大学毕业。物理教师卢熙重，化学张士希则自北京大学，学成而来教，均是有名的教授。所用之教本：查理斯密之大代数，温德华氏之几何及三角，Woods and Bailey, *A Course in Mathematics*, Duff所著之物理学，斯密氏之无机化学及有机化学，均是英文课本，修习吃力。"⑤ 1923年11月27日，孙中山下令广东高师改为

---

① 《北京高等师范学校一览表》，《北京高等师范学校校友会杂志》1916年4月第1辑。
② 北京师范大学校史编写组：《北京师范大学校史（1902—1982）》，北京师范大学出版社，1982年，第65～66页。
③ 李朴生：《中山大学前身——广东高等师范学校杂忆》，见吴定宇主编：《中华学府随笔：走近中大》，四川人民出版社，2000年，第7页。
④ 同上注，第5页。
⑤ 参见陈炳权：《陈炳权回忆录：大学教育五十年（上册）》，香港南天书业公司，1970年，第22页。

国立，30 日，任命邹鲁为校长，自此更是"教育生机，顿呈佳象；图书设备，大力增拓；广罗师资，多开科目，于以演成今日之玮（伟）观"。①

第三，武昌高师。1913 年初设时招收预科生 124 人，教职员 27 人。1914 年 9 月开办本科，设有英语、历史地理、数学物理、博物 4 部。1915 年张渲任校长，学校长足发展：1916 年 11 月教育部授予其专门以上学校成绩展览会一等奖。同年 12 月，农商部第三棉业试验场召开棉业品评会，授予学校博物部 7 个一等奖。1917 年 5 月 29 日，武昌高师根据全国各地教育发展和毕业生择业情况，打破《高等师范学校规程》，在全国率先将博物部改为博物地学部，数学物理部改为数学理化部，历史地理部改为国文史地部，在对原有课程调整的基础上，增加了许多新课程，形成了自己特色的科系设置。1919 年 9 月，谈锡恩任校长，学校一度动荡不安。1922 年 6 月张继煦任代理校长，学校进一步发展：其一，改设科系，将原来的 4 部改为 8 系，即教育哲学系、国文系、英语系、数学系、理化系、历史社会系、生物系、地质系。其二，学制改革。1923 年 2 月，学校宣布废除学年制，采用学分制，学生在主修一部分课程的同时，可以自由选修他系课程，也可以提前取满学分完成学习任务。其三，改革招生制度。一是招收女生，实行混合编班，在湖北开风气之先。二是开始招收旁听生，建立旁听生制。总体而言，武昌高师成绩显著：毕业生共 11 期 940 人，"数十年来华中中等学校之优良师资，大都出自本校，尤以史地生物等科之教员为然。其学生出国深造，回国后担任大学教授及教育行政工作者为数亦伙，且皆卓著声誉"。②

第四，南京高师。初创时招收国文、理化两部预科各一级，国文专修科一级，共 110 人，教职员 30 人。在首任校长江谦三年经营下，学校初具规模：1916 年春在全国首创体育专修科。同年秋开设了工艺专修科。1917 年秋开设农业、商业专修科和英文专修科。1918 年开设教育专修科。此外，

---

① 《国立广东大学概览》"本校沿革概略"部分，1926 年，第 3 页。
② 陈明章：《国立武汉大学》，南京出版社，1981 年，第 6 页。

为了满足学生实习需要,1917年2月开办附属小学,9月开设附属中学。郭秉文继任校长后,学校加速发展:1919年春将国文部和理化部改设为国文史地部和数学理化部,通过《改良课程案》,改学年制为选科制,改教授法为教学法。1920年2月将国文史地部和数学理化部合建成文理科,下设国文系、英文系、哲学系、历史系、数学系、物理系、化学系、地学系8个系,新增文理专修科和国文专修科,且在全国率先创办暑期学校,开始招收女生,实行男女同校。到1921年,教职员总数达到180人左右,教员102人,其中教授55人,占教员总量的53.9%,曾在国外留学的教授30余人,占全体教授半数以上。在校学生总数达564人。孟禄称赞其是"中国政府设立的第一个有希望的学校"。[1]

第五,成都高师。学校以南较场、盐道街为校址,在周翔、杨若堃、邓胥功任校长期间,持续发展:设立预科和本科4部,即国文部、英语部、博物部、数理部。1916年有教员37人,职员8人,到1919年教员增加为69人,其中10人是外籍教员。在校学生1916年为214人,到1919年增加为373人。1922年吴玉章任校长后学校进一步发展:1923年暑期改国文部为文史部,增设理化部;教师队伍扩充至81人,不仅聘请了英国人毕云汉、黎彰德,美国人谬尔、华琴声、布利士,法国人邓孟德等教授英语、法语和世界史,而且还派邓胥功去美国留学;实行选科制,要求"选修科(课)占全单位(课程)的四分之一",理科学生也要选些文科的课程,并规定体育课不及格不得毕业;提倡"自学辅导主义","凡对于一学科之基本原理,由教师讲授或实验,后由学生自行研究练习,以养成自动的理论为原则。其有研究不得解,实验无结果者,即向教师陈述"。学校面貌大为改观,"师生员工团结得很紧密,树立了一种崭新的学风。同学们有秩序、有朝气,追求知识,孜孜不倦,议论政治,意气焕发,成都高师成了进步势力的大本营"。[2]

---

[1] 包仁娟:《近代高等师范教育的奇葩——南京高等师范学校》,见陈乃林主编:《师范群英 光耀中华》第11卷下册,陕西人民教育出版社,1994年,第252~253页。

[2] 四川大学校史编写组编:《四川大学史稿》第一卷,四川大学出版社,2006年,第86~89页。

第六，沈阳高师。初期"始成立三班，即奉、吉、黑三省学生，山东□未送到，故第四班尚未成立"①。在首任校长孙其昌的经营下，到1919年2月，"校务扩充，一时名盛"②：设本科、专修科和附设初级师范。本科分四部：国文部、数学理化部、博物部、英文部（暂缺）。专修科有史地科、数理化科、博物科各一级，国文科二级；共有教员65人，其中预科及专修科专任教员8人，兼任者50人，附设初级师范7人；学生本科国文史地部36人，数学理化部26人，博物部27人，专修科史地科43人，博物科35人，数理化科41人，国文两级共11人。附属中学3级共100余人。附属小学共300余人；学校有教室22个，实验室3个，标本室7个，宿舍196间，自习室70间，容学生约600人，运动场2个，此外，还设有图书馆和植物园。③此后至1923年停办，其规模也略有扩充：1919年6月，接收奉天甲种农业学校的农、林两班学生。9月，省立第六小学改附小第一部。沈阳高师被称为"当时奉天最好的高等院校"④。

第七，北京女高师。建校之初依据《女子高等师范学校规程》，设置了预科、本科、选科、专修科和研究科，本科分文、理及家事，专修科设家事、国文、博物、图画等。1919年4月，依据《北京女子高等师范学校暂行简章》，文科分为国文部、外国语部和史地部，理科分为数物化学部和博物部。9月，将国文专修科改为文科国文部一年级，博物专修科学生改入理化博物部预科，又增家事预科、保姆讲习科。1922年取消预科，改部为系，分别设立教育哲学系、国文学系、英文学系、历史学系、数学物理学系、物理化学系、生物地质学系、家事系、体育系、音乐系等，实行选科制。1924年教职员124名，专门大学学历者104人，约占教职员总数的84%，毕业于

---

① 《高等师范开校纪盛》，《盛京时报》1918年5月11日。
② 孙华旭主编：《辽宁高等学校沿革（1902—1982）》，辽宁人民出版社，1984年，第18页。
③ 《沈阳高等师范学校报告》（民国八年二月二十日），见辽宁省教育志编纂委员会编：《辽宁教育史志资料（第二集上）》，辽宁大学出版社，1990年，第479页。
④ 黄晓通：《近代东北高等教育研究（1901—1931）》，吉林大学2011年博士学位论文。

国外大学者 62 人，占总数的 50%。① 历任校长除了著名学者方还外，其余也都是留学生出身。如下表：

表 1-1 北京女高师校长任职时间及留学经历

姓名	任职时间	留学经历
方 还	1917.3～1919.7	无
毛邦伟	1919.8～1920.9	毕业于日本东京高等师范学校。
熊崇煦	1920.9～1921.10	毕业于日本早稻田大学师范部，攻读教育学。
毛邦伟	1921.10～1922.7	毕业于日本东京高等师范学校。
许寿裳	1922.7～1924.2	1902 年以官费赴日留学，先入宏文学院补习日文，后毕业于东京高等师范学校。
杨荫榆	1924.2～1925.10	早年曾留学日本，1923 年毕业于美国哥伦比亚大学师范学院，获教育学硕士学位。

综上，此期七所高师学校皆取得了较大成绩，学科设置日趋合理，学生素质也有了很大提高。正如刘问岫所论："这个时期高等师范教育无论在制度上和课程上……都标志着高等师范教育比清末初创时期是有所改进的。"② 其中，发展较快规模较大的当属北京高师和南京高师，它们南北呼应，各具特色。具体而言二校主要有以下不同：

第一，办学模式不同。北京高师是在京师优级师范学堂的基础上扩充而来，承袭了清末模仿日本高师教育的办学传统，再加上首任且任职时间最长（1912—1920 年）的校长陈宝泉因留学日本宏文学院师范科，又延揽了大批留日学生执教北京高师，如钱玄同、马叙伦、何炳松、翁文灏、马寅初、黎锦熙、李建勋、林砺儒、张耀翔等，遂形成了以造就中等学校师资为唯一目的，注重基础知识面、基本功的教员养成的办学模式，以"诚勤勇爱"为校

---

① 《教职员出身统计》，《北京女子高等师范周镌》1924 年 6 月 29 日第 73 期第 8 版。
② 刘问岫编：《中国师范教育简史》，人民教育出版社，1984 年，第 43 页。

训，注重培养学生诚实、勤勉、勇敢、亲爱的精神和作风。南京高师虽设在两江师范学堂旧址，但它基本上和该学堂并无承继，是一所新建学校。校长郭秉文在美国哥伦比亚大学师范学院获博士学位，延揽的教师多为留美学生，如陶行知、杨贤江、孟宪承、朱进、刘经庶、郑宗海、姜琦、廖世承、陈鹤琴、陆志韦、胡先骕、竺可桢、周仁、任鸿隽、俞子夷、柳诒徵等。它更多接受的则是美国高师教育模式，形成了以美国教师学院为代表的大学教育学院的办学模式，以"诚"为校训，强调社会需要和适应性，注重学生能力的训练，提倡以诚植身、以诚敬业、以诚强身，要求学生德智体全面发展。

第二，学科设置不同。北京高师从中学需要出发，按照《高等师范学校规程》设置学科门类，形成了比较完整的与中学课程配套的六部本科，并辅以各种专修科、教员养成班的学科结构。南京高师并没有按照《高等师范学校规程》开设规定的六部，而是"以适应社会需要"为设科主旨。如1915年，"鉴于国文、理化教法之宜改良"，开设了国文、理化两部和国文专修科，"期速改良之效"。1916年春，"鉴于社会体育不振，而任体操教师者又多不明体育之原理"，开设了体育专修科，"以养成中等学校与地方公共体育之体育主任、教员以及管理员"；同年秋季，"鉴于人民生产力薄弱，而一般毕业学子又多乏职业之智识技能"，开设了工艺专修科。1917年秋，为适应"中等职业学校之需求"，开设农业、商业专修科，又"以改良英文教授法为宗旨"，开设英文专修科。1918年，鉴于"近世因生物学、心理学、社会学、哲学之进步，教育已成一种专门科学，非造就此种专门人才，不足以促教育之进步"，开设教育专修科，"志在养成教育学教员及学校行政教育行政人才"。[1]

第三，教学管理侧重点不同。北京高师对课业管理非常严格，每门课都制定了"教授实施状况"，对教学内容、开设的学级、讲授的时数和方法，甚至使用的教材都做了详细规定，非常注重学生专业知识基础的打造。除

---

[1] 南京大学校庆办公室校史资料编辑组、学报编辑部编：《南京大学校史资料选辑》，南京大学内部交流资料，1982年，第51页。

了教科书之外，学生们还必须阅读一定数量的参考书。学校还以考试来督促学生的学习。在学年试验和毕业试验之外，特别规定了临时试验，"依教员之认定行之"，并把临时试验的分数作为学年试验和毕业试验成绩的一部分，"学年成绩参照学年试验分数及临时试验分数于教务会议评定之"，"毕业成绩参照毕业试验分数、各学年试验分数、实地练习分数于教务会议评定之"。① 这样，学生的功课多学得比较扎实、认真，"除专业课外，公共课也须学好"。② 南京高师则"以养成思想及应用能力"为教学管理的标准，"必使学者能思想以探智识之本源，能应用以求智识之归宿……至于所思想应用之事物，则以适合于社会需要为本，总期所思所用，皆与社会生活有密切之关系"。③ 故其在教学上"重启发不重注入，重自修不重听讲"。主要举措有重视教学研究，"凡关于该科之各种重要问题，令学生各认一题或两题，详细研究，各撰报告书留校，以养成独立思想，并以是征其心得"；重视实验，"思想有待征之事实而后信者，则教室教授有时乎穷而实验尚矣"；重视实地教授，"教员及同级生在旁观察，课毕加以讨论"等。④

第四，学生管理方式不同。北京高师对学生管理极为严格。《校规》第二章的"管理规则"共有17种，116条之多，包括"教室规则""操场规则""食堂规则""请假规则""试验规则"等等，甚至连学生的服装也制定有"学生服装规则"。"考查学生操行规程"也非常细致：把学生的操行"分心性、行为二门"，其中"心性"一门又分为"气质、智力、感情、意志等项"，"行为"又分为"言语、容仪、动作等项"，要求教员学监"应就考查所得分别记注至每门须分数项者"，并且，每学期结束时，教员和学监要将

---

① 《北京高等师范学校校规·立学总则》，《北京高等师范学校一览》1913年7月，第54～55页。
② 北京师范大学校史编写组：《北京师范大学校史（1902—1982）》，北京师范大学出版社，1982年，第30页。
③ 南京大学校庆办公室校史资料编辑组、学报编辑部编：《南京大学校史资料选辑》，南京大学内部交流资料，1982年，第50页。
④ 同上注，第51～52页。

所记的操行册分别交给教务主任和学监主任，由各主任综合各种操行册制定出"操行一览表"，送到校长处，由校长亲自核定。①南京高师则认为制定"以为学生举动之防闲"的规则，虽是"管理上必经之阶段"，但因本校学生多毕业于中学师范，"所谓训育者，亦既受之有素"，已不适用本校情况，因此"拟进求积极之方法，务须训勉学生以自己之言行表示规则，勿以有限之规则裁制言行"②，主张通过"利用天性""触发统觉""引起性味""应用暗示""选择思想""养成习惯"等方法，"启学生之自动之机，使自向所定之标准进行，以至于能自立而止"。在学生方面，"有学生省察表，每周由学生记载，学监调阅一二级，因以审知学生之性行而诱导之"。在教职员方面，"有职员考察册，每学期由各职员记载汇交学监处，因以品评学生之性行而劝勉之"。③

上述可知，北京高师和南京高师形成了两种截然不同的办学风格。它们各有特色，各有侧重，都培养了大批较高质量的高师毕业生，并无绝对的优劣高下之分。如孟禄就认为北京高师毕业生在学识和教授管理训育等方面，"皆可与美国大学毕业又进教育院研究二年之学生相比"。④南京高师从1915年招生到1926年最后一届学生毕业，共有毕业生774人，大都从事教育工作，后被选为中国科学院自然科学类的学部委员达11人之多。⑤事实上，两种不同办学风格的出现，恰恰表明中国高师教育对当时世界流行的两种高师教育模式都有所接受，一定程度上也体现了民初高师教育的开放性和丰富性。当然，两种不同的办学风格也埋下了1922年以后"高师改大"运动中两校选择不同路径的伏笔。

---

① 《北京高等师范学校校规·管理规则》，《北京高等师范学校一览》1913年7月，第68～69页。
② 南京大学校庆办公室校史资料编辑组、学报编辑部编：《南京大学校史资料选辑》，南京大学内部交流资料，1982年，第36页。
③ 同上注，第49页。
④ 见崔运武：《中国师范教育史》，山西教育出版社，2006年，第72页。
⑤ 包仁娟：《近代高等师范教育的奇葩——南京高等师范学校》，见陈乃林主编：《师范群英 光耀中华》第11卷下册，陕西人民教育出版社，1994年，第253页。

第三节 "高师改大"的不同路径与影响

"高师改大"是指20世纪20年代初期在中国掀起的一场把高师学校改组或升格为大学的运动。"高师改大"之议的最早提出是在1915年举行的第一届全国教育会联合会上，当时湖南省教育会提出"教授中等学校之技术，易于初等远矣，本无须专门养成，至于三年之久，且教授中等学校之学识，原不在专门大学各科之外，更无独设一校之必要"，建议"取消高等师范学校，而设师范研究科于大学"。① 到1920年前后，由于大批留美学生的归国，杜威、孟禄等美国教育家的相继来华，美国的教育模式，包括中学的"六三三"制和非定向的师范教育制度在中国得到了空前的推崇。"六三三"制把中学由四年延长至六年，中学程度提高，必然波及高师，提高高师程度就成了当务之急，"高师改大"运动由此发生。

在"高师改大"运动中，对于高师是"升格为师范大学"还是"合并或改组为综合大学"，存在着两种不同的争论。当时社会上的大多数人，尤其是一些有名望的人，如许崇清、顾树森、郭秉文、贾丰臻、蔡元培、陈独秀、廖冰筠等都认为："大学及专门学校设教育一科，既得专门知识，复加教育功课，岂非与高等师范学校所习无异"②，并从节省经费着眼，主张把高师合并于综合大学，时人称之为合并派，他们的主张颇占上风。另一部分人如常乃悳、经亨颐、俞大同、李建勋等，则主张高师教育独立设置，或改称

---

① 《湖南省教育会提议改革学校系统案》，见朱有瓛主编：《中国近代学制史料》第3辑上册，华东师范大学出版社，1990年，第58～63页。
② 贾丰臻：《续今后学制革新之研究》，《教育杂志》1920年9月第12卷第9号，第4页。

"第三期师范学校"①，或"升格为师范大学"②，时人称之为独立派。各高师学校基于不同的校情，分别走上了"独立"或者"合并"的路径。

一 北京高师、女高师：升格为"师范大学"

在1922年全国学制会议上，李建勋代表北京高师全体师生提出"请改全国国立高等师范为师范大学案"，要求高师学校升格为多学科的师范大学。会议通过了该提案，《学校系统改革令》中就规定："师范大学校修业年限四年。"《附注》中又规定："依旧制设立之高等师范学校，应于相当时期内提高程度。收受高级中学毕业生，修业年限四年，称为师范大学校。"③至此，中国近代的高师学校终于在学制系统上获得了与大学平等的地位。10月25日，教育部发布对北京高师的训令252号："近年以来，国中普通教育程度不无欠缺，自非设法提高无以应时势之需要。故造师资宜有专设之师范大学。查该校开办较早，并有各种研究科之设置，亟应先就该校开始筹备。"④1923年2月22日，大总统正式任命范源濂为北京师范大学校长。5月11日，经筹备师大委员会本校评议会联席会议议决，北京师范大学成立日期定为7月1日。同时，还制定了《国立北京师范大学暂行组织大纲》《学则概要》《本校招生简章》，规定北京师范大学的办学宗旨是："以造就师范与中等学校教师及教育行政人员并研究专门学术为宗旨。"⑤学校设预科，修业年

---

① 经亨颐：《改革师范教育的意见》，见张彬编：《经亨颐教育论著选》，人民教育出版社，1993年，第208页。
② 李建勋：《请改全国国立高等师范为师范大学案》，北京高等师范学校《教育丛刊》编辑处：《教育丛刊》1922年9月第3卷第5集，第3页。
③ 《学校系统改革令》，见李友芝编：《中国近现代师范教育史资料》第2册（内部交流），1983年，第267~268页。
④ 《教育部训令第二五二号》，《师大筹备中之消息》，《附录》，北京高等师范学校《教育丛刊》编辑处：《教育丛刊》1923年2月第3卷第7、8集合刊，第24页。
⑤ 《国立北京师范大学校暂行组织大纲》，《师大筹备中之消息（续前）》，《附录》，北京师范大学：《教育丛刊》1923年7月第4卷第4集，第6页。

限2年；本科分为初级大学、高级大学两部，修业年限4年。"预科第一学年为普通科，第二学年分文理两科。本科分设各学系；于高级大学部成立之前，设各研究科，程度与高级大学等"，"预科毕业后，得升入初级大学各学系一年级"，"初级大学部毕业者授予初级大学部毕业证书，高级大学部毕业者授予学士学位"。[①]学科分必修、选修两种，课程采用学分制，"预科生共习一百零六学分，初级大学部习八十学分，高级大学部习七十学分"。学校附设附属中小学及幼稚园，"为教育研究之用"。[②]9月28日，北京师范大学正式开学。

北京女高师在"改大"之初受许寿裳影响拟筹办女子大学。1922年11月9日召开校务会议，将筹划"女子大学"提到议事日程，议决先由校长、总务处主任和教务处主任起草意见书。[③]1923年组织女子大学讨论委员会详加商榷[④]。女子大学讨论委员会后被改为女子大学筹备委员会[⑤]，与校评议会联合办理女子大学事宜。但囿于自身条件，1923年6月，北京女高师公布《北京女子高等师范学校添设女子大学预科缘起及招生简章》，决定于1923年7月起先招考女子大学预科一年级两班，各四十名[⑥]。

北京女高师改建女子师范大学是在1924年2月28日杨荫榆继任校长

[①]《本校招生简章》，《师大筹备中之消息（续前）》，《附录》，北京师范大学：《教育丛刊》1923年7月第4卷第4集，第12页。

[②]《国立北京师范大学校暂行组织大纲》，《师大筹备中之消息（续前）》，《附录》，北京师范大学：《教育丛刊》1923年7月第4卷第4集，第6页。

[③]《十一月九日午后四时校务会议议决事项》，《北京女子高等师范周刊》1922年11月12日第6期第1版。

[④]《北京女子高等师范学校添设女子大学预科缘起及招生简章》，《北京女子高等师范周镌》1923年6月24日第38期第7版。

[⑤] 女子大学筹备委员会委员有许寿裳、吴清林、张李雪英、张耀翔、曾绍兴、张泽垚、傅铜、程振基、王仁辅。参见《女子大学筹备委员会成立会》，《北京女子高等师范周镌》1923年6月3日第35期第5版。

[⑥]《北京女子高等师范学校添设女子大学预科缘起及招生简章》，《北京女子高等师范周镌》1923年6月24日第38期第7版。

后。针对教育部驳回原拟建立女子大学办法的指令①，杨荫榆呈请教育部，拟将北京女高师"改办女子师范大学以符大部注重女学师资之本意而应时势之需要"。②5月2日，教育部下令照准北京女高师改为北京女子师范大学。5月14日，筹办女子师范大学委员会成立，杨荫榆被推举为委员长，并对修业年限、学分总数、学科设置及学生待遇等问题提出议案。③5月20日，筹办女子师范大学委员会第二次会议召开，对学分制、学科设置做出了议决。5月27日，筹办女子师范大学委员会召开第三次会议，议决将组织大纲草案逐条讨论并照原案修正通过后提交评议会核议。5月30日，校评议会与筹办女子师范大学委员会开联席会议，逐条核议《北京女子师范大学组织大纲草案》，最后议决通过了《国立北京女子师范大学组织大纲》和《国立北京女子师范大学教职员待遇简章》。④6月18日，校教务会议议定《国立北京女子师范大学招生简章》⑤，随后展开招生考试等事项。7月29日，教育部令准北京女高师所拟的《国立北京女子师范大学组织大纲》试行。《组织大纲》规定：学校宗旨有四："（一）养成中等学校师资；（二）养成教育行政人员；（三）研究高深学术；（四）发展女性特长。"学校设预科和本科，本科分教育学、心理学、国文学、英文学、史学地理学、数学物理学、物理化学、博物8个系，课程分为公共必修科、主科、副科和选修科4种，修业年限为4年，但因实行学分制，"学生每周上课及自修，合三小时历半学年者为一学分"，"本科学生以修足一百四十四学分为毕业"，因此

---

① 该指令的具体内容为："查该校原为养成女学师资而设，近来女子教育渐见发达，需人正多，所请改办女子大学一节未便照准。至新招大学预科学生为时尚少，所习课程亦属普通学科，得由该校长改编高师第一年级与旧有学生一律待遇。仰即审度情形，斟酌办理，并将办法呈部备核，是为至要。"《教育部指令第780号》，《北京女子高等师范周镌》1924年3月30日第60期第1版。
② 《呈文》，《北京女子高等师范周镌》1924年4月27日第64期第1版。标点为笔者所加。
③ 《本校纪事》，《北京女子高等师范周镌》1924年5月18日第67期第1版。
④ 《本校纪事》，《北京女子高等师范周镌》1924年6月8日第70期第2版。
⑤ 《本校纪事》，《北京女子高等师范周镌》1924年6月29日第73期第3版。

"但其修足或未修足学分总数者，得缩短或延长毕业年限"，本科毕业生得授学士学位。此外，学校还设附属中学、小学校、蒙养院。①8月1日，教育部函聘杨荫榆为北京女子师范大学校长。9月22日，北京女子师范大学开学。

二　武昌高师、成都高师：先升格"师范大学"，后并入"综合大学"

和北京高师、北京女高师不同的是，武昌高师和成都高师虽亦升格为师范大学，但因重重困难，最后都改名或合并为综合大学。

1922年，武昌高师通过《学校系统改革令》及其《附注》规定。1923年6月，学校评议会及主任会议讨论了改名师范大学的问题，决定自下学年起改名为国立武昌师范大学，并着手筹备改建事宜。1924年2月，经教育部批准，国立武昌师范大学正式建立。武昌师范大学成立后，高师学生享有的公费待遇被取消。虽然国务会议决定每月增加学校经费3000元，由湖北省印花处划拨，但和日益飙升的物价相比却是杯水车薪。学生们一再要求维持公费，校长张继煦为之多方奔走，几经碰壁之后，遂于1924年秋辞职。9月，按照教育部命令，武昌师范大学改为武昌大学，校长为北京大学理化教授石瑛。石瑛在李四光的帮助下，将校务进行了整顿：组设二院一处，即文哲院、理工院和总务处；仍设8系，将其中英语系改为外国文学系；聘请了李四光、陈建功、郁达夫、汤璪真、胡庶华、吴小朋等知名教授。

和武昌高师相比，成都高师的"改大"更为曲折。校长傅振烈鉴于当时校内的"反傅"风潮②，在杨森的支持下，以成都高师名义向教育部呈报"改大"和先收预科学生的章程，并于1924年暑假，招收了大学预科生143人，

---

① 《国立北京女子师范大学组织大纲》（1924年），见王学珍、张万仓编：《北京高等教育文献资料选编（1861—1948）》，首都师范大学出版社，2004年，第536～537页。
② 成都高师学生曾发表过两次反傅宣言，见《高师反对傅振烈校长》，《商务日报》1924年2月23日第6版；《高师反对傅振烈第二次宣言》，《商务日报》1924年2月27日第6版。

分别编入教育、中文、英文、历史、政治、经济、数学、物理、化学、生物10个系。1925年5、6月间，傅振烈一边以第一届预科生已满一年，预备开办大学本科为由，向教育部呈文要求"照南京、广东、武昌三国立大学成例"，把成都高师更名为成都大学[①]，一边在校门上挂上国立成都大学的校牌，并通知全省，宣告成都大学成立。此举遭到师生们的强烈反对，学生会发表宣言，强调高师"改大"只能改为师范大学，不能改为普通大学。

1926年4月6日，张澜任成都高师和成都大学校长，拒绝成都高师单独招生的要求。高师学生组织了"国立成都高师改建师大促成会"，一则从理论上论述了成都高师应改为师范大学而不应改为成都大学的诸多理由，如"从法令看来，本校的根基都算是十二万分的稳固""师范教育应该独立""从事教育者应受师范训练""大学教育学系系教育学术的研究非师范的训练""成都高师是西南各省中级学校师资所从出的地方"[②]等；一则向省署和教育部分别呈文，控诉张澜"摧残教育，不堪长校"，"成大寄居高师校地，挪用高师校款，不过暂时之通融，而非永久之合办"[③]；一则罢课发起运动，赴京请愿，反对"改大"。成都高师学生会赴京代表青任道即指出："我们此次的运动，是为西南教育前途而运动，是为师范教育独立而运动……我们的态度是反对成大之侵占行为，不是反对成大之根本成立。"[④]

在广大师生的呼吁下，1927年7月21日，成都高师代理校长龚道耕致函省长公署再次提出成都高师升格为师范大学的四条理由："内容完善，提高程度，确已到相当时期，此按诸法令，应行改办师范大学者一也。"新学制"已无高等师范一级"，"则是高等名称，实已不能存在"，"此按诸学制，应行改办师范大学者二也"。西南各省师资缺乏，"此按诸西南需要，应行改

---

① 成都高师上北洋政府教育部呈文:《成都高师请更名大学》，《商务日报》1925年6月4日第3版。
② 《成都高师改大问题（通信）》，《新教育评论》1926年第13期。
③ 《高师学生呈省署文》《成高学生呈教育部文》，《国民公报》1926年6月21日、22日第5版。
④ 《成都高师改大问题（通信）》，《新教育评论》1926年第13期。

办师范大学者三也"。"现在人民属望,学子请求,希望改大之声甚嚣尘上,且有正式改大促成会,以期早日实现者,此按诸一班(般)心理,应行改办师范大学者四也。"[1]9月26日,国民政府教育行政委员会批文同意成都高师升格为"国立成都师范大学",但是"仍用省款作办学经费",任命龚道耕为校长。11月3日,国立成都师范大学正式成立。

但是,国立成都师范大学成立后,"由于成大从高师分出后,后者元气大伤,无论规模、师资、学生程度、教学质量和经费,都大不如前"[2],仅有学生246人,到1929年成都高师最后一届本科生毕业后,师范大学开始招收本科生,当时学生人数610人,"比1928年的在校学生人数还要少"[3]。经费也是逐年下降,1927年计划经费15万元,实拨7万元,1930年计划经费下降至9万元,实拨仅6万元。校长也变动频繁,领导体制很不健全,"三院院长,以及化学、数学、教育三个系的系主任,则直至合并时为止,始终虚位以待",教师也很少,"专任教员只有43人,仅占教员总数的三分之一多一点"。[4]据时任校长宋绍曾称,师范大学是"校务日弛,百废莫举……陷于停顿……立时停闭之虞"[5]。

成都师范大学的重重困难使其不断处在被合并的风口浪尖。1928年大学区制施行后,"筹备国立四川大学讨论委员会"成立,并通过了《筹备国立四川大学的决议案》,要求将国立成都师范大学、国立成都大学和公立四川大学合并组建"国立四川大学"。1929年,借教育部对各大学进行整顿之机,四川省政府主席刘文辉发布三大学合并的训令,并成立了"四川省政府整理大学委员会",筹备合并事宜。1931年11月9日,三大学正式合并成为国立四川大学。

---

[1] 《函省署本校改大请烦转咨中央核准立案》,四川大学档案馆藏:国立成都师范大学档案第1卷。
[2] 四川大学校史编写组编:《四川大学史稿》,四川大学出版社,2006年,第139页。
[3] 同上注,第143页。
[4] 同上注,第144页。
[5] 宋绍曾:《致行政院、教育部公函》,四川大学档案馆藏:国立成都师范大学档案第1卷。

三　南京高师、沈阳高师、广东高师：改组或合并为"综合大学"

1922年全国学制会议虽然采纳了李建勋的建议，规定将高师学校提高程度改称师范大学，但同时又规定可设教育科于大学，设师范专修科于大学教育科。[①]据此，南京高师、沈阳高师和广东高师改为大学或并入普通大学。

（一）南京高师改建为东南大学

南京高师的"改大"筹备已久。1920年4月7日，郭秉文就在校务会议上提出"在南京高等师范学校校址及南洋劝业会旧址建立南京大学"的建议，与会者一致赞成，并组成了大学筹备委员会，拟具了初步计划。9月，郭秉文联合张謇、蔡元培等9人，将"关于南京添设大学一案暨计划书"联名上呈教育部。12月6日，教育部部长范源濂委任郭秉文为东南大学筹备员。7日，国务会议一致通过南京高师筹建大学的议案，并定名为东南大学。16日，东南大学筹备处正式成立。

1921年6月6日，《东南大学组织大纲》通过，任命郭秉文为校长，9月，东南大学正式开学。根据《组织大纲》，学校实行"双轨制"：南京高师保留各本科（即文理科诸系），专修科改归东南大学，分别是以教育专修科和体育专修科组成的教育科，下设心理系、教育系、体育系；以农业专修科扩建成的农科，下设农艺系、园艺系、畜牧系、病虫害系、农业化学系；以工艺专修科为基础建成的工科，下设机械工程系；以商业专修科改建而成的商科，下设会计系、银行系和工商管理系。[②]

1922年12月6日，南京高师评议会和东南大学教授会联席会议通过《南京高等师范归并东南大学办法》。1923年7月3日，南京高师行政会议议决取消高师案，自此，南京高师全部归并东南大学，所属中小学也同时改

[①] 朱有瓛主编：《中国近代学制史料》第1辑下册，华东师范大学出版社，1986年，第805～807页。

[②] 王德滋主编：《南京大学百年史》，南京大学出版社，2002年，第69页。

为东南大学附属中小学。学校学科更为齐全，达到5科27系，即文理科，设国文、历史、外文、政法、经济、哲学、数学、物理、化学、地学等10系；教育科，设教育、体育、心理、乡村教育等4系；工科，设机械工程、土木工程、电机工程3系；农科，设动物、植物、农艺、园艺、畜牧、蚕桑、病虫害7系；商科，设会计、工商管理、银行3系。①

（二）沈阳高师合并为东北大学

沈阳高师"改大"路径和南京高师颇为相似，都是以牺牲已具有一定规模的高师学校，以高师改建或充实大学来实现当地在财力、人力等条件尚未具备却又急于建成大学的愿望。但和南京高师"改大"由校长郭秉文主导不同的是，沈阳高师的"改大"则是以东三省政府要员为主导的。

早在1914年吉林巡按使孟秉初就提议"在三省适中地点筹设一大学校，以便造就三省士子，款由各省分担"②。1915年11月奉天段巡按使即呈请中央拟在"奉省设立奉吉黑三省大学校一处，内分法理医文农专科，借以养成三省之人才，其预算经费以每月一万元为度"。③ 之后此项议题经常在奉天省议会中被不断提及和讨论④。1921年10月25日，为了使"东北富强，不受外人侵略"，奉天省议会一致表决通过了创办东北大学的议案，张作霖将其在蒙地的煤矿盈余作为东北大学之经费。⑤ 教育厅长谢荫昌与沈阳高师等校校长商量后即"将文学专门一部改为东北大学文科，以高师一部改为东北大学理科"⑥。1922年春，东北大学筹备委员会成立，公推王永江兼任校长，并研讨制定了《东北大学组织大纲》和《东北大学规程》，规定学校"以养成硕学宏才应国家地方之需要为宗旨"，暂定6科：文科（包括国文学系、历

---

① 王德滋主编：《南京大学百年史》，南京大学出版社，2002年，第71～72页。
② 《东三省有设大学消息》，《盛京时报》1914年11月6日。
③ 《拟设大学造就人才》，《盛京时报》1915年11月28日。
④ 参见《奉天省议会讨论在省城设立专门学校造就实业人才议案记录》，《奉天公报》1919年12月1日。
⑤ 《张使捐助大学经费》，《盛京时报》1921年10月26日。
⑥ 《东北大学进行讯》，《盛京时报》1921年12月28日。

史学系、地理学系、教育学系、俄文学系、英文学系）、理科（包括数学系、化学系、物理学系）、工科（包括土木学系、机械学系、电气学系、采矿学系、冶金学系、建筑学系）、农科（包括农学系、林学系、农艺化学系、兽医学系）、商科（包括银行学系、外国贸易学系）、法科（包括法律学系、政治学系、经济学系）。①

在此过程中，沈阳高师部分师生也曾持反对意见。1922年《沈阳高等师范周刊》第77期就刊载了黄震川的《高师废止问题》一文，明确反对"废止高师专办大学"，该文不仅从沈阳高师毕业生就业情况和在校学生的社会服务情况出发，论证了"现在的高师，还有存在的价值"，而且还从东三省"中等学校师资问题""改进中等教育问题""社会服务问题"等方面，论证了"现在的东三省，高师还有存在的必要"，他呼吁道："现在主即行废止高师的人，果真别有卓见，固无妨公布，我以为废止高师的问题，很为重要，少数人闭门私议，莫若公开讨论。"②

1923年4月26日，东北大学正式成立。沈阳高师的图书、仪器、校具等一切设备，均由东北大学接收，在其校址开办东北大学理工科。同时，奉天省署委任东北大学理工科学长赵厚达兼任沈阳高师校长，管理其尚余的国文史地部和数理化部共40名学生。1924年7月，沈阳高师学生全部毕业，遂停办。

（三）广东高师合并为国立广东大学

广东高师的"改大"是孙中山主导的。1924年2月4日，孙中山颁布大元帅令："着将国立高等师范、广东法科大学、广东农业专门学校合并改为国立广东大学"，"派邹鲁为国立广东大学筹备主任"。③9日，孙中山又给广东省省长廖仲恺发出训令，"分别转饬各该校遵照"。④21日，邹鲁接管

---

① 杨佩祯等主编：《东北大学八十年》，东北大学出版社，2003年，第35~36页。
② 黄震川：《高师废止问题》，《沈阳高等师范周刊》1922年第77期，第3~6页。
③ 中山大学档案馆编：《孙中山与中山大学》，中山大学出版社，1999年，第1页。
④ 同上注，第3页。

广东农业专门学校和广东法科大学。24日，邹鲁召集三校学生在广东高师礼堂举行大会，宣布筹建国立广东大学。3月3日，首次筹备会议召开，通过了《国立广东大学筹备处组织大纲》，成立了廖仲恺、胡汉民、汪精卫等35人组成的筹备处。1924年9月15日国立广东大学正式开学上课。11月11日补行了开学典礼。广东大学成立后，原有学生，有不愿履修大学预、本科课程者，仍循原章修业，故本、预科外，专设有高师及专门部以办理之。[①]广东大学成立时所设科系为：文科设中国文学、英国文学、史学、哲学、教育学5系，以及高师的文史、英语、社会3部；理科设数学、物理学、化学、生物学、地质学5系，以及高师的数理化、博物2部；法科设法律学、政治学、经济学3系，以及法政专门部；农科设农学、林学、农林化学3系以及农业专门部；医科不分系，附设第一医院、第二医院、护士学校，另设解剖学研究室。

四 "高师改大"不同路径的命运及评价——以南京、北京高师为例

在"高师改大"运动中，仅有北京高师和北京女高师升格为师范大学，武昌高师和成都高师虽经师生努力也曾一度命名为师范大学，但由于各方面困难的限制，都于两三年后合并为综合大学。南京高师、沈阳高师和广东高师则选择了直接合并为综合大学的道路。下文拟以北京高师和南京高师为例，具体探讨两种不同路径选择的结果。

（一）北京高师改北京师范大学后的情况及评价

国立北京师范大学成立后，师生们对其充满希望，林砺儒就曾撰写了《祝师范大学》一文表达其兴奋之情。[②] 然而伴随着范源濂的辞职离校，学校很快陷入了艰难竭蹶的困境，债台高筑，预算经年拖欠，发展几于停顿。到1928年，师大"校府如洗，挹注无从，教授无用品，办公无纸笔，任职者

---

① 《国立广东大学概览》"组织"部分，1926年，第6页。
② 林砺儒：《祝师范大学》，《北京师大周刊》1923年9月28日第203期。

无薪，执义者无饷"①，甚至依靠抵押校产拖欠借款度日。同时，关于师范大学是否应独立设置的问题在理论上也没有得到根本解决，随后仍不断出现讨论，北京师范大学的发展也因此一波三折。与京师大学堂师范馆、京师优级师范学堂时期相比，其在高等教育系统中的地位和影响力大大下降了。

  北京师范大学发展的举步维艰在某种程度上说明了"改称师范大学"存在着超越了当时国情和北京高师校情的问题。就国情来说，此次高师改革的初衷是提高师范生的文化程度，加强师范生的基础，以适应日益提高的中学生程度的需要。但由于学生培养目标各校自定，缺乏统一管理，势必陷入"无目的"的盲目状态，导致随意拔高或降低人才规格要求，偏重或忽略学生某方面的培养问题，使师资培养质量难以得到必要保证。就北京高师校情来说，民初以来，师范生一直实行免费制，但升格为师范大学后却取消了这一制度，并且学生入学时还须缴纳一定数额的保证金，这无疑极大降低了师范学校对学生的吸引力，致使生源枯竭，学业训练日趋低落。同时，师范大学还取消了以前的师范毕业生任教义务期限，也在一定程度上动摇了师资队伍的稳定性。加以军阀政府无心搞教育，积欠学校经费数月，使得北京师范大学的发展几于停顿。

  但是，不能因为北京师范大学发展中出现的困境就完全否定北京高师"改称师范大学"这一路径的选择。北京高师成功地升格为师范大学，成了"高师改大"运动中高师教育的"仅存硕果"，使高师教育的命运得以有一线可悬，避免了中国高师教育史上一段真空地带的产生。正是从这个意义上来说，北京高师前承京师大学堂师范馆，后启国立北京师范大学，三者相续相连，构成了民初高师教育发展史的主脉。在接续高师教育发展的同时，北京高师还捍卫了独立的高师教育体制。该体制产生于清末的癸卯学制，经过民初的发展，至1920年前后，受到了"合并派"的严重质疑。针对合并派主

---

① 北京师范大学校史编写组：《北京师范大学校史（1902—1982）》，北京师范大学出版社，1982年，第80页。

张取消高师教育的言论，北京高师师生们从多个方面给予了反驳，如邓萃英在《教育与社会》一文中对高师学校"依特种的设备，抱特种的目的，自然特富这种的精神，充满这种的空气，而研究者的态度，也自然特带这种的色彩，高兴从事这种的职业了。并且按诸近来教育研究进步的倾向，这种特设的学校是要一天发达一天的，一天进步一天"的强调[1]，以及他在《高等师范教育之意义以及价值》一文中从高师之本旨、高师之分科趣旨与学修态度、高师之教育的精神、高师与世界各国之制度、高师与我国教育界要需五个方面对高师独特性的分析[2]；汪懋祖在《师范教育三大问题》[3]和《呈请教育部恢复国立高等师范学校区改建师范大学以发展师范教育案》[4]等文中从师范的意义、师范的训练、教育的政策、社会的进化四个方面对高师应独立设置理由的阐释；常乃悳在《师范教育改革问题》一文中对合并派废止师范教育八条理由的一一驳斥；[5]云甫在《高等师范应改师范大学之理由及办法》一文中从高师名称、世界潮流、国内教育现状三个方面[6]以及余绍仁在《北京高师改组大学的管见》一文中从中国高师教育的具体情况[7]对高师应升格师范大学的论证等等。这些主张肯定了高师教育体制独立存在的必要性，在理论上为独立的高师教育体制作了进一步的论证，为中华人民共和国成立以后能

---

[1] 邓萃英：《教育与社会（在"教育与社会"杂志社演说稿）》，北京高等师范学校《教育丛刊》编辑处：《教育丛刊》1920年6月第1卷第3集，第4页。
[2] 邓萃英：《高等师范教育之意义以及价值》，见彭时代：《中国师范教育100年》，中国工人出版社，1999年，第204页。
[3] 汪懋祖：《师范教育三大问题》，见汪懋祖等：《师范教育问题》（未标出版地与出版日期，约为20世纪20年代），第9～15页。
[4] 汪懋祖：《呈请教育部恢复国立高等师范学校区改建师范大学以发展师范教育案》，见汪懋祖等：《师范教育问题》（未标出版地与出版日期，约为20世纪20年代），第1页。
[5] 常乃悳：《师范教育改革问题》，见朱有瓛主编：《中国近代学制史料》第3辑下册，华东师范大学出版社，1992年，第507～512页。
[6] 云甫：《高等师范应改师范大学之理由及办法》，北京高等师范学校实际教育研究社：《实际教育》1920年12月15日第1卷第3期，第4页。
[7] 余绍仁：《北京高师改组大学的管见》，北京高等师范学校《教育丛刊》编辑处：《教育丛刊》1921年5月第2卷第3集，第3页。

够推行独立的师范学院制度打下了思想基础。

尤需提到的是，北京高师在升格师范大学的理论探讨和实践活动中，还渐趋清晰地形成了师范大学的办学理念，如邓萃英提出的："吾人所谓理想的师大，非师范、非大学；亦师范、亦大学也。……师大之使命：甲——养成中等教育必要之师资；乙——训练教育界学术界领袖之人物。"[①]黄公觉把"师范大学应该向各种教育学术那个方向发展"作为师范大学应办的一桩要事[②]等等。这些认识既肯定了师范大学应该和普通大学一样重视学术研究，彰显大学的"学术性"，同时又维护了师范大学的"师范性"，从理论上充分论证了师范教育的专业价值。关于师范大学"学术性"与"师范性"的矛盾，是高师办学自身结构性的矛盾。"学术"本应该是包括师范大学在内所有大学的基础，师范大学必须加强学术研究，提高师生的科研水平，培养出既具有深厚知识功底又具有教学研究能力的研究型教师和学者型教师。同时，高师既然以培养教师为目的，也不应该忽视教育技能的训练和教师师德的培养，这是师范大学之所以不同于普通大学的特征之所在。事实上，关于二者的争论一直存在于整个中国的高师教育之中，师生们在师范大学出现之初就提出了兼顾"学术性"和"师范性"的办学理念，确实是极为可贵的。

从兼顾"学术性"和"师范性"的理念出发，师生们从各个角度对新成立的国立北京师范大学提出了详细的规划与设想，如邓萃英在《学制改革案》一文中从办学目标、本科设科种类、入学程度、研究科设置、学位授予等方面对师范大学的规划[③]；王文祺在《关于筹备师范大学之意见》一文中对师范大学的范围、宗旨、教授方法以及学校组织等提出的看法[④]；云甫在

---

① 邓萃英：《北京师范大学开校感言》，北京师范大学：《教育丛刊》1923 年 7 月第 4 卷第 7 期，第 18～19 页。
② 黄公觉：《师范大学应办的一桩要事》，《北京师大周刊》1923 年，第 203 页。
③ 邓萃英：《学制改革案》，北京高等师范学校《教育丛刊》编辑处：《教育丛刊》1921 年 10 月第 2 卷第 5 集，第 4 页。
④ 王文祺：《关于筹备师范大学之意见》，北京师范大学：《教育丛刊》1923 年 4 月第 4 卷第 1 集，第 1～4 页。

《高等师范应改师范大学之理由及办法》中对"增设科目问题""授予学位问题""年限长短问题"等提出的解决方法[①];常导之在《为行将成立之"北京师范大学"进一言》中对师范大学提出的要"保持学生固有的组织能力""注意对外的宣传""培植专门的人才""公选教务主要人员""广开求学之机会""加多实习教授钟点,以培养职业的兴趣与技能;厚积研究科之实力,以浓学问之空气;开诚布公,以消弭学生与学生间、教职员与学生间之误会"等建议[②]。这些意见和看法虽稍嫌稚嫩,但对于当时,乃至我们今天理解并解决师范大学"师范性"和"学术性"的矛盾不无裨益。这可谓是北京高师在"高师改大"运动中冷静思考和维护高师独立体制的必然结果,也是他们对于中国高师教育最大的贡献。

(二)南京高师合并于东南大学后的情况及评价

南京高师合并于东南大学后,东南大学成为当时全国国立大学中唯一设立师范专业与教育科的学校,在郭秉文的主持下一时间声誉渐起,以学科齐全,居全国之首,"本大学学制以农、工、商与文、理、教育并重,寓意甚远。此种组合为国内所仅见",成为"长江以南唯一的国立大学,与北大南北对峙,同为中国高等教育的两大支柱"。据《南京大学百年史》记载,"其时全校共有教师员工200多人,学生1600人,名师云集,人才辈出,被誉为中国东南地区的最高学府",还一度成为东西文化、学术交流的热点,各国著名学者来华讲演,必来东南大学。1921年孟禄来校参观,就认为"东南大学将成为东方教育之中心,是中国最有希望大学","将来该校之发达,可与牛津、剑桥相媲美"。[③]

东南大学的成功发展在一定程度上证明了南京高师"改建综合大学"路

---

① 云甫:《高等师范应改师范大学之理由及办法》,北京高等师范学校实际教育研究社:《实际教育》1920年12月15日第1卷第3期,第1页。
② 常导之:《为行将成立之"北京师范大学"进一言》,北京高等师范学校《教育丛刊》编辑处:《教育丛刊》1923年2月第3卷第7、8集合刊,第16～19页。
③ 王德滋主编:《南京大学百年史》,南京大学出版社,2002年,第73页。

径选择的正确。它冲击了封闭型师范教育体制，推进了中国高师教育与世界高师教育的接轨，表现了当时中国教育界对世界新教育成果及发展趋向进行主动选择，积极对策的进取性和前瞻性，也极大地促进了中国高师教育乃至整个高等教育的发展。首先是教师培养体制出现多样化、灵活化和开放化的趋势。此后，公私立大学都纷纷通过各种形式，如设教育学院、师资培训班、师资专修科、第二部等直接或间接地培养了中学师资，具有了以前师范学校专属的师范功能。其次是大学改变了过去从不过问教育科学的情形，开始承担了教育科学的引进、传播和创新的责任，为中国教育科学的科学化、专门化做出了贡献。再次，高师改组或合并综合大学，一改单纯的师资养成机构为传播文化、创造文化的大学，无疑大大加强了高等教育的力量。

但是，南京高师路径选择的正确并不意味着其他的高师也适合此种路径选择，更不意味着中国高师教育已经发展到应取消其独立性，改由综合大学办理的程度。事实上，1922年学制改革的目的本是想赋予高师和大学同等的地位和程度，缩小高师与大学的距离。但在实际运作中，由于受到美国高师教育模式的影响，加以当时政府本身又对高师如何升格，在要求上不够明确，缺乏必要的研究与准备，于是，借贯彻新学制之机，一些省份将高师与大学合并，一些省份甚至不惜牺牲高师，将其改建为大学，"高师改大"已然陷入无序和茫然状态。其最直接的后果就是全国独立的高师学校骤然减少，只剩下北京师范大学和北京女子师范大学。缘此，有学者将"高师改大"后称为"师范教育的衰落时期"，并认为它是中国高师教育"未臻成熟而暴风急骤雨，无故横遭摧折"。[①]

[①] 罗廷光：《师范教育》，正中书局，1947年，第39页。

第二章　民初高师与新文化运动（上）

辛亥革命之后，帝国主义加紧侵略中国，袁世凯掀起尊孔复古的逆流。正如梁启超在《五十年中国进化概论》中指出："革命成功将近十年，所希望的件件都落空，渐渐有点废然思返。觉得社会文化是整套的，要拿旧心理运用新制度，决计不可能，渐渐要求全人格的觉悟。"① 一批激进的民主主义者认识到新制度是难以建立在旧的思想文化基础之上，在中国实行真正的民主政治，不但要进行政治革命，还必须进行思想革命。1915 年 9 月，陈独秀在上海创办《青年杂志》（后改为《新青年》），新文化运动由此发端。

民初高师基本上都与新文化运动相始终。在新文化运动期间，各高师师生们通过和新文化主将的联系与交往，积极学习和宣传民主、科学、新道德、马克思主义等新思潮，掀起了兴办学生社团，出版刊物，关注社会教育以及国家命运的高潮，并在早期马克思主义者的影响和带动下，积极投入到马克思主义的传播中。在投身新文化运动的同时，师生们还能颇为冷静地对其进行反思，一定程度上纠正了新文化运动的偏颇。

第一节　新文化主将与民初高师

民初高师与新文化主将的关系非常密切。通过聘请来执教、课余来兼课、邀请到高师演讲等活动，高师师生们在新文化主将们的影响和带动下，

---

① 梁启超：《五十年中国进化概论》，见《梁启超史学论著四种》，岳麓书社，1985 年，第 8 页。

积极参与了新文化运动,并做出了自己的贡献。

一 新文化主将执教高师

民初高师中聘请新文化主将任专职教师的主要有北京高师的钱玄同和女高师的周作人等。钱玄同自辛亥革命后,来到北京,开始担任北京高师历史地理部国文、经学教员。1915年转任国文部主任,教授音韵学、说文研究、经学史略等课程。此后,钱玄同一直是北京高师以及后来的北京师范大学的教授,直至1939年病逝。在此期间,应蔡元培的邀请,钱玄同还一度到北京大学兼授文字学、音韵学等课程,以往学界多认为钱玄同是北大教授,实属误解。新文化运动兴起后,钱玄同成为新文化运动的一员主将。1917年,胡适、陈独秀发动文学革命,钱玄同随即致书《新青年》,支持文学革命的主张。1918年,钱玄同参加《新青年》的编辑工作,在思想启蒙、白话文运动、国语运动等方面提出了一系列的主张,奠定了他在新文化运动中的地位。有学者指出:"在《新青年》上,唯有钱先生的说话,最大胆,最不怕,最痛快淋漓,最使人兴奋,所以要推他为新文化运动揭幕的一人。"[1] 钱玄同是新文化主将中与北京高师关系最密切的,他将新思想引入北京高师,对师生们的思想启蒙做出了很大的贡献。1918年他在为《北京高等师范学校十周年纪念录》所作的序文中写道:"希望本校同人从今以后,对于过去的,决然舍弃,不要顾恋,对于未来的,努力前进,不可迟疑。进!进!前进!"[2] 1919年,他又在《北京高等师范学校周刊》第62、63期连载了题为《施行教育不可迎合旧社会》的文章,指出:"教育是教人研求真理的,不是教人做古人的奴隶的;教育是教人高尚人格的,不是教人干禄的;教育是改良社会的,不是迎合社会的。"[3] 钱玄同教育学生要追求真理,不可迎合旧社

---

[1] 黎锦熙:《钱玄同先生传》,见沈永宝编:《钱玄同印象》,学林出版社,1997年,第68页。
[2] 钱玄同:《序一》,《北京高等师范学校十周年纪念录》,1918年。
[3] 钱玄同:《施行教育不可迎合旧社会》,《北京高等师范学校周刊》1919年3月10日第62号,第26页。

会,"千万不可'枉道而事人',去敷衍那'乌烟瘴气'的旧社会,干那'贼夫人之子'的勾当"①。同时,他还引导学生走出书斋,用知识去改造社会。他说:"学校里学了契合真理的学问,做成合法适用的文章,拿来改良社会,这才是正当的办法。现在反说'我们做改良的事业,不可违反了不良的旧习惯',你道这不是大笑话吗?"②钱玄同为北京高师注入了新文化运动的新鲜空气,为广大师生指明了投身新文化运动的道路。特别是在"五四"运动中,钱玄同亲自参加了游行示威活动,以实际行动给予学生极大的支持③,因而他被学生们称为"我们心里最佩服的教授"。④

周作人于1921至1927年,历时七年皆任北京女高师专职教师,讲授西洋文学史,每周2个学时⑤。1922年5月30日,他应学生自治会之邀,作了"女子与文学"的演讲。在演讲中,周作人首先揭露了封建的文学观和妇女观是古代女子毫无文学地位的根源。他说:古代文学包括"载道"和文人吟风弄月之"风流",所谓"载道",身为"附属品"的女子不得问津;关于"风流",于"男女之防"更是避之不及,所以,"中国古来的意见,大概以为女子与文学是没有关系的"。接着,他从学理上对"女子与文学"的内在联系作了阐发。一方面,文学不再是用来教训或消遣的生活附属工具,而是人生的一种形式的实现,以"个人主义"和"人道主义"为基本内核;另一方面,女子作为人类的一分子,有独立的人格而不再是别人的附属物,因

---

① 钱玄同:《施行教育不可迎合旧社会(续)》,《北京高等师范学校周刊》1919年3月17日第63号,第30页。
② 钱玄同:《施行教育不可迎合旧社会》,《北京高等师范学校周刊》1919年3月10日第62号,第30页。
③ 周谷城:《五四运动与青年学生》,见北京师范大学校史资料室编:《五四运动与北京高师》,北京师范大学出版社,1984年,第165页。
④ 周谷城:《五四时期的北京高师》,见北京师范大学校史资料室编:《五四运动与北京高师》,北京师范大学出版社,1984年,第177页。
⑤ 一说为从1920年9月开始,讲授欧洲文学史。见张菊香、张铁荣编著:《周作人年谱(1885—1967)》,天津人民出版社,2000年,第163页。

此对文学的需要"自然更为切要，因为表现自己的与理解他人的情思，实在是人的社会生活的要素，在这一点上文学正是唯一的修养了"。对于当下"女子与文学"的现状，周作人认为虽有新气象，但似乎只有"国民的自觉，还没有到个人的自觉的地步"。因此，他呼吁广大女性：务必建立"个人的自觉"态度，毅然肯定人间的根本的生活，打消现在对于女性的因袭偏见，以人类一分子的资格，参与人生的活动。在文学的参与活动中或"利用自有的文艺，表现自己的真实的情思，解除几千年来的误会或疑惑"，或通过研究鉴赏"承接他人的情思"，得以启示和陶冶。①1923年1月3日周作人又在《北京女子高等师范周刊》第43期上发表了《女子的读书》。鉴于胡适、梁启超关于"最低限度"国文书目的开列和社会上泛起的一股"废论理心理博物英语等科目，改读四书五经"的声浪，他在文中对限制阅读的做法不以为然，认为开卷对于增强免疫力不无裨益；但同时，他又指出出于判断力的养成和理性的发展，人们应先着重阅读"那些具体的说明自然与人生的科学书"，筑下根基之后，便可阅一切。他指出："凡是书都可以读的，所以我并不想反对他们，但是总怀着不相干的杞忧，生怕他们进去了不得出来……我不反对人去读任何种书，只希望他先把根本知识弄好了再去。"②可见，周作人以其思想的自由和个性的独立，为北京女高师学生们营造了独特的文化语境。苏雪林即指出："与其说周作人先生是个文学家，不如说他是个思想家。十年以来他给予青年的影响之大和胡适之、陈独秀不相上下……他与乃兄在过去的时代同称为'思想界的权威'。"③

二 新文化主将兼课高师

新文化主将也到各高师兼课。在北京高师兼课的主要有：鲁迅从1920

---

① 周作人:《女子与文学》,《晨报副刊》1922年6月3日。
② 周作人:《女子的读书》,《北京女子高等师范周刊》1923年1月3日第43期。
③ 苏雪林:《浮生十记》,江苏文艺出版社,2005年,第220页。

年开始就在国文部教授中国小说史等课程,并于1922年参加了国文学会。李大钊于1920年教授唯物史观、史学思想史等课程,并担任图书馆讲习会教员。胡适、蔡元培于1921年在教育研究科分别教授哲学和美学。他们的课堂讲授扩大了北京高师学生们的视野,加深了他们对于新文化运动的理解。如周予同所说:"有些提倡新文化的著名人物,也来高师兼课。我读大学不久,便成为'德赛二先生'的热情拥护者。"①

在北京女高师兼课的主要有:胡适1919年在国文系讲授中国哲学史和西洋哲学概论课程。李大钊于1920年在学校开设了社会学、女权运动史、伦理学课程。鲁迅于1923年7月在国文系讲授中国小说史和文艺理论课程。钱玄同于1922至1924年在国文系讲授文字学和语音学。学生们对主将们的授课予以高度评价。如苏雪林回忆胡适先生授课:"别班同学有许多来旁听,连我们的监学、舍监及其他女职员都端只凳子坐在后面。一间教室容纳不下。将毗连图书室的扇槅打开,黑压压的一堂人,鸦雀无声,聚精会神,倾听这位大师沉着有力、音节则潺潺如清泉非常悦耳的演讲,有时说句幽默的话,风趣横生,引起全堂哗然一笑,但立刻又沉寂下去,谁都不忍忽略胡先生的只词片语。因为听胡先生讲话,不但是心灵莫大的享受,也是耳朵莫大的享受。"②钱用和也回忆胡适讲课的情形:"学生最感兴趣的,是胡适之老师讲中国哲学史。当时胡师方由美返国,年少英俊,博学深思。我们听讲时,大家聚精会神,提笔疾书,把所讲录入笔记。我和庐隐女士最矮,坐在第一排,时常仰首侧耳,听看着胡师的动作,如口吐出珠玑似的,上下古今,融会贯通,把老庄孔孟墨子等的思想,分析比较,深刻明瞭(了),上一堂课,胜读十年书。胡师讲课姿态,历历在目,他直立倚墙,很少走动,讲时常足跟起落,自成节拍,口齿清楚,有时幽默动人,指示治学方法,注重假定、

---

① 周予同:《火烧赵家楼》,北京师范大学校史资料室编:《五四运动与北京高师》,北京师范大学出版社,1984年,第32页。
② 《适之先生与我的关系》,见苏雪林:《浮生十记》,江苏文艺出版社,2005年,第201~202页。

考证、研讨、判断，得益不少。"①再如程俊英回忆李大钊"在女权运动史课上，给我们讲世界女权运动情况；在社会学上讲马克思主义……伦理学是讲社会道德，反对忠孝节义的思想……听到了李老师的话，就深刻地理解了只有社会改变了，妇女才能真正得到解放"。他甚至指出李大钊的授课是学生们"五四运动的思想基础"。②苏雪林也回忆李大钊的讲课："李大钊先生讲书极有条理，上课时滔滔千言，如瓶泻水，但你永远莫愁他的笔记难记，因为他说话只直说下去，不着一句废话，也没半点游姿余韵，所以一点钟的话记述下来，自然成为实实在在的一章讲义。他的朴实诚恳的面貌和性格也同他的讲授一般，很引起我的敬爱。"③不少北京女高师学生还经常到北大去听李大钊讲课，如理科的缪伯英，国文班的陆晶清，英文科的刘和珍、杨德群等。④陆晶清回忆鲁迅讲授的中国小说史："鲁迅先生讲课，不是在讲台上旁若无人，口若悬河滔滔不绝地自说自话，也不是用记录速度念讲义。而是在深入浅出地讲解教材时，联系实际，提出问题并引导学生思考、分析问题。每听鲁迅先生讲一次课后，我们都要议论、咀嚼多时。"⑤许广平也指出鲁迅"虽说是讲《中国小说史略》，实在是对一切事物都含有教育道理，无怪学生们对于这门功课，对于这样的讲解都拥护不尽，实觉受益无穷"⑥。

三　新文化主将在高师的演讲

新文化主将还应邀到各高师发表演讲，内容多涉及新文化运动的热点问

---

① 钱用和：《追述往事敬悼胡师》，见冯爱群编：《胡适之先生纪念集》，台湾学生书局，1973年，第23页。
② 程俊英：《五四时期的北京女高师》，北京师范大学校史资料室编：《五四运动与北京高师》，北京师范大学出版社，1984年，第124页。
③ 沈辉编，苏雪林著：《苏雪林文集（第2卷）》，安徽文艺出版社，1996年，第63页。
④ 何玲华：《新教育·新女性：北京女高师研究（1919—1924）》，中国社会科学出版社，2007年，第213页。
⑤ 陆晶清：《鲁迅先生在女师大》，《大地》1981年第5期，第4页。
⑥ 王学珍等主编：《北京大学史料》第2卷（1912—1937），北京大学出版社，2000年，第2311页。

题。如表2-1：

表2-1　新文化主将在民初高师演讲一览表

人物	年份	内容	地点
胡　适	1917年	不详	北京高师国文学会
胡　适	1920年5月4日	不详	北京女高师五四纪念会
胡　适	1920年	不详	北京高师国文研究会
胡　适	1922年3月18日	演说的要点	北京女高师英文部
胡　适	1922年	研究国故的方法	北京高师国文学会
陈独秀	1917年3月17日	道德之概念及其学说之派别	北京高师德育部
陈独秀	1919年11月30日	不详	北京女高师李超追悼会
陈独秀	1920年2月7日	新教育之精神	武昌高师
陈独秀	1920年	民主科学与妇女解放	北京女高师
陈独秀	1921年1月2日	新教育是什么	广东高师
陈独秀	1923年5月	关于社会主义问题	广东高师
陈独秀	1923年9月1日	社会之历史的进化	广东高师
李大钊	1919年11月30日	不详	北京女高师李超追悼会
李大钊	1919年	不详	北京高师图书馆纪念会
李大钊	1920年	图书馆教育问题；介绍北大图书馆之沿革及组织	北京高师图书馆讲习会
李大钊	1921年	关于图书馆的研究、美国图书馆员之训练、理想的家庭	北京女高师
李大钊	1922年5月1日	五一纪念日于现在中国劳动界的意义	北京高师五一纪念大会
李大钊	1922年5月4日	不详	北京高师纪念五四三周年大会
李大钊	1922年8月	不详	北京女高师女权运动同盟会

续表

人物	年份	内容	地点
李大钊	1924 年 5 月 4 日	不详	北京女高师五四纪念会
蔡元培	1919 年 4 月 24 日	科学之修养	北京高师修养会
蔡元培	1919 年 11 月	关于学生自治的演讲	北京高师学生自治会
蔡元培	1919 年 11 月	不详	北京女高师李超追悼会
蔡元培	1919 年	关于应用白话文的演讲	北京高师国文部
蔡元培	1919 年	权利与义务	北京女高师
蔡元培	1920 年 4 月	关于教育民主的演讲	北京高师教育与社会杂志社
蔡元培	1920 年 10 月	论国文的趋势及国文与外国语及科学之关系	北京高师国文部
蔡元培	1920 年	国文之将来、学生自治	北京女高师
蔡元培	1923 年	自治之成因与范围	北京女高师
蔡元培	不详	学生自治	北京女高师
周作人	1922 年 3 月 3 日	不详	北京女高师文艺研究会
周作人	1922 年 5 月 30 日	女子与文学	北京女高师学生自治会
周作人	1923 年 3 月 11 日	不详	北京女高师诗学研究会
周作人	1923 年 5 月 11 日	不详	北京女高师文艺研究会
鲁迅	1923 年 12 月 26 日	娜拉走后怎样	北京女高师文艺会
钱玄同	1922 年 10 月 2 日	国文的进化	北京女高师
梁漱溟	1919 年 11 月 30 日	不详	北京女高师李超追悼会
梁漱溟	1923 年	从教育上和哲学上所见中西人之不同	北京女高师

表 2-1 可见，北京大学校长蔡元培对高师学校最为关注，他的演讲达 10 次之多，且主要集中在"民主"与"科学"这两个新文化运动的核心内容上。蔡元培对民主教育的宣传集中于《在北京高等师范学校自治会演说

词》《在北京高等师范学校〈教育与社会〉社演说词》《蔡子民先生演讲"学生自治"》《自治之成因与范围》等四次演讲中。在前三次演讲中,他揭示了北京高师学生自治会、教育与社会杂志社和北京女高师学生自治会所具有的"民主"内涵,并结合三个团体的宗旨与活动阐发了他对民主教育的理解。他指出改造教育,就要从"养成健全人格,提倡共和精神"着手,因为健全的人格,是"和自由、平等、博爱的意思亦相契合的。都能自由平等,都能博爱互助,共和精神亦发展了"。那么,如何培养这种健全的人格呢？首先要在学校教育上注重"发展个性"和"涵养同情心"。他说:"倘能全国人都想自由,一方面自己爱自由,一方面助人爱自由,那么国事决不至于如此。要培养爱自由、好平等、尚博爱的人,在教育上不可不注重发展个性和涵养同情心两点。"[1] 其次要实行学生自治。蔡元培从发展学生"办事的能力,独立的精神"、养成完全的人格、尊重学生的个性以及"学校即社会"等出发,批驳了以"学生没有自制的能力"[2]而反对学生自治的言论,强调成立自治会的必要性,"可以把治者与被治者的分别去掉,不要别人来管理了"。同时,他还结合北京高师的高等师范性质,指出:"在贵校的自治会,比别校更觉紧要",因为"纵的方面:诸君自治比被治好得多,都自己试验过了；将来出校,转到中学或是师范学校,提倡自治,总可以应用……横的方面……如今学生实行自治作个先导,我们怎地做,且在平民学校、平民讲演中去劝别人做。平民自治虽比学校复杂些,但由简单做到较复杂方面,由学生传之各地方,一定可以提起国民自治的精神"。[3] 在此基础上,蔡元培批判了学校中的分年级制度、考试制度和学监制度。他说分年级制度,不利于个性的自由发展,"不论个性如何,总使读满几年,方能毕业,很不适当",

---

[1] 蔡元培:《在北京高等师范学校〈教育与社会〉社演说词》,见中国蔡元培研究会编:《蔡元培全集》第4卷,浙江教育出版社,1997年,第82页。
[2] 《蔡子民先生演讲"学生自治"》,《北京女子高等师范文艺会刊》1920年第2期,第43～44页。
[3] 蔡元培:《在北京高等师范学校学生自治会演说词》,见中国蔡元培研究会编:《蔡元培全集》第4卷,浙江教育出版社,1997年,第231～232页。

因此提倡"选课制"和"纯粹自由学校"。① 考试制度是背离了"涵养同情心"这一目标，以至于"为争名次之高下、分数之多寡，使同情心日减，嫉妒心大增。同学之间，不肯相互研究。竟有得一参考书籍，秘不告人，以为惟我独知，可以夺得第一，可笑之至。这种考试制度，受科举余毒，有碍同情心，应得改良的"。② 关于学监制，他则认为该制削弱了学生独立的学习和生活能力，"学校事情本很简单，学生都可以管。既都让给管理员，学生便不知不觉地把一切学业、自修、卫生、清洁种种责任，都交与管理员去做，自己一概可以不管的样子……学生既是如此，所以种种不规则的事，层见叠出，闹出许多的笑话"。③ 最后一次的演讲，可谓是蔡元培针对自治会在实施过程中受到诸如社会政治、人文传统以及现代素养等限制而与其初衷渐行渐远的趋势所做的一次"纠偏"努力。他本着民主平等的原则，要把学生自治的"自治性"与"互助性"相结合，正确处理自治活动中有关人我、群己以及偏离"管理自己"的自治主义等问题。尤其对自治活动中出现的擅干校务以致引发"风潮"的现象予以批评，他说："从前的学生，到不得已时，全体都慎始慎终的改革，还没有好结果。现在呢？任凭几个人的武断，闹得现在农专法专都不像样子，所以我们在这潮流之中，都不知不觉地受其害。这点还望诸君注意！"④

关于科学教育，蔡元培在《科学之修养》和《论国文的趋势及国文与外国语及科学之关系》两次演讲中涉及了这个问题。蔡元培强调了科学精神对于养成"健全人格"的重要作用。他以北京高师的校训"诚勤勇爱"为例，指出这四种品格都必须由科学中养成。关于"诚"，他说："如'诚'字之

---

① 蔡元培：《在北京高等师范学校〈教育与社会〉社演说词》，见中国蔡元培研究会编：《蔡元培全集》第4卷，浙江教育出版社，1997年，第82页。
② 同上注，第83页。
③ 蔡元培：《在北京高等师范学校学生自治会演说词》，见中国蔡元培研究会编：《蔡元培全集》第4卷，浙江教育出版社，1997年，第231页。
④ 蔡元培：《自治之成因与范围》，《北京女子师范周刊》1923年1月7日第14期。

义，不但不欺人而已，亦必不可为他人所欺……科学则不然，真是真非，丝毫不能移易。盖一能实验，而一不能实验故也。由此观之，科学之价值即在实验。是故欲力行'诚'字，非用科学的方法不可。"关于"勤"，蔡元培认为实验需要勤，反反复复实验就是勤，唯其如此才能达到科学的目的。"凡此者反复推寻，不惮周详，可以养成勤劳之习惯。故'勤'之力行亦必依赖夫科学。"关于"勇"和"爱"，蔡元培认为这两种品格也可以在科学中养成。蔡元培说："可见研究学问，亦非有勇敢性质不可；而勇敢性质，即可于科学中养成之。大抵勇敢性有二：其一，发明新理之时，排去种种之困难阻碍；其二，既发明之后，敢于持论，不惧世俗之非笑。凡此二端，均由科学所养成。"科学也有助于培养人的博爱之心，因为科学"均由实验及推理所得唯一真理，不容以私见变易一切。是故嫉妒之技无所施，而爱心容易养成焉"。[1] 这里蔡元培明显受到了"科学是达到修养目标的媒介"这一德国古典科学大学观的影响。同时，蔡元培还强调了科学的方法对于国文科，乃至整个学科建设的重要性。他说"科学"是国文研究的内容，"我不是说实用文有记述和说明两种么？记述什么？就是科学的现象。说明什么？这（就）是科学的理论"。他还指出国文的研究和学习也离不开"科学"的指导："照旧法学国文的人，若是单读几本《唐宋八大家文钞》，便止（只）能作几篇空架子的文……何况新出的科学书和研究科学的方法，比古书丰富得多，岂不更有益于国文么？况科学的作用，不但可以扩充国文的内容，并且可以锻炼国文家的头脑。"[2] 因此，要在国文部真正实施科学教育，还必须加强对史地、数理、化学、博物等科目的学习，要使各种科目都得到均衡的发展。"高等师范学校分了国文……科学等部，是分工的意义，也是通力合作的意义。既不是互有高下，譬如眼、耳、鼻、舌，各有各的能力，血脉自相贯通，价

---

[1] 蔡元培：《科学之修养——在北京高等师范学校修养会演说词》，见中国蔡元培研究会编：《蔡元培全集》第3卷，浙江教育出版社，1997年，第613～615页。
[2] 蔡元培：《论国文的趋势及国文与外国语及科学之关系》，见中国蔡元培研究会编：《蔡元培全集》第4卷，浙江教育出版社，1997年，第219～220页。

值也是平等。若说会了国文，就可以菲薄……科学，难道有了眼，就可以菲薄耳、鼻、舌么？"①蔡元培把各种学科比作眼、耳、鼻、舌等各种器官，形象地揭示了它们之间是不可或缺的，应该共同发展，这对北京高师的学科建设起到了很好的指导作用。事实上，"五四"时期北京高师对自然科学的科目也是较为重视的。据周谷城回忆："关于学生的学习情况，当时外边有个传说，说：'北大的文科比较好，高师的理化比较好'。数、理、化高师确实是有功夫的。"②

在上述演讲中，蔡元培并没有空谈民主和科学的理论，而是针对北京高师和女高师学生自身的实践活动予以阐发，这就使得广大学生对民主和科学思想的理解和体验更为直接和深刻。通过演讲，他不仅揭示了北京高师和女高师学生自治会以及北京高师教育与社会杂志社本身所包含的民主精神，为这两个团体的实践提供了方法论上的指导，而且把"民主"与"科学"贯彻到教育领域，赋予了二者新的内涵。可以说，蔡元培的演讲推动了高师学校教育民主化和教育科学化的探索，20 世纪 20 年代初高师学校掀起的"教育民主化"和"教育科学化"的高潮就是一个明显的例证。

此外，蔡元培在北京女高师关于女性问题的演讲《权利与义务》也颇有影响。他针对由于社会传统惯性、民初复辟和复古思潮的影响，大量接受师范养成教育的女学生未曾履行相关义务就回归家庭的情况，首先从义务与权利的基本内涵及其互为因果关系的学理阐释入手，对"不肯拔一毛而利天下"的古代杨朱为我观和 19 世纪尼采主张的"优胜劣败主义"进行了批判，强调要先义务而后权利。所谓"义务"即"利他主义"，"道德高尚者，莫不抱利他主义，尽力社会"，他大为推崇立德立言立功者，认为师范学生，尤其是女子师范学生应更加注意，因为"昔者女子伏处深闺不闻外事，有应

---

① 蔡元培：《论国文的趋势及国文与外国语及科学之关系》，见中国蔡元培研究会编：《蔡元培全集》第 4 卷，浙江教育出版社，1997 年，第 220 页。
② 周谷城：《五四时期的北京高师》，见北京师范大学校史资料室编：《五四运动与北京高师》，北京师范大学出版社，1984 年，第 178 页。

尽之义务而不能尽,有应享之权利而不能享,可胜浩叹!自世界潮流日趋文明,于是女子亦得出而问世:有为工商者、为教员者、得选举权者、间有能牺牲权利专为慈善事业者,要皆有益于世者也"。最后他严肃指出,女子师范学生毕业即为家庭羁绊不事社会,一来致使入不敷出的教育经费更加窘困,二来致使自己沦为只享权利不履义务的食言背约之人,结果只能是"诸君有负于国家,亦使国家有负于人民",与"国家造就之初意"相背离。①

蔡元培之外,陈独秀对高师学校也颇为关注,演讲有7次之多,主要涉及道德革命、社会主义思想和新教育三个方面,后两个方面详见后文,兹不赘述。反对旧礼教、旧道德,提倡新道德的"道德革命",是新文化运动的重要方面。陈独秀作为"道德革命"的重要发起人,在抨击中国传统旧道德的同时,还试图通过易家族本位为个人本位,易禁欲主义为合理利己主义的途径构建一种以个人为中心的自利主义的新道德。陈独秀在北京高师德育部作的《道德之概念及其学说之派别》演讲,就较为完整地提出了他关于"道德革命"的思想。陈独秀认为道德是个历史性的范畴,它随着社会历史的演进而呈现出不同的性质,即道德的内涵"有变,亦进化亦进步"。立足于进化论的观点,陈独秀批判了中国的旧道德,认为是"奴隶道德",已经不适应"今日之民主社会"。他说:"吾国旧日三纲五伦之道德,则既非利己,又非利人;既非个人,又非社会,乃封建时代以家族主义为根据之奴隶道德也。此种道德之在今日,已无讨论之价值。其或有恋恋不舍者,奴性未除,不敢以国民自居者耳。"在批判旧道德的同时,陈独秀介绍了西方两种新道德,即"个人主义之自利"道德观和"社会主义之利他"的道德观。个人主义是希腊罗马遗传的思想,至今世而大昌,达尔文的进化论,尼采的超人论,德意志的军国主义都是从个人主义自利派的思想中演变出来的;社会主义是耶稣教文明传入的思想,是以俄国的托尔斯泰为代表。对于社会主义的利他派,陈独秀持怀疑的态度,他说:"天下无论何人,未有不以爱己为目

---

① 《蔡元培先生讲权利与义务》,《北京女子高等师范文艺会刊》1919年6月第1期,第3~5页。

的者。其有昌言不爱己而爱他人者，欺人之谈耳。"一切言爱他主义者，其最终的真正目的仍是爱自己的。陈独秀偏向于自利主义，"以自利主义为少胜"，为"至坚确不易动摇之主义"。但是，陈独秀并不主张把自利主义进一步扩张，而是要把它局限在仅用于解决人际间的冲突。他说："故言自利主义，而限于个人，不图扩而充之，至于国家自利，社会自利，人类自利，则人类思想生活之冲突无有已时，他日道德问题之解决不外是欤。"① 对传统道德的完全否定和对社会主义道德学说的怀疑，无疑暴露了陈独秀思想的局限性。但是，如有学者指出："这不是陈独秀在'五四'时期的问题，难以苛责。"② 陈独秀对于个人主义道德学说的提倡，是对封建社会"奴隶道德"的反动。他突出强调个人的作用，是要用个人主义打破封建主义，以自由平等的观念来对抗封建等级制度，是要通过激发个体的活力，进而激发国家民族的活力，从而达到向封建旧伦理宣战，求得人的个性解放，进而拯救民族危亡的根本目的。这一点无疑是值得肯定的。另外，需要指出的是，陈独秀对这种自利主义道德观的弊端也是有所认识的，他就指出极端的自利主义"将破坏社会之组织"，因而主张把自利主义"限于个人，不图扩而充之"。③ 陈独秀的演讲，经学生蒋起龙、姚裕源和常乃惪的整理，分别以《陈独秀先生在本校校友会德育部演讲笔记》和《记陈独秀君演讲辞》为题目发表在《北京高等师范学校校友会杂志》和《新青年》上。

陈独秀的新道德学说在北京高师引起了很大反响，并启发了师生们对于道德问题的进一步思考。常乃惪就认为陈独秀的演讲"于道德之真象，可谓发挥尽致"④，但是他不赞同陈独秀对待旧道德和新道德的简单态度。他指出，道德不是铁板一块，而是包括"元知"和"推知"两部分，这两部分的性质是不同的，"道德则包元知、推知二作用而同有之。有本心所自有者，

---

① 常乃惪：《记陈独秀君演讲辞》，《新青年》1917年5月1日第3卷第3号，第1～2页。
② 桂展鹏：《论"五四"时期陈独秀构建的新道德》，《云南行政学院学报》2007年第3期。
③ 常乃惪：《记陈独秀君演讲辞》，《新青年》1917年5月1日第3卷第3号，第2页。
④ 同上。

谓之元知。有习惯所养成者,谓之推知……其一可不变,其二未有不变者也"。因此,他主张应该对这两部分分别加以对待:对于"推知",因其是依照进化论处于不断变化之中的,当代的"推知"必然胜过古代的,因此应该反对"旧推知",提倡"新推知";但是,道德中的"元知",即人类本心所固有的良知的东西,是亘古不变的,应该完全继承下来。依着这一思路,常乃惪把陈独秀所推崇的"自利主义"新道德也分为"自利之心"和"自利之道"两部分。常乃惪认为"自利之心"会使人沉溺于私利,不复关心国家、民族的命运,是应该排斥的;而"自利之道",可以推己及人,推小及大,有利于整个国家和社会的发展,应该多加提倡。从这个角度说,要实现"民强种进","今之急务,不在遏其自利之心,而在教以自利之道,使其舍小利而就大利,舍近利而就远利,舍一时之利而就永久之利"。①"元知"和"推知"的划分,使得常乃惪在对待旧道德时,就不再是全盘地否定和抛弃,而是在否定"旧推知"的同时肯定了"元知"的亘久不变。在对待近代西方新道德时,也不再是主张全盘地肯定与吸收,而是在肯定其"自利之道"的同时,扬弃了其"自利之心"。这种辩证地对待东西文化、古今文化的方法与态度,在当时是难能可贵的。

胡适关于"整理国故"的演讲在高师学校也影响颇大。在演讲中,他认为输入西方的学理只能影响到少数人,只能形成所谓新文化"波浪顶上的一点白光",而"放开眼看,国人的思想、制度、风俗、习惯在在俱受国故的影响",所以要造成完全的新文化,就必须从研究、整理国故入手,"对于古人和古书要重新估价,恢复他们的真价值。即使他们还能作怪,也要使他们作怪的限度降低"。胡适指出,整理国故应当抱持一种"怀疑的态度",他说:"我们既把古籍当史料看,史料便不是'金科玉律'。所以要不轻信,才不上当。"针对古书"多伪造""多被糊涂学者误解""解释的本身多荒谬"等可疑之处,胡适主张"拿新眼光新方法去对付国故……每一部经典,与他

---

① 常乃惪:《记陈独秀君演讲辞》,《新青年》1917年5月1日第3卷第3号,第3页。

(它)一个适当的位置;每一个圣人,与他脱去袍子,还他一个本来面目"。整理国故的具体方法包括初步的整理方法和系统的著述方法。其中整理的方法从"校勘""训诂""考证"入手,"我们不作第一步校勘工夫,便天天读误书;我们不作第二步训诂工夫,便天天乱讲书;我们不作第三步考证工夫,便天天信假书"。关于系统的著述,胡适针对古书多是"零碎的模型"这一情况,指出:"一定要另辟新路径……总须别出手眼,组织一番,使各成为有系统的书。必如此,前人的真象,才得明瞭(了),后世读古书也较经济。"①

胡适的这篇演讲是继《新思潮的意义》之后,关于"整理国故运动"理论研究的又一篇力作。他本人对这次演讲也非常重视:"这个题目以前在南京高师讲过,记录太差,不大满意。今天重讲,比前次总得详备一点。"②并且,在何呈锜把演讲稿整理出来之后他还亲自校稿。胡适整理国故的思想有力地推动了北京高师学术研究的发展。师生们把胡适提倡的"怀疑的态度",以及"校勘""训诂""考证"等科学的方法运用到学术研究中,取得了丰硕的成果。如国文学科方面,1922年国文部刊行的《国文丛刊》9篇文章中,几乎每篇都涉及科学的方法和精神,其中张崑玉的《中国文学几项心理的说明》和汪震的《大学之哲学的研究》就把心理学、哲学的研究方法运用到国文研究中;高克明的《三国六朝三玄之学考》和王道昌的《孙卿赋十篇考》运用了科学的考证方法;杨树达的《古书疑义举例续补》和刘师培的《古书疑义举例补》则充分体现了"怀疑的态度"。其他如王道昌的《刘歆与今古文》、吴虞的《墨子的劳农主义》、黎锦熙的《国语中基本语词的统计研究》也都涉及考证、统计、测验等科学的方法。史学方面,20世纪20年代初期,北京高师出现了疑古的史学思潮,具体内容详见第七章。

---

① 胡适之先生讲演并校稿,何呈锜笔记:《研究国故的方法》,《国文丛刊》1922年创刊号。
② 同上。

第二节 新文化运动与高师学生活动

在"五四"新文化运动的影响和各种新思潮的不断冲击下,高师师生们的思想渐趋活跃起来。如北京高师常乃惪记述他第一次读《新青年》时激动的感受:"前从友人处假得《新青年》二卷一二两号读之,伟论精言,发人深省。当举世混浊之秋,而有此棒喝,诚一剂清凉散也。"[①] 张季熟也回忆当时成都高师:"新思潮已相当浓烈,介绍新文化的书刊不少,我很快就由廖平的崇拜者变为《新青年》的信徒,深信只有'德先生'与'赛先生'才能救中国。"[②] 对此,保守教员们"天天叫嚷洪水猛兽,教课时间也要来个政治附加,做到他们的'辞而辟之'。我班的主任教师龚煦春,给我们出了一道'新潮流之捍御策'的作文题,要我们捍御"[③],结果适得其反,"记得我班就因为要作'新潮流之捍御策',一些平时埋头故纸堆的同学,也不能不购买几册,一探究竟,但一接触就为真理所征服,许多人却就受了影响"[④]。校园风气也为之一振,师生们掀起了兴办学生社团,出版刊物,关注社会教育以及国家命运的高潮,且在早期马克思主义者的影响和带动下,积极投入马克思主义的传播中。

一 学生社团及刊物

新文化运动时期,基于民初以来高师各学科的不断发展、广大学生一定

---

① 水如编:《陈独秀书信集》,新华出版社,1987年,第61页。
② 张秀熟:《二声集》,巴蜀书社,1992年,第573页。
③ 同上注,第409页。
④ 中国青年出版社编:《光辉的五四》,中国青年出版社,1959年,第167页。

学术研究能力的具备，以及各高师校方和广大教师的支持，高师学生先后在教员的指导下成立社团，举办讲演，出版刊物，社会事业和专业研究皆蔚为盛事。具体情况见表2-2：

表2-2　北京高师学生社团一览表

名称	成立时间	宗旨、主要活动及刊物
校友会	1915年4月	以"观摩德艺，锻炼身体"为总旨，进行体育游艺活动，出版《校友会杂志》。
辩论会	1917年	以"修缮词令辩明学理为总旨"，练习演说，发表思想。
校役补习夜班	1917年	由学生轮流担任讲员，提高为学校服务的工友们的知识水平。
同言社	1918年5月	数理部学生发起，"以言语与教育关系密切，特发起以资练习"。
国货维持会	1918年5月	校友会发起，以提倡国货为宗旨。
工学会	1919年2月	出版《工学》杂志，宣传"工学主义"。
平民学校	1919年4月	为群众在业余时间补习文化，宣传社会主义思想，并号召群众起来"根本改造这个万恶的社会，打破贫富的阶级"。
学生会	1919年5月4日	属于北京中等以上学校学生联合会之下的一个单位，是对外的。组织发起"五四运动"；以"学生联合会"的名义，印行过《五七报》，后被查禁；建议学生联合会举办平民学校。
平民教育社	1919年10月	刊发《平民教育》杂志，研究宣传实施平民教育。
学生自治会	1919年11月14日	提倡学生自治，"从前关于训育的事项，现在大半由此会处置"。
社会主义青年团	1920年下半年	出版《劳动文化》，并和蔡和森同志取得联系，号召工人们起来进行"劳工运动"。

续表

名称	成立时间	宗旨、主要活动及刊物
夏令学校	1922年夏	"为谋全国普通学校教职员及各省区教育行政人员增进学识起见",除了教职员和教育行政人员外,"凡有志研究学术者亦得入校学习"。
劳动学校	1922年9月	教育革新社创办,"以教育劳动者,使得到生活上必需之常识,职业上必需之知识,及促进劳动者的阶级觉悟为宗旨",开办校役补习夜班,在北京西山农村开办了暑期补习班,组织通俗讲演所。

表2-3 北京高师学术团体一览表

名称	成立时间	宗旨、主要活动及刊物
史地学会	1915年4月	以研究历史地理增进学识联络感情为宗旨,举办讲演会,刊行讲演稿,内容除历史、地理之外,还涉及哲学、天文、经济、国势民情诸领域。1920年6月,刊行《史地丛刊》。
英文学会	1916年	以练习英文增进学识联络感情为宗旨,定期开展演讲和辩论,出版《英文丛刊》。
教育研究会	1917年	以研究教育为宗旨,定期开展讲演会、讨论会、辩论会。
国文学会	1917年10月	以研究文学讨论国文教法为宗旨,1922年出版《国文学会丛刊》,刊载文史哲方面的著作。
理化学会	1917年	以研究物理化学增进学识联络感情为宗旨,1919年5月,创办《理化杂志》。
数理学会	1918年1月	创办《数理杂志》,是我国最早的数理专刊。
手工图画学会	1918年2月	不详
博物学会	1919年9月	创办《博物杂志》,以阐发博物知识及学理为宗旨,发表新学说、新研究成果、调查报告、旅行日记、博物趣谈等文章,并设有论说、演讲、报告、译著、杂纂等栏目。

续表

名称	成立时间	宗旨、主要活动及刊物
《教育丛刊》编辑处	1919年12月	创办《教育丛刊》，宗旨是：一、批评本国现时教育的劣点及调查各地教育的现状。二、介绍国外最新的教育学说。三、建议今后本国教育上各种革新的计划。
实际教育研究社	1920年1月15日	创办《实际教育》，刊发教育学、心理学、各科教授法、教育调查、世界教育形势、教育名著等方面的文章。目前仅存第一卷二到六期、第二卷第一期。
四川同学会	不详	出版《四川教育新潮》，介绍现代教育趋势和四川教育状况，探讨解决四川教育问题的方法。
教育革新社	不详	创办《教育新刊》，刊登有瞿秋白介绍苏联教育政策的文章。

表 2-4　南京高师社团及刊物一览表

名称	成立时间	宗旨、主要活动及刊物
中国科学社	1915年10月25日创办于美国，1918年迁入学校	以"联系同志，研究学术，以共图中国科学之发达"为宗旨，刊行《科学》月刊、《科学画报》《论文专刊》《科学丛书》《科学译丛》等，设立图书馆、博物馆、生物研究所，举办科学讲演和展览，召开学术讨论会。
校友会	1917年9月	以崇尚本校校友之情谊，砥砺道德，研究学艺，修炼才识，培养坚强之体魄，活泼之精神，贯彻诚字校训，藉使发展教育事业为宗旨。1918年暑期刊行《校友》杂志。
学衡杂志社	1917年10月	以"昌明国粹，融化新知"为宗旨，1922年1月1日创刊《学衡》，以"论究学术，阐求真理，昌明国粹，融化新知，以中正之眼光，行批评之职事，无偏无党，不激不随"为宗旨。
新教育共进社	1918年12月成立，1919年1月改现名	以"直接输入东西洋学术，使吾国固有文化，受新潮之刺激而加速其进化率"为宗旨，定期开展讲演会、讨论会、辩论会。1919年2月创刊《新教育》。
南京高师日刊社	1918年	主要报道南京高师和南京地区进步师生开展反帝反封建斗争的情况，以及南京高师的教学活动。1921年9月29日改为《国立东南大学、南京高师日刊》。

续表

名称	成立时间	宗旨、主要活动及刊物
少年社会杂志社	1919年12月1日	创办《少年社会》，以研究、批评、奋斗、创造为信条，强调教育的重要性，主张以教育为改造社会的手段，1920年5月停刊。
史地研究会	1920年5月13日	以研究史学地学为宗旨，定期开展演讲和辩论，1921年7月刊行《史地学报》。
数理化研究会	不详	1919年9月创刊《数理化杂志》，不定期邀请指导员（本校教员）或校外名人讲演。
教育研究会	不详	会员有124人，聘请陶行知等8人为指导员，刊行《教育汇刊》，不定期邀请指导员（本校教员）或校外名人讲演，曾邀请陶行知、刘伯明莅会演讲。遇有特殊问题则开辩论会。
文哲学研究会	不详	刊行《文哲学报》，不定期邀请指导员（本校教员）或校外名人讲演。
工学研究会	不详	刊行《工学丛刊》，不定期邀请指导员（本校教员）或校外名人讲演。
农业研究会	不详	刊行《农业丛刊》和《农业教育》，不定期邀请指导员（本校教员）或校外名人讲演。
体育研究会	不详	刊行《体育丛刊》，不定期邀请指导员（本校教员）或校外名人讲演。
英文研究会	不详	分英文文学和英文演说两部，演说部每两周即练习一次，并不时举行英文演说竞争会和辩论会。
戏曲研究会	不详	不详

表2-5 北京女高师社团及刊物一览表

名称	成立时间	宗旨、主要活动及刊物
数理研究会	1917年7月	以"阐明学理，交换知识"为宗旨，下设数学组、物理组和化学组，分门研究，按期开会报告。
校友会	1917年12月	以"联络友谊，交换学识，发展本能以收互助相辅之益"为宗旨，分总务、学艺、编辑和运动四部。

续表

名称	成立时间	宗旨、主要活动及刊物
文艺研究会	1919年3月	以"提倡纯洁道德、发挥高尚思想、商榷古今学问、陶冶优美情操、涵养审美兴趣、助长美术技能"为宗旨,刊行《北京女子高等师范文艺会刊》。1922年更名为"北京女子高等师范文艺研究会",以"研究文艺"为宗旨。
幼稚教育研究会	1919年9月	以研究幼稚心理及教育法为宗旨,主要事项有讲演和编辑,各会员按期报告心得,提交论文。
博物研究会	1919年11月	以"收集博物材料,并讨论学理"为宗旨,下设生物组和生理组,分门收集研究,按期开会报告。
学生自治会	1919年12月	以"本互助之精神,谋个人能力之发展及校务之发达"为宗旨,下设国货股、讲演股和出版股,会员256人。
女子国货会	1919年	主张凡入学的学生,一切用品皆用国货。
家事研究会	1920年2月	以"本互助之精神,改良家庭,补助社会"为宗旨,主要活动有讲演和讨论。
北京女子高等师范周刊社	1922年10月	以研究各门科学、探讨人生、服务社会为宗旨,发行《北京女子高等师范周刊》,1923年3月4日第22期起改称《北京女子高等师范周镌》。1924年9月7日第74期改称为《国立北京女子师范大学周刊》。
女权运动同盟会	1922年	以扩展女权、解放妇女、争取男女平等为宗旨。
女高师基督教女青年会	1923年	不详

表2-6 武昌高师社团及刊物一览表

名称	成立时间	宗旨、主要活动及刊物
理学会	不详	以"切磋砥砺、发抒心得、练习演讲"为宗旨,后改为数理学会、数理化学会,会员分为教员身份参加的会员和学生身份参加的普通会员,主要活动有定期集会演讲,邀请名人学者作报告,组织师生捐赠书籍、资料,建立图书室、标本室,发行刊物。

续表

名称	成立时间	宗旨、主要活动及刊物
英语谈话会	不详	以练习英语为宗旨，会员分为教员身份参加的会员和学生身份参加的普通会员。
史地学会	不详	以"联合同志考求史地图书，增进学业"为宗旨，会员分为教员身份参加的会员和学生身份参加的普通会员，每月召开一次常会，每学期召开一次大会，内容有名人演讲、特别会员命题，会长、会员发表心得，质疑问难和旅行报告等。后改为国文史地学会，1920年5月刊行《国学麂林》。
博物学会	不详	以"研究博物学科，推广博物知识"为宗旨，主要活动有定期集会演讲，邀请名人学者作报告，组织师生捐赠书籍、资料，建立图书室、标本室，1918年6月到1925年发行刊物《国立武昌高师博物学会杂志（季刊）》。
数理学会	不详	1919年5月创刊《数理化杂志》，主编是数理化部主任黄际遇。1918年5月到1921年刊行《国立武昌高师数理学会杂志（半年刊）》。
武昌博物杂志社	不详	1913年6月刊行《博物杂志》。
武昌文史杂志社	不详	1913年10月刊行《文史杂志》。
武昌楚学会	不详	1913年7月刊行《楚学杂志》。
新空气杂志社	不详	1918年刊行《新空气》。
同窗会	不详	1918年刊行《国立武昌高师同窗会志》。
附中校友会	不详	1919年刊行《国立武昌高师附中校友会杂志》。
国立武昌高师周报杂志社	不详	1918年5月刊行《国立武昌高师周报》。
教育学术研究会	不详	1920到1922年10月刊行《国立武昌高师教育学术研究会杂志》。
教育学会	不详	1923年刊行《教育杂志（教育丛报）》。
文学会	不详	1923年7月刊行《文学季刊》。

表 2-7　沈阳高师社团及刊物一览表

名称	成立时间	宗旨、主要活动及刊物
丽泽周会	1919 年	国文史地部本科学生组织，宗旨为以课外之作业精进学艺发达身心，主要活动有学术讲演、体育竞进、课业研究、校外游览。
博物本科同级会	1919 年	不详
力行会	1920 年	以力行三育为宗旨，会员包括数理化部所有学生。主要活动有学术讲演、课业研究、校外游览。
毅社	1920 年	以辅助本部主科之研究，促进三育为宗旨，会员分为普通会员和特别会员。普通会员包括英语部全体学生，特别会员是由普通会员三人以上之介绍或经会长许可者。
沈阳高等师范周报杂志社	1920 年	刊行《沈阳高等师范周报》，主要宣传道德教育、产业教育和国防教育。
孟晋迨群社	1920 年	由国文史地部预科学生组织，以砥砺学行，实行互助为宗旨，主要活动有运动（联系校中各种游戏）、游览（游览名胜之地）、参观（参观工厂学校等）、研究（凡课业之疑难、世界之新闻皆为研究之资料）、讲演（敦请各界名人或本校师长讲演）五项。
求进社	1920 年	由博物部预科学生组织，以团结精神、求进学艺为宗旨，主要开展学术讲演、采集标本、体育竞进、校外游览等活动。

此外，成都高师师生们主编或编辑的刊物主要有：《星期日》周报，为少年中国学会成都分会会刊，因每逢星期日出版而得名，于 1919 年 7 月创刊，1920 年 7 月停刊，共出 52 期，与《每周评论》《星期评论》《湘江评论》齐名，成为四川地区创办最早的宣传新文化的刊物。成都高师毕业生穆济波于 1920 年 3 月至 8 月和吴虞同时担任第三任编辑，高师英语教师周晓和为《星期日》"言论"和"批评"栏目的主要撰稿人，发文达 16 篇之多。[①] 此外，高师学生也参与了该刊的发行工作。

---

① 根据《五四时期期刊介绍》所载《"星期日"目录》统计。见中共中央马恩列斯著作编译局研究室编：《五四时期期刊介绍》第 1 集，生活·读书·新知三联书店，1978 年，第 773～778 页。

《四川学生潮》是四川全省学生联合会的机关刊物，于1920年5月23日创办，以"警觉国民，促进文化，改革社会恶习"为宗旨。成都高师国文部三年级学生袁诗荛任主编，同班同学刘砚僧、王维彻等全力协助，编辑部也设在成都高师校内。由学生自筹经费，自撰、自编、自校、自己发行，成为"五四"时期四川影响较大的刊物之一，"其果敢之气超乎《星期日》之上"。①

《直觉》是成都高师及附中学生刘先亮、秦德君、王怡庵、马静沉等于1920年下半年编辑出版的半月刊，穆济波担任主编，属于文艺性刊物。

将本学科研究者聚集一堂进行学术讨论，是近代学会经办的一项重要事业。高师学校各社团成立之后，随即投入学术讲演、编辑刊物、出版著作、学术讨论会和社会服务等各种活动。

（一）学术讲演

讲演是近代社会宣传学理、交流学术的重要方式，梁启超曾称其为"传播文明三利器"之一。②高师社团也把学术讲演视为其主要研究方法。如北京高师教育研究会就在会章中明确把学术演讲分为会员讲演和名人讲演两种，并规定：会员讲演"完毕后得请名誉会员或各会员自由批评之"；名人讲演"应由干事部临时委托会员记录其演辞"，如张伯苓、王文培在该会的演讲就被认真整理，并以《张伯苓先生莅本校教育研究会讲演词》《美国战时教育状况》为题分别在《北京高等师范学校周刊》和《新教育》上发表。再如南京高师各学术社团，"性质虽不相同，但是他们的事业有大部分相同的。譬如各会每学期必须请几位指导员（本校教员）或校外名人来讲演"。③沈阳高师各学会也都将学术讲演列为主要会务之一，丽泽周会于1920年3月曾举行普通讲演会，边树藩讲"人类欲望发达与国家社会之关系"、胡世兴讲"日本民族之弱点"、赵世儒讲"学生自治与社会改造"等。

---

① 四川大学校史编写组编：《四川大学史稿》，四川大学出版社，1985年，第71页。
② 梁启超：《饮冰室合集·专集之二》，中华书局，1936年，第41页。
③ 曹刍：《东南大学南京高师学生生活》，《学生》1922年第9卷第7号。

（二）编辑与出版工作

为研讨社会问题、教育事业及学术问题并扩大学术研究的影响，一些高师社团还设立了专门的编辑部门，编辑出版了多种教育学术刊物，既有助于教育学术的传播与交流，又增强了教育学术研究的实践性。如北京高师实际教育研究社出版了《实际教育》月刊（目前仅存第 1 卷 2 到 6 期，第 2 卷第 1 期）。教育与社会社刊行了《教育与社会》和《美育》杂志（第 1 卷第 1—3 期）[1]。四川教育新潮社创办了《四川教育新潮》半月刊，16 开，共出约 13 期。[2] 教育革新社创办双周刊《教育新刊》。在编译书籍方面，据统计，1923 年 10 月底之前北京高师平民教育社编译的著作达 24 部。[3] 教育研究会也于 1918 年出版了附属中学国文教员夏宇众的《中学国文科教授之商榷》一书。

（三）学术讨论会

"学术团体之使命，在时常聚焦讨论，以谋常理之发现及事业之进展"[4]，已成为近代学人的共识，而举办各种学术讨论会可谓实现这一使命的主要方式。北京高师教育研究会就非常注重学术讨论会，不但规定"会员提出题目时应将其题目内容纲要一并提出交由干事部印刷先期分配各会员"，而且"每次开会时由拟题者首先说明提出题目之理由及其研究所得之要领"。[5] 会上讨论的题目不仅具有理论上的价值，而且切合当时中国教育的实际。如 1917 年 11 月 24 日第一次讨论会讨论的题目为"1. 改国民学校国文科为国语科其利害若何；2. 废考试去规则然后有真学问真道德谈；3. 小学校职业教育实施法"。[6] 值得一提的是，还有些题目直接针对本校教授的具体实施情况

---

[1] 刘瑞宽：《中国美术的现代化》，生活·读书·新知三联书店，2008 年，第 390 页。
[2] 四川省地方志编纂委员会：《四川省志·出版志下》，四川人民出版社，2001 年，第 594 页。
[3] 姚以齐：《本社四年来的回顾》，北京高师平民教育社：《平民教育》（《平民教育》四周纪念特号），1923 年 10 月 30 日第 68、69 期合刊，第 9 页。
[4] 储志：《中国社会教育社的过去与将来》，《教育与民众》1934 年第 5 卷第 8 期。
[5] 《北京高等师范学校教育研究会会章》，《专件》，北京高等师范学校《教育丛刊》编辑处：《教育丛刊》1919 年 12 月第 1 卷第 1 集，第 2 页。
[6] 《教育研究会通告》，《北京高等师范学校周报》1917 年 11 月 19 日第 17 号，第 6 页。

进行讨论，以指导本校的教学工作。如在1919年2月18日的讨论会上，韩景陈先生提出："本科三年级于教育一门宜酌用讨论方法（或名曰讨论会），以启发学生研究之兴味，养成活用学理之精神。"①这个议案最后经教育研究会公决，认为可行。南京高师教育研究会遇到特殊问题，也开学术辩论会，如1919年上半年就开展了关于中学男女同学问题的讨论，"听者几千人"。②

（四）社会服务活动

本着"学校与社会联络、为社会指导"③的主旨，各教育学术团体纷纷开展了多项社会服务活动。如北京高师教育革新社于1923年2月创办了劳动学校，"以教育劳动者，使得到生活上必需之常识，职业上必需之知识，及促进劳动者的阶级觉悟为宗旨"④，"凡一切劳动者，不问资格、年龄、国别、种别、性别，一律可以入校"。⑤该校共招收了工人200余名，分初、高两级。初级程度必修科目有国文、时事谈话、常识谈话、劳动运动史、算术；高级程度必修科目有国文、时事讲读、世界现势、劳动运动史、政治经济常识、算术、科学常识。劳动学校明确把"促进劳动者的阶级觉悟"定为办学宗旨，并设置了具有鲜明革命特色的课程，如"劳动运动史"。该校影响颇大，《学生杂志》第十卷第三号在"社会服务"一栏专门予以报道。南京高师少年社会社则非常重视在学理上对社会服务问题加以研究，专门出版了一期"社会服务号"（一卷十期），认为社会服务的目的有四："（一）为公众谋幸福；（二）为人己求互助；（三）为社会促进化；（四）为国家增实力。"⑥

---

① 《教务课纪事》，《北京高等师范学校周报》1919年4月14日第60号，第6～7页。
② 曹刍：《东南大学南京高师学生生活》，《学生》1922年第9卷第7号。
③ 蔡振生、刘立德编：《陈宝泉教育论著选》，人民教育出版社，1996年，第77页。
④ 《北京高师教育革新社劳动学校组织大纲》，《附录》，北京师范大学：《教育丛刊》1923年4月第4卷第1集，第18页。
⑤ 同上注，第19页。
⑥ 《少年社会》，见中共中央马恩列斯著作编译局研究室编：《五四时期期刊介绍》第1集，生活·读书·新知三联书店，1978年，第292页。

无疑，上述各社团和高师学校之间存在着一定的互动关系。一方面，高师广大师生构成了各社团的主体力量；另一方面，各社团通过拟定研讨的"中心问题"，联络广大师生开展学术研究，并且通过编辑和出版工作，为广大师生进行学术研究提供了各种活动和练习的阵地。如沈阳高师组织毅社即是为了令该校英语系学生"每星期实地练习"①，组织丽泽周会也是考虑到"该校史地部极□，其中程度优美者亦颇不少，若不集合一体互相观摩，恐不易进步"，"每礼拜集合一次，以资观摩"。② 正是通过上述活动的组织和充分的练习，各高师不仅学术研究取得了丰硕成果，且师生们还能积极参与传播新思潮，将新文化运动推进到新的高度。

二　早期马克思主义在民初高师的传播

　　十月革命后，以李大钊为代表的一批先进知识分子开始在中国传播马克思主义，宣传马克思主义渐成为后期新文化运动的主流。民初高师与早期马克思主义者的关系非常密切。通过聘请来执教、课余来兼课、邀请到高师演讲等活动，高师师生们在他们的影响和带动下，积极投入马克思主义的传播中，并做出了自己的贡献。

（一）李大钊与民初高师

　　在民初高师中，李大钊与北京女高师的联系最为密切且持久，基本贯穿女高师始终。如前所述，李大钊在北京女高师相继开设了社会运动史、西洋伦理学史、社会学、女权运动史、伦理学、图书馆学等课程。在授课时，他非常注重传播马克思主义，尤其是"妇女解放"思想，启发学生们的革命觉悟。如在讲授社会运动史时，他运用唯物史观分析社会历史的发展，从氏族社会的图腾、奴隶社会一直讲到《共产党宣言》的问世。在讲授伦理学时，他着力批判了旧道德之一的"孝道"："我们今天所以反对孝道，是因为

---

① 《高师范组织毅社》，《盛京时报》1920年4月22日。
② 《高师范组织丽泽周会》，《盛京时报》1920年4月25日。

社会的基础已经起了新的变化。孝道并不是天经地义的事情，而且子女与父母的关系的好坏，也要看双方的感情如何，不是可以用孝道束缚得住的。我不主张儿子对自己行孝，可是我却疼爱自己的老人；因为他抚养了我，教育了我，为我付出过很大的心血。疼爱自己的老人，这是人之常情，不能算是孝道。"①他还谈及了妇女解放和"儿童公育"问题，首先从文字学的角度揭示家的含义："妇女们成年累月关在家里，喂猪养鸡，操劳家务"，接着指出妇女解放的关键问题，在于"真正摆脱了家庭的生活琐事，参加了社会活动，并且有了自己独立的经济地位"，并认为"儿童公育"是达到男女平等的一个重要方法，由此更进一步指出："中国将来进到社会主义社会或共产主义社会的时候，孩子们的乐园'儿童公育'自然会随着条件的不同而改善的。到那时候，孩子们就更幸福了。"②

李大钊的授课对学生的启发极大，程俊英就回忆道："我们行动不自由，受压迫，本来就有气，再加上家庭的种种束缚，听到李老师的话，就深刻地理解了只有社会改变了，妇女才能真正得到解放。这就是我们参加'五四'运动的思想基础。"③"在李大钊老师担任的社会学、女权运动史、伦理学三门课上，我第一次知道了马克思主义和共产主义，了解了俄国十月革命的点滴情况和世界妇女争取自由平等的动态……李老师又大力介绍《新青年》《每周评论》等刊物让我们阅读，其中《青春》《今》《我的马克思主义观》等，给我的教育尤其深刻。"④李大钊还积极参加学生们的各项活动，并起了领导者和引导者的作用。如担任了国文部学生主演的《孔雀东南飞》一剧的编辑和导演，大力鼓吹妇女解放、婚姻自由，反对父母包办的封建婚姻制

---

① 《在女高师教学片断》，见李星华：《回忆我的父亲李大钊》，上海文艺出版社，1981年，第71页。

② 同上注，第72页。

③ 程俊英：《五四时期的北京女高师》，见北京师范大学校史资料室编：《五四运动与北京高师》，北京师范大学出版社，1984年，第124页。

④ 程俊英：《回忆女师大》，见朱杰人、戴从喜编：《程俊英教授纪念文集》，华东师范大学出版社，2004年，第346页。

度；担任1919年秋"北京学界追悼李超女士大会"的主要策划者和组织者，号召妇女奋起斗争，勇于冲破束缚妇女身心的封建桎梏；鼓励指导学生缪伯英、周敏、王孝英等参加"女子参政运动"和"北京女权运动同盟"；以北京女高师代表身份参与1921年北京国立专门以上八所学校教职员向军阀政府的索薪斗争等等。

李大钊与北京高师的联系也较为密切，1920年在校教授唯物史观、史学思想史等课程，并担任图书馆讲习会教员。同时，他还在北京高师公开发表了宣传马克思主义和社会主义革命的演讲。1922年5月1日，北京高师工学会、北京大学马克思研究会及北京学生联合会三团体在北京高师举行"五一"纪念大会，李大钊与会并发表了题为"五一纪念日于现在中国劳动界的意义"的演讲。在演讲中他利用剩余价值理论，深刻揭露了资本主义制度的罪恶本质，明确提出了"劳工运动"的口号，并且为中国的劳工运动制定了最终奋斗目标和具体的斗争目标："（一）关于外交者：（1）反对国际的军阀、财阀的压迫；（2）要求与劳农俄国成立商约并正式承认其政府。（二）关于内政者：（1）否认督军制及巡阅使制，一律改为国军，实行裁兵；（2）主张开国家大会，容纳各阶级的代表，制定国宪；（3）反对以人民为牺牲的内讧的战争。（三）关于改善工人境遇者：（1）八小时工作，额外工作加薪；（2）假期停工给薪；（3）男女同工同酬；（4）含有危险性的工作应该格外优待，如矿、路、电等；（5）取缔童工；（6）要求公家在工人集合的地方多设正当娱乐的场所及设备。"① 这篇演讲无疑会大大加深学生们对"劳工运动"的认识，引导更多的学生走上与劳工运动相结合的革命道路。值得一提的是，李大钊对于学生的革命活动也给予了积极的指导和帮助。据楚图南回忆："在李大钊同志的指导下，'工学会'的活动从学习互助，贩卖书刊文具，扩大到办职工夜校；从阅读进步书刊到宣传苏联的十月革命。"他本人也经过工学会成员介绍认识了李大钊，并在他的指导下，编辑了一份名为《劳动文化》的

---

① 中国李大钊研究会编注：《李大钊文集》第4卷，人民出版社，1999年，第208～209页。

小报,"以公开的形式进行马克思主义的宣传"。李大钊对这份小报极为重视,"仔细地看过我们的每一期小报",并且还把该报推荐给日本共产党的同志。①杨明轩也曾回忆指出:"(魏)野畴同志在北京求学时,即在李大钊同志的领导下,致力于新文化运动,曾与李子洲等同志组织共进社,团结进步的西北青年知识分子从事革命活动,并常在《共进》半月刊发表进步言论,传播革命思想。"②

李大钊还于1923年2月2—4日应邀在武昌高师山顶新礼堂为教师讲习会作了题为"进步的历史观"演讲。在演讲中,他从"宇宙的运命""人间的历史"都是螺旋式的循环出发,指出:"如现在中国国势糟到此等地步,我们须要改造,不要学张勋因怀古而复辟,要拿新的来改造……中华民族现在所逢的史路,是一段崎岖险阻的道路……目前的艰难境界,哪能阻抑我们民族生命的前进。我们应该拿出雄健的精神,高唱着进行的曲调,在这悲壮歌声中,走过这崎岖险阻的道路。"③此次演讲稿当时即由湖北省教育厅汇集出版,足见其影响之大。

(二)陈独秀等与民初高师

陈独秀与广东高师的关系最为密切。他在广东高师发表的"社会之历史的进化"和"关于社会主义的问题"系列演讲均致力于马克思主义的传播。陈独秀首先依据社会的进化,"是根据人类生活的要求,依照历史的阶级,自然地演进",将其分为原人时代、渔猎时代、游牧时代、农业时代、工业时代五大阶段。④他指出,资本主义工业时代虽有"资本集中"这一优点,但却摆脱不了"财产私有"的弊端,从而导致一连串的社会问题:"财产私

---

① 楚图南:《怀念先烈李大钊》,见北京师范大学校史资料室编:《五四运动与北京高师》,北京师范大学出版社,1984年,第195~196页。
② 杨明轩:《魏野畴与西北地方共产主义思潮的启蒙运动》,见陕西省革命烈士事迹编纂委员会编:《魏野畴:传略·回忆·遗文》,陕西人民出版社,1981年,第37页。
③ 谢红星主编:《武汉大学校史新编(1893—2013)》,武汉大学出版社,2013年,第44页。
④ 《社会之历史的进化——在广东高师的讲演》,见姜德铭主编:《我之爱国主义》,中国戏剧出版社,2001年,第160~165页。

有"——"生产力与消费力失其均衡"——"剩余生产的恐慌"——"发生殖民地"——"镇压土人之反抗"——"和别的资本主义的国家竞争市场"——"资本的帝国主义",到了"资本的帝国主义"时期,"帝国主义者间相互争夺殖民地、半殖民地","殖民地、半殖民地的民族革命运动"和他们自己国内的"工人失业问题、劳动运动或民族问题",就都成了帝国主义的"催命符"。而社会主义制度,因为改"财产私有"为"财产共有",就可避免上述系列问题的发生,"如此世界的和平方可实现"。因此,社会主义制度的建立,"并不是主观的要求,想利用他来破坏资本主义来改造现实社会,乃是因为客观上经济组织变化之自然趋势及历史进化之历程,令我们不得不相信社会主义"。接着,他在分别分析"基尔德社会主义""无政府主义""工团主义"和"共产主义,即马克思的科学的社会主义"4个社会主义派别的基础上,认为只有"共产主义,即马克思的科学的社会主义"才是"讲到最有精密周到的办法",他概括了"马克思的科学社会主义"的三大原则:"科学的根据""社会改造应有的步骤""每一步骤都须用革命的方法",认为这是"马克思派共产主义最重要之点",也是"我们研究马克思社会主义者应该特别注意的地方"。具体到中国如何开始进行社会主义,陈独秀在分析了世界和中国的政治经济情形后,指出:"半殖民地的中国,不像欧美……各国已达到资产阶级的政治,统治中国的是封建的军阀阶级,他们勾结外国帝国主义者为后援,资产阶级、劳动阶级都在他们压迫之下,所以中国劳动阶级和社会主义者的目前工作,首先要做打倒军阀打倒帝国主义的国民革命。"[1]在陈独秀的影响下,广东高师涌现了自己的马克思主义者和团体。据统计,到1923年加入中国共产党的师生有谭天度、蓝裕业、黄孝畴、刘英智、刘尚德、赖谷良6人,其中谭天度1922年春即已加入。蓝裕业参与创

---

[1] 《关于社会主义问题——在广东高师的讲演(一九二三年五月至六月二十日)》,见陆学艺、王处辉主编:《中国社会思想史资料选辑·民国卷(上册)》,广西人民出版社,2007年,第75~87页。

办了广东社会主义青年团外围组织——"关东新学生社",广东高师及附属中学、附属师范均是该社的首批支部。①

此外,和民初高师联系密切的早期马克思主义者还有蔡和森、杨杏佛、杨贤江、王右木、恽代英、吴玉章、陈潭秋、李汉俊等。蔡和森对北京高师的社会主义思想启蒙也做出了重要贡献。1922年,蔡和森在北京成立北方社会主义青年团,并指导和帮助北京高师成立了"北京高师社会主义青年团"。同时,为了更好地在北京高师传播马克思主义,蔡和森还亲自为《劳动文化》小报撰稿,"根据在法国的革命经验,特别是他在法国领导组织'工学互助社'的经验,提出了马克思主义要和工人运动相结合,要走俄国工人阶级的路的观点,提出了'劳工运动'的口号"②。蔡和森的这些观点大大加深了北京高师学生对马克思主义和社会主义革命的理解和认识,如楚图南回忆说:"蔡和森同志根据他在法国看到的国外工人阶级革命斗争的经验,分析了国内外的政治动向,极大地开阔了我们的眼界。"③

杨杏佛被认为是"南高时期宣传马克思主义最积极的教授",留美归国后他担任南京高师商业专修科首任主任,先后发表了《马克思生平》《马克思主义和阶级斗争》《论马克思的剩余价值》等演说和文章。杨贤江也是"南高最早宣传马克思主义和组织进步团体的成员之一",他于1917至1920年9月先后任南京高师斋务助理、图书馆助理、学监处事务员、教育科助理等职。在他的影响下,南京高师学生们于1919年12月发起创办了《少年世界》月刊和《少年社会》周刊,杨贤江和恽代英任编辑。两刊分别以"表明中国青年要与各国青年共负起改造世界的责任"和"使现在少年变成社会的少年,现在社会变成少年的社会"为宗旨④,积极宣传介绍苏联社会主义革命和国际

---

① 参见黄义祥编著:《中山大学史稿(1924—1949)》,中山大学出版社,1999年,第10页。
② 楚图南:《深切怀念蔡和森同志》,见北京师范大学校史资料室编:《五四运动与北京高师》,北京师范大学出版社,1984年,第218页。
③ 同上。
④ 王德滋主编:《南京大学百年史》,南京大学出版社,2002年,第117~118页。

无产阶级运动的状况。此外，南京高师教育专修科学生吴亚鲁对马克思主义传播也做出较大贡献：他与侯曜在学校梅庵主持召开了南京地区首次团员代表大会，成立了"中国社会主义青年团南京地方委员会"，被推选为青年团南京地委的主要负责人；发起成立了"南京马克思学说研究会"；在玄武湖举行马克思诞辰纪念会；加入中国共产党；暑假期间在家乡如皋成立以反帝反封建为宗旨的团体"平民社"，创办社刊《平民声》；组成"潮桥青年学友会"，刊行《潮桥青年》，成为如东、南通等地第一个传播革命思想的人；与周世钊发起"一个社会改造讨论会"，有力地回击了国家主义派的谬论等。①

王右木、恽代英、吴玉章则和成都高师联系密切。王右木于1918年9月至1924年夏在成都高师担任学监和日文、经济学教员，并在附中担任领导职务。在校期间，他一方面利用授课机会，给学生灌输革命思想，如在讲经济学时，指出："只有马克思主义的经济学说，才是使人类走上自由幸福的理想社会的科学主张"，"中国政治问题不解决，经济问题就不可能解决，实业就没有前途"；一方面利用学监的便利条件，注意物色和联络学生中的积极分子，组建各种马克思主义团体和刊行革命刊物。如1920年秋在学校成立了"马克思主义读书会"，主要成员即是在校学生袁诗荛、童庸生等。王右木在读书会讲授了《资本论》《唯物史观》《社会主义神髓》，指导会员学习了《共产党宣言》《阶级斗争》《政治经济学批判序言》《社会主义从空想到科学的发展》，组织会员阅读了《新青年》和《民报》副刊。据一位会员回忆："王右木发言激昂，鼓动性强，颇能打动听众的思想感情，是一位很好的革命理论宣传家。"会员杨尚昆也回忆道："当时读的书，如《欧洲社会思想史》等，虽不是马克思著作，但我从这些书里已经知道了马克思、恩格斯的名字，初步接触到马克思主义学说。"②1922年2月7日，王右木又在

---

① 参见中共如东县委党史办公室编：《如东人民革命史》，上海人民出版社，1986年，第248～249页。
② 杨尚昆：《我早年的革命引路人》，四川人民出版社，1979年。

学生刘先亮等的协助下,主编了《人声》。该刊第一期《本社宣言》即明确宣布了革命的办报方针:"一、直接以马克思主义的基本要求,解释社会上的一切问题。二、对现实社会的一切罪恶现象,尽力地揭露和批评。三、对现实的政治组织,不为妥协地改善办法。四、注意此地劳动(工)状况,给彼辈以知识上的帮助。五、注意世界各地的社会运动状况和已有的成绩,以资我辈讨论,或加入第三国际团体,作一致行动。六、讨论马克思社会主义之学术及实际的一切问题。七、讨论新社会之一切建设问题。"[1]据老同志回忆:"这份报纸能以深入浅出的文字阐述马克思主义的基本原理,用通俗易懂的语言来解释马克思学说中的深奥内容,使从未接触过社会主义思想的进步分子也易理解,喜欢阅读。它还抓住当时革命的特点,大力宣传爱国主义思想,抨击帝国主义及北洋军阀,抨击封建势力及四川军阀割据;经常用马克思主义的基本观点,分析批判旧思想、旧制度,揭露了当时教育、社会、政治等方面不合理的现象,宣传男女平等、婚姻自主、社交公开,并提出妇女解放、青年运动等问题。它十分注意用马克思主义教育青年,使其不受无政府主义的影响。"[2]

恽代英于1922年11月到成都高师执教,也曾在马克思主义读书会作了阶级斗争问题的报告,在明远楼礼堂给全体学生作了马克思主义和无政府主义问题的讲演,并根据在四川的调查,用马克思主义观点,写了《讨论中国社会革命及我们目前的任务》和《路》,宣传他对中国革命的主张,后发表在团中央机关刊物《先驱》上。吴玉章曾指出:"他是最受学生欢迎的教师,他在高师期间,把马克思主义的宣传活动,推向一个更高的阶段。"[3]

王右木、恽代英等之所以能在成都高师广泛开展马克思主义的宣传,是和当时成都高师校长也是早期马克思主义者吴玉章(1922年8月16日至

---

[1] 《人声》创刊号,1922年2月7日。
[2] 四川大学校史编写组编:《四川大学史稿》,四川大学出版社,2006年,第93页。
[3] 吴玉章:《吴玉章回忆录·回忆五四前后我的思想转变》,中国青年出版社,1978年。

1924年3月任校长）分不开的。吴玉章曾称，他办成都高师，"首先是为了培养革命人才，推进新思潮的扩展，力图用马克思主义教育师生"。①他一方面延揽王右木、恽代英等来校任教，另一方面亲自致力于马克思主义的宣传，如开设马克思派社会主义课程；1924年组织了"中国青年共产党"及成都社会主义研究会，并在研究会成立大会上作了"马克思派社会主义势力"的报告；指导学生傅双无、郭祖劼主编了《赤心评论》，提出"国民革命，打倒列强，推翻列强在华势力"。肖楚女称其"是一种激进的青年刊物，介绍列宁很热情"②。

陈潭秋本是武昌高师的毕业生，1915年入武昌高师预科，1916年入本科英语部，1919年6月毕业。1920年底，兼任武昌高师附小教师和主任，教授国文和历史。据《武汉大学校史》记载："陈潭秋像火一样照亮了进步师生的心，大家逐渐团结在他周围，阅读进步书刊，革新教学内容，从事革命宣传。"③在他的影响下，附小教员钱亦石、张郎轩、江子麟等参加了中国共产党，附小学生伍修权保送去苏联学习，附小也成为当时武汉地区培养革命青年的摇篮之一，董必武就曾指出："武昌高师附小有一个时期简直成了湖北革命运动的指挥机关。"④

李汉俊1922年开始在武昌高师历史社会学系任教，讲授唯物论、辩证法等课程，深受学生欢迎，据记载，"他讲课时教室容不下，许多学生只得站在窗外听讲"。⑤1923年1月31日，武昌高师部分学生在李汉俊的带领下赴郑州参加了京汉铁路总工会成立大会，并为大会赠送锦旗。

---

① 四川大学校史编写组编：《四川大学史稿》，四川大学出版社，2006年，第84页。
② 同上注，第95页。
③ 《武汉大学校史》，武汉大学出版社，1993年，第77页。
④ 《新华日报》1941年12月1日。
⑤ 谢红星主编：《武汉大学校史新编（1893—2013）》，武汉大学出版社，2013年，第41页。

第三节　民初高师对新文化运动的反思

在新文化运动中，民初高师师生们对新思想并不只是被动地接受，而是从一开始就结合自己的独立思考，形成了自己的理解。正如北京高师《工学》杂志所说："思想是日日新，时时新的。昨日的新思想，到了今天已经旧了。所以我们得到了新思想，须要由这新思想里面找出再新的东西来，须要将这新思想放到脑筋里面去转几个圈，以自己的理性斟酌斟酌，变换变换，让他（它）成了自己的思想，然后再拿出来就正于那些给新思想于我们的人。创造思想，我们固然未必做得到，推阐运用的能力，我们求学的人是应该有的。"[①] 其中影响颇大的是北京高师的常乃惪和南京高师的早期学衡派。

一　常乃惪与新文化运动

常乃惪（1898—1947年），字燕生，山西榆次人。1916年考入北京高师史地部。在校期间，他即以反思者的角色投身新文化运动。在思想界急于和传统相决裂的时刻，青年常乃惪对待传统文化的态度却是甚为温和，这与主将们的激进态度形成鲜明的对比。他冷静地质疑主将们的过激主张，建言陈独秀、胡适等人"提倡积极之言论，不提倡消极之言论。提倡建设之言论，不提倡破坏之言论"[②]。据统计，在1916—1917年，常乃惪与陈独秀通信多达四次，涉及"古文""孔教""新道德"等多方面的内容。

其一，1916年12月，常乃惪致信陈独秀，质疑胡适关于古文之弊，尤

---

① 《发刊词》，北京高等师范学校工学会编：《工学》1919年第1卷第1号，第2页。
② 《通信》，《新青年》1917年3月1日第3卷第1号，第15页。

以骈体、用典为最的观点。虽然常乃惪对胡、陈二人的文学改革主张持有相当的"同情",但他坚决反对"废骈体"和"禁用古典",以为此二者乃"真正之国粹……而非可以漫然抛弃者也"。① 常乃惪的文学改革路线与胡、陈并有不同,后者强调的是文学的道义与责任,弘扬批判现实主义精神与资产阶级人道主义精神;而常氏则立足于文学的审美"自性",意图"严判文史之界","改良文学,使卓然成为一种完全之美术"。②

其二,关于孔教问题。常乃惪既反对康有为要求定孔教为"国教"的政治诉求,也不赞成陈独秀"孔教与帝制有不可离散之因缘"的观点。为此他撰文《我之孔道观》③,主张应当把后人"所依傍之孔教"与"真正孔子之教"区别开来,认为前者具有宗教的性质,是封建专制政体的粉饰,自然应当打倒;但是后者"与宗教之实质,全然殊科。孔子之言,未尝专主于专制政体",因此反"孔教"不可以全盘否定"孔学"。至于对待"孔学"的态度问题,他主张客观公正,"据学理以平亭两造者耳"。常乃惪主张采取中立的立场,以学理行公断之言,是非常难能可贵的。

其三,常乃惪也不赞同陈独秀对待旧道德的简单态度。他指出,道德不是铁板一块,而是包括"元知"和"推知"两部分,"有本心所自有者,谓之元知。有习惯所养成者,谓之推知。其一可不变,其二未有不变者也"④。常乃惪认为旧道德中的"元知",即人类本心所固有的良知良能,是亘古不变的。而"推知"是依照进化论处于不断变化之中的,当代的"推知"必然胜过古代,因此应该反对"旧推知",提倡"新推知"。常乃惪在分析西方个人主义新道德的基础上提出了适用于今日社会的新推知——"自利之道"。

常乃惪与陈独秀的论争构成了新文化运动初期的一道独特的文化景观,

---

① 《通信》,《新青年》1916年12月1日第2卷第4号,第2页。
② 同上注,第3页。
③ 《通信》,《新青年》1917年4月1日第3卷第2号,第1页。
④ 常乃惪:《记陈独秀君演讲辞》,《新青年》1917年5月1日第3卷第3号,第1～2页。

他们之间年龄与立场的鲜明反差，令人颇感兴味。不过，并不能据此论定此时的常乃惪就是一位食古不化的复古主义者，事实上他对于主将们的思想观点仍然抱有相当的"同情"。他说："若不是陈、钱诸人用宗教家的态度来武断地宣传新思想，则新思想能否一出就震惊世俗，引起绝大的反响尚未可知。"①此番"同情的理解"从一个侧面表明他是自觉地归属到新青年派的思想谱系中去的。实际上，即使在与陈、胡的论争中，常乃惪对二人的文化主张从总体上也是同意的，比如对于胡适的文学改良主张，常乃惪"极端赞成，亦无庸赘言"；又认为陈独秀的新道德学说"于道德之真象，可谓发挥尽致"②，并整理成《记陈独秀君演讲辞》发表在《新青年》上；又说："先生辟孔道另具苦衷，仆亦颇能领悟。"③这些充满敬意的表述并非晚辈的溢美之词，而是同道自述。若要追问他们的区别所在，主要有两个方面。

其一，主将们认为"不经破坏，不能建设"，要在革除一切封建旧习之后，建设"民主"与"科学"的新文化。但是常乃惪以为现代西方文明的引进、消化不能建立在思想的空地之上，而是有赖于中国传统的导引、承接和整合，即需要民族精神这一强大的支柱。因此他很不赞同胡、陈等人仅从当下价值来批判古人的做法，而要在对传统文化的剥离剔抉之中力图找到民族精神的内核。

其二，主将们"激进"的反传统主张立足于"用"，是对袁世凯尊孔复古逆流的反动，是辛亥革命失败后中国人反思历史对"矫枉过正"的必然选择，而常乃惪对于传统的温和态度则主要是基于学理上的推演。这一点尤其值得注意。放在中国古代学术思想史的背景中来考察，我们惊奇地发现常乃惪对传统文化的剥离剔抉其实是继承了"辨章学术，考镜源流"的古代学术传统。具体来说，他认为文学革命"首当严判文史之界，一面改革史学，使

---

① 常乃惪:《中国思想小史》，上海古籍出版社，2005年，第139～140页。
② 常乃惪:《记陈独秀君演讲辞》，《新青年》1917年5月1日第3卷第3号，第2页。
③ 《通信》，《新青年》1917年4月1日第3卷第2号，第1页。

趋于实用之途，一面改良文学，使卓然成为一种完全之美术"。① 这延续了六朝以来文史之辨的传统话题。常乃惪十四岁即作《孔子之教非宗教议》，新文化运动期间又主张将"孔教"与"孔学"区别开来，其思想也是渊源有自。关于孔学的分期及其与宗教之关系，在古代特别是宋朝以来不断有人提起。再如上文提到常乃惪将道德分为"元知"和"推知"两部分，从中我们隐约感受到"良知"与"习性"、"天赋之性"与"气质之性"两分的古代性理学说的影子。

理解了前期常乃惪文化思想与古代学术的关系，我们就不会盲目地在"生物史观"（或曰社会达尔文主义）的框架内来解析他对主将们激进言论的质疑。没有证据表明常乃惪在1916—1917年就已经接受了这个源于西方的史观流派，我们宁愿相信是中国古代固有之"通变"历史观支配着前期常乃惪的思想进路。"名理"有常，"通变"无方，对常乃惪来说，"元知""古典之美""真正孔子之教"等普世性的文化元素是恒定的"名理"，是贯穿变化始终的精神内核，一切变化只有植根于此内核之中方能生生不息，反之则气竭势亏，新文化运动之"缺乏建设的新生力"，其弊正在于此。

常乃惪并不是一个保守派。"五四"运动爆发后，他的思想关注点开始转移，由此前偏重于历史文化的理论研讨转而从事于培植国民实际基础的教育事业。1919年，常乃惪加入北京高师的新教育组织——工学会和平民教育社，"五四"期间被推选为北京"学联"教育组主任。次年夏于北京高师毕业后，他先后执教于北京高师附中、上海吴淞公学、燕京大学历史系。常乃惪投身教育事业，一方面积极译介、试验国外先进教育理念和教学法（如推行"工""学"合一，试验"道尔顿制"）；另一方面继续批判旧教育，并倡导"革命的教育"，鼓吹一种"革命的精神""革命的信仰"。

同时，常乃惪基于欧战结束后国内外的思想情势，在中西文化比较这样一个更为宽阔的视野内，改变了前期单从传统内部生发出新文化的思想进

---

① 《通信》，《新青年》1916年12月1日第2卷第4号，第3页。

路。1920年，常乃惪撰文《东方文明与西方文明》，同意一者"重过去、重保守、重宗教、重退让、重自然、重出世"，一者"重现在、重进取、重实际、重竞争、重人为、重入世"①，并根据孔德的"三阶段"社会进化论，将东西文明之异点归结为"实在就是古代文明和现代文明的特点"，或"第二期的文明"与"第三期的文明"的区别，并由此以为中国社会的发展当遵循进化的法则，"从第二期向第三期进行，没有从第三期倒退着往第二期走的道理"。②10年后，常乃惪著《生物史观与社会》（上海大陆书局，1933年出版），进一步完善了他的看法。他将人类社会的进化分为三个阶段："家族社会""民族社会""国族社会"。常乃惪认为中国文化属于"民族社会"的"第二期文明"，在性质上是古代的；西方文化属于"国族社会"的"第三期文明"。中国的根本问题，就在于"仍然滞留在民族社会阶段，丝毫不曾进步，而来征服我们的，却都是些已经完成近代国家机构的国族社会的先进者"③，再次表达了借鉴西方文明寻求出路的急切心态。

1935年，常乃惪写《二十年来中国思想运动的总检讨与我们最后的觉悟》，认为新青年派并没能从根本上解决"中国人将何来何往何去何从"的问题。他说："在消极上对于家族主义制度和理想的攻击，使这障碍国家发展的最后残垒倒了下去，这是《新青年》对于中国唯一的功绩。然而，不幸他们在积极方面，对于未来中国的建造并没有提供出有力的意见。"缺乏建设性正是常乃惪反思新文化运动的一贯评价。1928年常乃惪写成《中国思想小史》，称《新青年》"是非常幼稚浅薄的，他们的论断态度大半毗于武断"。④这和运动初期他建言陈独秀、胡适等新文化主将"提倡建设之言论，不提倡破坏之言论"前后呼应。常乃惪认为"五四"以后，家

---

① 常乃惪:《东方文明与西方文明》,《国民》1920年10月1日第2卷第3号,第5页。
② 同上注,第6～7页。
③ 常乃惪:《现实生活与理想生活》,见张葆恩编:《国难文选》,上海大光书局,1936年,第114页。
④ 常乃惪:《中国思想小史》,上海古籍出版社,2005年,第139页。

族主义破坏了,传统的文化道德破坏了,原有的国家基础破坏了,新的东西却没有建立。中国的思想界在"五四"以后变成了一片"空地",思想革新的结果造成了思想的荒芜,"怀疑、烦闷、混乱"成为时代的忧郁症。新文化运动的症结到底在哪里?常乃惪不同意周作人将病根归结为《学衡》《古学危言》之类国粹主义的流行,因为继新潮之后的反动复古运动,主事的并不是食古不化的遗老,反而是倡导革新的维新人物。常乃惪发人深省地指出"五四"以后"真正的反动思潮"就存在于"新思潮内部",由于缺乏"建设的新生力",一切反传统的努力注定重新落入传统织造的襁褓之中。

常乃惪将东方文化派纳入新青年派的文化谱系中加以考察,将其保守主义的文化立场溯源到前期新文化运动"建设的新生力"的缺失,这是他的卓见。1928 年常乃惪撰文《前期思想运动与后期思想运动》,他说"五四"的时代似乎结束了,当时代需要我们向前冲的时候,可是"有的人已经回到国故的坟墓里去了"。常乃惪呼吁一个自觉的、有计划、有理想的后期文化运动的到来。后期思想运动要改变前期新文化斗士只有批判和破坏的消极倾向,但要继承前期的理想与文化谱系——以西方现代文明为参照,建设新的具有国民意识的"少年中国"。结合这一系列的著述和文章来看,青年常乃惪构建新文化的思想径路其实是相当清晰的,那就是始终保持"中国人将何来何往何去何从"的思想前瞻性,以一种变革的观念引导中国思想文化的变动,而在古与今、中与西的交流融汇中构建具有民族特色和普世价值的新文化。换言之,常乃惪主"变",要在古今、中西的张力平衡中寻求"建设的新生力",而变化的关键在于如何处理好传统与现代的关系问题。缘是之故,常乃惪前期捍卫传统与后期主张西化,就不应被视为前后两个时期的思想断裂,而应被看作在内在价值一致的前题下,针对运动前后期的思想情势所做出的一种自觉的回应。

常乃惪也很快被胡适引为同道中人。后者在 1922 年 5 月 25 日的日记里曾说,有一篇署名"燕生"的《反动中的思想界》,"真是有卓识的文章,远胜于我的前作",但是"燕生不知是何人"①。5月28日胡适在日记的旁注中引了钱玄同的话,说明燕生就是常乃惪②。后来在1930年1月23日的日记中,胡适就以"朋友"来称呼常燕生先生了。③而此时期的常乃惪也承认:"在文化和思想问题上,我是根本赞同胡先生的意见的,我们现在只有根本吸收西洋近代文明,决无保存腐败凝滞的固有旧文明之理。"④在引进西方文化解决中国固有问题这一点上,常乃惪与自由主义者的胡适最终走到了一起。

无疑,常乃惪的批判的确切中了东方文化派忽视文化时代性的弊病,但他接受进化论思想,将反省的现代性思想支点剔除出去,否定文化民族性从而陷入了另一个误区,所以常乃惪不能正确认识欧战后国际社会文化思潮的新变动,也不能正确认识东方文化派的思想价值,而是简单地将其视作"反对物质的复古主义""傲慢心"与"夸大狂"心态,这种认识显然是偏颇的。

二 早期学衡派对激进思潮的制衡与反思

学衡派是指以1922年1月创刊的《学衡》杂志发起人和撰稿人为基干力量的学人群体,代表人物主要有梅光迪、刘伯明、吴宓、胡先骕等。作为"五四"时期一个重要的学术文化派别,他们以"论究学术,阐求真理,昌明国粹,融化新知,以中正之眼光,行批评之职事,无偏无党,不激不随"⑤为宗旨,以"新人文主义"为理论依据,以《学衡》杂志为主要阵地,对新文化运动进行了多方面的批评与反思。

---

① 曹伯言整理:《胡适日记全编(1919—1922)》(三),安徽教育出版社,2001年,第675页。
② 同上。
③ 曹伯言整理:《胡适日记全编(1928—1930)》(五),安徽教育出版社,2001年,第612~613页。
④ 常乃惪:《东西文化问题质胡适之先生》,见陈崧编:《五四前后东西文化问题论战文选》,中国社会科学出版社,1985年,第676页。
⑤ 《学衡》1922年1月第1期。

（一）学衡派对新文化派"新文化观"的批驳

新文化运动初期，以陈独秀为代表的激进主义者对传统文化及其代表儒家学说持全面否定态度，主张用一种符合时代发展趋势的新文化，即"外来之西洋文化"取而代之。他们认为新、旧文化，"前者以民权为中心，后者以专制为特色"①，"二者根本相违，绝无调和折衷之余地"②。因此，要建设新文化就必须全盘抛弃中国传统文化，"要想两样并行，必至弄得非牛非马，一样不成"③。无疑，此种文化观对于激励人们冲决千年封建思想的罗网有着相当的积极意义，但他们在处理文化问题上不免矫枉过正和简单化，否认文化的继承性，看不到任何新文化的产生和发展都离不开固有文化的积淀，企图在思想的空地上创建一个新文化，最终必然陷入形而上学的误区。

对新文化派文化观进行批驳的主要是梅光迪和吴宓。梅光迪早在1917年就发文《我们这一代的任务》《我们需要关切国家》《中国的新学者——学者的为人》等，明确反对胡适、陈独秀等文化激进主义的做法。1922年，他发起组织《学衡》杂志后，又先后在第1、2、4、8、14期上发表了《评提倡新文化者》《评今人提倡学术之方法》《论今日吾国学术界之需要》《现代西洋人文主义》《安德诺之文化论》五篇文章，对新文化派的西方文化观及其"盲从新说而不问是非真伪，只重趋时与否"而脱离固有文化的做法进行了猛烈抨击。他尖锐地指出新文化派标榜创造，唯新是求，实则是一群"弋名缴利"的"作伪者"，他们对西方文化实际上一知半解，"其所称道，以创造矜于国人之前者，不过欧美一部份（分）流行之学说，或倡于数十年前，今已视为谬陋，无人过问者"。④因此，他们学习西方，只不过是"最下乘之模仿"，"彼等于欧西文化，无广博精粹之研究，故所知既浅，所取尤谬"，因

---

① 郑师渠：《在欧化与国粹之间——学衡派文化思想研究》，北京师范大学出版社，2001年，第107页。
② 汪淑潜：《新旧问题》，《青年杂志》1915年9月15日第1卷第1号，第3页。
③ 陈独秀：《今日中国之政治问题》，《新青年》1918年7月15日第5卷第1号，第3页。
④ 梅光迪：《评提倡新文化者》，《学衡》1922年1月第1期。

此"仅得糟粕"。①同时，梅光迪对新文化派以进化论为准绳"推翻古人固有制度为职志"和"推翻前人为能"的传统文化观也进行了深刻剖析。他指出："其思想必与人性中的破坏倾向相合，从而否定恒常性的固有准则，只以达到优美的传统为满足"，最终忽略以刘取新旧融合最佳成果为目标的文化建设的需要。②在批驳新文化派东西文化观的基础上，梅光迪提出了自己的文化观："改造固有文化与吸取他人文化，皆须先有彻底研究，加以至明确之评判，副以至精当之手续，合千百融贯中西之通儒大师，宣导国人，蔚为风气，则四五十年后成效必有可睹也。"③

吴宓于1920年底相继发表《中国之新与旧》《论新文化运动》，直接把矛头指向进化论这一新文化派的理论基础。他从物质之律与人事之律有别立论，指出"新"未必如"旧"，"旧"未必不如"新"，反对激进派之"灭旧立新"和自由派之"弃旧图新"，主张"存旧立新"。他指出："西洋真正之文化与吾国之国粹，实多互相发明互相裨益之处，甚可兼蓄并收、相得益彰，诚能保存国粹而又昌明欧化，融会贯通，则学艺文章必多奇光异彩。""今欲造成中国之新文化，自当兼取中西文明之精华，而熔铸之，贯通之。吾国古今之学术、德教、文艺、典章，皆当研究之，保存之，昌明之，发挥而光大之。"由此，他展开了对新文化派的批评："其持论，则务为诡激，专图破坏。然粗浅谬误，与古今东西圣贤之所教导，通人哲士之所述作，历史之实迹，典章制度之精神，以及凡人之良知与常识，悉悖逆抵触而不相合。"并认为造成这一偏失的原因即在于"于西洋之文化，未示其涯略"，"专取外国吐弃之余屑以饷我国之人"。④

显然，是循着"在坚信文化具有世界的和历史的统一性的基础上，强调

---

① 梅光迪：《评提倡新文化者》，《学衡》1922年1月第1期。
② 转引自黄兴涛：《文化史的视野》，福建教育出版社，2000年，第195页。
③ 梅光迪：《评提倡新文化者》，《学衡》1922年1月第1期。
④ 吴宓：《论新文化运动》，《学衡》1922年4月第4期。

文化发展中的选择原则，以归趋于止至善的理想主义"①这样一条文化运思理路，梅光迪和吴宓形成了自己的文化观：既主张引进西学，也赞同对传统文化进行必要的整理，对中西两种文化都要经过严格的评判和审慎的选择。其中虽不免具有"刻意追求道德理想主义""流于空疏"等弊病，但他们强调文化具有"世界的和历史的统一性"，既可以使其与一般的东方文化论者划开界限，也在很大程度上纠正了前期新文化运动由简单化地理解进化论所造成的文化偏失。

（二）学衡派对新文化派"整理国故之科学方法"的反思

随着新文化运动的不断深入，新文化派开始出现分化，部分人开始意识到要将启蒙运动进一步推向深入，不仅要在态度上对旧传统进行彻底批判，更重要的是应该对旧学进行富有成效的批判与整理。1919年11月，胡适在《新青年》上发表《新思潮的意义》，明确倡导提出用"科学"的方法"整理国故"。何谓"科学方法"，胡适主张用实验主义的方法"大胆地假设，小心地求证"，并"重新估定一切价值"。

学衡派对于新文化派标举的实验主义"科学方法"进行了批驳。吴宓批评实验主义方法并不符合西方科学方法的本意，"并非西方哲学之精髓，不必移植于中土"。②梅光迪也撰文一则批判了新文化派"悬问题以觅材料"的方法。他指出近日中国的学者，"先有成见，而后援引相合之事实以证之，专横武断，削趾就履……又以深通名学，自夸于众，然其用归纳法，则取不完备之证据；用演绎法，则取乖谬之前提"。此举与"喜于研究，忍于怀疑，乐于深思，缓于论断，勤于覆议，慎于著作"的西方科学方法之精义相违背，故他们只是"盛言科学方法，然实未尝知科学方法为何物，特借之以震骇非学校出身之老儒耳"。他们所标榜的科学方法也"非真思想，

---

① 郑师渠：《在欧化与国粹之间——学衡派文化思想研究》，北京师范大学出版社，2001年，第94页。

② 吴宓：《论新文化运动》，《学衡》1922年4月第4期。

乃诡辩也……非真创造，乃捏造也"。二则批判了新文化派"真理无定，随时地而变迁"的主张。梅光迪指出："夫真理不能绝对有定，万世无异，固尽人所当认。然其中所含之永远性质，亦不可完全忽略，视之无足轻重。而凡一真理之价值，尤以其中所含永远性质之多寡为比例。否则对于一己之议论思想，可任意矛盾，不求一致，朝三暮四，出尔反尔，毫无标准及责任心之可言，实苏张派之纵横家也。"不仅如此，梅光迪还把矛头直指新文化派的理论基础——进化论，他指责道："夫藉口进化之论，而窥时俯仰，以顺应'世界潮流'与'社会需要'，无论何时何地，终可矜称时髦，攫得'新'之头衔。'识时务之俊杰'无过于此者，然如智识贞操，学问良知之责备何？"[①]

此外，学衡派也不满意新文化派以整理国故号召社会的做法。胡先骕就针对"今之自命新文学家者，每号召于众曰：中国学术所以陈旧无生气之故，厥为缺乏批评。无批评则但知墨守，但知盲从。吾人之责任，在创立批评之学，将中国所有昔时之载籍，重行估值"，指出这一现象造成的直接后果就是："批评家之出产，乃如野菌之多。对于国学，抨击至体无完肤，同时所谓新创作之出现，亦如细菌繁殖之速。然细寻绎之，不但有价值之创作固鲜，即有价值之批评亦如凤毛麟角。"而这一后果又会引发更为严重的后果："至使固有文化，徒受无妄之攻击。欧西文化，仅得畸形之呈露，既不足以纠正我国学术之短，尤不能输入他国学术之长。且使多数青年有用之心力，趋入歧途，万劫不复，此大可哀者也。"为此，胡先骕指出要"标明批评家之责任，使知批评事业之艰巨，不学者亟宜敛手。即堪任批评之责者，亦宜念社会托付之重，审慎将事，不偏不党，执一执中"。[②]

无疑，学衡派对新文化派诸多观点的批驳，如进化论，也存在着一定程度的意气用事。毕竟胡适以进化论为理论依据，提出"文明不是笼统造成的，

---

① 梅光迪：《论今日吾国学术界之需要》，《学衡》1922年4月第4期。
② 胡先骕：《论批评家之责任》，《学衡》1922年3月第3期。

是一点一滴的造成的"①,这在当时的历史情境下,无论是对传统文化的认知,还是对新文化的建设都具有一定的历史合理性。但是总的说来,学衡派对于新文化派整理国故科学方法的批评在学理上具有一定的合理性,正如学者指出:"他们力图在东西文化之间寻找一个适当的交融点,并强调这个交融点在保存弘扬传统文化价值方面的作用,这些努力无疑都是有积极意义的。"②

上述可知,批评新文化运动是学衡派的重要思想特征。学衡派之所以被认为是保守主义的文化派别,也正是源于此。综观新文化派与早期学衡派的分歧,可谓是"启蒙家"和"学问家"的争论,前者重在引进西学,引导舆论,为社会启蒙造势,重视思想的普及广度;后者则重在弘扬中学,探讨学理,为学术本体造基,着意于文化的渊源。细究二者争论背后的思想蕴涵,当是他们对新人文主义与进化论取径的不同。"新人文主义"奠基者是美国人文主义大师白璧德(Irving Babbitt 1865—1933年),其实质是对中世纪神本主义的反动之反动。"新人文主义"认为:文艺复兴和启蒙运动虽然扫除了中世纪文明注重神性而轻视人性的弊端,但又导致了过度的人本主义,而这只能给世界带来无限的纷扰。因此主张加强对人本身的研究,力图使西方文化真正成为以人为本的文化。在文化观上,认为创造的能力取决于吸收传统的质和量,要建设一个世界性的文化,就取决于能否成功地继承和发扬古希腊文化、中国文化以及印度佛教文化这三大文化之大成。对于其时的新文化运动,白璧德以文艺复兴和启蒙运动为参照,提出自己的看法:"今日在中国已开始之新旧之争,乃正循吾人在西方所习见之故辙,相对抗者,一方为迂腐陈旧之故习,一方为努力于建设进步有组织有能力之中国之青年,但闻其中有主张完全抛弃中国古昔之经籍,而趋向欧西极端卢骚派之作者,如易卜生、士敦堡、萧伯纳之流。吾固表同情于今日中国进步派之目的,中国必

---

① 胡适:《新思潮的意义》,见《胡适文存》第1集,黄山书社,1996年,第533页。
② 王存奎:《再造与复古的辩难:二十世纪二十年代"整理国故"论争的历史考察》,黄山书社,2010年,第160页。

须有组织、有能力，中国必须具欧西之机械，庶免为日本与列强所侵略，中国或将有与欧洲同样之工业革命，中国亦须脱去昔日盲从之故俗，及伪古学派形式主义之牵锁。然须知中国在力求进步时，万不宜效欧西之将盆中小儿随浴水而倾弃之。简言之，虽可力攻形式主义之非，同时必须审慎，保存其伟大之旧文明之精魂也。"① 此文经胡先骕译出，发表在《学衡》第3期上。

需要指出的是，学衡派不但不反对新文化运动，相反非常希望"真正新文化之得以发生"。② 东南大学副校长刘伯明就曾在《学衡》上撰文盛赞"五四"新文化运动，他指出："五四"运动乃"激于世界之民治新潮，精神为之舒展……其在历史上必为可纪念之事……新文化之运动，确有不可磨灭之价值"。③ 可见，学衡派和新文化派实具有相似的文化理想，都"带有强烈的民族主义热情，振兴民族，救亡图存成为压倒一切的动机"④，也都在努力关注着世界文化动向，并深入思考着中国民族和文化认同的根本问题。他们之间的争论不是守旧和革新之争，而是如何革新的问题。一者从进化论出发，主张"弃旧图新"，用西方文化全盘代替中国传统文化；一者从白璧德新人文主义出发，只主张变革传统文化的"末节"，而要保存其"本体"。与其说他们是敌对的，不如说他们是互补的。胡先骕在十余年后就曾总结道："当五四运动前后，北方学派方以文学革命整理国故相标榜，立言务求恢诡，抨击不厌吹求。而南雍师生乃以继往开来融贯中西为职志，王伯沆先生主讲四书与杜诗，至教室门为之塞；而柳翼谋先生之作《中国文化史》，亦为世所宗仰，流风所被，成才者极众。在欧西文哲之学，自刘伯明、梅迪生、吴雨僧、汤锡予诸先生主讲以来，欧西文化之真实精神，始为吾国士大夫所辨认，知忠信笃行，不问华夷，不分古今，而宇宙间确有天不变道亦不变之至理存在，而东西圣人，具有同然焉。自《学衡》杂志出，而学术界之视听以

---

① 胡先骕译：《白璧德中西人文教育谈》，《学衡》1922年3月第3期。
② 吴宓：《论新文化运动》，《学衡》1922年4月第4期。
③ 刘伯明：《共和国民之精神》，《学衡》1922年10月第10期。
④ 乐黛云：《世界文化对话中的中国现代保守主义》，《中国文化》1989年第1期。

正,人文主义乃得与实验主义分庭抗礼。五四以后江河日下之学风,至近年乃大有转变,未始非《学衡》杂志潜移默化之功也。"① 可以肯定,如果没有种种的错位,以及占有优势一方的不屑,他们之间通过对话是可以把新文化运动推向一个更高的层次,此实为历史之一大憾。

此外,北京高师孙俍工对周作人"新村主义"的质疑,邓萃英、周祜对钱玄同"文学革命"观点的补充也颇具典型性。

1920年,孙俍工在《工学》杂志第1卷第4号上发表《"工学主义"与"新村"》一文,针对新村的章程中很少提到读书,以及新村规定的有特别才能的人可以免去劳动,没有特别才能的人,也只有"在一定期间"才需要劳动等说法,提出了自己的疑问:"这种生活——重工轻学的——是否人类完全的生活?""有特别才能的人就可以不要劳动,那么阶级制度还不是依然存在吗?""所谓'一定期间',这期间的规定是应该的吗?又倚着什么为标准呢?"据此,孙俍工得出结论:新村是"重工轻学"的组织,还摆脱不掉"偏枯的生活",是不彻底的。②孙俍工的质疑与批评很快引起了周作人的注意。周作人在《工学》第1卷第5号就致信孙俍工解释说,新村之所以没有规定读书时间,是因为在最初的几年,必须工作八小时才能维持生活,因此不可能用很多时间来学习。至于劳动的问题,周作人认为劳动不是人生的目的,只是维持生活的手段,是一种义务。因此,随着文明的发达,人的劳动应当越来越轻,一般人过了一定的年龄,就可以养老,而如有一部分的人,特别宜于某种学问艺术,于做工不便的,也就可以例外的不要做工。③针对周作人的回信,孙俍工进一步强调了新村要重视"学"的观点,他指出:"(一)从工作的自身去讲,没有学以为辅助,则不能推广或传受永久。(二)从

---

① 胡先骕:《朴学之精神》,《国风》1936年第8卷第1期。
② 俍工:《"工学主义"与"新村"》,北京高等师范学校工学会编:《工学》1920年第1卷第4号,第11~12页。
③ 参见周作人、俍工:《〈工学主义与新村〉的讨论》,北京高等师范学校工学会编:《工学》1920年第1卷第5号,第6页。

做工者的自身去讲,若没有学就没有人生的兴味,就是一种偏枯的生活;不但如此,还含有极大量的危险,于社会的安宁很有关系。"① 孙俍工的这一观点得到了周作人的肯定。周作人在回信中指出:"接到你二十七号的来信,非常喜欢,你所说关于'学'的两个根本问题,狠(很)是的确。"② 在信中,周作人还申明了自己对于"工学主义"的立场:"虽与你的意见有点不同,不过只是枝叶,大体总是一样……我很赞成你们的'工学主义',对于几点不同的地方也很有趣味,也想能够理解。"③ 并答应给工学会成员开去日本新村参观的介绍信。不难看出,孙俍工和周作人关于"新村主义"的讨论,主要局限在"求学"与"做工"这两个具体的问题上,并没有深入到"新村主义"的实质。孙俍工对"新村主义"的质疑,也没有揭示出其"空想性"这一本质的弊端。这固然反映了孙俍工认识上的局限性。但是,我们应该看到,他能把"工学主义"拿来和新文化主将周作人进行探讨,并与其"新村主义"进行比较,则体现了北京高师师生探索新思潮的可贵精神和参与新文化运动的积极态度。

对于"文学革命",邓萃英主要是在教育上展开对旧文学的批判,他指出那些主张旧文学的老先生非但自己执迷于旧文学,"并欲以此陶铸青年",使得"全国中小学生,现仍在倒悬之状态中"。因此,他呼吁钱玄同等新文化派:"现在兄(指钱玄同)等既张宣战之旗帜了,亦既揭破他们之劣迹了;惟对于他们之罪状,尚未明白宣告;故我甚望兄等于此长驱直入之顷,再注意及此,使世人知兄等之挑战,非有意与彼为难,亦非因他们之自诩而反动,实为表扬真正文学,保护中国青年起见,迫于良知不得已而出此。此义若大明,则兄等破坏之功可告一段,然后赶紧谋建设。"④ 邓萃英的观点得到

---

① 参见周作人、俍工:《〈工学主义与新村〉的讨论》,北京高等师范学校工学会编:《工学》1920年第1卷第5号,第7~8页。
② 同上注,第13页。
③ 同上注,第14页。
④ 邓萃英、钱玄同:《文学革新与青年救济》,《新青年》1918年7月15日第5卷第1号,第80页。

了钱玄同的赞同。钱玄同在回信中称赞其说法"实在痛切得很"。①周祜则通过比较中国和世界上其他国家文学关于文法的应用,指出:"东西各国的文学,莫不都有一定的文法,文理极为清楚句子极为明白;依法去做,也是极容易。"但是"中国的文字,意义极其含浑(混),无论做文言,做白话,终没有明白晓畅的意思"。因此他主张中国的文学也应该创立一种文法,"假如没有一种文法去限制他(它),文理总没有一日清楚,国民的头脑总也没有一日清楚"。他还把创立文法作为文学革命的一个重要步骤,他说:"祜想中国文学也该当有一种文法,那新文学然后能够成立……祜的意思,以为改革文学,应当制造一种文法做后盾。小学有小学的文法,中学有中学的文法,由浅而深,使人看了,就会作文。"②该主张得到了钱玄同的肯定:"来信所论中国人对于本国文字,应该讲求文法,这话很对很对……足下学国文而能烛其隐,斥其谬,这真是很有见识。我愿足下的同学,也都和足下一样,研究适用于现代的新国文,不要再为三千年来的旧国文所惑,这便是我的大希望!"③

综上所述,新文化主将非常重视民初高师在新文化运动中的地位。他们除了来校授课之外,还多次发表演讲,并积极引导和帮助进步学生从事社会主义实践活动。他们对广大师生投入新文化运动是有一定启蒙之功的。同时,高师师生们在主将们的引导和启蒙下,思想渐趋活跃,一方面掀起了兴办学生社团,出版刊物,关注社会教育以及国家命运的高潮。另一方面,在早期马克思主义者的影响和带动下,积极投入马克思主义的传播中。更为难能可贵的是,师生们还对新文化运动进行了反思,提出了一些独特的见解,引起了主将们,乃至整个思想界的重视,并为我们今天反思新文化运动提供了有益的借鉴。可见,民初高师与新文化主将之间的关系是互动的,正是通过这种互动,他们共同把新文化运动引向深入。

---

① 邓萃英、钱玄同:《文学革新与青年救济》,《新青年》1918年7月15日第5卷第1号,第80页。
② 周祜、钱玄同:《文学革命与文法》,《新青年》1919年2月15日第6卷第2号,第227~229页。
③ 同上注,第229页。

第三章 民初高师与新文化运动（下）

第一节 民初高师与白话文运动

中国近代的白话文运动自19世纪90年代维新变法运动时期兴起，到"五四"新文化运动时期达到高潮。1917年1月1日，胡适在《新青年》第2卷第5号上发表《文学改良刍议》，在"文学改良"的第八事中强调"不避俗语俗字"，主张运用白话文。1918年1月，《新青年》正式改用白话文。5月，鲁迅在《新青年》上发表了第一篇白话小说《狂人日记》。同年底，李大钊、陈独秀创办白话文周刊《每周评论》，北京大学学生傅斯年、罗家伦等创办了白话文月刊《新潮》。自此，白话文运动蓬勃开展起来。"五四"时期的白话文运动，即提倡白话文，反对文言文，实现文学语言和文学形式的变革，它不仅是"文学革命"的突破口，也是新文化运动的一个重要组成部分。

一 钱玄同与白话文运动

胡适等人发起白话文运动之后，第一个积极响应的就是北京高师教授钱玄同。他看到胡适《文学改良刍议》之后，感到"文学之文，当世哲人如陈仲甫、胡适之二君均倡改良之论。二君邃于欧西文学，必能于中国文学界开新纪元"[①]，遂立即致信陈独秀，高度评价了胡适关于白话文的主张："顷见

---

① 杨天石：《哲人与文士》，中国人民大学出版社，2007年，第537页。

六号《新青年》胡适之先生文学刍议,极为佩服。其斥骈文不通之句,及主张白话体文学说最精辟……具此识力而言改良文艺,其结果必佳良无疑。"①作为太炎弟子、研究文字学的钱玄同能够第一个站出来积极响应白话文运动,其影响自是不可低估。陈独秀收到钱玄同的信后,马上在《新青年》第2卷第6号上把这封信和自己的《文学革命论》同时刊出,并附上自己的回信说:"以先生之声韵训诂学大家,而提倡通俗的新文学,何忧全国之不景从也?可为文学界浮一大白!"②可见,在陈独秀看来,钱玄同的支持是何等的重要。

钱玄同还是白话文运动的最早实践者。他在1917年给陈独秀的信中就强调《新青年》应该首先使用白话文,他指出:"《新青年》杂志拿除旧布新做宗旨,则自己便须实行除旧布新。所有认做'合理'的新法,说了就做得到的,总宜赶紧实行去做,以为社会先导才是。"③同时,他还在《新青年》第3卷第6号致陈独秀的信中以身作则,率先使用白话文,并号召大家都使用白话文:"我们既然绝对主张用白话体做文章,则自己在《新青年》里面做的,便应该渐渐的改用白话。我从这书通信起,以后或撰文,或通信,一概用白话,就和适之先生做《尝试集》一样的意思。并且还要请先生、胡适之先生和刘半农先生都来尝试尝试。此外别位在《新青年》里面撰文的先生和国中赞成做白话文章的先生们,若是大家都肯'尝试',那么必定'成功'。"④据黎锦熙先生的考证,这封通信不仅是《新青年》里最早关于白话文实践的鼓吹书,而且也是《新青年》里第一篇近于白话的论学书。⑤可见,钱玄同对推动白话文的普及是有首倡之功的。值得注意的是,当钱玄同积极

---

① 《新青年》1917年2月1日第2卷第6号,第12页。

② 同上注,第13页。

③ 《新青年》1917年8月1日第3卷第6号,第6页。

④ 同上注,第11页。

⑤ 黎锦熙:《钱玄同先生传》,见高勤丽编:《疑古先生——名人笔下的钱玄同,钱玄同笔下的名人》,东方出版中心,1999年,第25页。

主张使用白话文时，揭起白话文运动大旗的陈独秀却显得颇有几分保守，他在回复钱玄同的信中说："改用白话一层，似不必勉强一致，社友中倘有绝对不能做白话文章的人，即偶用文言，也可登载。"① 这里，钱玄同对于应用白话文的态度显然比陈独秀还要激进。正是在钱玄同等人的积极倡导之下，1918年1月，《新青年》开始完全刊登白话文。

除了首先响应白话文运动和率先实践白话文之外，钱玄同还对白话文运动做出了许多独到的贡献。

首先，钱玄同提出"选学妖孽"和"桐城谬种"二语，为白话文运动和文学革命指明了切实的对象。在钱玄同之前，胡适、陈独秀也都曾提到过白话文运动和文学革命的对象。胡适在《文学改良刍议》中就将白话文学受阻归因于明代八股取士及何李七子"争以复古为高"②，陈独秀也将中国文学"萎琐陈腐，远不能与欧洲比肩"的罪魁指斥为"明之前后七子及八家文派之归、方、刘、姚是也"。③ 和胡、陈二人把斗争的目标定位于明代古人身上不同的是，钱玄同直接把目标指向当时颇有影响的"文选""桐城"两大文学流派。1917年2月1日，钱玄同在致陈独秀的信中就把这两个流派称为"选学妖孽"和"桐城谬种"，并指出二者和白话文运动是势不两立的，"惟选学妖孽、桐城谬种见此又不知若何咒骂。虽然得此辈多咒骂一声，便是价值增加一分也"④，明确地把"选学妖孽"和"桐城谬种"作为白话文运动和文学革命的对象。接着，钱玄同还对二者展开了不遗余力的批判。在2月25日致陈独秀的信中，钱玄同指出："至于当世，所谓桐城巨子，能作散文。选学名家，能作骈文。作诗填词，必用陈套语，所造之句，不外如胡君所举旅美某君所填之词。此等文人，自命典赡古雅，鄙夷戏曲小说，以为猥俗不登大雅之堂者。自仆观之，公等所撰皆高等八股耳。（此尚是客气话。据实

---

① 《新青年》1917年8月1日第3卷第6号，第12页。
② 胡适：《文学改良刍议》，《新青年》1917年1月1日第2卷第5号，第10页。
③ 陈独秀：《文学革命论》，《新青年》1917年2月1日第2卷第6号，第2～3页。
④ 《新青年》1917年2月1日第2卷第6号，第12页。

言之，直当云变形之八股。）文学云乎哉。"①1918 年，在为《尝试集》作序时，钱玄同继续批判道："这两种文妖，是最反对那老实的白话文章的。因为做了白话文章，则第一种文妖，便不能搬运他那些垃圾的典故，肉麻的辞藻；第二种文妖，便不能卖弄他那些可笑的义法，无谓的格律。"②这里，钱玄同对"桐城谬种""选学妖孽"的批判，一方面可以使时人从这两大学派的著作中清楚地看到文言文和旧文学的弊端，加深他们对白话文运动和文学革命的理解，从而扩大了白话文运动和文学革命的群众基础；另一方面，把矛头直接指向"文选"和"桐城"，不惜与当时还颇有影响的两大学派为敌，也体现了钱玄同要求白话文和文学革命的坚决性和彻底性。这一口号的提出，无疑会推动白话文运动的深入发展。胡适就曾高度评价过这一口号："这几句口号一时远近流传，因为它们也为文学革命找到了革命的对象。"③

其次，钱玄同提出把白话文的应用范围由文学之文扩展到应用之文，促进了白话文的推广。胡适、陈独秀早些时候对文学革命的倡导主要是就文学之文而言，并没有注意到应用之文。钱玄同很快就意识到了这点，他在日记中写道："文学之文，当世哲人如陈仲甫、胡适之二君均倡改良之论……而应用文之改革，则二君所未措意。其实应用文之弊，始于韩、柳，至八比之文兴，桐城之派倡，而文章一道，遂至混沌。晚唐以后，至于今日，其间能撇去此等申申夭夭之丑文字者，惟宋明先哲之语录耳。今日亟图改良，首须与文学之文划清，不可存丝毫美术之观念，而古人文字之疵病，虽见于六艺者，亦不当效。"④有鉴于此，他致信陈独秀提出了应用文的改良问题："文学之文，用典已为下乘。若普通应用之文，尤须老老实实讲话，务期老妪能解，如有妄用典故，以表象语代事实者，尤为恶劣。"⑤"弟对于应用之文，

---

① 《新青年》1917 年 3 月 1 日第 3 卷第 1 号，第 6～7 页。
② 钱玄同：《〈尝试集〉序》，《新青年》1918 年 2 月 15 日第 4 卷第 2 号，第 141 页。
③ 唐德刚整理：《胡适口述自传》，安徽教育出版社，2005 年，第 165 页。
④ 杨天石：《哲人与文士》，中国人民大学出版社，2007 年，第 537 页。
⑤ 《通信》，《新青年》1917 年 3 月 1 日第 3 卷第 1 号，第 2 页。

以为非做到言文一致地步不可。"① 为了更好地推动应用文的改革，钱玄同还在《新青年》通信栏发表了《论应用之文亟宜改良》一文，提出了应用文改良的13条内容。② 其中他重点强调了第一条"以国语为之"和第六条"绝对不用典"。他指出："第一事自然是根本上之改革。惟弟（钱玄同自称）于第六事尤为注意。弟以为今日作文，无论深浅高下，总要叫别人看得懂。故老老实实讲话最佳。"③ 这样钱玄同就把胡、陈二人提出的白话文运用到应用之文上，进一步扩大了白话文的应用范围，促进了白话文的普及。

再次，钱玄同从语言文字学的角度，提出文字产生之初就是"言文一致"的，从而为白话文运动提供了历史依据。他认为古时人们说的话和用来记录说话的文字是完全一致的，"古人造字的时候，语言和文字，必定完全一致。因为文字本来是语言的记号，嘴里说这个声音，手下写的就是表这个声音的记号，断没有手下写的记号，和嘴里说的声音不相同的"。④ 在此基础上，他得出古时的文章大都是白话文的结论："周秦以前的文章，大都是用白话，象（像）那《盘庚》《大诰》，后世读了，虽然觉得佶屈聱牙，异常古奥，然而这种文章，实在是当时的白话告示。"⑤ 既然白话文是周秦以前的传统，白话文运动的开展就不是凭空想象，而是历史现象的复兴，是恢复以前

---

① 《通信》，《新青年》1917年3月1日第3卷第1号，第7页。

② 1. 以国语为之。2. 所选之字，皆取最普通常用者，约以五千字为度。3. 凡一义数字者（指意义用时完全一样，毫无差异者言），只用其一，亦取最普通常用者。4. 关于文法之排列，制成一定不易之《语典》，不许倒装移置。5. 书札之款或称谓，务求简明确当，删去无谓之浮文。6. 绝对不用典。7. 凡两等小学教科书，及通俗书报、杂志、新闻纸，均旁注"注音字母"，仿日本文旁注"假名"之例。8. 无论何种文章，必施句读及符号。9. 印刷用楷体，书写用草体。10. 数目字可改用"亚拉伯"码号，用算式书写，省"万""千""百""十"诸字。11. 凡纪年，尽改用世界通行之耶稣纪元。12. 改右行直下为左行横迤。13. 印刷之体，宜分数种，以便印刷须特别注意之名词等等。《通信》，《新青年》1917年7月1日第3卷第5号，第8～11页。

③ 《新青年》1917年7月1日第3卷第5号，第11页。

④ 钱玄同：《〈尝试集〉序》，《新青年》1918年2月15日第4卷第2号，第137页。

⑤ 同上注，第139页。

固有的传统。这样，钱玄同就为白话文运动寻找到了历史上的依据。至于后来为何又出现了言文不一致，钱玄同从社会历史发展和文章本身的发展两个角度解释了原因。钱玄同认为，从社会历史发展上来看，言文不一致的出现是由于阶级分化造成的，"那独夫民贼，最喜欢摆架子。无论什么事情，总要和平民两样，才可以使他那野蛮的体制尊崇起来：像那吃的、穿的、住的，和妻妾的等级，仆役的数目，都要定得不近人情，并且决不许他人效法。对于文字方面也用这个主义。"①"凡是做到文章，尊贵对于卑贱必须要装出许多妄自尊大看不起人的口吻；卑贱对于尊贵，又必须要装出许多弯腰屈膝、胁肩谄笑的口吻。其实这些所谓尊贵卑贱的人，当面讲白话，究竟彼此也没有什么大分别；只有做到文章，便可以实行那'骄''谄'两个字。若是没有那种'骄''谄'的文章，这些独夫民贼的架子便摆不起来了，所以他们是最反对那质朴的白话文章的。"②从文章本身发展的角度来看，钱玄同指出白话文传统的丧失是由于"文选派"和"桐城派"两种文妖造成的。钱玄同指出"文选派""满纸堆垛辞藻，毫无真实的情感；甚至用了典故来代实事，删割他人名号去就他的文章对偶"。③"桐城派"又"拼命做韩柳欧苏那些人的死奴隶，立了什么'桐城派'的名目，还有什么'义法'的话，搅得昏天黑地"。④他指出"这两种文妖，是最反对那老实的白话文章的"。⑤针对"独夫民贼"和"文妖"对白话文的反对与破坏，钱玄同提出："现在我们认定白话是文学的正宗，正是要用质朴的文章，去铲除阶级制度里的野蛮款式；正是要用老实的文章，去表明文章是人人会做的，做文章是直写自己脑筋里的思想，或直叙外面的事物，并没有什么一定的格式。"⑥这里，钱

---

① 钱玄同:《〈尝试集〉序》,《新青年》1918 年 2 月 15 日第 4 卷第 2 号,第 138 页。
② 同上注,第 139 页。
③ 同上注,第 140 页。
④ 同上注,第 140～141 页。
⑤ 同上注,第 141 页。
⑥ 同上。

玄同从社会历史发展和文章本身的发展两个角度解释了文言分离的原因，一方面揭示了白话文运动的政治与时代内涵，指出文言不一致是阶级社会的产物，已完全不适合现代"民主"的潮流。现在提倡白话文运动正是要打破阶级社会"尊贵卑贱"的等级差别，使得平民也能够自由表达自己的思想，从而赋予了白话文运动以政治革新的意义。另一方面，钱玄同则通过对"文选派"和"桐城派"的批判，指出文章真正的价值就在言文一致，从而奠定了他的"白话体文学说"的基础，进一步为白话文运动提供了学理上的依据。钱玄同通过从历史上、学理上以及时代的要求上三个方面的分析，肯定了"言文一致"的必然性，从而为白话文运动提供了充分的理论基础。关于这一点，胡适曾称赞钱玄同"把应该用白话做文章的道理说得很痛快透彻"。[①]

此外，钱玄同还以"王敬轩"为名，与刘半农在《新青年》上演了一出"双簧戏"，打破了白话文运动初期整个社会反响寥寥的局面，推动了白话文运动的蓬勃开展。同时，钱玄同还不断鼓励、敦促鲁迅进行白话文写作，鲁迅的第一篇白话小说《狂人日记》就是在钱玄同的敦促之下完成的。总之，尽管钱玄同在白话文运动中没有写出像胡适《文学改良刍议》《建设的文学革命论》和陈独秀《文学革命论》那样系统的、纲领性的文章，但是他却从新的思想高度，为白话文运动指明了对象，寻找到了历史依据，并且进一步扩大了白话文的应用范围，从而奠定了他在白话文运动中的地位。

二 北京高师的白话文理论与实践

北京高师对白话文运动非常重视。为了吸引更多的师生加入白话文运动，北京高师国文部专门邀请蔡元培来校发表白话文的演讲。在演讲中，蔡元培首先强调了中学校和师范学校教授白话文的必要性，他指出中学校和师范学校学生"都是研究学问的，是将来到社会上做事的。因研究学问的必要，社会生活上的必要，我们不能不教他实用文。学生的国文既应以实用为

[①] 姜涛：《"新诗集"与中国新诗的发生》，北京大学出版社，2005年，第136页。

主，可是文体应该用白话呢？或则用文言呢？有许多原因，我们不能不主张白话"，"譬如现在作一篇寿序，自然要作文言，并且要作骈文才好。不然，就觉得不容易敷衍了。若是要发表自己的思想，叙述科学的现象，那就是白话有什么不可呢？"①从强调中学校和师范学校应该教授白话文出发，蔡元培指出北京高师国文部的毕业生，"是教中学校或师范学校学生的"，因此更应该研究白话文。同时，为了帮助国文部学生更好地理解白话文，蔡元培还为白话文寻求一种学理和历史的依据。他在演讲中说："文学用白话，不是现在中国才发生的。欧洲十六世纪以前，都用拉丁文……从宗教改革时代，路德等用国语翻译新旧约，后来又有多数国民文学家主张国民文学，便一概用国语了……所以现在科学，就只有动植物、医术上的名词是拉丁文，其余一概不用。我们中国文言，同拉丁文一样，所以我们不若不改用白话……司马迁……作《史记》不抄袭《尚书》……因为他作《史记》是给当时人看的，所以一定要改作当时的白话。后来如程、朱、陆、王的语录，完全用白话，不像扬雄模仿《论语》的样子。因为白话实在能够发表他自己正确的意见。又如后来施耐庵的《水浒》，曹雪芹的《红楼梦》，都不模仿唐人小说，可是他的价值还是不错。"②我们不难看出，相对于钱玄同将白话文的历史追溯到"周秦以前"，蔡元培不仅论及了中国古代文学发展史，而且也论及了欧洲的文学发展史，通过中外对照，为白话文运动提供了更为广泛和扎实的学理和历史依据。在这些论证的基础上，蔡元培对北京高师学生提出了殷切的希望："我们现在不必模仿古文，亦不必作那种图案的文章；凡是记述说明，必要用白话才对。虽现在白话的组织不完全，可是我们决不可错了这个趋势。"③该演讲经国文部学生周蘧笔记、整理，以《蔡孑民先生莅本校国文部之演说》为题，刊载在《教育丛刊》1919年12月第1卷第1集上。

---

① 周蘧笔录：《蔡孑民先生莅本校国文部之演说》，北京高等师范学校《教育丛刊》编辑处：《教育丛刊》1919年12月第1卷第1集，第2～3页。
② 同上注，第3～4页。
③ 同上注，第4页。

在钱玄同、蔡元培的带动和影响下，北京高师广大师生也积极投入白话文运动中，他们多方面论证了提倡白话文，反对文言文的必要性。国文部学生夏宇众就在《教育丛刊》上发表了《白话文与天足》一文，借用缠足与放足的例子指出："你实验出白话文不便利的结果，那是不错的。但是这个毛病，是由作白话文的人有了旧染，才生出来的，与那白话文本身的价值无关。这一点你倒要先分辨清楚。不然，像你这样的应用实验主义，那就糟了！比方已经缠过了多年足的女人，一旦放开了，乔装天足儿模样，那行走不便的苦，比伊缠足时尤觉厉害。但这是已经缠过足的害处，与那天足无涉。当然不能因自己实验放足的苦，遂认定天足不及缠足的利便；且助那主张缠足者张目的道理。"① 这里，夏宇众通过话语机锋的巧妙转换，先承认白话文在实验中会出现不便利的情况，进而指出这种不便利情况的出现恰恰是文言文自身造成的，而不是白话文的过错，从而把对白话文的批驳转向文言文。

针对友人来信说对于白话文的好歹，疑信参半，国文部学生张云就繁简和美恶两个问题与其在《北京高等师范学校周刊》上展开了讨论。关于繁简问题，张云承认"现在的人做的白话文，诚较那古文家做的古文繁"，但是白话文具有"分晰的，精密的，朗畅的"优点，因此有三大好处："（一）眼睛看得明；（二）耳朵听得懂；（三）作文的时候，不费做作。"他由此断言"文言的文，就可以叫他（它）做死的文学，白话文就是生的文学"。② 关于美恶问题，张云针对友人提出的"文言有声调，有神趣……不比白话淡然无味"，反驳道："文章的用处，无非拿他（它）来发表我们的心意，心意有所感触，乃发出歌咏悲叹的声音，委婉动荡的语言来，这语言原来是表白这心意，就有一种天然的声调神趣的，怎么把他（它）写在纸上成了文章就没有这声调神趣呢！只有文言和语言隔离，他（它）那声调才是涂饰的不真切的，

---

① 《白话文与天足》，《编辑余谭》，北京高等师范学校《教育丛刊》编辑处：《教育丛刊》1919年12月第1卷第1集，第2~3页。

② 张云：《与友人论白话文书》，《北京高等师范学校周刊》1919年第68期，第44~45页。

那（哪）里有白话文没有声调神趣的道理！"① 在和友人的讨论过程中，张云明确表明自己对于白话文的态度："以前就痛恨那艰古雕斫的文字，足以隐蔽我的心；自有人提倡白话文的出来，我便决意抛弃那艰古雕斫的文字不学，来做白话文。"② 这里张云主要从技术层面论述了学习白话文的益处，从白话文易学、易于作文的角度肯定了提倡白话文的必要性。

张云的观点得到了钱玄同的肯定和支持。钱玄同在《北京高等师范学校周刊》第70期上发表《文学革新杂谈》，高度评价了张云的主张。他说："今天我拿到周刊第六十八期，看见中间有张云君与友人论白话文的通信。他讲的话，我都是十分赞同……现在反对白话文的人……以'白话用字繁，不及古文之简'这一类话为最多。张君说古文所以简的缘故，是因为他（它）的构造笼统，粗疏，含糊；白话文所以繁的缘故，是因为他（它）的构造分晰，精密，朗畅。这真是很精当，很确实的判断。"③ 钱玄同对张云观点的高度评价，对张云无疑是一个极大的鼓励，同时也会鼓励其他学生都加入对白话文的讨论，从而扩大了白话文运动在北京高师的影响范围。更重要的是，钱玄同以一个文字学大师的身份对文言文和白话文"繁简问题"提出了自己的见解，他说："我以为简的文章，不但意思笼统，粗疏，含糊，即揆之文理，亦多有不通的地方。"④ 同时，他还指出文言虽简，但是写的时候要比白话文章费劲，实际上是不容易学的，"至于写的一方面，虽然多写二百个字，好像多费一点时间。但是写的人的意思，老老实实照着说话写了，不必去用那什么'推敲'的工夫，比那少写二百个字的反可以少耗时间，所以实际上反是经济的"。⑤ 这样，钱玄同就把学生们对于白话文的讨论引向深入，进一步加深了他们对于白话文运动的理解。与钱玄同从"写"的角度论证白

---

① 张云：《与友人论白话文书》，《北京高等师范学校周刊》1919年第68期，第45页。
② 同上注，第45～46页。
③ 钱玄同：《文学革新杂谈（一）》，《北京高等师范学校周刊》1919年第70期，第26～27页。
④ 同上注，第27页。
⑤ 同上注，第30～31页。

话的优越性不同,张一麐则从一个读者"读"的角度,指出白话文在阅读上的便利,他说:"我在十一二岁时,看《西游记》或《三国演义》,一天可以看三四本,看《十三经注疏》一天看上三十页,就不能多看。可见看白话的书,比那文理深奥的书容易几十倍。若是把这几十倍的功夫腾出来研究东西洋的文字,以及各种科学,岂不是笨重的骡车改成了汽车,把人摇的木船改成了飞艇么?那么,一个人活了五十岁,就象(像)五百岁似的。"①

北京高师师生也非常重视白话文的应用问题。如夏宇众就曾指出:"应该改用白话来做文章的理由,被几本传播新思想的杂志,说得这样的痛快透切,几乎把心地明白的人,——据最近的情形看来,——都不愿有歧出的论调。可以说白话文,是已经突过了讨论应该不应该把它来做文章的时期,来到讨论应该怎样把它来做文章的时期了。"②在这种认识的指导下,师生们纷纷投入白话文的具体实践中。在笔者翻阅过的"五四"前后北京高师的校内刊物中,绝大部分文章是用白话写成的。可见,师生们实践白话文的力度还是很大的。

由于高等师范学校的性质,北京高师师生们除了自己身体力行白话文之外,还从普及教育的角度出发提出要在中等学校的教授和教材编写中也采用白话文的主张。孙光策就从两个方面强调了中学校国文科教授白话文的重要性。一方面他根据白话文代替文言文的文学史发展趋势,指出中学校也应该加大白话文教学的力度。"现在的文学,正当文言和白话交替的时代,我们不仅对于专门学术及思想上要有一种极大的觉悟,即如中学国文教授问题,也是我们分内的事,应该加紧研究的"。另一方面,他指出应该把白话文作为中学国文教材选择的一个重要标准。他还与同学讨论具体如何选择白话文国文教材:"用分组的法子去选择材料,将文章体裁分作'论理''言情''记

---

① 张一麐:《我之国语教育观》,《附录》,北京高等师范学校《教育丛刊》编辑处:《教育丛刊》1919年12月第1卷第1集,第4页。
② 《白话文与天足》,《编辑余谭》,北京高等师范学校《教育丛刊》编辑处:《教育丛刊》1919年12月第1卷第1集,第2页。

事时间'及'记事空间'四组,每组预定选出百篇,合共可得四百篇,尽可供给中学四个年级的教授有余",但是经过两个学期的试验,他们得出结论:"我们现在要想就中国的文章挑出四百篇浅近白话,和思想新颖的,确是万难"。① 这里我们姑且不论孙光策的这个试验是否合理,他能提出中学校教材采用白话文的主张,其意义本身就是很大的,影响所及,我们今天都能直接感受到。夏宇众也在《中学国文科教授之商榷》一文中明确提出"中学校添授白话文"的主张。为了更好地推进中学校教授白话文,他还就"中学校添授的理由""时间怎样分配""白话模范文怎样选录""白话文的文法怎样编辑和怎样教授""欧化的句调词法怎样令学生练习?白话文卷怎样改削?"② 等问题提出自己的意见,基本上形成了系统的中学校添授白话文的思想,为中学教材采用白话文作了一定的理论准备。

此外,北京高师平民教育社成员也多主张把白话文作为国文课的主要内容施行于平民教育之中。《平民教育》第16号就定名为《中国文字的改革》专号,非常遗憾的是,该专号目前已无从查找。但是据《五四时期期刊介绍》,"在刊物的好几篇文章里,都谈到了把白话文做为国文课的主要内容的问题。这是撰稿者们一致的主张。他们主张教授白话文有两点理由。第一,白话文通俗易懂,容易被广大人民所接受,对普及教育,提高人民群众的文化水平有很大的帮助。第二,当时一般的白话文,内容都是较为进步的,通过教授这些文章,可以解放人们在长期以来被封建说教所禁锢的思想,便于宣传新思想和新文化。"③ 这里,平民教育社成员不仅强调了白话文对于普及教育的作用,而且还把白话文作为解放思想、开启民智的重要工

---

① 孙光策:《章厥生先生国文教授杂记》,北京高等师范学校《教育丛刊》编辑处:《教育丛刊》1919年12月第1卷第1集,第1页。

② 夏宇众:《中学国文科教授之商榷》,北京高等师范学校《教育丛刊》编辑处:《教育丛刊》1919年12月第1卷第1集,第1页。

③ 中共中央马恩列斯著作编译局研究室编:《五四时期期刊介绍》第1集,生活·读书·新知三联书店,1978年,第345~346页。

具，赋予了白话文运动更宏富的时代内涵。在理论上论证教授白话文重要性的同时，社员陈文华在《平民教育》第 18 号里还撰文《我之改革中学国文教授底（的）试验》，专门报道了他在山西川至中学担任三个多月的国文教员期间，教授具有进步思想的白话文所取得的成效，这就为教授白话文的必要性提供了一个实践上的证明。

可见，北京高师在白话文运动中占有重要的地位。教师钱玄同不仅是该运动的最先响应者，也是最先实践者，并且还为该运动做出了许多重大的贡献，堪称白话文运动的一员主要干将。同时，北京高师还在全校范围内掀起了学习、讨论和应用白话文的热潮，通过对白话文的理论探讨和具体实践，给予了白话文运动很大的支持。同时，学生们还以未来教育者的身份，对于中学校白话文教授和白话文教材编写问题也给予关注，推动了白话文在中等教育中的普及。

三　北京女高师与白话文运动

和北京高师相比，北京女高师白话文运动的开展较为迟滞。如 1919 年 6 月出版的文艺刊物《北京女子高等师范文艺会刊》第 1 期，虽然也刊有孙继绪的《论今日女子之责任》等反映新思潮的文章，但所有文章均为文言文，不仅文艺作品（即"诗文"栏目）均系格律诗词及文言体骈散文，论说文也具有相当浓厚的八股文特征。其中罗静轩的《改革文学管见》、梁惠珍的《文言合一之研究》、高晓岚的《文字读音统一之商榷》和程俊英的《文言合一之研究》四篇文章还明确对白话文运动持批评和反对态度。究其原因，一是北京女高师学生多为旧学家庭出身。据统计，女高师学生 75% 以上来自教育界和政界家庭[①]，自幼深受传统文化濡染，对古籍多有涉猎。如冯沅君、苏雪林、石评梅、陆晶清等。二是学生们此前在国文部的学术训练多以"国

---

① 参见何玲华：《新教育·新女性：北京女高师研究（1919—1924）》，中国社会科学出版社，2007 年，第 287 页。

学"为主。虽然陈中凡曾就"本部教授旨趣"声言:"国文部讲授中国历代广义狭义之各派文学,并参授域外文学,及有关系之各种科学哲学"。① 但由于师资等原因,国文部的课程设置仍以"国学"为主。这从《北京女高师"国文部"学科课程一览及教授概况(1921)》即可一览无遗:其中"国文"一科为主科,下设的科目有模范文、学术文、诗赋词曲、文学概论、文法、文字学、声韵学、中国文学史、修词学、国学概要。② 三是受到有着较为浓厚旧学背景教师的影响。如穆祯豫,"课堂教学完全以'之乎者也'旧文、古书为教材,要求学生也完全用'之乎者也'的旧文、古书写作业,答考试题"。③ 再如胡光炜、顾震福二人就曾在《文艺会刊》上发表旧体诗词作品,而由二人为《文艺会刊》组稿,其从学生们课堂作业中遴选出来的优秀之作自是多为旧学体裁。④ 对于此种情况,吕云章曾提道:"旧文、古书,在我们班很有势力,盖主任是为考古者,谁不迎合心理,多得点分数呢! 说起来实在是我们女性的耻辱!"⑤

对北京女高师白话文运动开展影响较大的是胡适和蔡元培。胡适于1919年下半年到1920年上半年在北京女高师开设了中国哲学史课程,其在授课间隙对"白话文"主张的宣传对学生影响很大。程俊英即回忆了她在胡适影响下接受白话文的思想轨迹:"胡适老师教我们中国哲学史,讲义是用崭新的白话文写的。《新青年》中的《文学改良刍议》一文,提出'八不主义',给我的影响尤大。我们过去一直作文言文或骈文,认为只有俗文学的明清小说才用白话写,是不登大雅之堂的。经他在课堂上的分析、鼓吹,我们从1918年起就不作堆砌辞藻、空疏无物的古文了。但对新诗还有保留的意见,

---

① 《文科国文部学科课程一览并说明》,北京女高师文艺研究会:《北京女子高等师范文艺会刊》1922年第4期,第73页。
② 同上注,第74页。
③ 文方:《生在中国》,九州出版社,2010年,第2548页。
④ 参见王翠艳:《女子高等教育与中国现代女性文学的发生——以北京女子高等师范为中心》,文化艺术出版社,2007年,第108页。
⑤ 子波、湘灵:《诗兴的友谊》,海音书局,1927年,第108页。

如胡老师《尝试集》中的'一对黄蝴蝶,双双飞上天;掉下那一个,孤单怪可怜'。总觉得它的味道不如旧诗词含蓄隽永,所以仍旧跟着黄侃老师学旧诗。"后经胡适的推介,她首次接触到《新青年》,"一口气从第一卷读到末卷,顿觉头脑清醒,眼睛明亮,好像从'子曰诗云'的桎梏里爬了出来"。[①]罗静轩回忆道:"胡适是教我们哲学的老师,那时他刚从美国回来,外表上,还有一点改革的勇气。我们这一班是一向读古文、写古文的,在他当时提倡白话文的启发下,以后我们就不再终日模拟古文了。"[②]

蔡元培于1919年11月17日应邀在北京女高师文艺研究会上发表了"国文之将来"的演讲。在讲演中,蔡元培强调:"国文的问题,最重要的,就是白话与文言的竞争。我想将来白话派一定占优胜的。"他认为白话文比文言文更为便捷和实用:"白话是用今人的话,来传达今人的意思,是直接的。文言是用古人的话,来传达今人的意思,是间接的。间接的传达,写的人与读的人,都要费一番翻译的功夫,这是何苦来?"[③]且"今人为今语,自辞达而理举,若必强为古语,则译白话以为文言,犹译英文为中语"。[④]蔡元培在缕析西洋废拉丁文、日本重文言合一等实例,以及我国古代文言白话演绎历史及其优长劣短之后,进一步指出:"随着共和的巩固,教育的普及与科学的发展,文言必为少数特嗜之人所专擅,而白话则尽人所当学习",进而勉励师生:"诸君今日肄业高师,即为教授中学师范之预备;则潮流所趋,不可不察。中学校虽不必尽废文言……自亦不得不重白话文,而白话文亦有一

[①] 程俊英:《回忆女师大》,见朱杰人、戴从喜编:《程俊英教授纪念文集》,华东师范大学出版社,2004年,第346~347页。
[②] 罗静轩:《北京女高师在五四运动中》,见北京师范大学校史资料室编:《五四运动与北京高师》,北京师范大学出版社,1984年,第144页。
[③] 蔡元培:《国文之将来——在北京女子高等师范学校演说词》,《附录》,北京高等师范学校《教育丛刊》编辑处:《教育丛刊》1919年12月第1卷第1集,第1页。
[④] 《蔡孑民先生讲演"国文之将来"》,北京女高师文艺研究会:《北京女子高等师范文艺会刊》1920年第2期,第41页。

定之文法，非空言可致，甚望诸君之从事研究也"。①为了更好地论证白话文的优越性，蔡元培在演讲中还批驳了当时一些攻击白话文的观点。如他针对有人认为文言文比白话文简短的看法，反问道："有人说：文言比白话有一种长处，就是简短，可以省写读的时间。但是脑子里翻译的时间，可以不算么？"他还批评了所谓白话会令中国分裂的观点，指出："有人说：文言是统一中国的利器，换了白话，就怕各地方用他本地的话，中国就分裂了。但是提倡白话的人，是要大家公用一种普通话，借着写的白话，来统一各地方的话，并且用读音统一会所定的注音字母，来帮助他，那（哪）里会分裂呢？要说是靠文言来统一中国，那些大多数不通文言的人，岂不屏斥在统一以外么？"②演讲最后，蔡元培还特别强调了白话文对高师学生的重要性，他说："高等师范学校的国文，应该把白话文作为主要。至于文言的美术文，应作为随意科，就不必人人都学了"。③此次演讲经《北京女子高等师范学校文艺会刊》编辑部整理，以《蔡子民先生讲演"国文之将来"》为题发表在该刊第2期，同时还全文刊登在北京高师《教育丛刊》第1集上。和其他白话文提倡者相比，蔡元培在演讲中对白话文运动的布论可谓独树一帜，在立论上不仅平和且颇具理性，其对文言问题也更为客观和审慎，因此也更具说服力和鼓动力。这次演讲既可视作蔡元培对未来国文教师重视白话文研究及其推广普及的嘱托，也可将其视作对从事文学专业研究的青年们进行的一次"白话文运动"的洗礼。

在胡适、蔡元培的影响下，北京女高师师生们校园书写的语体开始逐渐发生变化。从《文艺会刊》第1期到第6期新旧文体作品数量的变化可见一斑。

---

① 《蔡子民先生讲演"国文之将来"》，北京女高师文艺研究会：《北京女子高等师范文艺会刊》1920年第2期，第43页。
② 蔡元培：《国文之将来——在北京女子高等师范学校演说词》，《附录》，北京高等师范学校《教育丛刊》编辑处：《教育丛刊》1919年12月第1卷第1集，第1页。
③ 同上。

表 3-1 《文艺会刊》1—6 期新旧文体作品比较

期数	出版时间	旧文学 格律诗词	旧文学 骈、散文	旧文学 文言小说	新文学 新诗	新文学 白话小说	新文学 散文
第1期	1919年	51	14	0	0	0	0
第2期	1920年	71	7	1	0	0	0
第3期	1921年	64	7	1	0	2	0
第4期	1922年	98	0	1	10	0	0
第5期	1923年	43	0	1	6	1	0
第6期	1924年	33	0	0	19	3	1

由此可知，在 1920 年第 2 期中，虽然文艺作品仍全部是"格律诗词"和"骈散古文"，但开始出现了白话体裁的杂论文章。如黄英（庐隐）的《利己主义与利他主义》一文即采用的是文白夹杂的语体形式："人不能离群独生，则我以外尚有人，于是除研究我底厉害关系之外，还要研究人底厉害关系，就叫做'利己'与'利他'。今欲研究这个问题，不可不先定'我'和'他'底界说。"① 到了 1921 年第 3 期，两篇白话小说开始出现，这虽然没有从根本上改变该刊以登载文言诗词为主的风格，但毕竟标志着白话文开始在北京女高师具有了一定的影响力。如苏雪林曾回忆指出："我们进女高师的时候正当五四运动发生的那一年。时势所趋，我们都抛开了之乎者也，做起白话文来。"②

钱玄同的莅校演讲也可视为北京女高师白话文运动日益开展的一个佐证。1922 年 10 月 2 日钱玄同应邀来校发表了题为"国文的进化"的演讲。在演讲中，钱玄同针对"白话文很浅近，容易懂得，对于初级教育和通俗教育是很适宜的。因为受初级的教育和通俗教育的人们，知识很浅短，那高古

---

① 黄英（庐隐）:《利己主义与利他主义》,《北京女子高等师范文艺会刊》1920 年第 2 期, 第 11 页。
② 林伟民编选:《海滨故人庐隐》, 人民文学出版社, 2001 年, 第 10 页。

精深的古文,不是他们所能了解的"这种议论,指出:"我们不仅主张用白话文来做初级教育和通俗教育的教科书,尤其主张用彼来著学理深邃的书籍。"他通过简要梳理古代文章发展史和列举一些文句的例子,进一步强调指出:"文章本是叙述思想事物的工具,思想事物古今既有不同,则后人做文章当然不受古文的限制。"为此,他号召师生们:"我希望诸君今后研究国文,不要再去崇拜古文!尤其不要再去学做古文!做现在的人,就应该做现代的文章——比古文进化的现代的白话的文章!"①

四 南京高师学衡派对白话文运动的反思

和其他高师极力宣传与实践白话文不同的是,以早期学衡派为代表的南京高师部分师生对白话文运动则多持批判态度。早在1915、1916年,梅光迪、任鸿隽就明确反对胡适关于"废除'死文字',改用白话作诗"的主张。②1920年鉴于胡适《文学改良刍议》一文以其一首词为批判对象,胡先骕著文《中国文学改良论》,直批胡适关于文言的观点。他从文学与文字"迥然有别"、欧西各国言文亦并不合一、中国文言"除少数艰涩之句外,莫不言从字顺"、美术之韵文"其功用不专在达意,而必有文采焉,而必能表情焉、写景焉"等角度,"为白话不能全代文言之证",并得出结论:"故欲创造新文学,必浸淫于古籍,尽得其精华,而遗其糟粕,乃能应时势之所趋,而创造一时之新文学,如斯始可望其成功……否则盲行于具茨之野,即令或达,已费无限之气力矣。故居今日而言创造新文学,必以古文学为根基,而发扬光大之"。③

1922年《学衡》创刊后,他们更是集中展开了对白话文运动的批判。据统计,仅1922年他们就在《学衡》上发表了反对新文化文学观的文章8

---

① 钱玄同:《国文的进化》,《国语月刊》1922年第1卷第9期。
② 参见《尝试集·自序》,见《胡适文集(3)》,人民文学出版社,1998年,第117~119页。
③ 张大为等编:《胡先骕文存(上)》,江西高校出版社,1995年,第5~6页。

篇，详见下表：

表3-2　1922年《学衡》反对新文学观文章一览

作者	文章题名	期数	时间
梅光迪	评提倡新文化者	1	1922.1
胡先骕	评《尝试集》（上）	1	1922.1
梅光迪	评今人提倡学术之方法	2	1922.2
胡先骕	评《尝试集》（下）	2	1922.2
胡先骕	论批评家之责任	3	1922.3
梅光迪	论今日吾国学术界之需要	4	1922.4
吴　宓	论新文化运动	4	1922.4
邵祖平	论新旧道德与文艺	7	1922.7

其中，批判最为激烈的是梅光迪、吴宓和胡先骕。1919年胡适发表《尝试集自序》，在批评任鸿隽等人的文学革命论"只提出一种空荡荡的目的，不能有一种具体进行的计画（划）"基础上，将白话文视作"新文学的唯一利器"。[①]梅光迪大有针锋相对架势地发表了《评提倡新文化者》，将批判的矛头直指白话文运动，认为其将"古文"与"八股"混为一谈，即是妄图取消文言独尊白话。他一方面通过剖析文学史的实例，证明了文言体的古文本是中国文体的正宗："吾国文学，汉魏六朝则骈体盛行，至唐宋则古文大昌。宋元以来，又有白话体之小说戏曲"，但并未能动摇古文的正宗地位。另一方面，他又从"革命"本义出发，指出"夫革命者，以新代旧，以此易彼之谓"。而白话文运动之"古文白话递兴，乃文学体裁之增加，实非完全变迁，尤非革命也"。[②]

与梅光迪相呼应，吴宓在《论新文化运动》一文中，进一步阐释了上述

---

① 《尝试集·自序》，见《胡适文集（3）》，人民文学出版社，1998年，第128页。
② 梅光迪：《评提倡新文化者》，《学衡》1922年1月第1期。

"文学体裁有不同而文学正宗无变迁"的观点。他指出:"文章之格调,每作者不同,即在中国古时亦然"。而"文字之体制,乃由多年之习惯,全国人之行用,逐渐积累发达而成",是不可变的,一旦变革,"则错淆涣散,分崩离析,永无统一之一日"。如果废除文言文,"舍字形而以语音为基础,是首足倒置,譬如筑室,先堆散沙,而后竖巨石于其上也"。因此,"今欲得新格调之文章,固不必先破坏文字之体制也"。①

胡先骕也于1922年撰长篇评论文章《评〈尝试集〉》,对胡适的白话诗集进行了尖锐的批评,称其为"不啻已死之微末之生存"。他批评《尝试集》"以一百七十二页之小册,自序他序目录已占去四十四页。旧式之诗词,复占去五十页,所余之七十八页之尝试集中,似诗非诗似词非词之新体诗复须除去四十四首,至胡君自序中所承认为真正之白话新诗者,仅有十四篇,而其中'老洛伯''关不住''希望'三诗尚为翻译之作……第平心论之,无论以古今中外何种之眼光观之,其形式精神,皆无可取"。②针对白话文运动认为文言文是死文字,白话文是活文字,并将二者比作希腊古典的拉丁文与英法德各国现行的文字,故主张废除文言文,代之以白话文的基本主张,胡先骕进一步指出:"吾国文字衍形而不衍音,故只有蜕嬗而无绝对之死亡。周秦之文距今二三千年,而尚易诵习,至于唐宋之文,则无异时人所作,此正吾国所以能保数千年而不绝之故也。故拉丁文遂变为死文字矣,吾国文字则不然,清丽流畅之文言文,固犹今日之通用之文字也。"③

早期学衡派对白话文运动的批驳在当时影响颇大。学界就将胡先骕和胡适的上述争论称为"南胡(先骕)、北胡(适)的对垒"。周谷城也回忆道:"南京方面,有一种较大的杂志,名叫《学衡》,发表的文章全是古文,写文

---

① 吴宓:《论新文化运动》,《学衡》1922年4月第4期。
② 胡先骕:《评〈尝试集〉》,《学衡》1922年1月第1期。
③ 胡先骕:《建立三民主义文学刍议》,《三民主义文艺季刊》1942年创刊号。

章的人多是南京高等师范学校的教授,北京的白话文,南京的文言文,两相对峙,俨然唱对台戏。"①

早期学衡派在白话文运动的批驳中也存在着一定的不足,如言辞上的偏激。梅光迪就攻击白话文提倡者如"非思想家乃诡辩家"②等,这已然超出了学术论争的范围。再如和白话文运动代表历史发展的大趋势相比,他们的"大方向"确是错了等等。但撇开上述不足,早期学衡派对白话文运动的批驳与反思也有其合理之处。第一,早期学衡派坚决反对废除文言文,将其作为中国文化遗产的一部分,很大程度上纠正了白话文运动的民族虚无主义倾向。胡先骕即指出:"盖人之异于物者,以其有思想之历史,而前人之著作,即后人之遗产也。若尽弃遗产,以图赤手创业,不亦难乎?"③这里,胡先骕明显受到西方"文化遗产"观念的影响。从捍卫中华民族文化遗产的角度出发,早期学衡派的观点不仅是合理的,而且表现出了正直学者的勇气。第二,早期学衡派认为白话文和文言文应该互为借鉴,互相吸收对方优点。《与刘弘度书》即列举了文白相杂的例子:《水浒传》"把荷叶来包了"句中"把来了"三字自是白话,而《刺客传》中"左手把其袖"中的"把"字,《离骚》"来吾道乎先路"中的"来"字,却又是文言了。④

诚然,面对几千年积淀的文化尘垢和超稳定结构下的思想沉渣,新文化派之主张以白话取代文言,有其符合时代发展潮流的一面,不失为一种"矫枉过正"的宏韬大略。但是,新文化派们在提倡白话的同时,却把文言文视为"死文字",把文言写的文学视为"死文学",主张予以抛弃。如胡适就认为:"自从《三百篇》到于今,中国的文学,凡是有一些价值,有一些生命的,都是白话的,或是近于白话的。其余的都是没有生气的古董,都是博物

---

① 周谷城:《五四时期的自由辩论》,见北京师范大学校史资料室编:《五四运动与北京高师》,北京师范大学出版社,1984年,第169页。
② 梅光迪:《评提倡新文化者》,《学衡》1922年1月第1期。
③ 张大为等编:《胡先骕文存(上)》,江西高校出版社,1995年,第5~6页。
④ 《与刘弘度书》,《学衡》1922年11月第11期。

院中的陈列品。"① 这未免有些失之简单。新文化派与早期学衡派关于文言与白话的论争,一则侧重语言的逻辑表达,一则偏爱文学的审美表现,各有其学理上的合理性和历史的价值。且学衡派主张文言与白话并存,显示了他们更强的包容性和可选择性,"学衡派并不反对白话文,而只是反对以白话文取代文言文的主流地位,这虽然有违时代的大方向,但他们在此前提下探讨文言文与白话文的关系,以及中国语言文字的发展,在学理上多有积极的意义"②。这在很大程度上纠正了新文化派在文言文观点上的笼统、粗疏和急就。

事实上,早期学衡派并不完全排斥白话文。如柳诒徵1922年发表于《时代公论》第4、6号上的《唤起民众》《教育民众》等文章均是白话文。南京高师的部分师生甚至也提倡白话文。罗炳之就回忆道:"我入高师的第二年,适逢五四运动发生……随着形势的发展,我的思想逐渐朝着新的方向发展。从这时起,我写文章也全用白话体了。"③1920年夏,南京高师开办的暑期学校就曾聘请胡适任教,开设了白话文选课程。④值得一提的是,南京高师以柳诒徵为代表的部分师生则对新文学运动持折衷态度,他们认为墨守者的"存古派"和主改革者的"革新派""均各趋极端",提出了折衷的"第三说":"夫粤若稽古,关关雎鸠,在今日视为最古之文,然当日作者,固茫无故实,自我作古也。必用古语入今文,昔人已有非之者,且学文而不知自立,依傍古人,附声逐影,何能有进步?时至今日,墨守者之学说必日渐衰熄,可以断言。然而风会变迁,有如蜕蟬,纵观历代革新之文,皆自其前之旧者蜕化而来,骚出于诗,赋出于骚,骈文出于骚赋,韩柳之文,出于八

---

① 胡适:《建设的文学革命论》,见《胡适文存》第1集,黄山书社,1996年,第43页。
② 郑师渠:《在欧化与国粹之间——学衡派文化思想研究》,北京师范大学出版社,2001年,第183页。
③ 《罗炳之自述》,见高增德等编:《世纪学人自述》(第1卷),北京十月文艺出版社,2000年,第179页。
④ 陈乃林主编:《师范群英 光耀中华》第11卷下册,陕西人民教育出版社,1994年,第260页。

代，七言诗出于五言，词出于诗，曲出于词，大抵由前人之功力而一变其面貌。故欲知今，必先知古，犹之行千里必始于跬步也。"①

此外，武昌高师和沈阳高师对白话文运动也非常关注。1920年2月12日，陈独秀在武昌文华大学作"我们为甚么要做白话文？"的讲演。武昌高师不仅有许多学生前往听讲，且《武昌高等师范学校周报》第27期还以《我们为什么要改用白话文——陈独秀先生在文华大学的演讲辞》为题全文登载了该演讲。陈独秀在演讲中，针对"更有一般人，看得白话文的价值太小，以为白话文能普集（及）教育；人人都了解得来，这就是白话文惟一的目的；除此以外，更不知有什么理由"，从"改用底理由"和"解释疑惑"两个方面系统阐释了他的白话文主张。在"改用底理由"中，他从"时代精神的价值（德谟克拉西）""在文学工具上的价值""在文学史上的价值"等"本体的价值"和"在教育上的价值""在社会文化上的价值"等"应用的价值"两方面详细剖析了白话文的功用。首先，他强调白话文具有与文言文不同的"时代精神价值"，将其称为"文学的德谟克拉西"，并将其与"政治的德谟克拉西（民治主义）""经济的德谟克拉西（社会主义）""社会的德谟克拉西（平等主义）""道德的德谟克拉西（博爱主义）"相提并论。他强调非用白话文"不能达高深学理"（包括自然科学和社会科学两个方面），"白话文与古文的区别，不是名词易解难解的关系，乃是名词及其他一切词'现代的''非现代的'关系"。其次，他认为运用白话文是实现人人平等的保障。古文和文言文只是少数读书人的专利，"若我们仍用'古文'或'文言'发表意见，于是乎这种能了解'古文'或'文言'的特权，仍旧是归到几个少数的读书人，或学者。那多数的平民，就不能享受着权力，岂不是太（不）平等么？"再次，就文学本身而言，白话文不仅是"艺术的组织"，"能充分表现真的意思及情"，并且"在人类心理上有普遍性的

---

① 柳翼谋讲，王名骥、金宗华记：《文学大义》，《南京高等师范学校校友会杂志》1918年第1卷第1期，第7页。

美",他指出在"文学的饰美"方面"白话胜过文言",认为,白话文"'白描'是真美,是人人心中普遍的美"。第四,他强调在文学发展史上,白话文是输入外国文学精神的必要工具。"现在我们想输入外国文学的精神,必须用白话文方可真确的输入。"第五,他充分肯定了白话文在教育上的重要价值,"有三种,(a)儿童想象力之发展,(b)科学教育的发达,(c)学生抄写讲义的便利"。他还专门阐释了白话文较文言文在科学教育上的便利:"古文及文言,万不可用去叙述科学,研究科学的人,必定承认的。而用白话文叙述科学,较古文易于表现明瞭(了)正确的观念。就是研究专门科学的学生,也可以节省他研究艰深文字的时间及精力。所以白话文对于科学上,有特别的便利。"此外,他还从国语、书报阅读、拼音文字、通俗教育等方面论证了白话文于社会文化上的价值。陈独秀这篇演讲稿不仅与民主科学的新思想相结合,从更深层次总结了白话文的优点,而且对白话文进行了各个角度全方位的剖析,被学者认为是从正面申说其文学思想最为全面系统的演讲。①

沈阳高师提倡白话文颇有特色的当属教师吕思勉。1920至1922年底执教期间,吕思勉在《沈阳高等师范周刊》上陆续发表了《新旧文学之研究》《白话本国史序例》《读〈国语表解〉书后》《答程鹭于书》等文章来讨论白话文运动。对于该运动,他既反对"偏执文言者",认为"数千年来,因不能操古语故,其美感之不能表见之以文字,而不传于后者众矣",肯定"白话者,创造新文学之工具也"②,并列举了不可全用文言而不用白话的三个理由:"在活泼""在善变""则以现在生活之环境,及受教育之期限,文言必非尽人所能通;且恐为大多数人所不能通"。③同时,他也反对"偏执白

---

① 王福湘:《鲁迅与陈独秀》,三秦出版社,2009年,第153页。
② 吕思勉:《新旧文学之研究》,见顾迁龙编:《吕思勉遗文集(上)》,华东师范大学出版社,1995年,第475~477页。
③ 吕思勉:《答程鹭于书》,见顾迁龙编:《吕思勉遗文集(上)》,华东师范大学出版社,1995年,第224~225页。

者",认为"今之作白话文者,其思想犹向者通文言之人之思想也。以是为白话文,不过改之乎……为什么……而已"①,"人类社会,无可一旦尽废古训之理,亦无能一旦尽废古训之事。非通文盲,则古训不可通。"② 在此基础上,他一方面从新文学的角度出发,提出了白话文运动应有的两种趋势:"文言的白话化",即"以文言为基础,但去其(一)太陈旧,不合今人之思想者,(二)去其专事涂泽(即专用古语砌成)而无真意者;力求与今人之思想言语接近",以及"白话的文言化",即"以口语为基础……应自行修饰,同时亦应采用文言之长"③;另一方面从国文教授的角度,将语言分为三类:(1)最浅的语言内容,是纯白话,且全部以口语为基础;(2)较深的语言内容,指普通应用性的文言;(3)最深的语言内容,指文学性的文言。他指出:文言文"可于中学中授之,但期其能解,勿期其能作……高等小学以下,所以宜专授以白话也。白话而带文言性质多者,仍苦太难;故必全以口语为基础"。④ 在吕思勉的影响下,师生们也纷纷投入白话文运动。国文预科学生黄兆荣针对各种白话派、文言派和折衷论者"一时议论风生,莫衷一是",一方面从研究用途着手,得出了"白话者,非惟为改良文字之急务,抑亦当今欲普及教育之一种利器也";另一方面从进化论的角度出发,认为"文字既为记述宇宙各种事物,事物若何精进改良,文字亦当依事业精进改良,以便应用",文言虽在旧时有其功用,但已"不适应于当今之作"。⑤ 黄震川在担任学校暑假补习班白话文教授之后,撰写了《暑假教授白话文的感

---

① 吕思勉:《新旧文学之研究》,见顾迁龙编:《吕思勉遗文集(上)》,华东师范大学出版社,1995年,第475～477页。
② 吕思勉:《答程鹭于书》,见顾迁龙编:《吕思勉遗文集(上)》,华东师范大学出版社,1995年,第224～225页。
③ 吕思勉:《新旧文学之研究》,见顾迁龙编:《吕思勉遗文集(上)》,华东师范大学出版社,1995年,第475～477页。
④ 吕思勉:《答程鹭于书》,见顾迁龙编:《吕思勉遗文集(上)》,华东师范大学出版社,1995年,第226页。
⑤ 黄兆荣:《我对于文学之主张》,《沈阳高等师范周刊》1921年第35期,第2～4页。

想》,刊载在《沈阳高等师范周刊》,从教育部和社会两方面的分析得出"白话文也应有学习的必要"的结论。[1]

第二节 民初高师与国语运动

文学革命也是一场语言的革命。如果没有国语运动的持续跟进,文学革命和新文化运动的成功是不可想象的。国语运动还制定了科学的识音辅助工具——字母,并用它来拼读文字,推翻了几千年来文言一统天下的局面,为白话文的蓬勃发展扫清了最后的障碍。近代的国语运动开始于清末,学者王照和劳乃宣各自制定了注音方案,开启了国语改革之先河。"五四"新文化运动时期,国语运动在经历了"切音运动时期"(约1900—1907年)和"简字运动时期"(1908—1917年)之后,进入"注音字母与新文学联合运动时期"(1918—1927年)。在"五四"新文化时期的国语运动中,民初高师师生做出了很大的贡献,尤其是北京高师,通过深入的理论探讨和较大规模的实践,赢得了"国语运动的发源地"[2]的崇高声誉。

一 北京高师与国语运动

(一)北京高师对国语运动的倡扬

北京高师师生对国语运动的参与首先是从理论探讨开始的。教师黎锦熙就明确指出国语是民国成立之初国家建设的关键问题之一:"夫今日国家建设之问题多矣;大命所关,实在教育;教育上应研究之问题多矣,根本所

---

[1] 黄振川:《暑假教授白话文的感想》,《沈阳高等师范周刊》1922年第76期,第15页。
[2] 王晓明:《北京高师——国语运动的发源地》,《北京师范大学学报(人文社会科学版)》2002年第5期。

在，必先国语。"①因而他呼吁小学校应改用国语："初小之国文一科，不可不谋根本上之更张。更张之道，在改用语文相接近者，以为教材而已。革去旧名，当称'国语'。"②同时他还把国语运动看作发展教育，进而改造社会的一个重要手段："我主张教育的环境，是学校和社会彼此互相创造的；社会的风习，固然影响于学校，学校的教育，更有改变社会的力量。所以说国语教育不适切现社会的生活，就要坐待社会自己来欢迎国语，才去向他（它）适应的，实可谓自行宣布教育是无能不济的东西……对于自己所处的环境，不但利用，而且要改造；是要彻头彻尾具一番创造的精神。这才是一种合理的人生观，从这人生观定出来的教育主义，才是合理的教育主义。教育上应该有统一的国语，是从世界大环境进化的过程中，采定的标准之一。"③

校长陈宝泉在国语统一会开会致词时也肯定了统一国语的重要意义。他指出："教育重要的方面，第一在培植国民性；国民性的要素第一要有统一的语言。""今日我国北部国民与中部国民于谈话隔阂者约十分之二、三，若对于南部国民，隔阂的竟至十分之八、九，这就是语言不统一显著的利害。"他把发达国家语言一致的原因归结为国语传习的成果："彼文明各国国内各区域的语言，当日何尝尽同，今日所以收语言统一之效果的，全系国语传习合法之所致。彼菲律宾中小学校门首有特别之标示，为说英国话。窃愿我国民人人有一定的倾向，为说国语。"④黎锦熙和陈宝泉把统一国语看作普及教育，提高国民性，进而建设一个统一文明国家的重要工具，这种见解无疑是正确而且深刻的。中国地域广大，各地居民语言差别很大，"十里不同音"现象十分普遍，严重阻碍了各地之间的经济、文化交流，而统一国语无疑是解决这一

---

① 黎锦熙：《论教育之根本问题》，见李泽渝等编：《黎锦熙语文教育论著选》，人民教育出版社，1996年，第5页。
② 同上注，第4页。
③ 黎锦熙：《国语问答一束》，《黎锦熙的国语讲坛》，见李泽渝等编：《黎锦熙语文教育论著选》，人民教育出版社，1996年，第76页。
④ 陈宝泉：《国语统一会开会致词》，见蔡振生、刘立德编：《陈宝泉教育论著选》，人民教育出版社，1996年，第64～65页。

问题的重要方法。实现了语言的统一，对于加强国内各地、各民族之间经济、文化的交流，对于民族认同意识和中华民族凝聚力的培养都有着重要的意义。

除了从理论上呼吁和探讨国语之外，北京高师还积极投入国语运动的实践活动中。1918年，校长陈宝泉约集教师陈颂平、章厥生等发起国语研究会，"凡有志研究国语者均得为会员"。该会的宗旨定为："本会同人鉴于方今吾国无统一语言与言文不一致二端，于国家统一上、教育普及上诸多障碍，欲求解此症结，惟有研究厘定现行之语音、语词、语法，以促进早日制定标准国语，及用口语体编撰小学教科用书。"为了更好地贯彻这一宗旨，国语研究会从"研究""编辑""实施"三个方面展开会务工作。其中"研究"的内容规定了以下八种：（1）我国俚词向不为学者所措意，久经退化，芜秽不治，今以之编撰教科用书，似不宜任情采用（与小说及诗歌有异）。而于属词之法，正名之方，应如何设立科条，施以檃栝，俾皆整齐明确可为模范。（2）殊方俚语各有本株，京邑语音间多变节，既不可枉徇偏方，亦不合专取京邑，关于此中用废取舍之处，应如何斟酌。（3）外国人名地名术语，或主义译，或主音译，或主直书原文，应如何规定以免名实混淆。（4）各地现行方言中之古语，若义富词简，有裨实用者，应如何搜集。（5）我国语言言语学家认为分析语族中之最纯粹者，与综合语组织之法大别，其优点应如何保存，劣点应如何修补。（6）读音统一会所定注音字母有无讨论之点，推行各地有无困难之处。（7）师范学校加注音字母一科，应如何规定。（8）推广传播标准国语之机关（如德国藉剧场以谋统一国语之类）及出版物（如教科书报章戏曲小说等类）如何设备编辑。"编辑"主要是指在"研究"的基础上编辑"口语体小学教科用书、教授法、简明国语、词典、本会研究会汇刊"。"实施"则主要是把本会的研究成果付诸实施，"本会教科书编成后即就本校附属小学第三部实地试验以觇本会所编教科书之效果，若成绩渐著，徐图推广于各地"。① 根据国语研究会成立会的议决内容，"由国文部学生担

---

① 《国语研究会简章》，《北京高等师范学校周报》1918年4月1日第31号，第4~5页。

任分编国语教科书，本会会员订正之，再由王蕴山君加入注音字母，先以此本在附属小学第三部试教，刻国文部学生已编成教科书若干"。① 从"研究"到"编辑"，再到"实施"，国语研究会的会务基本涉及了国语运动的各个方面。可以说，国语研究会的成立是北京高师师生们对于国语运动深入思考的结果，适应了国语运动发展的需要，同时，它也寄托了北京高师师生对国语运动的殷切希望。这一点我们从陈宝泉在国语研究会所致的开会辞中不难看出："我国声音文字之学根底既然甚深，世界各国所供（贡）献于我的如发音学、言语学、文法学等等，尤非常宏富，必应多方研究，日事改进，使我国将来语言文字确乎成立为一种科学……所以，国语推行的希望，必使全体国民交换语言，人无不尽之言，言无不尽之意。"②

（二）北京高师国语教科书与国语教授法

国语教科书的编纂是国语运动的一个重要方面，只有通过编纂教科书，国语运动才能够真正得以开展与普及。"五四"新文化运动时期，随着国语运动的大规模进行，国语教科书的编纂就提上了日程。1918年，全国第一次国语教科书编辑会议在北京高师召开，会上推举北京高师国文系教授钱玄同担任编辑主任，着手编辑国语教科书。对于这次会议，北京高师教师黎锦熙称之为"第一次破天荒"的编辑会议，是中国创编"国语教科书"的开始。③

钱玄同和黎锦熙对国语教科书的编写做出了巨大贡献。钱玄同不仅非常重视国语教科书，而且还亲自参加编写。黎锦熙就曾指出："钱先生于诸问题中，尤注意创编国语教科书。那时全国小学儿童用的教科书都是文言文，'国语科'还是'国文科'，教育界的人们，大家还不相信白话文真有一天能够当教科书读的；第一次破天荒开国语教科书编辑会议，是民国七年

---

① 《国语研究会开会》，《北京高等师范学校周报》1918年3月25日第30号，第4页。
② 陈宝泉：《国语统一会开会致词》，见蔡振生、刘立德编：《陈宝泉教育论著选》，人民教育出版社，1996年，第64～65页。
③ 黎锦熙：《钱玄同先生传》，见高勤丽编：《疑古先生——名人笔下的钱玄同，钱玄同笔下的名人》，东方出版中心，1999年，第6页。

(1918)的事,地点是厂甸北京高师校长楼上,主席是陈宝泉先生,我们公推钱先生担任编辑主任,打算编成了就在高师附小实验。这件事,是中国创编'国语'教科书之始。(这部教科书,他虽终于没有编得出来,但孔德小学也在那时改用国语教科书,头两册就是钱先生亲自写的石印本。)"① 黎锦熙也对国语教科书的编辑做出了重大贡献。1920 年,黎锦熙在北京高师讲授"国语文法课",使用的就是自己编写的教材——《国语学讲义》。同时,他还在《中等学校的"国文科"要根本改造》一文中,提出了他对于国语教科书编写的认识。他指出:"我的主张和方法,是——1. 凡中等学校四年间国文科的'讲读',分为两大类:(一)模范文选纯粹地选那些用现代国语著作和翻译的文学作品,绝对不阑入文言文。(二)文学史的教材从三百篇的'关关雎鸠'起,直到今人章炳麟、严复、林纾、梁启超的作品止,依时代分期编次……最要紧的,就是和'历史科'联络,历史讲到什么时代,国文也就讲读这时代的代表作品。讲读时,加一点儿文学史和学术思想史上系统的说明;就可以把定章里'文学史'这一门废除。同时介绍参考书给他们,指导他们怎样去看书——研究国故……2. 凡中等学校四年间的'作文',纯粹地练习语体,绝对废止文言。"② 正如曹述敬在《钱玄同年谱》里指出的:"是年,教育部明令把小学'国文科'改为'国语科';公布《国音字典》。这两件事,钱玄同和黎锦熙两位先生都起过很大的促进作用。教育部又通令各省教育厅采用新式标点符号,这也是钱玄同和其他几位学者首先提倡建议的。"③

需要提到的是,在把国语运动和教学活动相联系方面,教师胡以鲁比黎锦熙着手得更早。1912 年,他就著成《国语学草创》草稿。全书共分 10 编,7.2 万字,论述了语言的起源、发展、方言、共同语以及汉语在语言学上的地位等问题,对当时语言学界的研究工作起了积极的推动作用。章太炎在该

---

① 黎锦熙:《钱玄同先生传》,见高勤丽编:《疑古先生——名人笔下的钱玄同,钱玄同笔下的名人》,东方出版中心,1999 年,第 6 页。
② 李泽渝等编:《黎锦熙语文教育论著选》,人民教育出版社,1996 年,第 186~187 页。
③ 曹述敬:《钱玄同年谱》,齐鲁书社,1986 年,第 51 页。

书序言中就高度评价说:"文学士胡仰曾(胡以鲁的字)自日本帝国大学博言科得业归,著《国语学草创》十篇,本之心术,比之调律,综之词例,证之常言;精微毕输,黄中通理,其用心可谓周矣。夫含识之类,形有躁静,故言有舒促,庄生论天籁,极之旦莫之所繇生,语学之精,莫过此者。"[①] 王希杰教授也评价说:"胡以鲁所编写《语言学讲义》……这是中国第一部现代意义上的理论语言学著作,也是中国现代理论语言学诞生的标志。"[②] 1913年,胡以鲁以此书为教材在北京高师开设"国语学"课程。1915年,他又在北京高师附小设立"国语讲习所",专教注音字母和国语。在上述三位教师的带动下,北京高师师生们都积极投入到国语教科书的编纂工作中,且取得了一定的成就。"国语教育,实施三年,考其推行的工具,不外国语教科书。本校为便于教学,并代表我国北部的国语起见,早已着手编辑,一册至七册的教科书和教学参考书,除本校用作教本外,其他小学,用者亦多。八册现已付印。"[③]

普及国语教育,除了编纂国语教科书之外,还要配套以科学的国语教授法。对此,陈宝泉在国语研究会开会辞中即指出:"诸君对于国语的自身固应详加讨论,至于教授之法,练习之方,似亦应特别研究。"[④] 北京高师从1920年起还专门开设了国语国文教学法的课程,由中国语言文字大师黎锦熙亲自教授。黎锦熙在教学的基础上,还展开了对国语教授法的理论探讨。他在《何谓国语教育》一文中批判了"翻译式"的国语教授法,他说:"我看现在国民学校所教的国文,不是中国文,乃是外国文,何以呢?因为教

---

① 章炳麟:《国语学草创·序》,见吴文祺、张世禄主编:《中国历代语言学论文选注》,上海教育出版社,1986年,第202页。
② 王希杰:《略说胡以鲁对中国理论语言学的贡献》,《淮北煤炭师范学院学报(哲学社会科学版)》2003年第6期。
③ 张席丰:《国语教科书审查中一点意见》,北京高师平民教育社:《平民教育》1922年11月10日第56期,第19页。
④ 陈宝泉:《国语统一会开会致词》,见蔡振生、刘立德编:《陈宝泉教育论著选》,人民教育出版社,1996年,第65页。

员的讲解，学生的练习，都是做翻译工（功）夫……中国这种'翻译式'的，不从文字的实质上，多灌输一些事物常识给儿童；而要这样的'故为艰深''迂回曲折'，到了毕业，只落得做一场翻译工（功）夫。要看这四年的光阴也太可惜了，儿童的脑力也白糟蹋了。"① 同时，他强调要把科学的方法运用到国语教授过程中，"研究国语法的目的，就是要用科学的方法，整理日常应用的语言"。②

此外，北京高师附小的教师也纷纷进行国语文诵读法的研究。1922年10月，在小学教授研究会第14次会议上，国语统一筹备会提交的"国语文诵读法案"，引起了北京高师附小教师的热议。他们首先指出旧式国文诵读法已不合国语教学，急需改造，"小学校国文一科，从改国语以后，教学的方法，也随之一变，可是诵读的方法，就参观所得，仍有照以前读国文的方法去读的，我但知按照读国文的方法去读国语是不合宜的。"③对于应当采用何种国语诵读法，他们提出了自己不同的见解。苏耀祖提出了"正音读、词类的提出读、分段读通读、演剧式的读"等四种"论理的诵读法"。张席丰提出"器械的""论理的""审美的"三种诵读法。同时，张席丰还进一步探讨了这些方法的应用问题："在教学上应用国语文诵读法，该当依儿童的学程，分期改进"，并制定了一个初等国民教育四个学年国语文诵读法的实施方案。

北京高师附小教员之所以热衷于对国语教授的研究与实验，一方面固然与国语运动的蓬勃发展以及他们教学工作的实际需要有关，但也与学校的提倡与鼓励不无关系。为了鼓励教员研究国语教授新法，北京高师附小并没有

---

① 黎锦熙：《何谓国语教育》，见李泽渝等编：《黎锦熙语文教育论著选》，人民教育出版社，1996年，第11页。
② 黎锦熙：《国语法编辑与教授的纲要》，见李泽渝等编：《黎锦熙语文教育论著选》，人民教育出版社，1996年，第318页。
③ 高师附小教员苏耀祖：《国语文诵读法的管见》，《附录》，北京高等师范学校《教育丛刊》编辑处：《教育丛刊》1922年3月第3卷第1集，第12页。

规定固定的方法，而是提倡教员们在自己的教学实践中去试验，去总结，这样无疑就极大地调动了教员们研究的积极性。如附小教员石登阁就把设计教学法引入国语教学，他指导学生模仿"中华民国国语研究会附设国音练习会"，成立了一个"国三乙级国语练习会"，以"练习国语为宗旨"。具体的练习方法为："两个人问答，或是几个人辩论，也许叫一个人报告新闻，或讲演故事，如果说的不合国音，大家都可以批评。"[①] 该法的实施取得了很好的效果，据石登阁本人所记："会既成立，学生都努力预备材料，第一次开会练习，会长先演说不会说国语的害处，后来旁的学生争想（相）去台上问答辩论或讲演。"[②] 当然，学校对于国语教授也不是放任自流，而是定期召开国语教授批评会，由附小校长郑朝熙亲自主持，召集全校教员进行讨论，逐步总结适宜的教授方法。这一点，郑朝熙在第一次国语教授批评会所致开会辞中就明确提道："教授国语本是一种新改革，用何种方法教授合适，谁也没有经验，所以自开学至今日，尚未规定教授顺序，意思是请各位先以自己的意思多方试验，俟经验以后，再规定相当的办法。照此说来，今日批评会含有两种性质：（一）是批评教授者用法之当否以作教授上的参考。（一）是就教授经过情状研究教法的标准，以备规定教授顺序。"[③] 北京高师附小的这种做法无疑也是值得我们今天借鉴的。

（三）北京高师对注音字母与汉字改革的探索

对于推行注音字母的重要性，北京高师师生的认识是很深刻的。陈宝泉就指出："注音字母为统一语言的利器。"[④] 郑朝熙也对注意字母"极表欢迎

---

① 附小教员石登阁：《我的"国三乙级国语练习会"设计教学法经过的报告》，《附录》，北京高等师范学校《教育丛刊》编辑处：《教育丛刊》1922年6月第3卷第4集，第43页。

② 同上注，第45页。

③ 《国语教授批评录》，北京高等师范学校实际教育研究社：《实际教育》1920年12月15日第1卷第3期，第28页。

④ 陈宝泉：《国语统一会开会致词》，见蔡振生、刘立德编：《陈宝泉教育论著选》，人民教育出版社，1996年，第64页。

的"①。朱文熊则指出注音字母可以"拼出汉字的声音，可以教全国读汉字的人民，都做一样读法，要是把注音字来写国语，虽然不写汉字，也可以看得明白"，因此，注意字母是"变汉字做音标的利器"。②张一麐则从教育普及的角度主张编写注音字母教科书，加快注音字母的推广，"若是将来做成一种教科书，推广到全国，那么我国一千个人中的九百九十三个不识字的半聋半瞎半哑半呆等同胞，仿佛添了一种利器，叫他把天生的五官本能完全发达，那不是一种最大的慈善事业么……以上所说的是注音字母的绝大用处"。③

钱玄同、黎锦熙两位教师则在具体研究方面取得了丰硕的成果。如钱玄同在《新青年》第4卷第1、3号上发表了《论注音字母》一文，对注音字母进行了较为深入的研究，产生了较大的影响，如吴稚晖先生在通信中就说："读先生大著《论注音字母》篇，欣喜无量。此事若多经通人引论，其发达之速，必能别出意外。大著平允精无伦，虽未卒读，于要点已见，多所抉正。"④黎锦熙的研究成果也得到了社会的认可。有学者指出："特别是钱玄同、黎锦熙两位先生，自从1917年以后，密切联系，终身合作，为国语统一运动、文字改革工作做出了卓越的贡献，成为国语运动的实际领导人。而黎先生又是其中用力最专、著述最多、活动范围最大、工作时间最长的……1918年的另一件大事，是教育部公布了注音字母（后改称注音符号）。从此，黎锦熙对推行国语更是身体力行，不遗余力了。他……把注音字母作为一种书法艺术到处使用，扩大影响。黎先生的名字几乎和注音符号连在一起

---

① 北京高等师范学校实际教育研究社:《实际教育》1920年10月15日第1卷第2期，第5页。
② 朱文熊:《位置字》，北京高等师范学校《教育丛刊》编辑处:《教育丛刊》第2卷第6集，第1页。
③ 张一麐:《我之国语教育观》,《附录》，北京高等师范学校《教育丛刊》编辑处:《教育丛刊》1919年12月第1卷第1集，第3～4页。
④ 《通信》,《新青年》1918年3月15日第4卷第3号，第255页。

了。"①1922年,黎锦熙为了试验注音字母的优劣,还开始采用注音字母来记日记。

除了两位教师的研究成果之外,北京高师其他师生对注音字母也有所研究。朱文熊就在研究的过程中,设想要创造一种更为简便的字母——"位置字"。他认为"古代文字,都从形态上推演出来的",因此叫作"形态字";而他所创造的文字,是"从位置上表现的",因此叫作"位置字",即"只要认定四十个位置,念什么声音,就可以记出他(它)的说话来",他希望借用"位置字"来做媒介,实现"世界同文"。②朱文熊关于"位置字"的设想,虽然后来并没有得以施行,但是,他能够从"形态字"推断出"位置字",能够在"世界同文"这一大目标下提出"位置字"这一具体的手段,仍不失为国语运动中一种可贵的探索。此外,郑朝熙对注音字母也提出了自己不同的意见,他认为:"注音字母不过是统一读音的一种工具,仅于矫正发音上有些帮助。"因此,他对于注音字母虽是"极表欢迎的",但是不赞成"令初入学的幼童,开首必先学了他(它)再学汉字"的这种说法。他认为教育部学校令施行细则中"首先教授注音字母"这一句,"规定的有点冒失……实在是欠怀疑的态度"。③在国语运动蓬勃发展之时,郑朝熙的这些意见对于时人反思国语运动当不无裨益。值得一提的是,师生们还展开了对小学教授注音字母的研究。1920年暑假,北京高师还专门设立试验学校研究会,由教师萧友梅任主任,主要研究试验学校的教法改良及注音字母教授和教材分配等问题。学生苏耀祖还撰文《附小实验班注音字母片说明书》,提出了"排注音字母片"的教授法:"当时看他们对于那东西很生兴趣的,反

---

① 曹述敬:《仰之弥高——深切怀念黎劭西老师》,见北京师范大学《黎锦熙先生诞生百年纪念文集》编辑组编:《黎锦熙先生诞生百年纪念文集》,北京师范大学出版社,1990年,第178页。
② 朱文熊:《位置字》,北京高等师范学校《教育丛刊》编辑处:《教育丛刊》第2卷第6集,第4页。
③ 北京高等师范学校实际教育研究社:《实际教育》1920年10月15日第1卷第2期,第5页。

复排写并无一人厌倦,并且对于笔顺的名称,记忆的非常容易,两月以后他们就渐渐能够书写了。考查他们书写的结果,果然不待指导其中的顺序就能知道。"①

注音字母终究只是识字的工具,而国语运动的最终目的是建设中国的新文字。北京高师师生在关注和研究注音字母的同时,对汉字改革也非常热心。钱玄同就说:"拼音文字,不是旦暮之间就能够制造成功的;更不是存心浮气、乱七八糟把拼音一拼,就可以算完事的……这几年之内,只是拼音文字底(的)制造时代,不是拼音文字底(的)施行时代。加以中国社会底(的)喜欢守旧,反对改良,那么,拼音文字制成以后,恐怕还要经过许多波折,费上无数口舌,才能通行……如此,则最近十年之内,还是用汉字底(的)时代",而汉字又是"声音难识,形体难写",因此,必须改革,如不改革的话,"则汉字阻碍这十年之内底(的)文化发展,其力量甚大"。②由此,钱玄同提出要减省汉字笔画的提议,并决定从1920年1月开始,用三四个月的工夫,"来做一部书,选取普通常用的字约三千左右,凡笔画繁复的,都定他(它)一个较简单的写法……照此办法,预计这三千字底(的)笔画,平均总可减少一半"。③

钱玄同还于1920年1月31日在《平民教育》第16期上发表《汉字改良的第一步——减省笔画》一文④,当是对上述改良汉字思想的总体介绍。可惜目前该文已经无从查找。1922年,钱玄同和黎锦熙等人在国语统一筹备会议第四次年会上提出了"减省现行汉字的笔画"议案。大会经过讨论,通过了该议案并成立了"汉字省体委员会",由钱玄同担任首席委员。此外,

---

① 苏耀祖:《附小实验班注音字母片说明书》,《附录》,北京高等师范学校《教育丛刊》编辑处:《教育丛刊》1921年4月第2卷第2集,第14页。
② 钱玄同:《减省汉字笔画底(的)提议》,《新青年》1920年2月1日第7卷第3号,第111页。
③ 同上注,第112页。
④ 中共中央马恩列斯著作编译局研究室编:《五四时期期刊介绍》第1集下册,生活·读书·新知三联书店,1978年,第813页。

钱玄同还在《国语周刊》的汉字改革号中，发表了《汉字革命》一文，明确提出"汉字革命"的口号。他说："汉字的罪恶，如难识、难写，妨碍于教育的普及、知识的传播，这是有新思想的人们都知道的。"①他认为汉字非改革不行："汉字不革命，则教育决不能普及，国语决不能同意，国语的文学决不能充分的发展，全世界的人们公有的新道理、新学问、新知识决不能很便利、很自由地用国语写出。何以故？因汉字难识、难记、难写故；因僵死的汉字不足表示活泼泼的国语故；因汉字不是表示语音的利器故；因有汉字做梗，则新学、新理的原字难以输入于国语故。"②钱玄同提出要废除汉字，改用国语罗马字。而且，他还把废除汉字看作是反封建的根本，"欲废孔学，不可不先废汉文；欲驱除一般人之幼稚的野蛮的顽固的思想，尤不可不先废汉文。"③他甚至还提出要禁绝中国历史上所有书籍，以此来达到废汉文的目的，"欲祛除三纲五伦之奴隶道德，当然以废孔学为唯一之办法；欲祛除妖精鬼怪，炼丹画符的野蛮思想，当然以剿灭道教——是道士的道，不是老庄的道——为唯一之办法。欲废孔学，欲剿灭道教，惟有将中国书籍一概束之高阁之一法。何以故？因中国书籍，千分之九百九十九都是这两类之书故；中国文字，自来即专用于发挥孔门学说及道教妖言故"。④废除汉文后，他提倡用世界语（Esperanto）取代汉字，试图以此方法达到世界大同的目的。这里钱玄同废汉文的主张无疑是不切合实际，也是根本不可取的，这一点已经得到历史的证明。但是，钱玄同废除汉字的主张，转移了复古论者的注意力，从而使得白话文运动乘机发展起来。如鲁迅在《无声的中国》中曾提道："就因为当时又有钱玄同先生提倡废止汉字，用罗马字母来替代。这本也不过是一种文字革新，很平常的，但被不喜欢改革的中国人听见，就大不得了

---

① 钱玄同：《汉字革命》，见刘思源等编：《钱玄同文集》第 3 卷，中国人民大学出版社，1999 年，第 76 页。
② 同上注，第 62 页。
③ 钱玄同：《中国今后之文字问题》，《新青年》1918 年 4 月 15 日第 4 卷第 4 号，第 350 页。
④ 同上注，第 351 页。

了,于是便放过了比较的平和的文学革命,而竭力来骂钱玄同。白话乘了这一个机会,居然减去了许多敌人,反而没有阻碍,能够流行了。"①从这个角度上讲,其主张还是有一定积极意义的。

北京高师还开办了国语专修科,为国语普及培养师资。同时在全校范围内开办了京话夜班,每周授课两小时,指导学生练习京话,"为将来国语统一之预备"。②此外,北京高师学生还积极参与社会上的国语培训活动,如毕业后留北京高师附中任教的徐名鸿,就参加了直隶第二师范学校暑期讲习会的国语组教学工作,为参加讲习会的中小学教师及师范学生讲授"国语文法"和"国语文学"等课程。③

由此可知,北京高师师生们对国语运动的贡献颇多。他们不仅从理论上积极宣传和探讨国语运动,而且还成立国语研究会,编辑国语教科书,研究国语教授法,积极地投入国语运动的实践当中;并且,全国第一次国语教科书编辑会议也是在北京高师举行的;教师钱玄同、黎锦熙又是国语教科书编纂的开创人;广大师生对注音字母的研究提出了各种意见和方案,钱玄同还在注音字母研究的基础上进一步提出了"汉字改革",甚至"汉字革命"的问题,从而把国语运动推向了顶峰。无疑,北京高师是"五四"新文化运动时期国语运动研究和实践的一个重要基地,是"国语运动的一个发祥地"④。

二 南京高师与国语运动

南京高师对国语运动积极响应与参与的最重要举措即是在高师中率先开设国语讲习科。师生们对于先在高师学校培养国语师资,进而通过教育网络

---

① 鲁迅:《无声的中国》,见《鲁迅全集》第4卷,人民文学出版社,1973年,第25页。
② 《京话开班》,《北京高等师范学校周报》1918年9月23日第42号,第8页。
③ 《直隶第二男女师范学校暑期讲习会一览》,北京高等师范学校《教育丛刊》编辑处:《教育丛刊》1923年第4卷第5集。
④ 王晓明:《北京高师——国语运动的发源地》,《北京师范大学学报(人文社会科学版)》2002年第5期。

达到全国国语师资的普及这一点，早已充分认知，并积极呼吁。经亨颐就指出："欲有以统一之，不得不于师范学校特加注意。听其分设各处，从乡语授乡童，则国语永无统一之希望。集各处学生，在省垣昕夕相处，至数年之久，先以陶成一省之普通语为目的（浙江第一师范学校以能讲省垣普通语为考查实习成绩之条件），使乡音土语，逐渐默化，而后统一国语，易从着手……夫统一国语为教育上最要问题，亦为最难问题，骤期收效，决无方法之可言。惟有自师范教育入手，乃能致渐移默化之功。舍此可断言无统一之时期也。"① 国语教师周铭三也提出了高师学校开设国语专科以推进国语运动的必要性："高等师范以及师范学校的学生，功课既多，志趣也各不相同，所有关于国语教学的各种必修科目，在修业年限以内，极难得完全学习……所以高等师范及师范学校，除普通必修之国语外，应当添设国语专科，定为一年至二年的修业期限。"② 除了理论呼吁之外，南京高师还积极投入筹备国语讲习科的实践活动中。1918年4月20日北洋政府教育部召开"全国高等师范校长会议"，校长郭秉文提出议案："高师附设国语讲习科，学员由各省中等学校职教员选送，每级额定三十人。"③ 会后，南京高师一面"由校中拟具旨趣书简章计划书等呈部"，一面"派国语教员周铭三先生赴京研究注音字母国语教授法"。同时，该校校友会杂志还刊发了陈同《增加全国识字人数刍议》一文，不仅阐述了语言文字在"传达心意""灌输智识"等方面的重要性，提出了成人文字短期补习之设想，且还详细设计了补习班教材支配表和时间支配表，为国语讲习科的筹设奠定了一定的理论基础。

在师生们的努力下，6月1日，教育部公布《高等范学校附设国语科简章》，要求各高等师范附设国语讲习科，并规定"专教注音字母及国语，以养成国语教员为宗旨"，修业年限"暂定二个月，于暑期内行之"，

---

① 张彬编：《经亨颐教育论著选》，人民教育出版社，1993年，第31～32页。
② 周铭三：《高等师范学校添设国语专科案》，《国语月刊》1922年第1卷第6期，第9～10页。
③ 《筹设国语讲习科》，《南京高等师范学校校友会杂志》1918年第1卷第1期，第8页。

所设科目有"注音字母、声音学、国文读本、会话、文法、成语、翻译、演讲、国语练习、国语教授之研究",学员"就各省区中等学校职教员选派……每级以三十人为限"。①6月18日,教育部发布《高等师范学校附设国语讲习科选送学员区域表》训令,划定了各高师国语讲习科学员的选送区域:"北京高师:京兆、直隶、山东、河南、热河、察哈尔、绥远。武昌高师:湖北、湖南、江西。沈阳高师:奉天、吉林、黑龙江。南京高师:浙江、江苏、安徽。广东高师:广东、广西、福建。成都高师:四川、云南、贵州。"其他如山西、甘肃、新疆等省,"暂送北京、武昌两地听讲"。②

根据训令,各高师国语讲习科纷纷设立,其中南京高师设立最早。1918年7月,南京高师开设国语讲习科,利用暑假培训苏、浙、皖三省师范学校国文教员。目前可考者为其1920年第3期国语讲习科开设情况。时间从7月12日开始,至8月20日结束,共六周。课程共12种:"注音字母、声音学、语言学、语音学、读本、会话、白话文法、国语教授法、成语、翻译、演讲、国语练习",每门课程每周3—6学时。和上述《高等师范学校附设国语科简章》中的课程相比,将原来"国文读本"改为"读本",且多了语言学、语音学两门课程。任课教员主要由教员兼任,如朱进之、廖世承、刘经庶、张谔、陆志韦、陈鹤琴、杨铨、王伯秋、何鲁、卢颂恩、张信孚、俞旨一、赵士法、周盘、顾铁生等。除了正式课程外,国语讲习科还聘请学者"于课余演讲关于学术上各问题,冀增进新知而助兴味"。该科各学程结束时,"与考及格者,照章发给证明书",共发了263张结业证书。③

南京高师参与国语运动另一个重要举措则是主张京音为国语标准音,引发了"京国问题"大辩论。1913年,教育部召开读音统一会,审订了6500

---

① 璩鑫圭等编:《中国近代教育史资料汇编·实业教育 师范教育》,上海教育出版社,2007年,第837～838页。
② 同上注,第838页。
③ 《办理暑期学校及国语讲习科报告》,见《陶行知全集(第1卷)》,四川教育出版社,1991年,第340～342页。

多个汉字的法定国音,制定了国语注音字母,在汉语发展史上第一次确立了现代民族共同语的标准音。1919年,为了更好地推行国语,教育部推行根据读音统一会审订读音编成的《国音字典》。此举在国语教育中引起了很大波澜,京音教员和国音教员开始对立,甚至"相打,把劝学所的大菜台推翻了……县知事出来作揖劝解",民众也对国语教育发出质疑,据记载:"某乡的小孩子,兄弟两人,在一个学校里,各人学习了一种国音,回家温课,很有几个字的发音不一致,他们的家长大疑惑起来,去质问校长先生。校长先生只好说:'都不错!都不错!'"①

针对此种情况,1920年,南京高师国语研究会会员、英文科主任张士一在《时事新报》上发表了《国语统一问题》,鉴于"国语统一问题是现今国内风行的问题,是一个教育上很重要的问题",他在"用学理去研究,用科学眼光去研究"的基础上,强调了国语统一的必要性:"语言是一种思想的交通利器,总要使他通行无阻。假使国语不统一,各人说各人的方言,你不懂我说些什么,我不懂你说些什么,这个思想的交通利器迟钝得很,因此一国好似几国。统一国语的目的,就是要思想的交通利器灵便。国语统一之后,教育可以容易普及一些。"在探讨国语统一方法时,张士一首先对"国音"派主张予以批评,指出教育部统一国语的六个做法,即"开读音统一会""造注音字母""审订字音""设国语传习所""通令全国国民学校用国语教授"等皆有根本性的错误,主张"注音字母连国音都要根本改造",具体办法是:(一)定标准语。他从"方言与文字最切近的""向常用作书报的方言""学习这种方言的人比学别种的多""因自然交通平均传到各地的方言""要在教授上经验最富的方言""向来受各地人士信仰的方言""说话最讲究的地方底方言""优美的方言""全国人听得懂这种方言的比别种多""别地人最易学的方言"等10个标准出发,认为具备条件的唯有北京方言,建

---

① 黎锦熙:《国语运动史纲》,见黎泽渝、刘庆俄编:《黎锦熙文集》(下卷),黑龙江教育出版社,2003年,第144~145页。

议以"中华民国北京本地人受过中等教育的语言作为标准语"。(二)定标准音。先是"召集科学专家研究语言学的人定出标准音",然后"召集各省人加以训练"。(三)造字母。他首先指出了现行注音字母的缺点:如在音的方面,"同一字母有数音""有音无字母";在形的方面,如"相似的字母容易缠误,儿童更难辨认"。建议另造字母时,在音的方面应注意"照语音学上讲,一个字母只代表一个音,一个音只有一个字母代表",在形的方面"形体要简明,各字母的形体不易含混的,便于书写及印刷的,字母上不加识别符号的"。(四)传习方法。他认为应从"师范传习"和"社会传习"两种途径进行,"教师由北京土著中选择有学问的担任,设国语师范传习所,由各省选送若干人学习,经长期的训练,这班人毕业出来,发音必须正确,方好往社会上传习"。[①]

张士一的主张在南方引起了强烈的反响。1920年8月在上海召开的第六届全国教育联合会即议决:"请教育部广征各方面的意见,定北京音为国音标准,照此旨修正《国音字典》,即行颁布。"同期在常州召开的江苏全省师范附属小学联合会也通过议案:不承认国音,主张以京音为标准音。此外,在实际教学中,"南高师京音的主张,大扩张起来了。各县小学的京音教员,常常的和国音教员发生冲突"[②]。与此相对,北方国语派学者坚持"积三十年之力'千呼万唤始出来'"的注音字母是不能改变的。"京国问题"大纷争由此展开。

虽然有些问题即便今天也无法完全清楚,一则就文献资料看,"京国问题"主要是在刘复、胡适、钱玄同、黎锦熙等北方国语派内部展开的,南方京语派学者很少参加;二则"京国问题"争论的内容涉及民族标准语的方方面面,相当复杂,如官话之官音究竟是一种什么音,它跟京音又是什

---

① 张士一:《国语统一问题》,见陆翔辑选:《当代名人新演讲集》,世界书局,1923年,第254~255页。
② 朱麟公编:《国语问题讨论集》,上海书店出版社,1992年,第72页。

么关系？以京音或国音作为标准音是否也意味着词汇和语法也随之要以京话作为标准？国语以京音或官音作标准，指的又是哪一种语音？但是张士一的启动之功仍是不容忽视的，他揭开了"京国问题"论争的端绪，再次把南、北学者的关注点集中在国语运动的研究上，推动了国语运动的进一步深入发展。教育部就在此次论争的基础上修改了1919年出版的根据读音统一会对字音的审订而编著的《国音字典》。黎锦熙就指出："近来国语界，国音京音不复有争，但实际上的国音却一天一天有京音化的趋势，所谓京音化者，并非指《国音字典》中那最小部分和京音不同的字的读音，乃是国音中的一个悬案——四声问题——现在纯粹地准照北京的活人活语而得到了圆满的解决。"①

三 沈阳高师与国语运动

沈阳高师对国语运动也颇为关注，贡献较大的师生当属高谨言、吕思勉两位教师以及学生孙振甲。高谨言是沈阳高师国音讲习会主讲者，曾被学校派赴北京参加了为期两个月的国语讲习课。②他在国语教学和推广方面颇为着力。1920年在《沈阳高等师范周刊》第1期上发表了《国语表解》，详细记述了研究国语的方法，其中第七条关于词类的研究方法，如"集'方言'而刊行专集，不能用字写出来的方言，可用音标""集'成语'而刊行专集""集'谚语'而刊行专集"等，被吕思勉认为是"最为紧要"。9月4日他还在国史地本一级丽泽周会第37次会议上作了题为"国语是什么，研究国语应当怎样入手"的演讲。③

吕思勉在国语研究和宣传方面成就最为显著。他对国语运动关注已久，早在1909年就撰文《全国初等小学均宜改用通俗文以统一国语议》，不仅

---

① 黎锦熙：《京音入声字谱》，见《黎锦熙语言学论文集》，商务印书馆，2004年，第124页。
② 儒：《附校消息》，《沈阳高等师范周刊》1920年第10期，第2页。
③ 儒：《国语的讲演会》，《沈阳高等师范周刊》1920年第14期，第4页。

从理论上阐述了国语统一的必要性,认为国语不统一,"国民之情意不能相团结,而文化亦不能进步也",并且还将其与教育普及相联系,提出了"全国初等小学国文科,宜正其名曰国语,其课本即用普通之官话演成,其他一切课本亦莫不然","于京师及各省省会设立国语传习所,招致文理明通、略知科学之士入校肄习国语,以备充当各府、厅、州、县初级师范学校及国语传习所之国语教员","于全国府、厅、州、县设立初级师范学校,以国语为注重科目,凡卒业于此学校者,国语必能纯熟,方为合格","检定教员亦以国语为必要之科目","从前已经卒业之初级师范生及已经检定之教员,定于某年月日补行国语检定"等五条具体措施。尤为可贵的是,和当时及民初大多激进的国语运动倡导者不同,他坚决反对废除中国古文,采用所谓的"谐声之简字",列举了四大理由:一是古文字历经"天演",成为保存下来的唯一一种文字,"其适宜于我国之民性";二是简字与古文相比,"诚可省认识之劳,若亦求其习熟",则是一样的;三是废除古文,则"国粹真将由此而亡失也";四是采用简字,"是为兴学又添一重阻力也"。①

  1920 至 1922 年底在沈阳高师任教期间,吕思勉一方面不断编写国语教科书,如 1920 年他和刘大绅、戴杰等就编写了《新法国语教科书》(1—6册),另一方面继续不断撰文阐述宣传国语运动,在沈阳高师掀起了国语运动讨论的热潮。为呼应高谨言的《国语表解》一文,吕思勉写了《读〈国语表解〉书后》一文发表在同期的周刊上。该文中吕思勉针对古人统一国语之"消极的办法",即"各地方的人,见面时所操的语言,都是把自己向来所操的语言,割掉一部分来使用",提出了统一国语之"积极的办法":"把国语变成文字,制成一种国语文,把各处的方言都吸收来增加国语的内容,使它丰富,因而使国语文的内容也丰富……收辑古书里同类文言文上已经废弃,而现在方言里还有的,尽量用来做'国语文',就是顶主要的办法。"② 就是

---

① 吕思勉:《吕思勉论学丛稿》,上海古籍出版社,2006 年,第 460～469 页。
② 顾迁龙编:《吕思勉遗文集》,华东师范大学出版社,1997 年,第 244 页。

因为此次讨论,孙振甲将高谨言的"国语表解"和弩牛的"国语意见"称为奉天"国语的曙光",称他们是"奉天提倡国语运动急先锋"。①

1920年10月至11月,吕思勉和学生孙振甲多次书信往复讨论国语问题。针对孙振甲提出的"奉人视白话文如天上掉下一个龙蛋,如洪水猛兽",吕思勉提出了提倡国语运动的方法:"与其再出千篇一律之杂志,不如引导学生,使多以国语文发表思想,而为之出版,以引起其兴味。如每校各出校刊,或合数校共同组织均可,其刊载之材料,除现在校中之学生外,更可推广之,及于已出校之校友。此等出版物,或一两张,或一小册,排印,或用真笔版等均可。所费不多,而使已通国语文者,时时得练习之机会,且可使社会恍然于国语文之功用,并可为全省各学校互相联络之基础。"② 同时,他还针对一些破坏国语运动的"南方无聊之举人进士",提出"打破恶势力,当从强者做起"的主张。对此,孙振甲反应颇为激烈,他指出大多国文教员都是"拼命保存'五谷不熟,不如荑稗'的半通不通八股色泽的腐烂陈货",学生也有许多"奴性未除,自居遗少的",因此,"打破恶势力是第一层办法,国文提倡法,倒是第二层了"。③ 对此,吕思勉提出了两个办法:(一)固当化除此辈陈旧之见,使之觉悟;(二)亦当打破社会上对于此辈之信仰。他从白话文教授着手,提出:"须时时注意于使其将'口中之语'写在纸上,但求其'将口中之语写在纸上'之能力日益大,写在纸上之'口中之语'日益使人通晓,而断弗求其将口语(今人之言)之机杼,改就文言(古人之言)之基础,则学白话文自远较学文言文为易,学文言文者不能达之意,学白话文者则能之矣。学文言文者达之而不能正确之意,学白话文者则能正确矣。远则一年,近则半年,二者之孰为有用,孰为无用,晓然可见。学生固自觉之,旁观者亦能睹其成绩而知之,破学生之迷信,破学生父兄之迷信,以及

---

① 振甲:《给高谨言君的一封信》,《沈阳高等师范周刊》1920年第21期,第25页。
② 弩牛:《答振甲君》,《沈阳高等师范周刊》1920年第22期,第15页。
③ 同上注,第16页。

破社会上一般人之迷信，皆莫善于此。"①

孙振甲除了和吕思勉讨论国语问题外，也曾致信高谨言，讨论推行国语运动的方法："成立一个会（或者不立），定期开通常会，远道的可将问题通函研究。一个或两个月出杂志一册，专事鼓吹新文化促进国语，并设通信栏，好得知一般人的心理，以便对病下药。"②《沈阳高等师范周刊》对该建议非常重视，卞鸿儒在该信后写附识道："那个挽救的法子是大家应当想的，应当实行的。'社会的学术团体组织'在奉天真是梦也梦不到的事情。"③但由于高谨言已经前往黑龙江，并没有做出回复。

在三位师生的带动下，沈阳高师推行国语运动也非常积极。据高谨言记载附属小学："在国民一二年级，已改用国语……在高三年级是国语文言参半。至于统一读音，那是与前者并重。所以又教给他们注音字母，令他们废以前所用的学生字典，另备国音学生字汇，以供自习之用。新标点符号和注音字母，去冬就教给儿童了。"④

除了北京高师、南京高师和沈阳高师外，其他高师也都一定程度上参与了国语运动。一是响应教育部训令纷纷开设国语培训机构，并规定了详细的国语教育规程。如武昌高师开设了国语讲习所，其课程设置如下："（一）国音（1）注音字母（2）发音学通论（3）中国音韵沿革；（二）国语文法；（三）国语教授之研究；（四）国语练习；（五）言语学大意。"⑤二是投入国语运动的理论探讨。以北京女高师为例，学生们就纷纷在《北京女子高等师范文艺会刊》上发文对国语运动展开讨论。梁慧珍把国语统一视为白话文运动的前提与基础，认为："统一文言必先统一国语，国语之审定，宜以何省方音为折衷，必也深明古今音韵变迁之迹，及博通全国方言之儒，比意同力，相与研

---

① 李永圻等编：《吕思勉先生年谱长编（上）》，上海古籍出版社，2012年，第247页。
② 振甲：《给高谨言君的一封信》，《沈阳高等师范周刊》1920年第21期，第25页。
③ 同上。
④ 谨言：《附属小学南校的新潮》，《沈阳高等师范周刊》1920年第2期，第27～28页。
⑤ 《武昌高等范学校国语讲习所规程》，《武昌高等师范学校周报》1920年第33期。

究，骤难取长补短，合利去蔽（弊），定为标准，然后斟酌损益，遂渐推行于全国学校。庶国人均具有普通知识，不至智愚不齐，有碍教育之普及。至于专门教育，仍宜将古代文学从事研究，庶数千年独具特色之学术，不至随之沦丧也。"他还提出了三条具体办法："（一）统一读音（二）编辑语典（三）编文言对照词典。"① 高晓岚对"文字读音统一"提出了三个注意事项："一、以今音变更古音，则于古韵诸书，将不可复识；二、吾国幅员广大，方语互殊，固不能以一方之言统一各省；三、以北音统一南音，其势亦多所不便，盖北人之音，原不完备，南人之音曲折较多，强完备以就不备，则非人情所乐从。"② 汤妩筠也提出了统一国语的四个要点，即定标准音、定标准语、编国语文法和改编国语教科书及国语文选。③ 杨文一则认为白话文虽为新文学之代表，但由于它中间除"的"字，"了"字，"这么""那么"之外，与旧式之文章无异，"又况人事物态，有时而变，乡语方言，有时而易"，所以统一国语时还应"详审方言，本诸音韵，以注意字母，一五方之音，以普通语言，齐同义之字，形容语助二类，尤宜取言语所用，酌其雅俗，定为新语。必广搜博采，用得其中，著为国语，训诸童蒙。一方改良土话，一方确正文言；则言文虽不一致，差亦非遥，适粤适秦，音声可通矣"。④ 此外，罗静轩、蒋梓英、王世瑛、刘云孙等也纷纷撰文加入讨论。

上述可知，民初高师积极参与了新文化运动，无论是在宣传和实践民主、科学、新道德、马克思主义等新思潮方面，还是在推动白话文运动、国语运动方面，都活跃着高师师生们的身影。同时，高师学校不仅是新文化运动的重要参与者，也是新文化运动的重要受益者。例如新文化运动就涤荡了北京高师"教育超越政治"的书呆子习气，带来了活跃、民主、开放的学术氛围和浓厚的关注国计民生的政治热情。正如杨明轩回忆指出的："当时的

---

① 梁慧珍：《文言合一之研究》，《北京女子高等师范文艺会刊》1919 年第 1 期，第 19 页。
② 高晓岚：《文字读音统一之商榷》，《北京女子高等师范文艺会刊》1919 年第 1 期，第 22 页。
③ 汤妩筠：《论古今文言分合》，《北京女子高等师范文艺会刊》1921 年第 3 期，第 177～178 页。
④ 杨文一：《新文化与新文学》，《北京女子高等师范文艺会刊》1920 年第 2 期，第 25 页。

北京高等师范就在北京大学的影响下成立了一些学术团体，如'工学会''同言社''少年中国学会'等……我还记得，《新青年》上刊出的李大钊同志的文章'庶民的胜利'和'我的马克思主义观'，在我们部分同学中争相传阅，大家对政治开始有了兴趣，从死书本里钻出来。"[1] 也正是通过与新文化运动这种互动的关系，高师学校于短短十来年的时间就在中国思想文化史上留下了一段不容忽视的历史。

---

[1] 杨明轩：《在五四的日子里》，见北京师范大学校史资料室编：《五四运动与北京高师》，北京师范大学出版社，1984年，第40页。

第四章 民初高师与近代社会思潮

"五四"新文化运动时期,各种社会改良思潮风起云涌,波澜壮阔。民初高师身处其中,也深受影响。如《工学》发刊词指出:"新思想震破了我们的耳鼓,敲碎了我们的脑筋;我们的脑筋里面原有的种子,又好像要从被敲破的拆缝里发出什么新芽来了!"[①]在参与各种思潮的过程中,高师师生也做出了自己的贡献。其中最主要的就是组织工学会和平民教育社,提出并推动了工学主义思潮和平民教育思潮的发展。

第一节 民初高师与工学(读)主义

工学(读)主义发轫于留法勤工俭学运动,以输入西方文明为职志。十月革命以后,新文化运动发展到新的阶段,介绍、传播马克思主义成为新思潮的主流,"劳工神圣"的观念深入人心。工学(读)主义也发展成为一股旨在通过劳力与劳心的结合,实行半工半读的新生活来改造中国的社会思潮。高师师生们对该思潮的推动颇大,尤其是北京高师和北京女高师。北京高师学生们组织"工学会",成为"工学主义"的最早提出者和最主要的实践者。北京女高师不仅是王光祈工读互助思想形成的摇篮,且组织女子工读互助团,成为北京工读互助团的重要组成部分。

---

① 《发刊辞》,北京高等师范学校工学会编:《工学》1919年第1卷第1号,第1页。

一 北京高师工学会与工学主义

（一）工学会的成立及主要活动

工学会的前身同言社，是由北京高师数理部学生匡日休（互生）、杨荃骏（明轩）、刘有镕、左礼振等人为反对日本借中国参加一战，夺取高徐、济顺铁路的修筑权以及许多矿山的开采权，于1918年4月25日发起成立的一个救亡运动组织。该社于每星期课外时间开会两小时，由社员轮流讲演，并且"很自然地转到谈政治时事上面去了"。① 在《同言社集会一览表》所列的24个讲演中，就有6个是关于时事政治的：《现今社会不良之原因》《中国国民性之研究》《永久和平之研究》《中国之前途希望》《互助主义与竞争主义》《余之理想世界》。这些讲演活跃了学生们的思想，为工学会的成立奠定了一定的群众基础。刘薰宇后来回忆说："就整个的学校说，就产生两个结果：一是开会比较不受限制，二是有些同学也就活跃起来。这就是我们组织工学会的基础。"②

1919年初，日本限制中国在欧洲和议席上的发言权。匡日休、杨荃骏等人在同言社的基础上，又于2月9日成立了一个旨在"与都中专门以上各校联络对付日本，要求撤换我国议和专使之交涉"的团体。该团体"取绝对自由的组合，以讨论人生上，社会上，教育上各项最重要的问题为宗旨"③，于每星期六开一次讨论会。工学会就是在这些讨论中成立的。在第三次讨论会上（3月8日），范煜瑽发表"佣读主义实行之研究"④，初步提出工学主义的思想，但他偏重于"工"，"就是说苦学生想求一点高深知识，可以应用这

---

① 刘薰宇：《忆工学会》，见北京师范大学校史资料室编：《五四运动与北京高师》，北京师范大学出版社，1984年，第373页。
② 同上注，第374页。
③ 《会务纪要》，北京高等师范学校工学会编：《工学》1919年第1卷第1号，第48页。
④ 一说为"工读主义实行之研究"，周蘧：《工读主义》，北京高等师范学校工学会编：《工学》1919年第1卷第1号，第15页。

个主义增进他们经济的能力"。① 第四次讨论会（3月15日），周馨、匡日休草拟了《工学总纲》，发起成立"工读会"。第八次讨论会（4月26日），全体会员讨论了关于"工学会的进行并筹设石印工作事"。第九次讨论会（5月3日）修改了以前的《工学总纲》，正式颁布《工学会总纲》，改"工读会"为"工学会"。工学会于"五四"运动的前夕正式宣告成立。

工学会是同言社的发展，但其性质又有所改变。正如刘薰宇指出："工学会一方面还是保留着同言社的救亡运动的精神，一方面却增加了实行体力劳动这一个内容。"② 工学会成立后，规模有所扩大。1919年校内会员45人，校外会员10人。③ 到1922年有在校会员40余人，毕业会员30余人。④ 之后，随着大批会员相继毕业，加之经费困难，且受学校教职员罢工风潮的影响，工学会最终停止活动。

工学会以"励行工学主义"为宗旨，主要办理以下三种事项："（甲）扶助会员为自愿之工作及学业；（乙）提倡工学主义；（丙）研究教育上劳动实施之方法。"⑤（甲）种事项属于工学主义的实践。工学会要求会员"以不荒废学业者为限"，利用课余时间分组做工，以"增进他们经济的能力""增进他们的劳工实践品格"。会员们可以自由选择工作小组，但每星期至少要工作三小时。1919年，工学会成立了石印组、照相组、打字组、雕刻组，并且筹备金工木工组和化学物品制造组。1920年又成立了木版印刷组和书报贩卖组。其中一些工作组取得一定的成效。如石印组在成立的第一年就有组员22人，分为A、B两大队，经营业务包括印花边，五彩，及制造药纸等，并且还在"五四"运动中起到了重要作用。如刘薰宇回忆说："学习石印一

---

① 周蓬：《工读主义》，北京高等师范学校工学会编：《工学》1919年第1卷第1号，第18页。
② 刘薰宇：《忆工学会》，见北京师范大学校史资料室编：《五四运动与北京高师》，北京师范大学出版社，1984年，第374页。
③ 《会务纪要》，北京高等师范学校工学会编：《工学》1919年第1卷第1号，第48页。
④ 季尊：《本会一年来之回顾及今后之希望》，见张允侯等编：《五四时期的社团》（2），生活·读书·新知三联书店，1979年，第523页。
⑤ 《工学会总纲》，北京高等师范学校工学会编：《工学》1919年第1卷第1号，第50页。

项……到了五四运动时期,它却发挥了一点作用,担任北京高等师范学生会印刷传单的任务,不但价廉(只收纸张和油墨费),还可以保密并且及时,有时是彻夜赶印,供第二天一早用。"①但是,工作组整体效益很低,大多难于维持,到1922年就只剩下贩卖部和木印、石印两组,贩卖部"因校课的关系,每日只能营业五小时",木印、石印两组也是"工作无定时,由会员自由往作"。②

(乙)、(丙)两种事项属于工学主义的理论研究,主要开展的活动是不定期地召开研究会和创办《工学》杂志。研究会举办的次数很少。根据《会务纪要》,1919年11月之前共开会3次,到了1920年就很少开会。工学主义的理论探讨主要集中在《工学》上,"本会对外宣传,完全靠《工学》杂志"③。该杂志于1919年11月创刊,共出版了第1卷1至5号,和1922年5月复刊的第2卷第1号("五一纪念号"),此外还有1921年五一节出的一张特刊(未见)④。《工学》每月一册,每月20日发行,没有固定的门类,主要内容包括:(1)讨论"工学主义"及其实施的方法。(2)传播新思潮。(3)发表同人研究的心得。(4)记载本会会务。⑤到1922年,随着工学会渐趋衰落,《工学》的发行量也大为减少,"从前卖出品以杂志为主,现在则甚少。从这种统计观察,我们可以见到一二年来杂志狂热之减低"。⑥

---

① 刘薰宇:《忆工学会》,见北京师范大学校史资料室编:《五四运动与北京高师》,北京师范大学出版社,1984年,第375页。
② 季尊:《本会一年来之回顾及今后之希望》,见张允侯等编:《五四时期的社团》(2),生活·读书·新知三联书店,1979年,第523页。
③ 同上注,第522页。
④ 据《工学》第2卷第1号上的《中国人对于五一纪念应有的觉悟》一文所说,这张特刊是在《新社会报》上出版的。
⑤ 《本志编辑体例》,北京高等师范学校工学会编:《工学》1919年第1卷第2号(书前封皮)。
⑥ 季尊:《本会一年来之回顾及今后之希望》,见张允侯等编:《五四时期的社团》(2),生活·读书·新知三联书店,1979年,第523页。

(二)《工学》与工学主义思潮

工学会自成立到1922年停止活动，通过刊发《工学》杂志、举办研究会、组建工作组等活动，已然成为"五四"时期工学主义思潮的最早提出者和主要的实践者。和同时期其他社团相比，工学会具体在以下几个方面做出了重要贡献。

1. 形成了系统的工学主义思想体系

《工学》对工学主义的研究是从理论探讨和方法介绍两个方面同时展开的。如石樵指出："我的意思以为实行是很重要的；光是说话，不去实行，那是什么'说真方卖假药骗人钱财'的混账东西！拿我们实行的去告诉人家，也是很重要的，因为我们不告诉人家，人家是不会知到（道）的。议论也是很重要的，没有议论，所做的事便没有意义，人家是要把我们当作痴痴蠢蠢朴朴实实可欺可笑的老农夫老仆人一类看待的。并且要事实上的进步，又怎么可以没有理论上的讨究呢？"①通览其所刊文章，也主要是围绕上述两个方面。

第一，对工学主义的理论探讨。《工学会旨趣书二》指出："要解释'工学主义'，先要把'工'与'学'两个字下一个定义。"②统观《工学》，讨论"工""学"定义的文章共有7篇。③有些定义虽然存在着广义、狭义之分，以及一些字面分歧，但是撰稿者们从根本上都认为"工"是生产实践，"学"是理论的研究和学习，"工"与"学"是不可分离，是相互联系、相互促进的。如石樵把"劳工"与"求学"比作"我们人类上天堂的一条铁路的两条

---

① 《通信》，北京高等师范学校工学会编：《工学》1919年第1卷第1号，第46页。
② 石樵：《工学会旨趣书二》，北京高等师范学校工学会编：《工学》1919年第1卷第1号，第7页。
③ 周馨的《工学会的旨趣书一》、石樵的《工学会旨趣书二》、旅（原字：上为止，下为衣字下部，当为"旅"的伪字，《康熙字典》（标点整理本），上海辞书出版社，2007年，第524页）盦的《释"工学"》、迟明的《讨论"工""学"两字的定义》、石樵的《只有"工"与"学"两件事》和《讨论工学两字的定义》、璠的《讨论工学两字的定义》。此外，卫群、石樵等人还在《工学》通讯栏里对其进行了讨论。

铁轨，一个车子的两个轮子"。① 周馨从脑力劳动应当与体力劳动相结合，知识分子不应当轻视劳动与劳动者这一角度，提出要工学结合。② 在此基础上，会员们形成了"工学主义"的思想："工学主义的第一义，便是认定人生只有工与学两件事。"③ "我们的工学主义，便是认社会上只宜有'工''学'两件事，这两件以外的事，都是威权以内罪恶的事，不应该在社会上存在，不能存在，无须存在。"④

第二，对工学主义具体实施方法的研究。基于"我们最要紧的任务，就是怎样去想出许多方法，叫工和学不相妨而相成"⑤ 这种认识，并考虑到"近来研究工学主义的，关于理论方面最多，实施方面很少"⑥，以及"这个'工学主义'大抵多数人是赞成，他们所怀疑的，就在'怎样去做？'这个问题"⑦ 等情况，《工学》以相当篇幅讨论了实践工学主义的具体方法。主要有：倪工提出的"创办一个'工学主义'的学校"⑧、季尊提出的创办"劳工学校"和"工读学校"⑨、石樵推崇的美国人 Dean 先生提出的"工商补习夜学"⑩ 等。此外，周馨、迟明、石樵等还在《工学》第 1 卷第 3 号"通讯栏"

---

① 石樵：《工学会旨趣书二》，北京高等师范学校工学会编：《工学》1919 年第 1 卷第 1 号，第 8 页。
② 周馨：《工学会的旨趣书一》，北京高等师范学校工学会编：《工学》1919 年第 1 卷第 1 号，第 3 页。
③ 石樵：《工学会旨趣书二》，北京高等师范学校工学会编：《工学》1919 年第 1 卷第 1 号，第 8 页。
④ 石樵：《只有"工"与"学"两件事》，北京高等师范学校工学会编：《工学》1920 年第 1 卷第 4 号，第 35 页。
⑤ 《通信》，北京高等师范学校工学会编：《工学》1919 年第 1 卷第 1 号，第 43～44 页。
⑥ 邵正祥：《实行"工学主义"与今日之中小学生》，北京高等师范学校工学会编：《工学》1919 年第 1 卷第 2 号，第 13 页。
⑦ 《通信》，北京高等师范学校工学会编：《工学》1919 年第 1 卷第 1 号，第 43 页。
⑧ 倪工：《"工学主义"的学校》，北京高等师范学校工学会编：《工学》1920 年第 1 卷第 3 号，第 1 页。
⑨ 季尊：《本会一年来之回顾及今后之希望》，见张允侯等编：《五四时期的社团》（2），生活·读书·新知三联书店，1979 年，第 523 页。
⑩ 石樵：《工商补习夜学之计划之引言》，北京高等师范学校工学会编：《工学》1919 年第 1 卷第 2 号，第 51 页。

中以《怎样实行工学主义？》为题进行了讨论。周馨借用胡适关于"文明不是笼统造成的，是一点一滴的造成的"观点，以及陈独秀关于"实行民治的基础"在"地方自治"和"同业联合"两种小组织的观点，提出了"零碎解决"的方法。石樵和迟明在批驳周馨观点的同时，进一步揭露了胡适等改良主义者的错误。石樵指出："现在社会上有些人，过于看重历史进化的观念，与办事的手续，对于种种改造事业，都不肯积极进行，结果只要枝枝节节地应付，结果便要使社会的进化停止！"① 迟明也指出："现在有许多革新家，以为社会进化有一定的途径，不可躐等而进的，所以主张所谓'零碎解决'。我觉得这种主张很不行。试问依他们一样一样地解决过去，到几时才能解决完了？碰到一个不能解决的事情，就把他（它）撇开，说是现在时机未熟，只要等着，将来自然会解决的。碰到这件事是这样说，碰到那件事，又是这样说。试问几时才算时机成熟，几时才能自然解决？呵！恐怕是梦想吧！"②

2. 形成了系统的工学教育思想

会员们多认定教育是一切的基础，是解决当时社会上所有难题的万能钥匙，是实现工学主义的必由之路。光舞就说："我以为只有教育是万能的……大改造的事业。"③ 薰宇也指出："一般人都承认的，一种主义的实现，要普遍，要彻底，都只有由教育上着手；这话我也赞成，并且是极端的赞成……然而大多数的却有一种误谬，以为由'教育上着手'一句话，就是用教育改变人心，全不注意到教育自身的先要改造。"④ 在这些认识的基础上，会员们提出了工学教育思想。

---

① 《怎样实行工学主义？》，北京高等师范学校工学会编：《工学》1920年第1卷第3号，第34页。
② 同上注，第37页。
③ 光舞：《生活——改造——做工——求学》，北京高等师范学校工学会编：《工学》1919年第1卷第2号，第37页。
④ 薰宇：《工学主义普遍的实现和教育》，北京高等师范学校工学会编：《工学》1919年第1卷第2号，第1页。

第一，批判旧教育。主要有石樵在《工学会旨趣书二》[①]一文中对旧教育等级性的批判；周蓬在《工读主义》[②]一文中对"万恶的"旧教育的控诉；薰宇在《工学主义普遍的实现和教育》[③]一文中对旧教育具体缺陷的剖析等等。第二，提倡工学教育理论。会员们认为工学主义包含6种新教育上的实验精神，即"以行致知的""社会参与的""发展创造力的""发展生产力的""发展自立性与群性的""发挥平民主义的真谛的"，是"新教育学说上一支生力的实验军"。[④] 由此，石樵在《工学会旨趣书二》、正民在《动作与本能》等文中提出了体脑结合的"官感教育"思想，主张开展"一种应用的操练——工作的操练……发达我们身体上种种工作的技能的操练"。[⑤] 薰宇在《工学主义普遍的实现和教育》、中一在《非职业教育》等文中提倡"工学兼营"的教育模式，主张"学校里面智识和技能教授的分配，各占一半"。[⑥] 第三，探讨工学教育的实施方法。主要有薰宇在《工学主义普遍的实现和教育》一文中提出的13条办法。[⑦] 邵正祥在《实行"工学主义"与今日之中小学生》一文中提出的一些具体方法，如"社会上相当的事业，如佣书、排印、送报、卖报……每日抽出一二小时去做"，"学校废除听差，省此费作学生轮值服务的奖金"，"不用仆婢，衣裳自洗自补"[⑧]等等。

[①] 石樵：《工学会旨趣书二》，北京高等师范学校工学会编：《工学》1919年第1卷第1号，第9页。

[②] 周蓬：《工读主义》，北京高等师范学校工学会编：《工学》1919年第1卷第1号，第16页。

[③] 薰宇：《工学主义普遍的实现和教育》，北京高等师范学校工学会编：《工学》1919年第1卷第2号，第2～5页。

[④] 杨祯：《新教育观的工学主义》，北京高等师范学校工学会编：《工学》1922年第2卷第1号，第3～7页。

[⑤] 石樵：《工学会旨趣书二》，北京高等师范学校工学会编：《工学》1919年第1卷第1号，第11页。

[⑥] 薰宇：《工学主义普遍的实现和教育》，北京高等师范学校工学会编：《工学》1919年第1卷第2号，第6页。

[⑦] 同上注，第6～7页。

[⑧] 邵正祥：《实行"工学主义"与今日之中小学生》，北京高等师范学校工学会编：《工学》1919年第1卷第2号，第12～13页。

3. 部分会员成功地实现了世界观的转变,对工人阶级的地位和作用有了正确的认识

在工学会前期,会员们多过度地迷恋工学主义,认为它是解决人生、社会一切问题的根本方法。如庆平主张用工学主义救济国人,提高整体国民素质①;伊真把工学主义看作是获得美满人生的一个先决条件②;薰宇把工学主义看作是解决中国、世界乃至整个人类进化问题的重要手段③;佷工把工学主义看作是消除世界矛盾,解决"世界革命"问题的重要手段④;迟明把工学主义看作是人类社会进化的基础⑤等等。这种过度的迷恋使得会员们只能在工学主义的思想中徘徊,难以脱离改良主义的窠臼,无法找到从根本上解决人生、社会问题的方法。如迟明在《论分工制度》一文中就简单地把"劳心者治人,劳力者治于人"这种不合理现象归结为观念上的错误。⑥薰宇在《工学主义普遍的实现和教育》一文中虽然对旧教育进行了猛烈的批判,但是并没有得出要推翻旧社会的结论,而是"不信政治作用,或权利作用,可以收改造的效果"。⑦

工学会这一改良主义的基调到了后期有所改变。《工学》第 2 卷第 1 号即命名为"五一纪念号",其《发刊词》指出:"从五一运动的历史看来,最可纪念的是劳工对于阶级的觉悟……我们为国际的同情起见和为我国的工人

---

① 庆平:《中国人和工人》,北京高等师范学校工学会编:《工学》1919 年第 1 卷第 1 号,第 36 页。
② 伊真:《美满的人生——工学主义的生活》,北京高等师范学校工学会编:《工学》1919 年第 1 卷第 1 号,第 39 页。
③ 刘薰宇:《"工学主义"与中国的根本救济》,北京高等师范学校工学会编:《工学》1919 年第 1 卷第 2 号,第 9 ~ 10 页。
④ 佷工:《世界革命的救治与"工学主义"》,北京高等师范学校工学会编:《工学》1920 年第 1 卷第 5 号,第 27 页。
⑤ 迟明:《工学主义与社会进化》,北京高等师范学校工学会编:《工学》1919 年第 1 卷第 1 号,第 14 ~ 15 页。
⑥ 迟明:《论分工制度》,北京高等师范学校工学会编:《工学》1920 年第 1 卷第 3 号,第 13 页。
⑦ 薰宇:《工学主义普遍的实现和教育》,北京高等师范学校工学会编:《工学》1919 年第 1 卷第 2 号,第 1 页。

设想,都不能不说几句话。我们一方面将国际工人的运动介绍给我国工人,以促他们的觉悟;一方面宣布资本主义的罪状,使我国的野心家知所警戒,不敢为所欲为。"① 同时,该号中还有好几篇文章都主张用社会主义革命的手段彻底解决社会问题。如红在《中国五一运动应当注意的地方》中提出,1922年的青年应当有彻底的觉悟,应当去唤醒工人,用革命的手段,推翻这举世同恶的资本制度。② 松鸣在《我对于"五一"纪念的感想》一文中号召工人"联络一气,一致行动",去"占据工厂"。③ 红彩在《中国怎样就好了?》中也主张用共产主义办法,"杀贼回脏",解决中国"人民穷困""政治黑暗"等问题,并且还主张中国应该参加"第三国际",与外国的劳动者联合起来,共同打倒军阀、政客与外国资本家。④ 很明显,这些文章已经具备了初步的社会主义思想,表明工学会部分成员摆脱了改良主义的限制,在政治上日趋成熟。

当然,以我们今天的视角来看,工学会的工学主义显然存在着诸多不足。它把客观世界简单地归结为"工"与"学",缺乏深层次的理论依据,也没有形成完整的理论体系;它把工学主义看作是解决人生上、社会上一切问题的万能钥匙,阻碍了其对社会问题根本解决方法的进一步探索;它虽然批判了"劳心者治人,劳力者治于人"的不合理现象,但却没有挖掘出导致这种不合理现象的社会根源;它虽然提出了改造教育的主张,但是却企图迁就于旧的教育制度和旧的社会制度等等。正如刘薰宇指出的:"以工学会的骨干分子说,主要的倾向是无政府主义。他们看到的只是来自国外的帝国主

---

① 《五一纪念号·发刊词》,北京高等师范学校工学会编:《工学》1922年第2卷第1号,第1~2页。
② 红:《中国五一运动应当注意的地方》,北京高等师范学校工学会编:《工学》1922年第2卷第1号,第12页。
③ 松鸣:《我对于"五一"纪念的感想》,北京高等师范学校工学会编:《工学》1922年第2卷第1号,第23页。
④ 红彩:《中国怎样就好了?》,北京高等师范学校工学会编:《工学》1922年第2卷第1号,第38页。

义的侵略和国内的军阀的黑暗统治,并没有触及产生这些现象的根源。其次,他们受到的是半封建和半殖民地的教育,因而他们虽然具有善良的主观愿望,但是错误地认为,通过教育培养人们的善良意愿就可以解决社会问题,这实际只是改良主义。对于现状虽然具有比较强烈的反感,但缺乏革命斗争的勇气。虽然也有一部分人具有相当的自我牺牲的精神,但是带有不少的虚无主义和浪漫主义的色彩。"① 显而易见,工学会在世界观上是无政府主义和虚无主义的,其中还夹杂有空想社会主义的影响,表现在实践活动中则是改良主义。

但是我们应该看到,"在那一个时期,一般青年都各自在找寻救亡图存的道路,但都是暗中摸索"②。工学会思想的这种复杂性和多维性也正是"五四"新文化运动时期各种社会思潮交相鼓动的结果,是当时客观社会实际的产物。并且,《工学》能够提出工学主义思想,这本身就表明它对于社会已经有了自己初步的看法,有了自己改造社会、改造世界的理论和方法框架,这一点就很可贵了。正如薰宇所说的:"我的意思以为可以不必重在理论上鼓吹,只将进行的情形实写出来,比较有效。""只要是我们心里想的,就可发表出来,错了加以改良;试验有效,就努力前进。我们最不应该有的,就是'怕错'和'怕见不到'两个观念。我以为发表出来,就是错了,或者见不到,也没有什么关系。别人对于我们的是非、笑骂、称誉,我们都不要过问。我们最要的是精神,求进步,今天发表的,明天能进步,后天能改良——这才是真正的价值。"③ "我总觉得,我们自己'创造的',就失败了也有价值。"④ 俍工也指出:"我们一时发表不出来,还要一步一步地去研究!慢慢儿去实行;研究一点,便实行一点;实行一点,又研究一点;这便是我

---

① 刘薰宇:《忆工学会》,见北京师范大学校史资料室编:《五四运动与北京高师》,北京师范大学出版社,1984年,第374页。
② 同上。
③ 《通信》,北京高等师范学校工学会编:《工学》1919年第1卷第1号,第41页。
④ 同上注,第42页。

们提倡这种主义的意思。"① 可见,《工学》真正在意的,不是它们理论的完整性,而是勇于提出新思想的创新精神。他们能够在当时各种社会思潮的基础上,提出自己的思想,并为之进行不懈的努力与探索,这一点确实是值得我们今天学习的。

二 北京女高师与工读主义

(一)李超事件与王光祈工读互助思想的形成

1919 年 8 月 16 日,北京女高师国文部学生李超,因不堪家庭压迫病逝。李超之死无疑体现了新旧文化在女子教育、婚姻问题和家庭制度等方面的激烈冲突。因此,李超追悼会颇受新文化运动同人关注。1919 年 11 月 30 日,王光祈参加了追悼会,会后即在《晨报》上发表《改革旧家庭的方法》一文,指出女性解放的关键,在于组织女子生活互助社。② 12 月 4 日,他又在《晨报》发文《城市中的新生活》,指出:"昨日我著一篇改造旧家庭的方法,主张组织一种'女子互助社',今天我所提出的是把'女子互助社'的范围扩张为男女生活之互助社,为苦学生开一个生活途径,为新社会筑一个基础。"③ 至此,王光祈正式提出了组织"工读互助团"的主张和具体方法,认为此种社团,比"半工半读学校""成美会""新村"切实可行,更益于新社会、新生活之实现。④ 之后他"立即奔走筹划,不多一星期,居然有了头绪"⑤,年底,北京工读互助团第一组、第二组相继成立。

(二)北京女高师女子工读互助团与工读主义

由李超事件衍生出女子工读互助,再扩展到全社会的工读互助当是王光

---

① 俍工:《唯理论与经验论》,北京高等师范学校工学会编:《工学》1919 年第 1 卷第 2 号,第 20 页。

② 王光祈:《改革旧家庭的方法》,《晨报》1919 年 12 月 2 日第 345 期。

③ 王光祈:《城市中的新生活》,《晨报》1919 年 12 月 4 日第 347 期。

④ 同上。

⑤ 王光祈:《工读互助团》,《少年中国》1920 年 1 月 15 日第 1 卷第 7 期。

祈工读互助主义思想形成的脉络。尤值一提的是，北京女高师的工读互助团也是直接响应王光祈的工读互助主义成立的。1919年12月2日，王光祈在《晨报》上呼吁女青年参加工读互助："凡是受黑暗家庭虐待的女子，或是因婚姻压迫的女子，或是生活困难的女子"，都可以在此边做工边求学，"共同向旧家庭旧社会开始总攻击"，这种团体便是"与旧家庭抵抗的大本营"。[①]1920年1月初，北京女高师缪伯英、张人瑞、致珠、冰如、田维，钱初雅、何深瑗、韩德浩等十几位学生即议决发起女子工读互助团以示响应，其中"共同负责者不下十余人，而其他同学亦无不愿竭力赞助"[②]。1月17日，她们在《晨报》上发表消息《女子工读互助团快成立》，称女子工读互助团，"实为'女子运动'实行之第一步，对于女界前途殊为重要"。

为扩大招募，1920年1月21日，女子工读互助团在《晨报》发表《吾亲爱的姊妹们曷兴乎来！》一文，并附《第三组工读互助团简章》。该文呼吁："姊妹们呀！处黑暗的家庭，受种种的束缚，岂不是最苦痛的事情么？但是我知道我们女子并非甘心受这种痛苦，没有奋斗的精神，实在没有奋斗的机会罢了！现在女子工读互助团已经成立了，就是吾们女子谋幸福的机会到了……这岂不是吾们女子求独立的机会，改革旧家庭的初步吗……姊妹们呀！快快下一个决心，打破依赖的旧观念；由彻底觉悟造就社会的新生活，这就是最好的机会，千万不要错过！"[③]

鉴于工读互助团第一、二组成立后，团员之间感情隔阂、精神涣散等因素，女子工读互助团对入团资格规定严格：一是"凡志愿入本团者，须具有毅力，并了解本团之宗旨；至于知识、技能，亦须略有基础方为合格"[④]；二是团员的年龄以十五岁至三十五岁为限。为了招收到合格的团员，女子工读互助团一再拖延招募期，认为"这个工读互助团是破天荒的创举，开各

---

① 王光祈:《改革旧家庭的方法》,《晨报》1919年12月2日第345期。
② 《女子工读互助团快成立》,《晨报》1920年1月17日第387期。
③ 《吾亲爱的姊妹们曷兴乎来！》,《晨报》1920年1月21日第391期。
④ 《第三组工读互助团简章》,《晨报》1920年1月21日第391期。

地女子组的先河，务必要做得精神，特别有价值，所以选择团员不能受时间上的支配"①。但其招募情况并不乐观，据1920年2月16日《工读》杂志报道称："现在最难的就是团员。到女高师来报名的也有二十多，本来亲自来的也就不少，但是对于'工''读'两字有点把握的不过二三人，其余大概可分三种：（一）贫穷的人以为这是个慈善事业，像女子职业学堂……（二）是曾经进过几年学校有一知半解的，想入高师，程度够不上，听说团员可到女高师入学，就要来入团，做个进身的阶级，想得个'女学生'的美名……（三）有些太太们听说'工读互助团'是女子解放的先声，谋自由独立的机会，她也要来。后来听说要在团里住，洗衣煮饭都要自己做，读书做工都有一定的时间，她就不愿来了。"②

除了团员招募受阻之外，经费问题也是导致女子工读互助团迟迟未能正式成立的原因。据报道称：经费一事本来由各发起人担负筹措，女高师学生拟办游艺会募捐，因山东问题发生未能做到，因而经费发生困难。后来经费的解决还是"以本组赞成人的名义发行一种捐册，送到各学校里去，请各学校的先生或同学自由捐助"。③女子工读互助团的地点选择也是颇费周折。原拟租在女高师附近，但多不合宜，最后终于租到东安门北河沿十七号。

1920年4月，北京女子工读互助团正式成立，系北京工读互助团第三组，以"互助之精神实行半工半读"为宗旨，办团原则有三：第一，实行公有制。"工作所得，归团体公有。"第二，实行"各尽所能""各取所需"的共产主义分配原则。团员"每人每日必须工作五小时，若生活费用不能支持，得临时由团员公议加增作（做）工钟点"。生活供应方面实行"各取所需"，"团员生活必需之衣、食、住及教育、医药、书籍等费，均由团体供给，惟书籍归团中公有"。第三，组织形式上，实行无政府主义。"凡团员得自由

---

① 致殊：《工读互助团第三组情形》，《晨报》1920年3月24日第447期。
② 《第三组的经过》，《工读》1920年2月16日第5期。
③ 致殊：《工读互助团第三组情形》，《晨报》1920年3月24日第447期。

退出团体，惟须提出理由书。""凡团员有怠于工作情事，由团员会提出警告，经三次警告仍不努力尽职，即令其出团。"①团员共同承担团内事务和日常工作，如煮饭、洗衣等，分作两组，轮流工读，每人每天都要做工、读书。做工种类以织袜、缝纫、制作小工艺为主。至于读书，文化程度高者可入北京女高师旁听，程度低一些的团员可由北京女高师学生分担教授。

和第一、二组相比，女子工读互助团存在时间较长，约半年有余。到了1920年10月16日，《北京大学日刊》上还有该团的招揽广告："诸君要做衣服吗？请快到女子工读互助团去！手工精致，式样合宜，必能令诸君满意的。"同时，女子工读互助团的成绩也较前两组为佳，如王光祈就提道："女子工读互助团则因现在女子受黑暗势力的压迫较男子为烈，往往牺牲性命而不辞，故对于工读互助团之需要，较男子为急切。此所以女子工读互助团之成绩较第一、二组为佳。"②但诚如毛泽东1920年2月参观女子工读互助团后曾指出："今日到女子工读团……觉得很有趣味！但将来的成绩怎样？还要看他们的能力和道德力如何，也许终究失败（男子组大概可以说已经失败了）。"③再加上后期经费的愈益困难，她们有时"每日只吃一顿饭，甚至于只吃一顿烤白薯"，"每至于食不得饱"，甚至于深夜痛哭④，女子工读互助团最终解散。

作为北京工读互助团的重要组成部分，女子工读互助团主张妇女解放与社会改造相统一，以"小团体大联合"的方式逐步实现"平和的经济革命"，最终建立没有剥削、没有压迫、人人自由平等的社会。这些都对"劳心者治人，劳力者治于人"的旧观念给予了猛烈的冲击，同时也推动了广大进步青年探索改造社会的正确道路。但工读互助主义毕竟是一种改良主义的空想，

---

① 《第三组工读互助团简章》，《晨报》1920年1月21日第391期。
② 《少年中国》1921年5月15日第2卷第11期。
③ 中共中央文献研究室、中共湖南省委《毛泽东早期文稿》编辑组编：《毛泽东早期文稿》，湖南人民出版社，1990年，第467页。
④ 罗敦伟：《工读主义者罗敦健女士传》，《现代妇女》1923年第16期，第2页。

所以失败是不可避免的。部分北京女高师学生由此吸取了深刻的教训，认识到必须用革命手段根本改造社会经济制度，才是建立理想社会的唯一途径。这就促使她们更快地接受科学的社会主义，如缪伯英等人。

三 工学会与工读互助团之比较

"五四"新文化运动时期，在主张"工学（读）结合"方面影响较大的当属北京高师的工学会和北京女高师参加的北京工读互助团，时人多把二者混为一谈，《工学》杂志就提到有读者把工学会误认为是工读互助团，还专门刊登启事，澄清此事："深恐各处误会我们的组织，以为就是北京工读互助团，还求各处同志的注意，原谅！"① 本目试着对二者进行比较，借以加深对"工学（读）结合"思潮的理解。

（一）工学会与工读互助团的差异

第一，从时间上看，工学会存在的时间较长。如前所述，工学会于1919年5月3日宣布正式成立，直到1922年解散，存在了四年之久。而北京工读互助团第一组的成立是在1919年12月4日，王光祈发表《城市中的新生活》一文，提出成立城市"工读互助团"的五点理由和十八条实行方法。蔡元培、陈独秀、李大钊、胡适、周作人等十七人联名发表"工读互助团募款启事"，北京工读互助团第一组才得以成立。1920年3月23日，第一组就开会议决自行解散，其他各组也先后解散。可见，工读互助团维持了不到四个月的时间，即使时间最长的第三组女子工读互助团也仅存在了半年。

第二，从名称上看，工学会强调的是"工学"，而工读互助团是"工读"。如前所述，工学会起初也名为"工读会"。据周蓬回忆，工学会刚开始也提倡"专为苦学生设想"的工读主义，但是"后来同学中以为这种主张似乎太狭"。他们认为："依伦理、生理、经济的原则，人类对于劳心劳力都不可偏废，决不能像孟子分出什么'治人''治于人''食人''食于人'的种

---

① 《本会紧要启事》，《工学》1920年第1卷第3号（书前封皮）。

种阶级。"① 于是，就从"工读主义"转向"工学主义"。而在工读互助团中，蔡元培也曾提议将"工读"改为"工学"，后由于其他团员反对不了了之。王光祈就曾回忆道："蔡子民先生曾提议将'工读'二字改为'工学'。后来开会讨论，大家以为'工读'名称既已宣布，不必更改。而且'工学'二字与'农学''医学'相似，恐他人误认为研究工业学问的团体，所以决定仍用工读互助团名称。"② 可见，工学会选择"工学"，工读互助团选择"工读"，二者都是经过会员认真讨论后确定的。

第三，从理论和实践的内容来看，工学会成员多认为"工学"和"工读"，虽只有一字之差，却具有不同的内容。他们认为"'工读'在以劳动的工资，为求学的基础。其目的在求学，而劳动乃为达到求学目的之手段。其劳动义务，至既满足其所需求之学费而止。'工学'视作（做）工求学二者，都是人类全体的正义，社会各分子的天职。'工读'是社会一时的现象，是到必要时可以解除作（做）工的义务的。'工学'是吾人立身社会的宗旨，也是理想社会的通则"③。基于这种认识，工学会会员就对工读互助团提出了一些具体的批评。周馨和匡日休就批评道："他们所讨论的'工读'是专为穷苦念不起书的青年想法的，似乎'工读'只适用于念书不起的穷苦青年，我们总觉得这种主张有点不彻底。况且，主张组织的工读互助团团员，每天六小时作（做）工，三小时读书；'工'和'读'这样分配，似乎不甚妥当。"④ 他们的批评也得到了迟明的赞同："二君论工读互助团有两个缺点：一，主张不澈（彻）底；二，'工'和'读'的时间分配不妥当，的确不错。主张不澈（彻）底，就因为他（它）单是救济穷苦青年的暂时办法，没有普

---

① 周蓬：《工读主义》，北京高等师范学校工学会编：《工学》1919 年第 1 卷第 1 号，第 18～19 页。
② 王光祈：《工读互助团》，见张允侯等编：《五四时期的社团》，生活·读书·新知三联书店，1979 年，第 380 页。
③ 旅盦：《释"工学"》，北京高等师范学校工学会编：《工学》1919 年第 1 卷第 1 号，第 23 页。
④ 《怎样实行工学主义？》，北京高等师范学校工学会编：《工学》1920 年第 1 卷第 3 号，第 36 页。

遍的、永久的、远大的计划……这因为他（它）的目的，在乎读书，不在乎工作，所以挑简便容易的工作来做。他（它）不过借'作（做）工'这种手段来达到'读书'的目的就是了。所以他（它）和我们的'工学主义'性质是不相同的。'工学主义'的目的，在乎'作（做）工'，而'求学'不过是达到'作（做）工'的目的的手段，同他（它）恰恰相反……至于'工'和'学'的时间分配不妥当，这在也是一个大大的缺点。"① "不过我觉得他（它）现在的办法，总还不能够达到'教育和职业合一的理想'。洗衣、制浆（糨）糊等工作，本极细小，本可人人兼做的，算不上重要的工作。做这种工作，决不能养成特长的工作能力。这因为他（它）本来的目的，在读而不在工，所以轻工而重读。他（它）另有职业，——从'读'出来的职业——所以无须养成特长的工作能力。他（它）将来是智识阶级的人，未必是工人。所以工读时候的'工'，不是将来的职业，乃是求得将来的职业的一种手段。所以那个'教育和职业合一的理想'未必能够实现。"② 无疑，工学会主张"工学主义"，工学并重，这一点确实比"以工佐读"的工读主义具有理论上的先进性，工学会成员所提出的批评对于一般的勤工俭学也是适用的。

但是，工读互助团并不是如工学会一些成员所批评的那样，仅仅把劳动作为取得学费的手段，没有远大的计划。工读互助团就基本思想来说，是和工学会一致的，这一点迟明也提道："工读互助团募款启事说，'实行半工半读主义，庶几可以达教育和职业合一的理想。'这个意思，就和'工学主义'差不多了。"③ 还需要指出的是，工读互助团无论在理论还是实践方面都要比工学会更为彻底。就理论方面来说，工读互助团虽然和工学会一样，也企图通过"工读"结合，建立一个"人人做工、人人读书，各尽所能、各取所

---

① 《怎样实行工学主义？》，北京高等师范学校工学会编：《工学》1920 年第 1 卷第 3 号，第 37～38 页。
② 同上注，第 37～38 页。
③ 《怎样实行工学主义？》，北京高等师范学校工学会编：《工学》1920 年第 1 卷第 3 号，第 37 页。

需"的理想社会。[1] 但是，工读互助团更强调对社会的改造。王光祈就明确表示："若是此次试验成功，吾人理想社会便不难实现；若是失败，至少可以阻滞进化半世纪。"[2] 如何实施社会改造呢？按照王光祈的设想，就是"小团体大联合"，即先建立具有"典型示范"作用的工读互助团"小组织"，然后通过"平和的经济革命"，把各地的"小组织"联合起来，最终实现整个社会的根本改造。因此，他把工读互助团称作"新社会的胎儿，是实行我们理想的第一步"。[3] 王光祈这种通过"小团体大联合"来启迪社会、引导社会，最终实现社会变革的理论建构也得到了蔡元培的赞同。蔡元培也指出："要是这种小团体一处一处的布满了，青年求学的问题便可解决。要是感动了全国各团体都照这样做起来，全中国的最重大问题也可解决。要是与世界各团体联合起来，统统一致了，那就世界最重大问题也统统解决了。"[4] 在实践方面，虽然工读互助团的"工"，正如工学会成员所批评的那样，都是极简单、极容易的，这一点王光祈也曾提道："工读互助团内的工作，关于精深技术的甚少。"[5] 从他列在"工读互助团简章"中的"工"种，也可以得到说明，"石印；素菜食堂；洗衣服；制浆（糨）糊；印信笺；贩卖商品及书报；装订书报；制墨汁及兰墨水；其他"，均为简单的体力劳动项目。但是工读互助团在从事这些活动的过程中，却表现出了他们改造私有制度，实现工读互助的决心。团员们认定："社会一切罪恶都由私产制度产生，要免除这种罪恶，惟有打破私产制度，实行共产。"[6] 因此，《工读互助团简章》规

---

[1] 王光祈：《工读互助团》，见张允侯等编：《五四时期的社团》，生活·读书·新知三联书店，1979年，第379页。
[2] 同上注，第380页。
[3] 同上注，第369～380页。
[4] 蔡元培：《工学互助团的大希望》，见高平叔：《蔡元培教育论著选》，人民教育出版社，1991年，第256页。
[5] 王光祈：《工读互助团》，见张允侯等编：《五四时期的社团》，生活·读书·新知三联书店，1979年，第378页。
[6] 存统：《"工读互助团"底（的）实验和教训》，见张允侯等编：《五四时期的社团》，生活·读书·新知三联书店，1979年，第432页。

定:"(四)团员生活必需之衣食住,由团体供给。团员所需之教育费、医药费、书籍费,由团体供给,惟书籍系归团体共有……(六)工作所得归团体公有。"①北京工读互助团第一组还"把团员的衣服都集中起来,分类放置,只要谁爱穿,谁就可以自由拣来穿",以体验"各尽所能、各取所需"的美好理想。为了尽快实现没有任何约束的"共产"生活,一些激进分子在加入工读互助团后,就宣布脱离家庭关系(名分关系与经济关系),解除婚约关系,退出学校关系。他们认工读互助团为"终身的团体",工读互助为"终身的生活",希望将来的社会成为一个"工读互助社会"。②可见,工学会的大多数成员对工读互助团是存有一定的门户之见的,正是这种门户之见,制约了工学会没有和工读互助团进行很好的合作。

第四,从发展的规模来看,工学会一直局限在北京高师的学生范围之内,并没有吸收校外会员,这必然影响其规模的进一步扩大。这一点主要是由于当时的条件所限制,《工学》第1卷第3号中的《本会紧要启事》就提道:"近日本会很接到几封同志的来信,都说主张和我们相同,并且愿来北京,加入我们的工学会,和我们一起求学作(做)工,这是顶可佩服,顶该欢喜的事,我们实在欢迎!不过现时本会的组织,是由住在校内的同学的结合,我们本想扩充到本校以外,并有种种积极的计划,可惜这些计划一时都不能办到,只好待有了妥当的办法,能够实行的时候,再来披露,现在不能不对想来北京的几位同志抱歉!"对于要求加入的校外会员,工学会只是在这次启事里面建议他们自己组织团体,实践工学主义:"希望各处同志,有组织团体的机会,大家尽可联合起来,去作'工学主义'的实验。"③而北京工读互助团成立之初就分成三组:第一组设在北京大学附近的骑河楼斗鸡坑

---

① 王光祈:《工读互助团》,见张允侯等编:《五四时期的社团》,生活·读书·新知三联书店,1979年,第374页。
② 存统:《"工读互助团"底(的)实验和教训》,见张允侯等编:《五四时期的社团》,生活·读书·新知三联书店,1979年,第432~433页。
③ 《本会紧要启事》,北京高等师范学校工学会编:《工学》1920年第1卷第3号。

七号，共 13 人；第二组设在北京工业专门学校、法文专修馆、北京师范学校三校附近的西城翠花街北狗尾巴胡同五号，共 11 人；第三组名为"女子工读互助团"，设在北京女高师附近的东城北河沿，有 10 余人。到 1920 年 2 月，十来个法文专修馆的学生又在北京景山东街松公府建立了第四组。北京工读互助团的影响还迅速波及全国，在天津成立了"工读印刷社"，在上海成立了"上海工读互助团""上海女子工读互助团""沪滨工读互助团""沪滨伙友工读互助团"等。此外，还有广东的"粤女工读互助团"、武汉的"武昌工学互助团""利群书社"、南京师范学校的"工读互助团"以及"扬州第八中学工读互助团"等等。一时间，"工读互助团"在全国各地呈燎原态势。

可见，和工读互助团相比，工学会虽然成立较早，但其发展的规模要小得多。究其原因，主要有以下几点：其一，发动者的社会影响不够。工学会是由匡日休、周为群（予同）、杨明轩、刘薰宇等几个北京高师学生发动的，没有教职员的参与，其社会影响力可想而知了。而工读互助团则是由当时全国规模最大的进步社团——少年中国学会的执行部主任王光祈倡议的，并且在"工读互助团募款启事"所列的发起人名单中，陈独秀、李大钊、蔡元培、胡适、周作人等赫然在册，所以也就不难理解工读互助团何以能够在短时期内就波及全国了。其二，没有制订翔实的计划。工学会虽然有理论的研究，也不乏实践活动，但是从始至终并没有制订出一个翔实的计划，只是有会员指出实施"工学主义"要从改造教育入手，"工学主义"实现的第一步是将学校内课程"时间的分配完全改变"，使"每天作（做）工和上课各占一半"。① 至于下一步该如何发展，他们并没有涉及。而就是这第一步的计划，也因为和现行学制的抵牾，"得不到校方的支持"，而不了了之。和工学会相比，工读互助团遵循"凡是理想社会所当作（做）的事情，可以试验的

---

① 薰宇：《"工学主义"实现的第一步》，北京高等师范学校工学会编：《工学》1920 年第 1 卷第 3 号，第 9～10 页。

都试验起来，做一个理想社会的模型，得一个改造社会的方针"这一准则，大多制订了具体的发展计划。如第一组拟定的发展步骤为："大概第一步巩固团体的基础。巩固团体的基础，一种是独立的技能，一种是专门的学识。第二步扩张我们的团体，实行主义的宣传。第三步联络各处同志，结成一个大团体。"并展望道："第三步走到之日，就是工读互助的社会实现之时。"① 这些计划虽然也具有一定的空想成分在内，但起码其第一步是扎实可行的，事实上也正是因为第一步"巩固团体"的计划，使得工读互助团能够在短时期内发生较大的影响。其三，宣传的力度不够。工学会成立以后也非常重视宣传，发行了《工学》月刊，并在北京、天津、上海、成都等地设立代派处，同时还通过毕业会员联系销售，如李先华在通信中就提道："我又接到你们寄来《工学》十本，留一本我自阅之外，余即介绍于我校同学。"② 但是和工读互助团相比，工学会的宣传还是相形见绌。工读互助团发起后，全国的各种进步报刊，如《新青年》《少年世界》等，纷纷为"工读互助团"登广告、做宣传，报道"工""读"进展情况，或发文表示附和。王光祈就曾指出："我们为推广工读互助团起见，特在《少年世界》上专辟一栏登载此项消息。"③ 一些进步社团亦受其主张与实践的影响，如新民学会、觉悟社，都曾开会讨论过"工读"问题。其中，觉悟社还在其社刊《觉悟》第一期上发表《工读主义》一文，长达两万字，系统地论述了工读主义的意义、主张以及实施办法等。1920年2月17日，在上海召开的全国各界联合会筹备会，其主要议题就是报告北京、天津等地工读互助团的情况，以及研究怎样推广，工读互助团的影响也就可见一斑了。

---

① 施存统：《"工读互助团"底（的）实验和教训》，见张允侯等编：《五四时期的社团》，生活·读书·新知三联书店，1979年，第424页。
② 《怎样实行工学主义？》，北京高等师范学校工学会编：《工学》1920年第1卷第3号，第38页。
③ 王光祈：《工读互助团》，见张允侯等编：《五四时期的社团》，生活·读书·新知三联书店，1979年，第380页。

（二）工学会和工读互助团之间的联系

工学会和工读互助团无疑是两个独立的、互不同属的组织，存在着诸多差异。并且工学会反对"工读"，强调"工学"，还对工读互助团进行了一定的批评。但是，它并不排斥工读互助团，也和工读互助团存在有一定的联系。

首先，工学会对工读互助团的成立表示了热烈的欢迎。工读互助团发起之初，工学会就视其为兄弟，寄予了很大的希望。佷工就指出："近日蔡子民胡适之诸先生，因欲实现教育与职业合一的理想，发起一个工读互助团，来帮助北京的青年，实行半工半读主义，这是我们工学会应该欢迎的！"并作诗歌一首：

> 求学！做工！做工！求学！
> 这种呼声一步比一步的响亮了！
> 这种色彩一步比一步的鲜明了！
> ……
> 你看工读互助团来了，来了，出现于北京黑沈沈的社会了！
> 欢迎欢迎！
> 我欢迎工读互助团为我们工学会的好朋友！好兄弟！
> 我欢迎工读互助团为北京男女学生前途的一个光明！
> 我欢迎工读互助团为北京劳动界前途的一个光明！
> 我更欢迎工读互助团为世界人类前途的一个光明……[1]

北京女高师女子工读互助团成立后，工学会成员中一专门在《工学》上发文《实行"工学主义"与女子》一文对其"表示无限的欢迎"，高呼"工

---

[1] 佷工：《欢迎我们的兄弟！》，北京高等师范学校工学会编：《工学》1919 年第 1 卷第 2 号，第 32 页。

学主义"万岁,对女子工读互助团的成立抱有极大的希望。①

其次,肯定了工读互助团与工学主义的密切关系。迟明就认为工读互助团应该和"工学主义"结合起来,他指出工读互助团"自然是应时势的需求而发生的,是救济青年的好办法。不过我对于入工读互助团实行'以工佐读'的诸君,还有一句话要奉告,就是诸君应当有一个正当的人生观,然后半工半读的生活,才有意味,这人生观是什么呢?就是我们所谈的'工学主义'。所以我高呼'工读互助团万岁!'之外,还要高呼'实行工读互助诸君万岁!'"②周馨和匡日休也肯定了工读互助团的成立对工学主义思潮的推动作用:"工读互助团确是时势所要求的,我们并且认他(它)是一种实行'工学主义'的一部的切要方法。如果成立,对于本会主义的发展有大大的助力!"③

再次,在实际行动上,工学会也对工读互助团给予了支持。工学会曾帮助工读互助团在北京高师内演电影以筹集经费。工学会的"会务纪要"中就提道:"十一日该团为筹款在本校演电影三晚,本会会员并从中协助(《晨报》登有高师工读互助团电影开幕一则,那是错的;其实是工读互助团借本校的地点演电影筹款,本会不过帮助罢了)。"工读互助团也曾经派人到工学会调查参观:"一月八日工读互助团邓康君来本会调查并参观工作(但其时以未到工作时间,故未得参观实际的情形)。"④

但遗憾的是,工学会对于工读互助团的欢迎很快就被门户之见所代替。如前所述,工学会会员认为"工学"比"工读"更能代表他们的人生理想,因此也就没有考虑到如何进一步加强与工读互助团的合作问题。在工读互助团失败之后,工学会也并没有从中吸取教训,而是简单地认为这是工读互

---

① 中一:《实行"工学主义"与女子》,北京高等师范学校工学会编:《工学》1920年第1卷第4号,第37页。
② 《怎样实行工学主义?》,北京高等师范学校工学会编:《工学》1920年第1卷第3号,第38页。
③ 同上注,第36页。
④ 《会务纪要》,北京高等师范学校工学会编:《工学》1920年第1卷第3号,第50页。

助团的失败，不是工学主义的失败。俍工就曾向胡适表示："工读互助团的失败，是工读互助团的失败，不是'工学主义'的失败……至于我们的实验……据我们自己的经验虽有时感觉困难，但也是规模过小，组织不完善的缘故。我们很想筹划一个大规模的试验，但此刻我们的能力还没有到那样程度，只好等着将来。"① 不过这里也不难看出俍工对于工学会的将来也存在许多担忧。

第二节 民初高师与平民教育思潮

"平民教育"一直以来就是中国教育的重点问题。早在"五四"新文化运动时期，随着自由平等的民主思想深入人心，以教育权利和机会的平等享受为基本内容，以教育内容和方法的平民化、通俗化为标志的平民教育思潮就已出现，民初高师学校亦积极参与其中。

一 北京高师平民教育社

当时宣传平民教育思潮的主要有三个派别（或机构）：北京高师平民教育社、北京大学平民教育讲演团，以及稍后由晏阳初、陶行知等倡办的中华平民教育促进会。其中北京高师平民教育社创办年代较早，影响也较大，被认为是中国平民教育的源头和胚胎。②

---

① 周作人、俍工:《"工学主义与新村"的讨论》，北京高等师范学校工学会编:《工学》1920年第1卷第5号，第15页。
② 赵玉霞:《论二三十年代中国的平民教育运动》，《山东师范大学学报（人文社会科学版）》1997年第2期。

(一)平民教育社概况及主要活动

平民教育社于1919年10月由北京高师部分师生共同创立,它深受杜威民主主义教育思想的影响。社员姚以齐说:"本社成立于民国八年双十节以前,恰当杜威博士来华之后。至本社之所以成立,直可谓由于受杜威学说之影响和感动。"① 另一社员任熙烈也说:"民国八年杜威博士来华讲演,同人因鉴于中国教育之不良,急待改善,乃组织平民教育社。"② 该社成立后,规模逐年扩充。1919年社员24人,职员4人。1920年,职员人数增加为19人。1921年,职员人数又增加到20人。到了1923年,已经发展到社、职人员近170人③,总务、发行、编辑、讲演、图书五部齐全的规模。④ 1924年上半年,平民教育社因经费问题,停顿数周,后又勉强维持到7月份最终停止活动。

平民教育社本着"研究、宣传及实施平民教育"的宗旨,开展的活动主要有三:第一,刊发《平民教育》杂志。这是该社最主要的活动,"本社成立后的第一桩事,就是办理《平民教育》周刊"。⑤《平民教育》(Democracy and Education)创刊于1919年10月10日,截止到1924年7月,共发行了73期。它基本上与平民教育社相始终,成为当时存在时间较长的教育刊物。姚以齐就说:"虽然,同时的新刊物,全国统计有三四百种,可是不到两年,有十分之九都已消灭。至于教育的新刊物,除开本志能不断的维持到现在外,恐怕再没有别的了。"⑥《平民教育》以1920年5月8日为分界线,之前为周刊,共出了23期,平均发行量达到3000份。之后改为十六开本的半月

---

① 姚以齐:《本社四年来的回顾》,北京高师平民教育社:《平民教育》1923年10月30日第68、69期合刊,第2页。
② 任熙烈:《〈平民教育〉发行情形四年之回顾》,北京高师平民教育社:《平民教育》1923年10月30日第68、69期合刊,第17页。
③ 北京师范大学校史资料室编:《五四运动与北京高师》,北京师范大学出版社,1984年,第432~436页。
④ 姚以齐:《本社四年来的回顾》,北京高师平民教育社:《平民教育》1923年10月30日第68、69期合刊,第8页。
⑤ 同上注,第2页。
⑥ 同上。

刊，"每月出版两次；内容篇幅均较前增加，以副爱读诸君之雅意"[1]。除了第 37 期"孟禄特号"发行 5000 份，63、64 期合刊的"教育测量专号"发行 1800 份之外，其他每期发行 1500 份。

值得一提的是，《平民教育》"遇有特别问题及学说，须详细研究介绍，作为有系统之讨论，或稿件性质相同，可以归为一类时，则刊发专号"。[2] 先后出了 11 个专号，如表 4-1：

表 4-1 《平民教育》专号一览

名称	期数	出版年月日
北京教职员全体罢工	11	1919 年 12 月 20 日
山西的教育	13	1920 年 1 月 10 日
山西的教育（续）	14	1920 年 1 月 17 日
中国文字的改革	16	1920 年 1 月 31 日
欢送杜威博士特号	36	1921 年 6 月 30 日
孟禄特号	37	1921 年 9 月 10 日
男女同学号	40	1921 年 10 月 25 日
讲演录第一集	41、42 期合刊	1921 年 11 月 10 日
设计法号	43	1922 年 1 月 10 日
实际教育调查特号	44、45 期合刊	1922 年 1 月 25 日
讲演录第二集	46	1922 年 2 月 25 日
教育名著介绍号	47、48 期合刊	1922 年 3 月 10 日
教育测量专号	63、64 期合刊	1923 年 5 月 20 日
师范教育研究特号	66、67 期合刊	1923 年 10 月 1 日
平民教育四周年纪念特号	68、69 期合刊	1923 年 10 月 30 日

---

[1]《本社特别启事》，北京高师平民教育社：《平民教育》1920 年 11 月 14 日第 24 号。

[2] 姚以齐：《本社四年来的回顾》，北京高师平民教育社：《平民教育》1923 年 10 月 30 日第 68、69 期合刊，第 11 页。

第二，约请文化名流和著名学者进行专题演讲。1921年10月，平民教育社成立讲演部，目的是："一、补助本社社员及同学的教育知识。二、使全国中小学教员及有志研究教育者，藉以增长新教育知识。"① 讲演部成立以后，"随时请中外名人讲演，无论是否社员，都得参听，纯是一种公开学术讲演的性质"。② 如表4-2：

表4-2 平民教育社部分专题演讲一览

讲演者	讲演题目	时间
张耀翔	新法考试	1921年10月30日
王文培	随孟禄博士调查第一区教育的感思	1921年11月6日
汪懋祖	教育上社会的运动	1921年11月20日
傅　铜	平民道德教育	1921年11月27日
徐坚白	本届全国教育会联合会经过情形	1921年11月28日
余天休	现代妇女主义	1921年12月4日
刘海粟	什么叫作社会艺术化	1921年12月6日
屠孝实	人生哲学	1921年12月11日
梁启超	外交欤内政欤	同上
陶行知	中国师范教育	1921年12月22日
李建勋	关于教育行政上之五大问题	同上
林长民	恋爱与婚姻	1922年2月12日
梁漱溟	合理的人生态度	1922年3月12日
查良钊	我们希望制宪议员在宪法上关于教育之规定	1922年11月

---

① 曹配言：《本社讲演会的经过及希望》，北京高师平民教育社：《平民教育》1921年11月10日第41、42期合刊，第1页。

② 姚以齐：《本社四年来的回顾》，北京高师平民教育社：《平民教育》1923年10月30日第68、69期合刊，第8页。

续表

讲演者	讲演题目	时间
刘廷芳	性的教育	1922 年 12 月
麦 柯	心理学家目中之教育哲学	1923 年 4 月 8 日
邓萃英	师范教育	1923 年 4 月 22 日、29 日，5 月 27 日
卫礼贤	教育之心理的基础	1923 年 11 月 28 日

这些演讲涉及的多是当时中国教育的一些热点或前沿问题，吸引了大量听众。姚以齐回忆说："尤以梁任公林长民刘廷芳诸氏听众为最多，每次都在一千人左右，将讲演会场——本校风雨操场，挤得毫无隙地，并有多少向隅，和立于户外窥听的。"[①] 为了进一步扩大这些演讲的影响，平民教育社还"汇集讲员原稿，或社员笔记，在《平民教育》上印出讲演录，以供读者参考"。[②]

第三，编译书籍。编译书籍也是平民教育社的一项主要活动。"本社社员，除将平日心得，发表本志及心理、哲学、社会学、教育丛刊、教育杂志和其他有名的杂志报章外，尚有译著的专籍多种。"具体情况如下：

表 4-3 平民教育社编译部分书籍一览

书名	编译者	发行所	出版情况
《教育测量》	胡国钰、张秉洁	本校号房	已出版
《西洋哲学史纲要》	张秉洁、陶德怡	本校号房	已出版
《教育统计学大纲》	薛鸿志	中华教育改进社	已出版

---

① 姚以齐：《本社四年来的回顾》，北京高师平民教育社：《平民教育》1923 年 10 月 30 日第 68、69 期合刊，第 9 页。
② 曹配言：《本社讲演会的经过及希望》，北京高师平民教育社：《平民教育》1921 年 11 月 10 日第 41、42 期合刊，第 2 页。

续表

书名	编译者	发行所	出版情况
《学习心理》	黄公觉	本校号房	已出版
《设计教学法辑要》	康绍言、薛鸿志	本校号房	已出版
《中国教育一瞥录》	王卓然	商务印书馆	已出版
《平民主义与教育》	常道直	商务印书馆	已出版
《设计式的游戏操》	崔唐卿	本校号房	已出版
《小学实施设计教学法》	崔唐卿	本校号房	已出版
《桑代克的教育学》	陈兆蘅		未出版
《斯脱雷锐和诺斯物肥的教学原理》	黄公觉		未出版
《史梯芬氏的发问是教授效率的测量》	黄远诚		未出版
《杜威的教育上的兴味与勉力》	张佐时		未出版
《斯脱雷锐的教授法大要》	叶尚宽		未出版
《格勒扶斯的近三世纪大教育家》	罗 潜		未出版
《霍林物斯同鲍芬柏儒的应用心理》	郭威白、郭 峻		未出版
《都介尔的生理心理学》	汪振华		未出版
《瓦特生的遗传学》	杨连科		未出版
《斯脱雷锐和桑戴克的教育行政》	黄公觉、叶尚宽		未出版
《拉格的教育统计法》	薛鸿志		未出版
《爱里斯的克勒威南得学校调查》	叶尚宽		未出版
《伯格森的心力》	胡国钰		未出版
《柏克赫司特的道尔顿制教育法》	赵廷为、曾作忠		未出版
《杜威的道尔顿制的研究》	康绍言		未出版

从平民教育社的三项主要活动，我们不难看出它是把平民教育思潮放在

中国整个新教育运动中去研究和宣传的。正如任熙烈指出的:"我们曾经感受过旧式教育的痛苦,就应该拿点毅力出来在新教育改进途程上稍稍负点责任,这才是教育者的天职。现在中国的教育,形式上虽然要比从前好些,但是精神上不满人意的地方还很多。若要弄得十分满意,非热心教育同人大家努力做去不可。敢与诸君共同勉励,以达到共同的目的和希望!"①

(二)平民教育社在平民教育思潮中的地位

平民教育社自成立到1924年7月停止活动,通过刊发《平民教育》杂志,约请当时的名流和学者进行专题演讲、编译书籍等活动,已然成为"五四"时期中国宣传平民教育以及整个新教育的主要机构,被学者称为中国平民教育的源头和胚胎②,以及"五四运动后成立的一个历史悠久而且光荣的新机关"③。和同时期教育社团相比,平民教育社具体在以下三个方面发挥了重要作用。

首先,形成了系统的平民教育思想体系。《平民教育》创刊之初,就确定了旨在系统宣传平民教育理论的方针:"一方以理论去引起一般旧派教育者的反省——提倡'德谟克拉西',而一方本着'德谟克拉西'的原理去研究具体的方法,求实际上进行的标准;并且于理论一方面兼取批评的态度,于具体一方面兼取实验的态度,以图平民主义的教育实现于中国。"④通览其所刊文章,也是主要围绕上述三个方面。

其一,批判旧教育。主要有汤茂如在《平民教育》一文中对"破坏的

---

① 任熙烈:《〈平民教育〉发行情形四年之回顾》,北京高师平民教育社:《平民教育》1923年10月30日第68、69期合刊,第20页。
② 赵玉霞:《论二三十年代中国的平民教育运动》,《山东师范大学学报(人文社会科学版)》1997年第2期。
③ 姚以齐:《本社今后之希望》,北京高师平民教育社:《平民教育》1923年10月30日第68、69期合刊,第20页。
④ 《俍工复曼支》,见张允侯等编:《五四时期的社团》(3),生活·读书·新知三联书店,1979年,第14页。

平民教育"的推崇[①]；常乃惪在《教育家怀疑的态度》一文中对"怀疑教育本身"的强调[②]；伊真在《教育—平民—改造》[③]、光舞在《平民主义与普及教育》[④]等文中对旧教育等级性的批判；黄骏在《平民教育和领袖教育》[⑤]、袁晴晖在《天才教育与平民教育》[⑥]等文中对旧教育偏颇性的批判；常乃惪在《打破隔阂人性的教育制度》[⑦]中对旧教育学校制度的批判；张佐时在《现今教授上的缺点》[⑧]中对旧教育教授法的批判等等。

其二，提倡平民教育理论。迟明在《平民教育的真精神》一文中指出：平民教育的真精神，就是求得社会中各分子的真正平等和真正自由，如果"社会中各分子一天不能得到真正平等真正自由，那就是一天没有达到平民教育真正的目的"。[⑨] 宏图在《平民教育谈》提出了平民教育的两个宗旨，即"独立的人格"与"平等的思想"。他说："教国民人人都有独立人格的与平等思想的教育，就叫做（作）平民教育。平民教育，是平等主义的教育，不是阶级主义教育，是为造就一般公民的教育，不是造就少数贵族或有特殊势

---

① 汤茂如：《平民教育》，北京高师平民教育社：《平民教育》1920 年 11 月 14 日第 24 号，第 9 页。
② 常乃惪：《教育家怀疑的态度》，北京高师平民教育社：《平民教育》1921 年 1 月 10 日第 27 号，第 2 页。
③ 伊真：《教育—平民—改造》，见张允侯等编：《五四时期的社团》（3），生活·读书·新知三联书店，1979 年，第 16 页。
④ 光舞：《平民主义与普及教育》，见张允侯等编：《五四时期的社团》（3），生活·读书·新知三联书店，1979 年，第 22～23 页。
⑤ 黄骏：《平民教育和领袖教育》，北京高师平民教育社：《平民教育》1920 年 12 月 1 日第 25 号，第 4 页。
⑥ 袁晴晖：《天才教育与平民教育》，北京高师平民教育社：《平民教育》1922 年 5 月 10 日第 51 期，第 8 页。
⑦ 常乃惪：《打破隔阂人性的教育制度》，北京高师平民教育社：《平民教育》1921 年 10 月 10 日第 39 号，第 15 页。
⑧ 张佐时：《现今教授上的缺点》，北京高师平民教育社：《平民教育》1920 年 12 月 1 日第 25 号，第 11 页。
⑨ 迟明：《平民教育的真精神》，见张允侯等编：《五四时期的社团》（3），生活·读书·新知三联书店，1979 年，第 17 页。

力人的教育。"[1] 此外，汤茂如在《平民教育》[2]、黄公觉在《实施平民教育之根本计划》[3]、李敏在《我的平民教育观》[4]、常道直在《"平民教育"之新解释》[5] 等文中都从多个方面阐发了"独立的人格"与"平等的思想"。

其三，探讨平民教育实施方法。如黄公觉在《实施平民教育之根本计划》[6]、姚以齐在《实施平民教育的先决问题》[7] 等文中探讨了学校方面的改革；李敏在《我的平民教育观》[8]、宏图在《平民教育谈》[9]、德在《教育的错误》[10]、冯克书在《工学教育的动机》等文中探讨了教学方法的改革；黄公觉在《实施平民教育之根本计划》[11]、袁晴晖在《平民主义的教育之障碍》[12] 等文中探讨了在社会上实施平民教育的方法。此外，吕金录的《关于小学地理教授法的

---

[1] 宏图：《平民教育谈》，见张允侯等编：《五四时期的社团》（3），生活·读书·新知三联书店，1979年，第18～19页。
[2] 汤茂如：《平民教育》，北京高师平民教育社：《平民教育》1920年11月14日第24号，第10页。
[3] 黄公觉：《实施平民教育之根本计划》，北京高师平民教育社：《平民教育》1921年9月25日第38号，第1～2页。
[4] 李敏：《我的平民教育观》，北京高师平民教育社：《平民教育》1923年10月30日第68、69期合刊，第55页。
[5] 常道直：《"平民教育"之新解释》，北京高师平民教育社：《平民教育》1921年2月20日第29号，第2～3页。
[6] 黄公觉：《实施平民教育之根本计划》，北京高师平民教育社：《平民教育》1921年9月25日第38号，第4～5页。
[7] 姚以齐：《实施平民教育的先决问题》，北京高师平民教育社：《平民教育》1922年12月25日第59期，第25页。
[8] 李敏：《我的平民教育观》，北京高师平民教育社：《平民教育》1923年10月30日第68、69期合刊，第56页。
[9] 宏图：《平民教育谈》，见张允侯等编：《五四时期的社团》（3），生活·读书·新知三联书店，1979年，第19页。
[10] 德：《教育的错误》，见张允侯等编：《五四时期的社团》（3），生活·读书·新知三联书店，1979年，第20页。
[11] 黄公觉：《实施平民教育之根本计划》，北京高师平民教育社：《平民教育》1921年9月25日第38号，第2～4页。
[12] 袁晴晖：《平民主义的教育之障碍》，北京高师平民教育社：《平民教育》1922年11月10日第55期，第17～18页。

一个贡献》《关于小学历史教授法的一点贡献》、盛叙功的《对于历史教授的一点贡献》、常道直的《自动教育略说》、导之的《教育上兴趣与训练之研究》、赵其章的《历史科设计教学的实例》、李梦九的《设计法的三W》、陶德怡的《归纳的教授与演绎的教授》、于炳祥的《教授历史注重学生独立研究之方法》、卢秉征的《新制小学校历史科教学法》、曾作忠的《研究儿童之科学方法》、赵廷为的《个人主义教学法的弱点》、克虚的《教学观察法》等，还探讨了各种新式教学法。

其次，具有鲜明的革命色彩。《平民教育》不仅系统阐述了平民教育理论体系，而且希望通过实施"平民教育"，达到改造社会的最终目的。其《发刊词》就指出："平民政治之目的求人人都得幸福。平民教育目的求人人都知道怎样才是真幸福，兼明白求幸福的法子。"[①] 社员常道直[②]、李敏[③]、汤茂如[④]、光舞[⑤]、伊真[⑥]、宏图[⑦]等也纷纷撰文强调平民教育的根本目的在于改造社会，是实现"平民政治"的第一步。本着这种目的，《平民教育》在批判旧教育的同时，也批判了教育界，乃至整个反动统治当局的黑暗。如袁晴晖把"历来之教育界"当作实施平民教育的最大障碍。[⑧] 导之也发出"努力铲除教育界

---

① 《发刊词》，见张允侯等编：《五四时期的社团》（3），生活·读书·新知三联书店，1979年，第6页。
② 常道直：《"平民教育"之新解释》，北京高师平民教育社：《平民教育》1921年2月20日第29号，第4页。
③ 李敏：《我的平民教育观》，北京高师平民教育社：《平民教育》1923年10月30日第68、69期合刊，第55页。
④ 汤茂如：《平民教育》，北京高师平民教育社：《平民教育》1920年11月14日第24号，第8～11页。
⑤ 光舞：《平民主义和普及教育》，见张允侯等编：《五四时期的社团》（3），生活·读书·新知三联书店，1979年，第23页。
⑥ 伊真：《教育—平民—改造》，见张允侯等编：《五四时期的社团》（3），生活·读书·新知三联书店，1979年，第16页。
⑦ 宏图：《平民教育谈》，见张允侯等编：《五四时期的社团》（3），生活·读书·新知三联书店，1979年，第19页。
⑧ 袁晴晖：《平民主义的教育之障碍》，北京高师平民教育社：《平民教育》1922年11月10日第55期，第16页。

旧势力的根株"的呼吁。①邵正祥②、周予同③等揭露了北洋政府以整顿教育为名扩充军款，贪污中饱的卑鄙勾当，支持教职员罢工。在"山西的教育"专号里，常乃惪④、迟明⑤等人通过亲自调查，揭露了阎锡山统治下的山西教育并不是一般人所说的"模范的教育"，其所谓"用民政治"也者，也"不过实现山西全省皆兵的一种大计划而已"。⑥

尤为可贵的是，《平民教育》还把研究和采取苏俄教育制度作为实施平民教育的重要方法。周予同就认为苏俄的教育是一种理想的教育制度，他说："我们平时对于波尔雪委克 Bolsheviki 模模糊糊抱一种战栗厌恶的态度，我想他（它）主义的好坏，此地也不必讨论，但是他（它）关于教育上的改造，是很可以供我们参考。"⑦楚图南也指出："在现社会制度之下，比较近于平民教育，比较能帮助我们实现平民教育的，似只有介绍研究，实行现在的俄罗斯的关于教育的组织，制度，或教育的大计划……他已是走在实现真

---

① 导之:《快些铲除教育界旧势力的根株》，北京高师平民教育社:《平民教育》1920年12月1日第25号，第13页。
② 邵正详:《教育界罢工——精神的破产》，北京高师平民教育社:《平民教育》1919年12月20日第11号。转引自中共中央马恩列斯著作编译局研究室编:《五四时期期刊介绍》第1集上册，生活·读书·新知三联书店，1978年，第340页。
③ 《北京小学以上各校教职员停止职务感言》，北京高师平民教育社:《平民教育》1919年12月20日第11号。转引自中共中央马恩列斯著作编译局研究室编:《五四时期期刊介绍》第1集上册，生活·读书·新知三联书店，1978年，第341页。
④ 惪（德）:《山西的教育精神》，北京高师平民教育社:《平民教育》1920年1月10日第13号。转引自中共中央马恩列斯著作编译局研究室编:《五四时期期刊介绍》第1集上册，生活·读书·新知三联书店，1978年，第343页。
⑤ 迟明:《山西教育与德谟克拉西》，北京高师平民教育社:《平民教育》1920年1月10日第13号。转引自中共中央马恩列斯著作编译局研究室编:《五四时期期刊介绍》第1集上册，生活·读书·新知三联书店，1978年，第343页。
⑥ 同上。
⑦ 予同:《我的理想的教育制度》，北京高师平民教育社:《平民教育》1920年3月20日第20号。转引自中共中央马恩列斯著作编译局研究室编:《五四时期期刊介绍》第1集上册，生活·读书·新知三联书店，1978年，第344页。

正的平民教育的正轨上。我们为实现教育目的计,为教育效能计,为教育的比较研究计,实不能不加以特别的注意。教育者是为全人类负责,不是为某个阶级的雇佣,不应当畏惧俄罗斯如洪水猛兽如同别个阶级一样。"① 可见,《平民教育》并不是单纯地宣扬资产阶级改良主义的教育主张,而是具有一定革命性的进步刊物。

再次,北京高师校内兴起了平民教育活动的高潮。"五四"时期,随着平民教育社的成立和平民教育思想的日益传播,北京高师的平民教育活动也如火如荼地开展起来。主要有平民学校、夏令学校和劳动学校。平民学校是北京高师平民教育活动中规模最大、持续时间最长的,也是中国成立最早的平民学校。1919年4月创设,直到1937年抗战全面爆发后被迫停办,据方增泉统计,平民学校自开办8年以来,毕业学生已达700余人。② 平民学校在当时影响颇大。社员王卓然就指出它是当时平民学校的一个"模范","请求参观的人很多"。③ 夏令学校,创办于1922年,以"谋全国普通学校教职员及各省区教育行政人员增进学识"为宗旨,除了教职员和教育行政人员外,"凡有志研究学术者亦得入校学习"。④ 劳动学校,北京高师教育革新社于1923年2月创办,"以教育劳动者,使得到生活上必需之常识,职业上必需之知识,及促进劳动者的阶级觉悟为宗旨"⑤,"凡一切劳动者,不问资格、年龄、国别、种别、性别,一律可以入校"。⑥ 该校共招收了工人200余名,

---

① 楚图南:《今后教育者应当努力的方向》,见《楚图南集》第2卷,云南教育出版社,1999年,第95页。
② 方增泉:《近代中国大学(1898—1937)与社会现代化》,北京师范大学出版社,2006年,第214页。
③ 王卓然:《不幸教育中的一线光明》,北京高师平民教育社:《平民教育》1921年4月1日第31号,第11~12页。
④ 《夏令学校简章》,北京高等师范学校《教育丛刊》编辑处:《教育丛刊》1922年6月第3卷第4集,第10页。
⑤ 《北京高师教育革新社劳动学校组织大纲》,《附录》,北京高等师范学校《教育丛刊》编辑处:《教育丛刊》1923年4月第4卷第1集,第18页。
⑥ 同上注,第19页。

分初、高两级。此外，北京高师还开展了许多小型的活动。如开办了校役补习夜班，提高为学校服务的工友们的知识水平；利用夏日休假到附近村庄进行讲演；①组织通俗讲演所，每日下午三点至六点进行讲演，并在所内附设阅报室，以"开导社会，促进民智"②；在北京西山农村开办了暑期补习班，招收农民子弟入学；在小学附设家政讲演会，"每月于星期六或假日约集学生之母姊及亲眷等讲演家庭学艺及普通智识"③；定期举办讲演，"讲场茶市，择要开讲，并佐以音乐助其兴趣"④；同时，还开设了各种补习学校，如数理化补习学社，"以辅助中等学校毕业生及肄业生补习数、理、化三种学科为宗旨"；暑期理化补习学校，"目的在补助各处来京升学的学生，补习理、化两科"；英文补习夜校，"一方面为练习英文之教法，一方面为帮助学生补习英文"；⑤文科补习学校，"秉师范生服务社会之精神，以辅助青年补习国文、英语、史地诸学科为宗旨"，凡"自高小毕业至中学毕业及有同等学历者"皆可参加，且"男女兼收"。⑥

（三）平民教育社成功的原因分析

北京高师平民教育社前后维持了5年，在当时教育学术团体中算是持续时间比较长的。这个社团系统地阐释平民教育理论，掀起平民教育活动高潮，成为中国平民教育的一个重要中心。其之所以能取得如此成就，主要有以下几个方面的原因：

---

① 萧彬：《北京高师的乡村教育》，北京高等师范学校《教育丛刊》编辑处：《教育丛刊》1922年9月第3卷第5集，第1页。
② 黄公觉：《北京高师的学生生活》，《附录》，北京高等师范学校《教育丛刊》编辑处：《教育丛刊》1923年2月第3卷第7、8集合刊，第14页。
③ 《全国高等师范学校校长会议本校报告》，《北京高等师范学校周刊》1919年3月17日第63号，第12页。
④ 同上注，第11页。
⑤ 黄公觉：《北京高师的学生生活》，《附录》，北京高等师范学校《教育丛刊》编辑处：《教育丛刊》1923年2月第3卷第7、8集合刊，第14页。
⑥ 《北京高等师范文科补习学校简章》，《附录2》，北京高等师范学校《教育丛刊》编辑处：《教育丛刊》1922年6月第3卷第4集，第15～17页。

第一，拥有一支教育专业的骨干力量。平教社的主要社员如王卓然、常道直、胡国钰、张佐时、薛鸿志、陈兆蘅等，皆为北京高师教育研究科第一班学生。该科"以教授教育学术，养成教育专门人才为宗旨"，招收"高等师范本科毕业生、各专门学校毕业生、大学本科三年级以上肄业生，英文能直接听讲者"，学制两年，毕业及格者给予教育学士学位，是中国近代高等学校招收研究生的开始。在教育研究科，他们受教于杜威、杜威夫人、蔡元培、胡适、陈大齐、陶履恭、邓萃英等中外教育名家，经过当时国内最为科学、系统的教育课程学习以及严格的教育研究能力的培养，具备了较扎实的教育学理论知识和宽阔的专业视野，为平民教育社的发展提供了充分的智力支持。由他们撰文并组织发行的《平民教育》就颇受教育界欢迎，除"本国二十二行省都有代派处外，南洋的巨港、东洋的日本，尚都销上几份……以销数这样广、这样多，足证我们的言论，必多少有些可取之处；必多少有些可供研究参考之处"[①]。著名教育家余家菊也称赞道："接读《平民教育》，精神、形式，两有进步，继续做下，久久必有重大的效果。"[②]在《平民教育》带动下，国内"热心教育的同志继起，尽力鼓吹，因此这类的刊物逐渐增多"[③]。

第二，经营方式较为灵活。首先，平民教育社的办社思想较为开放，保证了新鲜力量的不断入社。平民教育社创设时，就规定"凡本校同学教职员及校外人士热心平民教育者，经本社社员三人之介绍"即可入社。同时，它还曾两度与其他社团合并，如 1920 年与"教育与社会杂志社"合并，1922 年 5 月 10 日与"实际教育研究社"合并，这两次合并都促进了平民教育社向更大规模的发展。其次，积极探索高效的管理方式，保证了社务运行效率

---

① 王卓然：《问读〈平民教育〉者》，北京高师平民教育社：《平民教育》1921 年 4 月 1 日第 31 号，第 20 页。
② 余家菊：《论师范学制书》，北京高师平民教育社：《平民教育》1920 年 12 月 20 日第 26 号，第 6 页。
③ 任熙烈：《〈平民教育〉发行情形四年之回顾》，北京高师平民教育社：《平民教育》1923 年 10 月 30 日第 68、69 期合刊，第 19 页。

的不断提高。平民教育社成立初期，实行的是以职责细目划分的管理方式，设有经理、编辑、发行、印刷、赠阅、交换、文牍、会计八种职员。随着规模的不断扩大，1921年，开始以类属部别进行划分，设有总务、发行、编辑、广告、讲演等部，各部机构的职责划分亦较为明确。此外，在经营《平民教育》杂志方面，也充分体现了"在商言商"的经营理念。例如，《平民教育》的编辑们能敏锐地捕捉教育热点问题，并迅速组织稿源，出版了众多颇有影响的专号专辑，像《欢送杜威博士特号》《孟禄特号》《教育测量专号》等刊行后，满足了国内急切了解西方新教育的需求，一时呈现"'纸贵洛阳'之概"，购者非常踊跃，不久即行售完，"而各埠尚纷纷来函购取，几有应接不暇之势"[①]，可以说取得了很好的经营效益。《平民教育》为保持、扩大刊物的消费群体，还多次举行征文活动，开辟了"通信研究"一门，拉近了与普通读者的距离，增加了刊物的亲和力。为了扩大经费来源，《平民教育》自第二十五期刊登了"《平民教育》广告价目表"后，基本上期期都登载了数量不等的各类广告。这些广告一般夹在各页空白中间，或于栏目之间整页刊登，但从不标明页码，不占挤正式版面。就广告内容而言，《平民教育》所刊广告多集中于学术刊物的介绍[②]，这些广告内容借助于《平民教育》稳定的发行量[③]流播于学界内外，对文化教育事业无疑起了不可低估的宣传作用。

第三，北京高师校方的支持。平民教育社成立之初，北京高师就在经

[①] 姚以齐:《本社四年来的回顾》，北京高师平民教育社:《平民教育》1923年10月30日第68、69期合刊，第2~3页。

[②] 《平民教育》所登学术性广告主要是介绍各类学术杂志，如《哲学》《心理》《社会学》《音乐》《地学》《博物》《学艺》《商学季刊》《教育业刊》《教育新刊》《科学与教育》《教育与职业》等。除此之外，也有对教育类书籍的介绍，如《设计教学法辑要》《教育测量》《初级中学国语文读本》《美国教育彻览》《初级中学教育》《社会化教育法》《教育统计学大纲》等。

[③] 据姚以齐统计，《平民教育》前二十三期每期销行三千份，此后各期均销行一千五百份左右，参见姚以齐:《本社四年来的回顾》，北京高师平民教育社:《平民教育》1923年10月30日第68、69期合刊，第12页。

费、场所、人员等方面给予支持。如学校每月给予经费津贴四十元[1],并提供固定的活动场所和人员支持,"在琉璃厂本校大门北边,设置一处对外图书报刊阅览室,并派职员一人、校工一人负责日常工作,由各班德育委员轮流进行宣传工作"[2]。此举还引起北大平民教育讲演团的注意,他们也向北大校方提出要求,要借鉴高师办理平民教育的成功经验,仿照北京高师的做法,建立固定的讲演所。《平民教育讲演团开会纪事》中就提道:"要求本校仿北京高等师范办法,就本校附近建讲演所一间,以为长期讲演之用。"[3]朱务善也说:"至去年寒假,本团开大会时,复议决要求学校仿北京高师办法,建设本团讲演所一处,不日即由本校总务会议许可。但学校因一时经费支绌,允暂为本团细屋一间,即现在马神庙东口之讲演所也。"[4]北京高师之所以对平民教育社予以支持,是与该校长期以来重视社会教育的办学宗旨分不开的。曾任校长多年的陈宝泉在《北京高等师范学校报告》中写道:"学校为社会而设置者也,学生则社会服务者之预备员也。故学校与社会联络、为社会指导,尤为本校素抱之主旨"[5],指出了大学与社会责任联系所在。不难看出,平民教育社开展的各项活动和陈宝泉的办学理念是环环相扣的。

(四)平民教育社的局限性

平民教育社在近代平民教育思潮中有着不可忽视的重要地位,但作为一个诞生于近代特殊时代背景下的教育团体,它又不可避免地带有历史局限性,脱离不了教育救国论的藩篱。

---

[1] 姚以齐:《本社四年来的回顾》,北京高师平民教育社:《平民教育》1923年10月30日第68、69期合刊,第7页。

[2] 刘叙宾:《北京高师平民学校回忆》,见北京师范大学校史资料室编:《五四运动与北京高师》,北京师范大学出版社,1984年,第460页。

[3]《平民教育讲演团开会纪事》,见王学珍等主编:《北京大学史料》第2卷(1912—1937),北京大学出版社,2000年,第2610页。

[4] 朱务善:《北京大学平民教育讲演团缘起及组织大纲》,见王学珍等主编:《北京大学史料》第2卷(1912—1937),北京大学出版社,2000年,第2611页。

[5] 蔡振生、刘立德编:《陈宝泉教育论著选》,人民教育出版社,1996年,第77页。

首先，把教育作为解决社会问题的最终途径。虽然《平民教育》颇有革命色彩，对教育界乃至整个反动当局进行了猛烈批判，但是，他们并没有找到问题的真正根源，而是简单地归结为统治阶级对教育权的独占。因此，他们便把实现自由平等社会的希望，寄托在普及平民教育之上。王卓然便指出中国今后的希望在教育："百孔千疮的中国，混乱垂亡的中国，其惟一的'回春丹''再造散'，的的确确是教育。"[①] 姚自予也在《平民教育》上撰文呼吁："教育是改造社会的最好的工具。良好的社会，先需要良好的教育。"[②] 这种极端重视教育在社会改造方面的优先性的思想，在当时军阀当权、社会混乱的历史条件下是根本行不通的。这些言论恰恰反映了社员们还没有看清教育与政治、经济的相互关系，确切地讲，就是忽视了教育属于上层建筑范围，它是受一定时期的社会政治、经济基础制约，并为这个基础服务的。光靠教育的手段不能也无力去变革整个社会的政治、经济性质。

其次，借教育调和阶级矛盾与消弭革命。常道直便宣称："平民化的教育即是化除社会阶级的教育……我仍然相信要达到化除社会阶级之最正当、经济和最有效的方法，还是教育。"[③] 他们并没有认识到只有通过革命斗争的手段推翻反动阶级的统治，建立起没有剥削和压迫的新社会之后，平民教育的理想才可能真正实现。有的社员害怕和逃避阶级斗争和革命，不主张采取暴力方式推翻现存政权，说什么对于旧社会，用"武力去破坏，收效或者快，如俄国的 Bolshivism，但是危险也大，失败也快。教育去破坏，收效当然迟，但是危险也小，成功可料"。[④] 还有主张走教育独立、发展民办教育的路子来摆脱封建官僚及军阀政权的控制，如说："教育属于政治的范围，支

---

① 王卓然:《一封给当今"教育者"的信》，北京高师平民教育社:《平民教育》1921年2月20日第29号，第5页。

② 姚自予:《教育民办》，北京高师平民教育社:《平民教育》1924年7月第73期，第12～13页。

③ 常道直:《"平民教育"之新解释》，北京高师平民教育社:《平民教育》1921年2月20日第29号，第4页。

④ 汤茂如:《平民教育》，北京高师平民教育社:《平民教育》1920年11月14日第24号，第9页。

配于官僚势力之下，那是不行的……所谓'平民主义的基础'是什么呢？就是使教育事业建设于多数平民势力的上面，得一种永久的、坚确的、不可动摇的根据；换句话说，就是要教育经费、机关都是独立的，并不要倚靠官僚一二套命令来提倡，或颁布几部章程来作模本。"①在当时严峻的社会环境中，这种想法不啻于一种"乌托邦"式的幻想，是不可能实现的。

此外，平民教育社还存在着理论与社会实践严重脱节的弊病。如有社员不顾教育经费方面的限制，呼吁各级学校不收学生学费，以方便贫困子弟就学："教育是社会团体的事体，学校是社会的机关，是为社会全体而设的，其所需的经费当然为由社会供给，就不应该再征收学费了。小学如此，则中学甚至专门学校、大学校，也是如此。"②还有社员希望打破入学考试制度的藩篱，让人人均能求学深造："普通的教育中，则入学考试制度应完全打破，盖个人均应有自由求知识之权利。"③这些方案很显然存在理想化、脱离中国社会实际的倾向，所以往往流于理论空洞，甚至互相之间存在矛盾，高潮过后很少有能够在中国扎下根来。

更为遗憾的是，《平民教育》前期的这种属于"教育救国"范畴的革命性也没有得到很好的发展，而是逐渐消退。它改为半月刊之后，就开始把大量篇幅用于介绍西方资产阶级教育理论和学说，甚至还公开宣称："本志努力的方向，要多多趋于小学校教育，而师范教育次之，教育行政又次之，其他中高实业教育更次之，社会教育又更次之。"④由于把重点放在枝节点滴地

---

① 俍工：《教员罢工所得的觉悟》，原载于《平民教育》1919年12月20日第11号。转引自中共中央马恩列斯著作编译局研究室编：《五四时期期刊介绍》第1集上册，生活·读书·新知三联书店，1978年，第344页。
② 黄公觉：《实施平民教育之根本计划》，北京高师平民教育社：《平民教育》1921年9月25日第38号，第4页。
③ 袁晴晖：《天才教育与平民教育》，北京高师平民教育社：《平民教育》1922年5月10日第51期，第9页。
④ 姚以齐：《本社四年来的回顾》，北京高师平民教育社：《平民教育》1923年10月30日第68、69期合刊，第13页。

改良教育之上，《平民教育》到了后期渐趋保守和落后，甚至公开反对马克思主义。如震东在《乡村农业教育实施》一文中就指责社会主义者"遗社会以无限的纷扰"。①李敏在《我国近年来学潮问题的研究》一文中竟主张消灭学生运动："我觉得这学潮日常搅扰的我们不安，好也罢，不好也罢，我们都不得不设法消灭了才好。"②《平民教育》在后期发生的这一变化，说明平民教育社仍然摆脱不了改良主义的窠臼。他们虽然提出了"平民政治"的目标，但不能找到真正的办法和社会力量来保证实现，自然逃脱不了被时代淘汰的命运。

总之，平民教育社想借助"平民教育"来实现自己的政治理想，这当然是很难奏效的。但他们深刻揭露了封建社会的黑暗，并苦心孤诣地为劳动人民争取受教育的机会，有力地促进了民众的觉醒。事实上，正是因为平民教育社和《平民教育》杂志的创办，以及各种平民教育实践活动的展开，使得北京高师成为近代中国平民教育的一个中心所在，有学者甚至称它是"北高生活之灵魂"："最可注意者，有学生自办之平民学校（有成人班与童年班），学生自任编辑发行之杂志（如平民教育），以及各种中等补习班（如理化、英语各种补习班）等等，率皆为时愈长，形式与内容愈见进步。凡此皆历历可举之事实，以视一般学校中之学生自动的事业每欠缺继续性者，不无可以自豪之处，此中所含孕之组织能力，即称之为北高生活之灵魂，亦无不可。"③

二 北京女高师与平民教育

"五四"新文化运动时期，北京女高师也积极参与平民教育活动，主要

---

① 震东：《乡村农业教育实施》，北京高师平民教育社：《平民教育》1924年7月第72、73期合刊，第2页。
② 李敏：《我国近年来学潮问题的研究》，北京高师平民教育社：《平民教育》1924年7月第72、73期合刊，第17页。
③ 常导之：《为行将成立之"北京师范大学"进一言》，北京高等师范学校《教育丛刊》编辑处：《教育丛刊》1923年2月第3卷第7、8集合刊，第17页。

有 1919 年 10 月由北京女学界联合会筹办成立的北京平民职业女学校、1920 年由学生自治会成立的北京女高师自治会平民夜校、1922 年由英文部的英语研究会发起成立的英语夜校、1923 年由中华平民教育促进会筹备处开设的北京女子高等师范平民学校。其中，影响较大的是北京女高师自治会平民学校和北京平民职业女学校。

北京女高师自治会平民学校，创建于 1920 年秋。平民学校的经费除市政公所每月津贴二十元外，大多由学生通过开办游艺会等方式募捐筹款。平民学校设有高小、国民、妇女诸门科目，其中妇女科专为女子教育而设，分为常识、算术、技艺、国文四种课程，教授日常生活中所必需的常识和技艺。1922 年，该校高小科 11 名学生毕业，成绩优异。《晨报》对此进行了相关报道，参加毕业式的"来宾甚众，对于该校办事人之勤勉有条，学生之活泼纯雅，无不嘉许，演说者多希望该校将来益加发达"，并赞扬该校创办"数年以来，成绩甚佳"。[①]

北京平民职业女学校虽是由北京女学界联合会筹办，但北京女高师用力最多，不仅地点设在学校，就是选举出的 7 人筹备小组，即胡学恒、胡侠、钱中慧、李静一、王宗瑶、孙雅平、陶玄，就有 5 人有女高师背景，且两任校长陶玄和吕云章，皆为女高师学生自治会的主要干部。1919 年 10 月，北京平民职业女学校开学，"中西男女各界来宾参列者二百余人"[②]。该校立学宗旨定为："以授以女子普通知识及应用技能养成健全之国民"。[③] 在具体的创办过程中，该校"自校长教员以及学生等，均以勤慎为主，并多输入以女子谋独立生活之重要及平日不可忽视之理。平日训练，放任严格兼施，但重

---

① 《女高师自治会平民学校近询》，《晨报》1922 年 1 月 24 日第 1067 期。
② 陶玄：《北京平民职业女学校纪略》，北京女高师文艺研究会：《北京女子高等师范文艺会刊》1921 年第 3 期，"附录"第 12 页。
③ 《北京平民职业女学校简章》（民国十一年二月改定），北京女学界联合会：《北京女学界联合会汇刊》1922 年。

劝勉,使学生自悟其过而自新,不加以强迫"①。其教学内容也以适于谋生的工艺技能传授的"技能科"为主,即织巾、织带、织袜、缝纫、刺绣五门,辅之以粗浅的"文化科",即国文、珠算、书法三门,实行"半工半读主义"。②学生做工所制成的工艺品主要由东安市场第一国货店、海王村公园高师国货店、女高师贩卖所等处代销。时人指出该校"一则使女子自重,雪妇孺并称的耻辱;一则使女子自立,尊男女平等的权利",并且"不但使一般妇女有独立的技能,就算罢了。并且要使他们有应用的地方",是对于国家"贫弱的病症下的一幅调养药"。③但和当时大多数教育团体一样,该校的运行也困难重重,"初则感学生过少之困难,继则苦于难聘适当之教师,终乃忧机器之不足应用。夫工欲善其事,必先利其器,本校则不然;经费困难,校舍狭小,每欲扩充,辄为中止"④,最终以失败告终。

此外,北京女子高等师范平民学校是以北京女高师学生为教职员,以学校大礼堂为课堂,时间为期一周,招生共一百五十余人,多数为十一岁以上、二十岁以下的女学生,男生仅收年龄在十五岁以下者。年近四十岁的女性有数人。⑤英语夜校是由英文部的英语研究会发起成立,共设两班,以练习教授为宗旨。北京女高师部分学生毕业后依然致力于平民教育,如张人瑞毕业后,针对城市下层的女性,创办了天津三八女子职业学校等。

三 南京高师的平民教育和乡村教育

南京高师的平民教育是在陶行知的影响和指导下开展的。陶行知在美国

---

① 欧淑贞:《北京平民职业女校民国十一年经过情形报告书》,北京女学界联合会:《北京女学界联合会汇刊》1922年。
② 陶玄:《北京平民职业女学校纪略》,北京女高师文艺研究会:《北京女子高等师范文艺会刊》1921年第3期,"附录"第12页。
③ 同上注,"附录"第11页。
④ 欧淑贞:《北京平民职业女学校民国十年经过情形报告书》,北京女学界联合会:《北京女学界联合会汇刊》1922年,第16页。
⑤ 朱君允:《北京女子高等师范平民学校》,《新教育》1923年第7卷第2～3期,第493～494页。

哥伦比亚大学师范学院留学期间就深受杜威教育理论的影响。1917年8月，他回国担任南京高师教育科主任，即开始致力于批判传统教育，呼吁平民教育。1920年南京高师第一次暑期学校聚会，陶行知公开演讲道："我要用四通八达的教育，来创造一个四通八达的社会。我这几年的事业，如开办暑期学校、提倡教职员学生之互助、提倡男女同学、服务中华教育改进社，都是实行这个目的。但是大规模的实行无过于平民教育。我深信平民教育一来，这个四通八达的社会不久要降临了。"①1923年6月20日，他与朱其慧、晏阳初等发起成立南京平民教育促进会，召开"平民教育宣传动员大会"，掀起了南京乃至全国平民运动的高潮。据记载："南京有五十几位说书人，在说书的时候，把读书的好处，夹在说书中劝导听者。他们还逢三、六、九的日子，到四城演讲读书的重要……这些说书人最明白平民心理，真是最好的平民教师。"②据统计，到12月，南京共计有126所平民学校，学生5000多人，年内有两届毕业生计916人。③

除了陶行知外，政法经济系主任王伯秋在推动南京高师平民教育方面也功不可没。他不仅担任了南京平民教育促进会的总务董事，负责经费募集和各类平民学校的具体创办，还开创了平民问字处这一重要的平民教育开展模式：凡愿意承担教字任务的店铺、家庭或机关，都可以成为平民问字处，想认识字的人随时可以去咨询，被时人称为"南京平民教育总司令"。

在陶行知、王伯秋等的影响下，南京高师平民教育活动也逐渐开展起来。1919年12月，部分学生创办了《少年社会》刊物，明确提出要实现理想的"德谟克拉西社会"，唯一的途径就是推行平民教育。1920年，南京高师创办第一届暑期学校，共招收男女学生1041人，籍贯遍及江苏、浙江、安徽、河南、湖北、广东、湖南、江西、山东、广西、福建、贵州、四川、

---

① 董宝良主编：《陶行知教育论著选》，人民教育出版社，1991年，第127页。
② 同上注，第153页。
③ 参见于飞：《陶行知与南京平民教育运动》，《江苏地方志》2006年第5期。

直隶、云南、陕西、山西 17 个省份，年龄最大者 59 岁，最小者 16 岁。教员以本校教员为主，同时聘请北京大学教员胡适、陈衡哲，南开大学教员凌冰、梅光迪，金陵大学教员钱天鹤，中国青年会体育科教员麦克乐，江苏第三师范学校顾拯来、唐润身等，"担任素有研究之学程"。除了正课之外，暑期学校还开展了以下活动：一是聘请中外学者 17 人"于课余演讲关于学术上各问题，冀增进新知而助兴味"。二是举办同乐会，据陶行知的报告称，"共举行四次，佐以唱歌、幻灯，并商同南京青年会、留美同学会，公请美国加州大学东亚旅行音乐团奏技一次"。三是举办展览会，主要有农业展览会、卫生展览会、博物展览会、初等教育展览会、职业教育展览会等，每次展览会都设指导员，"以备参观者之询问"。四是创办附属小学。该活动主要是为学生实地试验起见，设主任一人，教员三人，开设课程有故事、文艺、社会、卫生、修身、自然野外教授、自由游戏、工艺指导等，上课时间为每日下午一时三十分至三时十分。①

和北京高师、北京女高师多把平民教育局限在城区，很少触及乡村相比，南京高师在创办乡村农业学校，推行乡村教育方面可谓独树一帜。金海观就曾指出："近年提倡乡村教育之文字，散见于各报纸杂志者甚多；而实际从事于乡村教育的试验者，就个人所知，不得不推南京高等师范。"②

鉴于中国农业日趋退步，农村教育亟待改良，爰本"造福农民"之希望，抱试验之态度，1920 年 10 月 10 日，南京高师农科师生在江宁县聚宝门外沙洲圩创办了一所乡村农业学校，"使此校之试验为失败者，则同人更将研究其失败之道而有以改善之；使其苟为成功而证其办法简单，确能改良发达学校所在地之一乡一村农业者，则同人将更进而求社会政府之垂顾，普设此种学校于全国农村以为农民造福"。学校设有教室、教员寝室、教员预

---

① 《办理暑期学校及国语讲习科报告》，见《陶行知全集（第 1 卷）》，四川教育出版社，1991 年，第 340～342 页。
② 金海观：《金海观全集》（上），方志出版社，2003 年，第 28 页。

备室、校工室，其中教室是由旧佛殿改建，能容 40 人左右，教学用具及桌椅皆从南京高师借用，笔砚则由学生自备。学生修业年限为 2 年，学科分为公民教育和职业教育两大类。公民教育的科目有国文、国民须知、科学常识三种，于每日上午授课 3 小时；职业教育主要科目有稻作学、麦作学，次要科目有家禽学和养蚕学，于每日上午授课 2 小时，下午由农业教员指导在农田实习。各科教材多请南京高师教育研究会会员编辑。教员分主任教员和助教两种，主任教员"规划校务，任农业教科及实习指导之职"。助教"任公民教育各科目之教授"。所招学生年龄参差不齐，6 至 16 岁不等，教育程度也有很大差别，"有曾受私塾教育数年者，亦有在此校开始读书者"。

沙洲圩乡村农业学校创办不久，即引起南京高师教育科学生金海观之兴趣，他和农科毕业生金善宝赴校进行了详细的教育调查，并将其调查结果"笔而记之，其中有可效法者数点，有宜改良者数点，亦有数点为实际施行乡村学校之难处，为吾人办乡村学校时所宜注意免除之者，或亦可供教育家之参考焉"。此次教育调查 1921 年 1 月 20 日以《南京高师附设江宁县沙洲圩乡村学校之调查》为题，刊发在《中华教育界》第 10 卷第 7 期上。该文还提出了关于乡村教育实施的四点建议和思考，如"乡村学校之目的与地方人士对于学校之希望须使之符合""联络家庭之难点""学生生活之宜注意""教员待遇宜优"[①]。如果把 1926 年陶行知等以中华教育改进社名义发表的《改进全国乡村教育宣言书》《创设乡村幼稚园宣言书》等作为中国乡村运动开始的标志，南京高师在乡村教育方面的理论探索和乡村学校实践无疑可视为其一重要先导。

此外，沈阳高师师生对平民教育也颇为关注。如黄振川在《平民教育谭》一文中从要实施平民教育的原因、编制法、组织、招生法、教授法、管理法、训练法等七个方面对平民教育进行了较为全面的介绍。[②] 庸人在《我

---

① 金海观：《金海观全集》（上），方志出版社，2003 年，第 28～36 页。
② 黄振川：《平民教育谭》，《沈阳高等师范周刊》1921 年第 58 期，第 1～6 页。

的平民教育观》中也对"平民""平民教育"以及实施平民教育的方法做了理论探讨。[①] 徐步庭在《平民教育之效力及补助之必要》中则从平民教育的理论和世界各国的实践经验出发探讨了平民教育的效力及补助的必要性。[②] 成都高师一是成立了平民教育社,王右木"托为学生之转请教员往教",称其为"工人教育其实也"。[③] 二是附设平民夜课学校,教员主要由高年级学生担任,一方面施行平民教育,另一方面也借以实习教学法。一些成都高师的学生,如何致远[④]还参加了成都的平民学社。广东高师一是校友会1920年1月创办平民义学,陈炳权、周棠、李朴生、赵九畴、陈良烈、吴荣煦等学生担任要职[⑤],成为广东平民教育的试验场所。二是组织平民教育课程研究会,专门负责为各类平民学校编写教材。如为广东平民学校识字运动部和平民文学部编写了两种教材。[⑥] 武昌高师也鉴于"京津实行设立平民夜校。武汉人烟稠密,一般小贩营生者,虽有志向学,苦于生计所阻,非实设立平民夜校,一般人民终无求学之余地",于2010年5月设立平民夜校,"由该校学生轮抵担任教授"。[⑦]

综上所述,"五四"新文化运动时期,民初高师通过组织团体,创办刊物,并积极参与社会实践活动,有力地推动了工学主义和平民教育思潮的发展。同时,在对这两大社会思潮的参与过程中,高师的青年学生也较快地成长起来。担任过平民学校班主任的刘叙宾就回忆指出:"我北高师毕业后,

---

① 庸人:《我的平民教育观》,《沈阳高等师范周刊》1922年第67期,第11~14页。
② 徐步庭:《平民教育之效力及补助之必要》,《沈阳高等师范周刊》1922年第67期,第4~6页。
③ 《王右木给施存统的六封信》,见中央档案馆编:《四川革命历史文件汇集 群团文件 1922—1925》,1986年,第13页。
④ 参见《弓车甫向团中央的报告——成都平民学社的活动和团的组织状况》,见中央档案馆编:《四川革命历史文件汇集 群团文件 1922—1925》,1986年。
⑤ 参见陈炳权:《陈炳权回忆录:大学教育五十年(上册)》,香港南天书业公司,1970年,第22页。
⑥ 参见广州市人民政府地方志办公室编:《地方史志与广州城市发展研究》,广州出版社,2013年,第204页。
⑦ 《武昌高师组织平民夜校》,《民国日报》1920年6月1日。

在山东第三师范担任教务主任（1922—1928），平校国民四班班主任刘希璞担任山东第一女师理化教员（1922—1928），我二人都担任将毕业学生的各科教学法，并编教学法讲义。以后我担任山东第一女师教务主任时（1930—1931）仍担任各科教学法。我在两校任教务主任期间，均曾动员学生成立平民学校，我还曾在平民学校向女师学生作了算术教学示范，引起学生对研究数学和管理学生的极大热情和兴趣。我高师同班陈汉堃在平校国民五班担任过国语和算术，积累不少教学经验。后来他担任山东第三师范数学教员（1922—1924）时，教学得法，倍受学生欢迎……于此可见师范学校学生期间，通过教学的实践，对将来服务教育事业是很有利的。"[1] 楚图南也曾回忆说他也是在参与工学会的活动中，经过工学会一名成员的介绍认识了李大钊，并由此走上了革命的道路。他说："由当时'工学会'的一名活动分子的介绍，我认识了李大钊同志……我就是在那个时候，选择了共产主义作为终身的信仰，走上了科学社会主义的革命道路。一九二三年，我在高师课业结束，被派往安徽阜阳第三师范学校任教。临行前，李大钊同志曾嘱咐我，可在青年学生中宣传俄国十月革命和社会主义，所到地方越多越好，接触青年学生越广泛越好，任务是'广种薄收'，以学校教师的公开职业作为掩护进行宣传活动……他的这一宝贵的指示，几乎贯彻在我一生的活动和工作中。"[2] 可见，正是通过对工学会和平民教育社的积极参与，民初高师的青年学生在政治上和业务上迅速地成长起来。

---

[1] 刘叙宾：《北京高师平民学校回忆》，见北京师范大学校史资料室编：《五四运动与北京高师》，北京师范大学出版社，1984年，第465页。
[2] 楚图南：《怀念先烈李大钊》，见北京师范大学校史资料室编：《五四运动与北京高师》，北京师范大学出版社，1984年，第195～197页。

第五章　民初高师与新教育运动

中国的新教育肇端于洋务运动时期创办的京师同文馆,在民国前期（1912—1927）形成了全国规模的运动。1912年2月,蔡元培在《民立报》上发表了《对于新教育之意见》一文,首次提出"新教育"这一概念。"五四"前后,伴随着杜威、孟禄等西方教育家的纷纷来华,以及中华教育改进社等教育团体和《新教育》等教育刊物的创办,"新教育运动"在全国蓬勃发展。"新教育运动"不同于清末的洋务教育运动和维新教育运动,它是以改革封建旧教育,建设现代资本主义新教育为目标,以提倡和实践教育民主化和教育科学化为基本内容的教育改革运动。它的兴起与发展,固然是清末以来中国教育发展的内在需要,同时也深受20世纪初期国际教育思潮,特别是美国"进步主义教育运动"和欧洲"新教育运动"的影响。

民初高师是新教育运动的一支生力军。它们不仅通过教育学科的建设,汇集了一批留学欧美的青年学者,设置了专业性和学术性都很强的课程,培养了大批教育专业人才,壮大了新教育的研究队伍,而且还通过组织教育团体、创办教育刊物,为广大师生提供了研究新教育的阵地。在学校的支持和鼓励之下,师生们掀起了研究新教育的热潮。一方面,他们密切关注西方新教育的发展,积极推动杜威、孟禄的来华;另一方面,他们还把新教育思想与学校生活相结合,开展了对男女同学、学生自治、教育独立等民主教育,以及教育统计、教育调查、教育测量、心理测验、教学法实验等科学教育的理论探讨和实践活动,在很大程度上丰富了新教育运动的内容。

第一节 民初高师与教育科系的创建

中国教育学科体系的构建，既包括教育学文本内容的不断丰富、教育分支学科的不断增多，也包括教育学科所依托之制度体系的确立及不断完善。在清末"七科之学"的学制体系中，教育学是作为各级师范学堂、传习所中的一门独立课程而设置的。见表5-1：

表 5-1 清末师范学堂教育学科课程设置

学堂	教育学科课程
初级师范学堂	教育史、教育原理、教授法、教育法令、学校管理法、实事授业
初级师范学堂简易科	教授管理、教授法、管理法、教育制度、附属小学堂实习
优级师范学堂	教育理论、教育史、各科教授法、学校卫生、教授实事练习、教育法令

民初"壬子癸丑学制"规定师范学校必修教育学科课程。《师范学校课程标准》规定师范学校在"教育"这一总科目下，设置普通心理学、论理学大要、教育理论、哲学发凡、教授法、保育法、教育史、教育制度、学校管理、学校卫生课程。《高等师范学校课程标准》规定高师学校于"心理学及教育学"总科目下设置心理学、教育学、教育史、教授法、学校卫生、教育法令课程。当然，此期虽有教育分支学科的出现，但教育学科仍未在高等教育中获得一席之地，仅是作为其他各部的公共必修科目，如南京高师初创时伦理学、心理学及教育学即为国文部、英文部、历史地理部、数学物理部、物理化学部、博物部等6部的公共必修科目，"选科除习伦理学及心理学、教育学外可任选本科专修科中一科目或数科目习之"。[①]教育学科在高等教育

---

① 《南大百年实录》编辑组编：《南大百年实录》（上卷），南京大学出版社，2002年，第76页。

体系中获得独立的系科建制则要归功于北京高师和南京高师。

一 北京高师的教育专攻科

高等学校之设教育学科始于北京高师的教育专攻科。专攻科之设一则依据《高等师范学校规程》中"高等师范学校可设专修科,培养师范学校和中学急需的某科教员"之规定。二则是适应实用主义等教育理论的风靡,欲成立一专门机构加以研究。《北京高等师范学校校友会杂志》即提道:"近日之谋教育者,类主实用主义,徒有主义而无方法,亦徒托空言。故必研讨教育上之新理,并参以教授上之经验,乃能贯彻此主义。本校之拟设教育专修科者,以此。"① 三则也与校长陈宝泉对政策和经费的争取分不开。陈宝泉自日本宏文学院速成师范科留学归来,一直以教育官员和教育学者的双重身份活跃在清末教育学研究领域,一方面积累了大量教育实践、管理经验,另一方面也拓展了在政界及教育界的人脉。1914年袁世凯传见陈宝泉,讨论师范教育问题,嘱咐"以师范教育为重"②。他随即上书提出:"师范学校宜就注重之学校扩充,不宜多设。"袁世凯即令其规定高师发展五年计划,上报预算。1915年2月,教育部批准其高师的扩建计划,由袁世凯自捐一万元,并分批筹拨六万元开办费。

1915年3月,北京高师拟定了教育专攻科规程。5月开始招生。7月,专攻科在京沪分别举行了各科入学试验,招收师范学校毕业、中学校毕业及具有同等之学力者。③ 教育专攻科"以养成师范学校教育教员为主旨"④,同时,它还担负了引进西方先进教育思想,推进中国新教育发展的任务。陈宝

---

① 北京高等师范学校校友会:《北京高等师范学校校友会杂志》1916年4月第1辑,第23页。
② 蔡振生、刘立德编:《陈宝泉教育论著选》,人民教育出版社,1996年,第40页。
③ 《"本校规程"之"北京高等师范学校教育专攻科规程"》,北京高等师范学校校友会:《北京高等师范学校校友会杂志》1916年4月第1辑,第23页。
④ 《北京高等师范学校教育专攻科规程》,北京高等师范学校校友会:《北京高等师范学校校友会杂志》1916年4月第1辑,第23页。

泉就指出:"此科之设,在输入德国教育学说,以振起国人教育思想。故科目以德语及教育为主,聘德人梅约翰为教员。"[1] 该科对学生的实习、毕业服务和学业操行都有严格规定:"本科学生实习于第四学年第三学期得借用本京师范学校行之;本科学生毕业后应服务三年;本科学生入学后以第一学期为试学期,于该学期末就学业操行两项严加甄别以定去留;本科学生于学年试验未及格者,暂准其随班听讲,俟满三个月后加以补试,若仍不及格,则令退学。"[2] 其具体科目及课程设置如下[3]:

表 5-2 北京高师教育专攻科课程设置

学科	课程	课时安排	具体教授状况
伦理	实践伦理	第一学年每周二小时	用中文讲义。第一学期个人伦理、家族伦理;第二学期国家伦理;第三学期社会伦理。
	中国伦理学史	第二学年每周二小时	用讲义。第一学期通论,古代帝王学说,春秋时代学说;第二学期战国时代学说;第三学期自汉唐至近代之学说。
	西洋伦理史	第四学年开讲	不详
	伦理学	第一学年每周四小时	用中文讲义。
论理	不详	不详	第一学期要素论;第二学期方法论。

---

[1] 《1918年陈宝泉〈北京高等师范学校报告〉》,见朱有瓛主编:《中国近代学制史料》第3辑下册,华东师范大学出版社,1992年,第588页。

[2] 《北京高等师范学校教育专攻科规程》,北京高等师范学校校友会:《北京高等师范学校校友会杂志》1916年4月第1辑,第23页。

[3] 《教育专攻科教授实施状况》,见朱有瓛主编:《中国近代学制史料》第3辑下册,华东师范大学出版社,1992年,第616~618页。《北京高等师范学校教育专攻科规程》,北京高等师范学校校友会:《北京高等师范学校校友会杂志》1916年4月第1辑,第23页。

续表

学科	课程	课时安排	具体教授状况
心理	纯粹心理学	第一学年第三学期每周四小时，第二学年每周二小时	用中文讲义。第一学期心理学概论；第二学期分论知之作用及分类，感觉之意义及分类，知觉作用；第三学期想象作用，思想作用，情之作用；第四学期感应，情绪，情操，意志之意义，无意义之动作，意识之动作。
心理	应用心理学	不详	不详
教育	东亚教育史	第一学年每周六小时	用中文讲义。第一学期绪论，中国教育史（上古、秦汉、三国、晋、南北朝、隋、唐五代）；第二学期中国教育史（宋、辽、金、元、明、清）；第三学期日本教育史（上世、中世、今世）。
教育	西洋教育史	不详	不详
教育	教育学	不详	不详
教育	学校卫生学	不详	不详
教育	教授法	不详	不详
教育	学校管理法	不详	不详
教育	世界教育制度教育行政	不详	不详
德文	不详	不详	不详
国文	不详	第一学年每周四小时，第二学年每周二小时	讲读课，选读各体文字，讲授文章流别；作文课，每两周作一次。
言语学	不详	不详	不详
哲学	不详	不详	不详
美学	不详	不详	不详

续表

学科	课程	课时安排	具体教授状况
生理	不详	不详	不详
体操	不详	第一、二学年每周二小时，第三学年每周一小时	前两学年兵式、普通同时并授；第三学年专授兵式。

表5-2可知，教育专攻科课程以德语和教育为主。学生们接受的是中德双语教学，据记载，德育部曾邀请德国教员梅约翰用德语演讲"新中国教育之目的"，教育专攻科学生"寄宿校外，亦联袂偕来，操棚座为之满"，"听讲之余，群对于梅先生之讲演暨毛先生（毛曜东）之翻译同深钦佩。当时或以德文，或以中文私自速记者颇多"。①

关于教育专攻科的师资，根据上表中的课时安排以及1916年"教职员姓名录"②，归纳如下：

表5-3　北京高师教育专攻科教师一览表

姓名	籍贯	职务及教授课程	教育经历	到校时间
毛邦伟	贵州	教育、教授法、教育史	日本东京高等师范学校毕业	1912年10月
王桐龄	直隶	伦理学	日本第一高等学校，东京帝国文科大学史学科毕业	1912年11月
伍崇学	江苏	心理学	江南专门矿路学堂毕业，留学日本宏文学院	1912年11月
裴南美	美国	教育、哲学、美学	美国田纳西大学毕业	1913年1月
韩定生	直隶	教育、心理（兼）	日本东京高等师范学校毕业	1915年11月
杨荫庆	北京	教育史、教授法	美国康乃（奈）尔大学教育学士	1917年9月

---

① 北京高等师范学校：《北京高等师范学校周报》1917年12月10日第20号，第5页。
② 北京高等师范学校校友会编：《北京高等师范学校校友会杂志·教职员姓名录》1916年4月第1辑。

续表

姓名	籍贯	职务及教授课程	教育经历	到校时间
毛恩旭	不详	德文	不详	不详
陈兆深	不详	伦理	不详	不详
王英华	不详	教育	不详	不详
谢大祉	福建	心理	福建省立师范学校毕业，留学美国巴拿马大学	不详
王铸	不详	教育（兼）	不详	不详
杨乃康	不详	言语（兼）	不详	不详
马炳燮	不详	伦理、心理（兼）	不详	不详
张仁辅	不详	伦理、教育（兼）	不详	不详

（根据北京师范大学馆藏档案全宗号1，卷85、86、87、88整理）

可见，此期教育专攻科已形成一个以归国留日学生为主体的教师群体。一则是因为北京高师的科目设置是以"德语及教育为主"，而当时中国教育界又主要以日本为中介引入德国教育学说，所以留日教师的引进也是应时而需。二则也与民初留日派在北京高师颇具势力不无关系。北京高师的历届校长、教育系主任皆具留日经历。如第一任校长陈宝泉毕业于宏文书院速成师范科；第二任校长邓萃英曾入东京高等师范学校；第三任校长李建勋曾入广岛高等师范学校；教育系主任林砺儒毕业于东京高等师范学校等。

和较为系统、科学的课程设置以及多具有留学经历的师资队伍不相匹配的是教育专攻科的学生，一是数量少，仅招了一届。1915年入学时，虽规程规定"以四十人为限"，但仅招37人，后逐年减少，1916年为36人，1917年为34人，1918年为21人，到1919年毕业时估计已不到21人。二是学生的质量也并没有预期高。他们并没有在学校教育研究领域发挥主导作用，据"教育研究会职员名录"，该会组织成员23人，教育专攻科学生只有马师儒、袁易、许本震3人。[1] 其讨论会规定：凡属教育、心理、哲学等问题共同讨论之；凡属国文、外国语、史地、理化、数理、博物、图画手工等问题分组研究之。[2] 教育专攻科学生和教育专攻科的教育学专业皆未表现出特殊的优势。并且，教育专攻科学生毕业后也没有按照计划到师范学校教授教育学或德语，而是到北京的中小学任教，与其他各部学生的工作去向并无多大差别。如教育专攻科班长马师儒毕业后任北京高师附属小学教员；许本震毕业后任北平宣武门小学教员。

虽然教育专攻科并未起到"振起国人教育思想"的作用，但是，它旨在"输入德国教育学说"的课程设置、较为优良的师资配备不仅奠定了北师大教育学科的基础，而且奠定了整个中国教育学科的基础。只招了一届的北京高师教育专攻科是教育学科在中国高等教育体系中获得独立系科建制的起点，其筚路蓝缕之功不可没。

二 北京高师的教育研究科

北京高师教育研究科作为"我国高等学校招收研究生的开始"[3]，可谓是中国教育系科设置的具有里程碑式的阶段。教育研究科之创设，一则是"高师改大"与"废止高师"之论争直接催生的结果。该论争导源于1915年第一届全国教育会联合会湖南省教育会提出的《改革学校系统案》，其核心问题是如何安置"教育科"。在1919年10月山西召开的第五届全国教育会联合会年会上，许崇清、贾丰臻、顾树森等主张大学要设置教育学科。这无疑会极大削弱高师学校"教育精神唯一机关"的地位，对此，北京高师校长陈宝泉和邓萃英联名提出《设置师范大学案》，并写入了第五届全国教育会联

---

[1] 北京高等师范学校：《北京高等师范学校周刊》1917年12月3日第19号，第11页。
[2] 北京高等师范学校：《北京高等师范学校周刊》1917年11月19日第17号，第8页。
[3] 北京师范大学校史编写组：《北京师范大学校史（1902—1982）》，北京师范大学出版社，1982年，第63页。

合大会对浙江省教育会提案的"审查结果"。该案拟定了师范学校系统，其中"师范大学"分研究科、本科、预科。而"教育研究科专攻教育学术，二年毕业，授予教育学士之学位。师范大学本科毕业生及其他专门大学毕业生等，具同等资格者入之。甲种师范毕业生服务三年以上者，亦得入学，但不授学位"。① 这就在制度设计中为"师范大学"及"教育研究科"定下了位置。二则是校长陈宝泉积极筹措的结果。除了对教育学术人才培养的一向重视外，陈宝泉还把教育研究科视作"升格改大运动"的"最初一步"②，其设置想法也是酝酿已久。从"六三三"制提出开始，北京高师就试图谋求"升格"，延长修业年限，在外在形式上与大学趋同。1919年改修业年限为四年，不设预科。由此，为了解决本校四年制学生的升学问题，并"以期于全国教员学术上有特别之贡献"③，陈宝泉决定设教育研究科。1919年10月，他呈请教育部增设教育研究科，11月即得到教育部允准，并在各省区招生。三则也参照了哥伦比亚大学师范学院的经验。哥伦比亚大学师范学院建于1881年，主要目标是培养教育领袖人物，因此仅设研究生教育。1920年前后，该院正处于早期发展史上的全盛阶段，可以说是当时世界上最大的教育研究中心和全美最具影响力的训练教育领袖的基地。④

1920年2月，北京高师经教育部核准开办教育研究科，"以教授教育学术，养成教育专门人才为宗旨"，这是中国高等学校中第一次把教育学作为一门专门学术来进行研究。教育研究科学制两年，毕业及格者给予教育学士学位，这是中国近代高等学校招收研究生的开始。该科招收"高等师范本科毕业生、各专门学校毕业生、大学本科三年级以上肄业生，英文能直接听讲

---

① 璩鑫圭等编：《中国近代教育史资料汇编·实业教育 师范教育》，上海教育出版社，2007年，第877页。
② 师大改进研究委员会：《国立北京师范大学改进研究报告》，1949年。
③ 蔡振生、刘立德编：《陈宝泉教育论著选》，人民教育出版社，1996年，第225页。
④ 周洪宇、陈竞蓉：《哥伦比亚大学师范学院与现代中国教育》，《比较教育研究》2010年第11期。

者"，明显不同于教育专攻科"科目以德语及教育为主"。① 招考方式以各省选送和学校自行招选相结合，但无论选送还是投考都要通过考试方能入学。该科的招考试题难度较大。如1921年的试题就分为国文、伦理学、论理学和英文四部分，其中国文试题为"自叙"，不加任何限制，任由考生自由发挥，借以考察考生的国文整体水平。伦理学试题有三个："（1）自我实现之说与克己无我是否有根本的矛盾？（2）良品性与恶品性皆不外习惯，道德教育应认习惯为敌，抑应引习惯为助？（3）何故批评行为之道德的价值应特重其结果，且所谓'正其谊不谋其利，明其道不计其功'之说又应作如何解释？"论理学试题有两个："（1）说明归纳推理之历程。（2）检查下列各种推论若有论理的谬误即指摘之。"英文试题也有两个，第一题为汉译英，第二题为阅读英文材料题。② 这些题目多偏重于论述性质，除了考查考生的基础知识之外，还考查了他们的学术研究能力、语言组织能力以及分析判断能力，对学生综合素质的要求是很高的。在第一次招生考试中，教育研究科共录取本校英语部毕业者14人，成都高师毕业者3人，武昌高师毕业者2人，北大三年修业者1人，公立政治专门毕业、金陵大学修业者1人，武昌文华大学毕业者1人，天津北洋大学毕业者1人，奉天高师毕业者1人等，并没有教育专攻科的学生。可见，"英语能直接听讲"在很大程度上限制了学生的来源途径。在某种程度上，这一条件的设定，也可视为北京高师教育学科从效仿德国到美国的转向。

教育研究科的课程"就时代而论……算得是最新"③，共24门，包括哲学、美学、心理学概论、教育学、教育史、教授法原理、生物学、社会学概论、教育哲学、教育心理、普通实验心理、教育社会学、教育卫生、小学教

---

① 蔡振生、刘立德编：《陈宝泉教育论著选》，人民教育出版社，1996年，第72页。
② 《北京高师本届招考教育研究科各科试题一览》，北京高等师范学校《教育丛刊》编辑处：《教育丛刊》1921年12月第2卷第6集，第23～24页。
③ 黄公觉：《中国第一次授教育学士学位典礼纪盛》，《附录》，北京高等师范学校《教育丛刊》编辑处：《教育丛刊》1922年5月第3卷第3集，第1页。

授法、儿童心理、教育行政、教育统计、哲学史、心理测量、社会问题、道德哲学、实用心理、各国教育制度、教育调查法。和教育专攻科相比较,研究科的课程少了国文、德文、言语学和体操这些基础学科,加大了教育专业学科的设置力度。不仅设置的门类更为齐全,包括了从理论到实践各个方面的教育学课程;而且设置的学科难度明显加大,如心理测量、教育调查法、教育社会学、教育哲学等。可见,教育研究科在学科建设系统化和专业化的基础上,更注重教育学科的学术化。同时,相较于教育专攻科以"输入德国教育学说"所开设的课程,教育研究科的融合心理学、社会学,以儿童为中心的学科建设则是以美国为镜像进行的模仿。

和教育专攻科相较,教育研究科则形成了一个以归国留美学生为主体的教师群体。具体情况如表5-4:

表5-4 北京高师教育研究科教师一览表

姓名	籍贯	职务及教授课程	教育经历	到校时间
毛邦伟	贵州	教育史	日本东京高等师范学校毕业	1912年10月
王桐龄	直隶	伦理学	日本第一高等学校,东京帝国文科大学史学科毕业	1912年11月
伍崇学	江苏	心理学	江南专门矿路学堂毕业,留学日本宏文学院	1912年11月
裴南美	美国	教育、美学	美国田纳西大学毕业	1913年1月
韩定生	直隶	教育(兼)	日本东京高等师范学校毕业	1915年11月
杨荫庆	北京	教育史、教授法	美国康乃(奈)尔大学教育学士	1917年9月
林砺儒	广东	伦理学	日本东京高等师范学校毕业	1919年4月
王文培	直隶	代理教育研究科主任,教育史教授	前清举人,清华学堂毕业,留美教育科硕士	1919年9月
费 特	美国	教育卫生学	万国青年会体育学士,哥伦比亚大学硕士	1919年9月

续表

姓名	籍贯	职务及教授课程	教育经历	到校时间
刘廷芳	浙江	教育研究科主任，教育心理学教授	美国哥伦比亚大学文科学士，教育学硕士，教育心理学科哲学博士	1920年7月
张耀翔	湖北	教育研究科主任，心理学科教授	美国哥伦比亚大学硕士	1920年9月
杜威	美国	论理学、哲学、教授法	美国哥伦比亚大学教授	1920年9月
萧友梅	广东	小学教育法	德国莱不齐市国立音乐学校毕业，国立大学哲学科博士	1920年
汪懋祖	浙江	西洋教育史、教育学	美国哈佛大学哲学科、哥伦比亚大学教育院硕士	1921年1月
李建勋	直隶	教育研究科主任，校长，教授教育行政	日本广岛高等师范毕业，美国哥伦比亚大学教师院学士及硕士	1921年2月
傅铜	河南	西洋哲学史	日本东京宏文学院及东洋大学大学部第一科毕业	1921年10月
张敬虞	直隶	统计学、教育统计	日本东京高等师范学校毕业	1921年10月
蔡元培	浙江	美学（兼）	北大校长	1921年
陶履恭	天津	普通社会学（兼）	北大教授	1921年
陈大齐	浙江	陈述心理学（兼）	北大教授	1921年
杜威夫人	美国	试验教育	不详	1921年
博晨光	美国	生理心理学	不详	不详
麦柯	美国	教育测验	美国哥伦比亚大学教授	不详
刘庄	四川	教育社会学	美国芝加哥大学教育科学士，政治科预补博士	不详

续表

姓名	籍贯	职务及教授课程	教育经历	到校时间
杨荫榆女士	江苏	教育统计学（兼）	日本东京高等师范学校毕业，美国哥伦比亚大学硕士	不详
邓以蛰	安徽	美学	留学日本及美国哥伦比亚大学	不详
张彭春	天津	中学课程教授	哥伦比亚大学博士	不详
赵乃传	浙江	中等教育	哥伦比亚大学硕士	不详
卫礼贤	德国	教育哲学	不详	不详
陈映璜	湖北	生物学	日本东京高等师范学校毕业	不详
汪懋祖	浙江	西洋教育史（兼）	美国哈佛大学哲学科，哥伦比亚大学教育院硕士	不详
余天休	广东	社会学教授	美国玛省克拉克大学院哲学博士	不详

（根据北京师范大学馆藏档案全宗号1，卷85、86、87、88整理；参见北京师范大学教育研究科同学会：《北京师范大学教育研究科同学会会员录》1924年，第1～3页。）

上述师资主体的变化反映了中国的教育由师法日本到师法美国的转变趋势。如舒新城所说："自清末至民国四年，日本式之教育制度当权，教育者及社会上一般人士亦均感其弊害，并思设法改正之，然而未闻有人提及从旧制度中求医方，而转思直接采用德国制以补救之——此为民国四年袁世凯公布《预备学校令》时之一种思潮——欧战终了，德国的军国主义教育随之而去，美国民治教育说大盛，于是转仿美国。此三十年之新式学校制度就模仿的对象言，可分为日本式、德国式、美国式三时期，而以日本式与美国式的影响为最大。"[①]

1922年5月，教育研究科第一届学生16人毕业。具体名单详见表5-5：

---

① 舒新城：《中国教育建设方针》，中华书局，1937年，第100页。

表 5-5　北京高师教育研究科第一届毕业学生概况

姓名	籍贯	经过学校	近况
武绍程	湖南溆浦	北京高师英语部	北京美术专门学校注册股主任兼教员
李荣锦	山东安丘	不详	福建厦门集美学校教务主任
薛鸿志	奉天海城	不详	北京中华教育改进社统计员
汪振华	湖北咸宁	不详	武昌第一女子师范教育教员
王卓然	奉天抚顺	奉天高师英语科	美国哥伦比亚大学师范院
方永蒸	奉天铁岭	不详	奉天省视学
胡国钰	湖北江陵	不详	天津第一女师范教育教员
康绍言	北京	不详	本校注册部主任
邵松如	直隶天津	不详	本校英语部助理员兼教员
殷祖英	京兆房山	不详	本校史地部助理员兼附中教员
黄远诚	四川万县	成都高师英语部	四川重庆联合中学校教务主任
张佐时	四川成都	成都高师英语部	北京女高师附中英语教员
陈兆蘅	江苏丹阳	不详	南京教育厅
程国璋	直隶深县	北京高师史地部	本校史地部助理员兼河南中学教员
常道直	江苏江宁	南京金陵大学文科	上海商务印书馆编辑
张秉洁	四川名山	成都高师英语部	陕西督军公署秘书

这是北京高师的第一届研究生，学校对此非常重视，举行了盛大的毕业典礼，并邀请梁启超、陈宝泉、邓萃英等十余名社会各界人士参加，"极一时之盛"①。1922 年 6 月，教育研究科第二届学生 14 人毕业，有黄公觉、汤茂如、谭书麟、戴应观、曹配言、郭峻、程懋圻、叶尚宽、赵维桢、杨汝

---

① 黄公觉：《中国第一次授教育学士学位典礼纪盛》，《附录》，北京高等师范学校《教育丛刊》编辑处：《教育丛刊》1922 年 5 月第 3 卷第 3 集，第 1 页。

觉、罗濬、郭威白、韩崇琪、王九龄等。《中国第二次授教育学士学位典礼纪盛》就曾记载:"查该班毕业者14人,皆早经各地聘请服务教育。就中有任教育出版物编辑者,有任中学师范学校校长者,有充中学师范主任或教员者,足见中国目前需教育人才之亟,与该校对中国教育之贡献。"①

1914年《教育部整理教育方案草案》规定:"自教育学发达,乃知即为人师者亦有其必须之学与术。"②自此,注重对学生教育研究能力的培养可谓是北京高师教育专攻科和教育研究科的一贯传统。首先,减少课时,以促成学生的自由研究。学校针对"各班每周授课三十余小时,嗣以教授时数过多,则学生无研究之余力,不易以启发其自动"的情况,规定:"减少课时,以三十小时为限,并设种种机关,以为实地研究之辅助。"③

其次,在考试中加大对教育研究能力的考查。学校规定考试内容"除了掌握讲义中的内容外,还要阅读一定的参考书,考试才能及格"。④如汪懋祖教授的教育史的考试,就是"预发题目,定期缴卷,任受试者在图书馆纵阅参考书,惟不准抄袭讲义及他书",其评分标准也侧重于对学术研究能力的考查,定为:"1. 辨析及判断之能力 2. 整理之能力(有科学方法) 3. 发表之能力 4. 触类旁通之能力 5. 阅参考书之多寡。凡能认定问题之标的及范围,提出其中所含要点,按逻辑的顺序(须有自然的关接不取形式的分类)排次发挥;通篇条理精密,证引确当,识解颇高,文字通畅,前后无冲突者为上。"⑤这种以考试的形式来促进学生学术研究的方法成效颇著,汪懋祖就

---

① 《中国第二次授教育学士学位典礼纪盛》,《附录2》,北京高等师范学校《教育丛刊》编辑处:《教育丛刊》1922年6月第3卷第4集,第46页。
② 舒新城编:《中国近代教育史资料》(上册),人民教育出版社,1961年,第237页。
③ 璩鑫圭等编:《中国近代教育史资料汇编·实业教育 师范教育》,上海教育出版社,1994年,第1991页。
④ 北京师范大学校史编写组:《北京师范大学校史(1902—1982)》,北京师范大学出版社,1982年,第130页。
⑤ 《教育史试验成绩》,《附录》,北京高等师范学校《教育丛刊》编辑处:《教育丛刊》1922年9月第3卷第5集,第6页。

对这次考试中国文部二年级学生何呈锜的作业《试研究以下诸家教育学说异同之点（1）卢梭与洛克（2）卢梭与孔米纽斯》和庐怀琦的作业《卢梭主性善孟子亦主性善试究其根本不同之点并比较两人学说中之各主要点》评价颇高，并将其原文刊登在《教育丛刊》第3卷第5集上，"不改一字"。①

除了课程考试之外，学校还规定学生毕业时，都要"就教育一科提出论文，藉觇诸生平素对于教育上之心得……论文成绩优劣与毕业分数有关"。② 而这些论文题目也多属研究性质，学生非下一番搜讨研究的功夫是不容易做出来的。如1919年6月毕业生的论文题目就既包括了纯教育学理论的研究，如韩志勤先生拟定的"身心发育相关说"，赵录翰先生拟定的"现代公民教育之诸说及公民教育与作业教育之关系"，也包括了对教育上一些具体问题的看法，如韩景陈先生拟定的"论中学校演戏之教育的价值"，杨子馀先生拟定的"在中学之英文教员当有何等英文知识方能合格议"和"论专门学校卒业生当有相宜作事之地位方足以鼓励学生促进教育之发展"，舒美柯先生拟定的"体操运动游戏应否居学校课程之重要位置"，等等；既包括了对西方教育思潮的译介与评价，如毛子龙先生拟定的"论现时列强国民教育之特色"和"十九世纪以来世界教育之趋势及于现时之影响"，赵录翰先生拟定的"美德二国近来之新学级编制法之研究"等，也包括了对中国教育应如何发展的研究与探讨，如毛子龙先生拟定的"应现在时势定本国教育方针"，韩景陈先生拟定的"豫（预）定国际联盟成立后吾国教育之方针"，等等。此外，值得一提的是戴励吾先生拟定的"学校教育不外德育、知（智）育、体育三者，惟近世各国教育方针对此三者不无畸重畸轻之处，宗旨既殊，故其收效亦异。昔孔子谓知、仁、勇三者，天下之达德也。是否以知（智）育、体育纳诸德育之中。若欲施之，今日是否可行，试各抒所见畅言之"，以及

---

① 《教育史试验成绩》，《附录》，北京高等师范学校《教育丛刊》编辑处：《教育丛刊》1922年9月第3卷第5集，第6~14页。

② 《教务课布告》，《北京高等师范学校周刊》1919年4月21日第67号，第2页。

韩志勤先生拟定的"自海爾（尔）巴爾（尔）特氏倡言教育方法须按学者心意发达之顺序，輓（挽）近言教育者咸宗之，吾国经传中之言教育原理亦多有本此旨者，试胪举而详述之"①，这两个论题已明显涉及中西教育思想的比较，对引导学生挖掘中国传统教育思想的价值不无裨益。在学校的严格要求下，学生们的毕业论文质量也很高。如周予同的毕业论文《我的理想的教育制度》，就不仅控诉了中国封建教育的野蛮和黑暗，也揭露了资本主义教育的伪善和势利，并且还提出了应该吸取革命后苏俄实行的义务教育和大战后德国实行的"能者升进"免费教育的经验，在中国实行普及教育和终身教育，使教育成为改造社会利器的观点。这篇论文后被刊登在《民铎》杂志1921年第3期。

为促进教育学术研究，1917年，北京高师组织了教育研究会。该会以研究教育为宗旨，研究范围涉及"教育原理、教育史、教育制度、教育行政、管理法、小学各科教授法、国文科教授法、外国语科教授法、史地科教授法、数学科教授法、理化科教授法、博物科教授法、体育、社会教育、哲学、心理学、论理学、伦理学、社会学、美学、生物学"②21种。该会虽由学生发起，但每次开会时，校长、各主任及教育科教员大多出席，并提出议案。该会具体的研究方法分为讲演会、讨论会、辩论会、书信四种形式。其中讲演会除了会员讲演之外，还敦请名人讲演，张伯苓先生就曾在教育研究会演讲③。该会的讨论会"题目由会员自由提出交干事部定期开会讨论"④，如1917年11月24日第一次讨论会讨论的题目为：1. 改国民学校国文科为国语科其利害若何，2. 废考试去规则然后有真学问真道德谈，3. 小学校职业

---

① 《附录教育论文题》，《北京高等师范学校周刊》1919年4月21日第67号，第2～4页。
② 《北京高等师范学校教育研究会会章》，《专件》，北京高等师范学校《教育丛刊》编辑处：《教育丛刊》1919年12月第1卷第1集，第1页。
③ 袁易笔记：《张伯苓先生莅本校教育研究会讲演词》，《北京高等师范学校周刊》1919年3月31日第65号，第17～20页；1919年4月14日第66号，第20～21页。
④ 《北京高等师范学校教育研究会会章》，《专件》，北京高等师范学校《教育丛刊》编辑处：《教育丛刊》1919年12月第1卷第1集，第2页。

教育实施法。①1918年1月19日第二次讨论会题目如下:"王鹤清:师范生之修养,靳荣禄:美育当与德智体三育并重,张鸿图:中学科学宜用汉文教授议。"②这些讨论的题目不仅具有理论上的价值,而且切合当时中国教育的实际,通过这些题目的讨论,学生们的教育研究水平当有较大程度的提高。值得一提的是,教育研究会不仅对教育进行纯粹的学术研究,而且也对本校教授的具体实施情况进行讨论,以指导本校的教学工作。如在1919年2月18日的讨论会上,韩景陈先生就提出了针对学校教授方法的议案:"本科三年级于教育一门宜酌用讨论方法(或名曰讨论会),以启发学生研究之兴味,养成活用学理之精神。其方法即命一学生为讲演者,同级诸生为批评者,讨论之题目由讲演者提出,经教员认可以定之。盖必如此,始得称为学生自动之研究也。全级学生批评毕,教员总批评之,以判定其是非,并指示研究方法上之注意。每二三周开会一次,即于教育授课时间行之。"③这个议案最后经教育研究会公决,认为可行。

除了加大对学生学术研究能力的培养,北京高师也非常注重加强教育科教师们的学术研究能力。学校不仅计划成立"教员研究室"④,供研究学术之用,且为保证教师的研究时间,规定教师上课每周"至多不超过二十小时"。⑤同时,北京高师还积极组织开展国内外教育学术交流。校长陈宝泉就参加了北京通俗教育研究会、北京教育会、天津县教育会、全国师范教育研究会等多个教育学术团体,发起成立了全国第一届教育会联合会和教授研究会,"研究教育,策励进行"⑥,"研究关于教材、教法、设备、儿童成绩、训

---

① 《教育研究会通告》,《北京高等师范学校周报》1917年11月19日第17号,第6页。
② 《教育研究会纪事》,《北京高等师范学校周报》1918年1月21日第22号,第16页。
③ 《教务课纪事》,《北京高等师范学校周报》1919年4月14日第60号,第6~7页。
④ 后由于校舍不敷,尚未能完全成立。
⑤ 璩鑫圭等编:《中国近代教育史资料汇编·实业教育 师范教育》,上海教育出版社,1994年,第997页。
⑥ 陈学恂主编:《中国近代教育史教学参考资料》(中册),人民教育出版社,1987年,第465页。

育、体育及其他教授上应研究之事项"。① 在国际教育学术交流方面，北京高师不仅热烈邀请杜威、孟禄来华，在国内掀起了学习引进外国先进教育思想和教育制度的热潮，而且积极鼓励教师们出国考察教育。《北京高等师范学校报告书》就指出："本校鉴于世界各国之教育学说及科学研究日新月异，自应随时调查讨论，以谋进步。去年校长及附属中学主任韩振华曾赴日本及斐利宾（即菲律宾——笔者注）考察教育。本年又选派数理部主任兼教育科教员邓萃英赴美研究教育，由学校补助之。"②

北京高师师生的教育研究取得了丰硕的成果。他们不仅编译了一批教育学著作（详见第三章），而且创办了一批教育学刊物，其中最主要的是《教育丛刊》。它创办于1919年12月，是在《北京高等师范学校周刊》"教育新潮"一栏的基础上改编而来。该刊作为"本校教职员与学生共同研究教育自由发表思想之机关"，宗旨是："一、批评本国现时教育的劣点及调查各地教育的现状。二、介绍国外最新的教育学说。三、建议今后本国教育上各种革新的计划。校外教育家如有名论闳著以贻本刊或随时指教俾渐改良更所企祷。"③ 此外，教育研究刊物还有《实际教育》《平民教育》《工学》《教育新刊》等等。师生们在这些刊物上发表了大量的教育学术文章，很大程度上推动了中国新教育的发展。

综上所述，北京高师教育学科经过从专攻科到研究科的建设，不仅形成了一支实力雄厚的教师队伍，开设了一套颇富专业性、时代性的课程，而且取得了丰硕的教育研究成果，培养了一批优秀的毕业生。正如邓萃英所说："毕业同学在当地服务的成绩，在校同学用功和发表的能力，诸教授勤勤恳

---

① 中央教育科学研究所编：《中国现代教育大事记》，教育科学出版社，1988年，第10页。
② 璩鑫圭等编：《中国近代教育史资料汇编·实业教育 师范教育》，上海教育出版社，1994年，第997页。
③ 《本刊宗旨》，北京高等师范学校《教育丛刊》编辑处：《教育丛刊》1921年5月第2卷第3集（书前页）。

恳的精神,都足使我们与闻开创之业的人手舞足蹈的。"①

三 南京高师的教育专修科

南京高师的教育专修科是民初高等教育体系中设置的第二个教育系科。该科之设,一是和北京高师教育专攻科一样,依据《高等师范学校规程》中"高等师范学校可设专修科,培养师范学校和中学急需的某科教员"之规定;二是教育学专任教员陶行知以美国为例改革之结果。陶行知鉴于美国大学均设教育科,加之国内"教育一科之缺乏专才",决定添设教育专修科,"志在养成教育学教员及学校行政教育行政人才"。他指出:"近世因生物学、心理学、社会学、哲学之进步,教育已成一种专门科学,非造就此种专门人才,不足以促教育之进步,增设教育专修科之微意也。"②三则也与代理校长郭秉文的支持分不开。郭秉文担任南京高师代理校长后,励精图治,大力增设科、系。哥伦比亚大学师范学院的留学背景让其对学校的教育专业更是重视。

教育专修科招考非常严格,除了"具有完全师范或中学及同等程度之学校毕业、身体坚强、品行端正而有志于教育",还"须在教育界任事有一年以上之经验,应由服务之机关缮具证明书"。③入学考试范围很广,不仅包括国文、英文、历史、地理、数学、博物、物理、化学等中学各科目,还要加试"教育经验",其中国文、英文、教育经验为"特别注意科目"。考试主要侧重于对学生知识运用能力的考查。如国文一科,要求"文理清顺,能作

---

① 邓萃英:《北京师范大学教育研究科同学会会员录·序文》,见朱有瓛主编:《中国近代学制史料》第3辑下册,华东师范大学出版社,1992年,第620页。
② 《代理校长郭秉文关于本校概况报告书(1918年10月)》,见南京大学校庆办公室校史资料编辑组、学报编辑部编:《南京大学校史资料选辑》,南京大学内部交流资料,1982年,第51页。
③ 《教育部:咨各省区应按照南京高师招生简章选送合格学生文(第一千零八十号)1918年6月15日》,见潘懋元、刘海峰编:《中国近代教育史资料汇编·高等教育》,上海教育出版社,2007年,第721页。

论说四五百字以上"；英文一科，要求"（一）默写，于三十分钟内能默写简易文章二百字左右。（二）作文，于一点钟内能作短篇文约一百五十字。（三）文法，于一点钟内分析句语，指明字部等在十句以上。"①

1918年5月，教育专修科正式成立，下设教育学、心理学二系，"以造成教育学教员及教育行政学校行政现所需用缺乏人才"。②该科修业期限原定三年毕业，1919年9月"继为提高学生程度起见"③，改为四年毕业。1922年东南大学成立后，教育专修科遂与体育系合组为东南大学教育科。

负责规划教育专修科课程设置的是陶行知。他1917年9月从哥伦比亚大学师范学院毕业后，应郭秉文邀请，在南京高师任教育学教员兼教务助理。教育专修科成立后，他担任首任主任兼代理教务主任，"沿用旧高等师范附设专修科课程之形式"④，设置该科具体课程：

一是层层细化，条理清楚，较为完备。陶行知把基础课和专业课齐头并进，先从总体上把课程分为普通学程（即基础课程）和专门学程（即所谓教育专业科目）两大类，然后再分别细化，其中专门学程包括教育原理、教育行政、教育史、教学法四门。在教育原理下，又分设10门课程：教育学、教育行政问题、都市教育行政、师范学校之组织及行政、实用教育统计学、学务表册、教育哲学、中等教育、小学校之组织及行政、比较教育。每一门课程均列有学程纲要。如师范学校之组织及行政（第三学年下学期，每周一小时）的纲要如下：本学程之目的在研究关于师范教育之各种问题，尤注重各种师范课程之编制。（甲）总论：1.各国师范教育之总略；2.中国与日本师范教育沿革之对证；3.师范教育之需要；4.师范教育之种类。（乙）初级

---

① 《教育部：咨各省区应按照南京高师招生简章选送合格学生文（第一千零八十号）1918年6月15日》，见潘懋元、刘海峰编：《中国近代教育史资料汇编·高等教育》，上海教育出版社，2007年，第721～723页。
② 同上注，第720页。
③ 《教育科概况》，见南京大学校庆办公室校史资料编辑组、学报编辑部编：《南京大学校史资料选辑》，南京大学内部交流资料，1982年，第150页。
④ 曹常仁：《陶行知师范教育思想的现代价值》，安徽教育出版社，2011年，第130页。

师范之各种问题：1. 初级师范分期与校址；2. 初级师范之组织与行政问题，教职员师范行政与附属学校之关系、设备、学生之入学程度、年龄、收费、服务、升学；3. 分科问题；4. 课程编制问题；5. 实地教学与附属学校；6. 推广教育，改良现任小学教员，改良私塾，改良社会。（丙）中学校师范组织之实施及课程之编制。（丁）师范讲习所之实施及课程之编制。（戊）高等师范与大学教育科问题。[1] 后来他又鉴于"教育专修科与附属小学校、中学校之关系尤为密切"，1919年、1920年又分设初等教育学程和中等教育学程，分由附属小学主任和附属中学主任担任，"庶使学理与经验有所联络"。[2]

二是注重与社会需要相结合。陶行知在1921年发表的《师范教育之新趋势》一文就指出："社会上有新的需要，就当添加新的功课去适合他，指导他。现在社会问题很纷乱，社会学应当增加了。又因为科学的发达，各种学问，注重分析。所以虚泛的、理论的心理学不够用，儿童心理学和心理测验一定要增加了。仅讲些教育史、教育哲学也不够了，教授法、管理法……一类的实际学问，也必须重新研究。总之，社会的新需要没一定，增加的新功课也当随之而异。"[3] 在教育专修科课程安排上，他即根据社会需要，增加了"遗传学""科学发展史""生物学""实验心理学""教育统计学"等新兴学科，并聘请哥伦比亚大学统计学及心理学教授麦柯尔主讲"测验之编制与应用"等当时最新的科学研究方法论课程。[4]

三是注重教学内容和方法的科学化。陶行知曾提出把"教育的理论根植于自然科学"，教育专修科也把"科学常识"列为教育专修科学生的必修课。据1919年秋入学的章柳泉回忆："我入学的第一学期，就有一门介绍科

---

[1] 《六门课程纲要》，见《陶行知全集（第11卷）》，四川教育出版社，2005年，第24～25页。
[2] 《教育科概况》，见南京大学校庆办公室校史资料编辑组、学报编辑部编：《南京大学校史资料选辑》，南京大学内部交流资料，1982年，第150页。
[3] 《陶行知全集（第1卷）》，四川教育出版社，2005年，第20页。
[4] 童富勇等编著：《陶行知传》，教育科学出版社，1991年，第33页。

学常识的课，陶老师在这门课中给我们讲遗传学，从达尔文到德弗里斯，特别是孟得尔的杂交试验。第二年我们就学《科学的发展史》(张子高老师教的)。生物学又是教育科的必修课程(秉志老师教的)。心理学是教育学的重要科学基础，我们学得很不少，有'普通心理学''教育心理学''儿童心理学''实验心理学'等。'实验心理学'是重点，共学两年，做过很多实验，还开设'心理学史'课程(都是陆志韦老师教的)。此外还有教育统计学(陶老师教的)，'测验之编制与应用'(是以麦柯尔等人为主任教的)。"①

教育专修科的师资队伍可谓人才济济。据《南京大学百年史》《郭秉文教育事迹》等资料，该科著名教授详见表5-6：

表5-6　南京高师教育专修科部分教师一览表

姓名	籍贯	职务及教授课程	教育经历	到校时间
陶行知	直隶	伦理学	日本第一高等学校，东京帝国文科大学毕业	1912年11月
郭秉文	江苏	校长	哥伦比亚大学师范学院教育硕士和哲学博士	1915年
刘伯明	山东章丘	哲学、伦理、教育	美国西北大学研究院哲学硕士，教育学博士	1915年
姜 琦	浙江永嘉	教育史	明治大学法政学士，东京高等师范卒业	1918年7月
俞子夷	江苏	不详	不详	1918年
郑晓沧	浙江海宁	教育概论、教育原理、中学教育	美国威斯康辛大学教育学学士，哥伦比亚大学师范学院教育学硕士	1918年
陈鹤琴	浙江上虞	儿童心理学	哥伦比亚大学师范学院教育硕士，心理系博士	1919年8月
廖世承	上海	教育心理学、中学教育	勃朗大学教育学学士、哲学硕士和教育心理学博士	1919年

---

① 江苏省陶行知教育思想研究会编：《纪念陶行知》，湖南教育出版社，1984年，第332～333页。

续表

姓名	籍贯	职务及教授课程	教育经历	到校时间
陆志韦	浙江	生理心理学、系统心理学、实验心理学大纲	芝加哥大学生物学部心理学系哲学博士	1920年
孟宪承	江苏	科学发展史、心理学史、教育思潮	华盛顿大学教育学硕士,伦敦大学研究生院深造	1921年9月
朱君毅	浙江江山	教育科副主任,教育统计学教授	美国蒙大拿州霍布金大学教育系学士,哥伦比亚大学研究院教育心理学和教育统计学硕士,哥伦比亚大学哲学博士	1922年
徐则陵	江苏金坛	西洋教育史	美国伊利诺大学史学硕士,芝加哥及哥伦比亚大学教育史硕士	不详

教育专修科已然形成了一支留学欧美且具有高学历的教师队伍。北大教授梁敬𬭚指出教育专修科和其他各科,"皆极整齐,尤以所延教授皆一时英秀,故校誉鹊起"[①]。而这与校长郭秉文的延聘之功是分不开的。郭秉文即毕业于美国哥伦比亚大学师范学院教育系,他到南京高师"供职后,复数度东行访问,各校杰出人才,了如指掌。而于国内宿儒,又周咨博访。故所物色教授,俊彦云集,极一时之盛"。[②]在他的积极延聘下,教育专修科成为教育学者的向往之地。胡适就曾说过:"如果不是蔡孑民先生和我早已有约在先,我一定会到南高师执教,因为早已有几位和我一同留美的同学好友,如任鸿隽、陈衡哲、梅光迪等,都已被你拉到南高师了。"[③]

诚如燕京大学校长司徒雷登指出的,郭秉文"延揽了五十位留学生,每

[①] 周邦道:《郭秉文教育事迹》,见璩鑫圭等编:《中国近代教育史资料汇编·实业教育 师范教育》,上海教育出版社,2007年,第1051页。

[②] 同上注,第1050页。

[③] 周川、黄旭主编:《百年之功——中国近代大学校长的教育家精神》,福建教育出版社,1994年,第130页。

一位都精通他自己所教的学科"①。教育专修科教师一方面积极探索新式教学方法，所授课程大都受到学生欢迎。如陶行知改"教授法"为"教学法"，不仅得到北京高师校长陈宝泉的呼应，并且各大、中、小学都纷纷仿效，风行一时。俞子夷在南京高师附小试行设计教学法，产生了很大影响，《教育杂志》有文章记载道："参观南高附小的，每年不知有多少，真可说是'络绎不绝'了；做南高附小参观笔记的，也不知有多少，在中国小学教育界的出版物上，也可以说都有他们的教学概况了。"②1919年，廖世承、陈鹤琴在全国率先开设了教育测验课程，除了在课堂上介绍国外智力测验、教育测验的理论和方法外，还积极组织学生到南京高师附小、附中以及江浙两省学校开展实地测验活动。有学者认为其"实际上成为推进20年代测验运动的中心"。③另一方面教师们也非常注重学术上的不断创新，取得丰硕的科研成果。如陈鹤琴以长子一鸣为研究对象，发表了《儿童心理及教育儿童之方法》《儿童之好问心与教育》等文章，开创了我国幼儿教育学研究的先河。郑晓沧任教期间，先后编译了《密勒氏人生教育》(1921年)、《杜威教育哲学》(1921年)、《设计和组织小学课程论》以及《教育之科学研究》等著作，并在《新教育》《教育汇刊》《教育杂志》《中华教育界》等期刊上发表了《制宪与教育》(1921年)、《教育上应有之国家主义》(1921年)、《初级中学之特殊职能及其课程》(1922年)等，在介绍西方教育理论和方法的基础上，主张"汇合众长以备本国之采择"，建设"以应本国之需要"的"中国式教育"。④廖世承与陈鹤琴在开设心理测验课程的基础上，于1921年合编出版了《智力测验法》，成为中国最早的智力测验专著。郭秉文即给予高

---

① 周邦道：《郭秉文教育事迹》，见璩鑫圭等编：《中国近代教育史资料汇编·实业教育 师范教育》，上海教育出版社，2007年，第1051页。
② 沈百英：《参观南高附小杜威院、维城院纪略》，《教育杂志》1923年第15卷第11号。
③ 田正平：《留学生与中国教育近代化》，广东教育出版社，1996年，第278页。
④ 《教育上应有之国家主义》，见王承绪等编：《郑晓沧教育论著选》，人民教育出版社，1993年，第26页。

度评价:"南京高师心理学教授陈君鹤琴,廖君茂如,鉴于多项测验之重要,合著智力测验法一书,一方引起国人之注意,俾了然于其价值之所在,而一方又示明种种方法,惮用之者有所率循,将来纸贵一时,可无待言。"① 尤须值得一提的是,教师们不仅奋力于自己的教学和科研,还积极引导学生们展开教育学术研究。如陶行知为学生们选定多个体现南京高师特色的集体科研项目:研究学校课程最低标准及各科教材、研究学习问题、研究及编订各种教育及心理测验、调查儿童智力、蒙养教育实施方法、常用文字、儿童感觉器官、体格与智力的关系以及中小学体育标准等。② 教师们也经常指导学生到江苏各县的小学进行各项心理测试,记录数据,编成各种测验常规,最后整理出版。

和北京高师教育专攻科一样,南京高师教育专修科也只招了一届,原拟招收25人③,正式开班时为40人,1921年夏第一届学生37人④(部分学生因各种原因辍学,如金海观就曾因经济困难辍学,四年后复学,直到1925年夏才毕业⑤)毕业,目前可考者有罗炳之、金海观、胡亚鲁、杨效春、倪文宙、郭智方、张念祖7人。学生虽少,却大都积极致力于教育学术研究,取得一定成果。如罗炳之在校期间(1918—1921年)就在《教育汇刊》《教育杂志》《中华教育界》等刊物上发表论文二十余篇,毕业后长期致力于教育基本理论、教学法、教育行政和管理、教育科学研究方法、比较教育和中外教育史等方面的研究,先后出版专著10余部,发表论文百余篇。⑥ 金海观

---

① 郭本禹主编:《中国心理学经典人物及其研究》,安徽人民出版社,2009年,第48页。
② 唐钺主编:《教育大辞书》(下册),商务印书馆,1930年,第966页。
③ 《教育部:咨各省区应按照南京高师招生简章选送合格学生文(第一千零八十号)1918年6月15日》,见潘懋元、刘海峰编:《中国近代教育史资料汇编·高等教育》,上海教育出版社,2007年,第721页。
④ 《教育科概况》,见南京大学校庆办公室校史资料编辑组、学报编辑部编:《南京大学校史资料选辑》,南京大学内部交流资料,1982年,第150页。
⑤ 参见沈雨梧:《浙江师范教育》,天津古籍出版社,2002年,第287页。
⑥ 参见罗德真、罗一真编:《秉烛沧桑——教育学家罗炳之》,南京大学出版社,2002年,第31页。

在校期间（1918—1925年）如前所述曾于1920年11月对南京高师附设江宁县沙洲圩乡村学校进行实地调查，并撰写了《南京高师附设江宁县沙洲圩乡村学校之调查》一文，发表在1921年《中华教育界》第10卷第7期上。他还非常关注西方各国教育状况，1921年翻译了美国盖智氏（Frederick T. Gates）1917年出版的《未来之乡村学校》一书，"以供研究乡村教育者的参考"。① 其中部分内容还发表在1921年6月《中华教育界》第10卷第12期。1919年杜威来华在南京高师讲演，金海观和同学倪文宙、郭智方、张念祖4人担任翻译和记录，后来将讲稿整理编成《杜威教育哲学》，作为《南京高师丛书》系列之一于1921年由商务印书馆出版发行。杨效春在校期间，也"泛览教育、社会、经济、政治、法律、总教等书，并与学术界人士过从，学养因以孟晋"②。其中他与恽代英关于儿童公育、学生自治等的讨论在教育界引起颇大影响。1920年3月1日，杨效春在《学灯》发表《非儿童公育》，"根据各种调查与统计"③，直接批驳恽代英的《儿童公育》一文。此文很快引起了恽代英的注意，恽代英于4月8日即在《学灯》上发表《驳杨效春"非儿童公育"》一文，就杨效春的观点进行了讨论。1921年6月7日杨效春又致信恽代英，探讨"学生自治"的问题，恽代英在回信中称杨效春的信，"所有的话好得很。你所谈彻底，'底是甚么？'尤其是我闻所未闻的当头棒喝。多谢你！"④ 恽代英甚至主张将他们的讨论书信刊登出来，"便用它做战场，索性多引几位参战的人"。⑤ 经过讨论，杨效春的教育学识受到恽代英的赏识。1921年11月，时任四川泸州川南师范学

---

① 《未来之乡村学校（节选）》，见金海观：《金海观教育文选》，浙江教育出版社，1990年，第10页。
② 周邦道：《近代教育先进传略初集》，中国文化大学出版部，1981年，第92页。
③ 恽代英：《驳杨效春"非儿童公育"》，见中华全国妇女联合会妇女运动历史研究室：《五四时期妇女问题文选》，生活·读书·新知三联书店，1981年，第321页。
④ 张羽等编：《恽代英：来鸿去燕录》，北京出版社，1981年，第99页。
⑤ 同上注，第103页。

校校长的恽代英曾致信杨效春邀请他来任教。① 倪文宙在校期间，除了和金海观等担任杜威的翻译外，还于 1921 年翻译了 J. R. Angell 所著的 *Modern Psychology*，并以《异常心理述概》为题发表在《教育杂志》第 13 卷第 8 号上。教育专修科的学生们毕业后也大都入师范学校担任教育科教师，达到了预期的培养目标。如罗炳之 1921 年毕业后任厦门集美师范教师。② 金海观毕业后任河南第一师范学校教育学教员。③ 杨效春毕业后任安徽省休宁县女子师范学校教员。④

第二节　民初高师与杜威、孟禄的中国之行

1920 年前后，杜威、孟禄的中国之行，极大地推动了中国教育民主化和教育科学化的进程，堪称中国新教育运动的重要里程碑。其意义之巨，正如时任北京高师教育科教师汪懋祖所言："自欧战激荡世界，国人思潮为之一新。其间杜威博士来华，予吾人以新教育之概念与其涂辙；孟禄博士又指示实际的方针，益坚其教育救国淑世之信心，遂有全国教育改进之运动。"⑤ 民初高师，尤其是南京、北京高师对于两位西方教育家的中国之行，均予以积极关注。通过译介其思想，践行其理念，两大高师已然成为中国新教育运动的生力军，近代中外教育、思想交流的学术重镇，在中国教育现代化的进程中

---

① 参见恽代英：《致杨效春》，见中共泸州市委党史工作委员会办公室编：《恽代英在泸州》，1987 年，第 21 页。
② 参见罗德真、罗一真编：《秉烛沧桑——教育学家罗炳之》，南京大学出版社，2002 年，第 31 页。
③ 参见沈雨梧：《浙江师范教育》，天津古籍出版社，2002 年，第 287 页。
④ 参见政协义乌县委员会秘书处：《义乌文史资料（第 1 辑）》，1984 年，第 66 页。
⑤ 汪懋祖：《第一次年会日刊发刊词》，《新教育》1922 年第 5 卷第 3 期，第 730 页。

发挥了不可替代的作用。

一 南京、北京高师与杜威来华

杜威（John Dewey，1859—1952），美国实用主义哲学家、教育家，20世纪西方教育史上颇有影响的代表人物。1919年4月30日，适逢"五四"新文化运动如火如荼的关键时刻，杜威应邀来到中国。在这之后的两年多时间里，杜威足迹遍及中国江苏、直隶、山西、奉天、山东、浙江、湖南、湖北、江西、福建、广东等10余省，讲演多达200余次，对中国知识界、教育界产生了重大影响。

（一）南京高师与杜威的中国之行

杜威中国之成行与其弟子郭秉文和陶行知的力邀和运作分不开。1919年初杜威到日本游历讲学，陶行知从胡适处得知这一消息时"当头一棒，觉得又惊又喜"，遂动议"南北统一起来打个公司合办"以邀请杜威来华。① 是时，郭秉文与北京大学教授陶履恭受全国高等专门以上各学校及各省教育会公推赴欧考察战后教育并顺道日本，接受陶行知建议，决定途经日本时当面邀请杜威来华。3月14日，郭秉文抵达东京，次日即拜访了杜威，盛邀其来华作一年教育讲演，杜威欣然同意。陶行知得知后，当天即致函胡适商量接洽事宜，提出可由北京大学、江苏省教育会与南京高师各举一人担任代表，并附上接待杜威办法数条。②

为了在舆论上为杜威来华推波助澜，南京高师的杜威弟子们还纷纷撰写文章，介绍杜威及其学说。其中成为国内出现的第一篇报道杜威的文章就是陶行知写的《介绍杜威先生的教育学说》，发表在1919年3月31日《时报·教育周刊·世界教育新思潮》第6号上，介绍了杜威的基本教育主张、

---

① 中国社会科学院近代史研究所中华民国史组编：《胡适来往书信选》（上册），中华书局，1979年，第29页。

② 同上注，第34页。

履历及其16种主要教育著作。1919年2月南京高师还参与发起《新教育》，成为宣传杜威及其学说的主要阵地。南京高师杜威弟子均担任该刊编辑员，如余日章、汪懋祖、孟宪成、郭秉文、刘廷芳、郑晓沧等任普通教育问题组编辑；刘伯明任教育哲学组编辑；陶行知任教育行政组编辑；廖世承任中等教育组编辑；吴卓生任初等教育组编辑；凌冰、陆志韦任教育心理组编辑；徐则陵、秉志任教材与教法组编辑等，其中郭秉文、刘伯明、陶行知、朱进等还担任了编辑代表。另据统计，杜威来华前夕《新教育》共刊载8篇宣传杜威及其思想的文章，其中南京高师教师就撰写了3篇：郑晓沧翻译的《杜威氏之教育主义》[①]、刘经庶的《杜威之论理学》[②]、朱进的《教育与社会》[③]，其中郑晓沧文是该刊首篇介绍杜威的文章。

（二）北京高师对杜威学说的译介与实践

杜威来华是由北京大学牵头，南京高师、江苏省教育会、教育部、浙江省教育会联合邀请的，北京高师一开始并没有介入。但是，随着杜威在华活动的展开，北京高师也对其倾注了极大的热情。首先，师生们积极撰文译介其教育学说，进一步扩大杜威及其学说的影响。如刘建阳在《杜威学校与社会之进步》一文中阐发其"学校即社会"的思想，以学校作为社会的胚胎，"当大社会的模型；训练儿童使作社会上的优秀分子，使之有服务的精神，自治的能力"[④]。张佐时阐释了杜威"兴味与勉力"的教育学说，认为其"对于兴味在教育上的位置价值阐发尽致，诚足以为教授上的指针"[⑤]。夏宇众翻译美国波士顿《教育月刊》的相关文章，详细介绍了杜威学说在波士顿师范

[①] 《新教育》1919年3月第1卷第2期，第24～34页。

[②] 《新教育》1919年4月第1卷第3期，第52～56页。

[③] 同上注，第10～14页。

[④] 刘建阳译：《杜威学校与社会之进步》，北京高等师范学校《教育丛刊》编辑处：《教育丛刊》1919年12月第1卷第1集，第7页。

[⑤] 杜威著，张佐时译：《教育上的兴味与勉力》，北京高等师范学校《教育丛刊》编辑处：《教育丛刊》1920年12月第1卷第4集，第1页。

学校的实践运用，包括具体试验的方法、程序以及所取得的成绩等等。① 这些文章与杜氏弟子在《新教育》《时报》等刊物上发表的系列介绍文章交相辉映，为杜威在华之行起到了推波助澜的作用。除了直接译介，北京高师还把杜威学说运用到解决中国教育实际问题之中。王文培就撰文《杜威博士对于实业教育之意见》，针对中国职业教育中存在的问题，"中学是否应分文实二科，职业教育是否应附于普通教育之中，近又有大学校与实业专门学校或分或合之歧议"，"用特介绍杜氏之说，以见此项问题之一斑"。他指出杜威关于教育之目的，"不在造成器械的人格，乃在养成完善的人格"，而欲养成完善的人格，"则所学之知识对于社会必须有真实的价值，学校生活必须为社会标准生活，教育之性质必须为继续生长之活教育"。因此，"普通教育与实业教育得合而为一，互相辅助，以养成完全之国民而达教育之目的"。②

师生们还把杜威的学说付诸实践。北京高师的一些重要社团，如教育与社会杂志社和平民教育社，就是在杜威学说直接或间接影响下成立的。邓萃英在教育与社会杂志社的一次演讲中就曾指出："这个杂志，差不多可说是受了杜威先生的影响才产出来的。"③ 姚以齐也说："本社成立于民国八年双十节以前，恰当杜威博士来华之后。至本社之所以成立，直可谓由于受杜威学说之影响和感动。"④ 任熙烈也说道："民国八年，杜威博士（Di. Dewey）来华讲演，同人因鉴于中国教育之不良，急待改善，乃组织平民教育社。"⑤ 此

---

① 宇众译：《杜威教育学说之实地试验》，北京高等师范学校《教育丛刊》编辑处：《教育丛刊》1919年12月第1卷第1集，第1～2页。
② 王文培：《杜威博士对于实业教育之意见》，北京高等师范学校《教育丛刊》编辑处：《教育丛刊》1919年12月第1卷第1集，第4页。
③ 邓萃英：《教育与社会（在"教育与社会"杂志社演说稿）》，北京高等师范学校《教育丛刊》编辑处：《教育丛刊》1920年6月第1卷第3集，第1页。
④ 姚以齐：《本社四年来的回顾》，北京高师平民教育社：《平民教育》1923年10月30日第68、69期合刊，第2页。
⑤ 任熙烈：《〈平民教育〉发行情形四年之回顾》，北京高师平民教育社：《平民教育》1923年10月30日第68、69期合刊，第17页。

外，工学会也明显受到杜威思想的影响，其《发刊词》就指出："注重实行，不主张空言"，"从实地试验我们相信的一切新思想"，并把杜威的"一斤的空言不如一两的实行"奉为经典。[①]

（三）杜威在南京、北京高师的演讲与授课

杜威在华期间主要的学术活动即是由其中国弟子陪同和担任翻译，到各地巡回讲演，其中国弟子聚集的南京、北京高师自然成为其讲演之重镇。杜威在南京高师的讲演主要集中在 1919 年 5 月 18、19、21、24、26 日和 1920 年 4 月 7 日至 5 月 16 日两个时段。第一个时段共五天，杜威接连作了《平民主义之教育》《经验与教育之关系》《真正之爱国》和《共和国之精神》四个演说，由陶行知担任翻译。前两个讲题一是阐发其平民主义教育主张，一是阐发其根据学生经验的自动教育、直接教育理论。后两个讲题则是针对学生运动阐发共和国青年学生应具有的爱国精神，"听讲者非常踊跃，无不座为之满"[②]。其间，杜威还与南京高师教职员学生多次召开谈话会，通过设题答问的形式，宣扬其教育主张，对师生启发甚多。[③] 第二个时段将近40天，南京高师专设讲席，由杜威系统讲授《教育哲学》（10讲）、《哲学史》（10讲）和《试验伦理学》（10讲），学监主任刘伯明担任翻译。此三大讲演受到了南京高师学生，尤其是教育科学生的极大关注。其中影响较大的有沈振声笔记而成的《杜威三大讲演》（泰东图书局 1920 年 10 月出版），郭智方、张念祖、金海观、倪文宙四人笔记的《杜威教育哲学》（商务印书馆 1920 年 10 月出版）。另外，5月7、8两日，杜威还在南京高师为省立学校校长、各县教育行政人员作了题为《社会进化之标准》《近代教育之趋势》《教育之要素》《教育家之天职》四个演说。刘伯明担任翻译，南京高师特发校长布告，希望本校教职员及学生踊跃听讲。另值一提的是，南京高师教师还承担

[①]《发刊辞》，北京高等师范学校工学会编：《工学》1919 年第 1 卷第 1 号，第 2～3 页。
[②]《杜威博士来华讲演纪闻》，《教育潮》1919 年第 2 期。
[③] 江苏省立第二师范学校新学社编辑部：《杜威在华演讲集》，群益书社，1919 年，第 43～55 页。

了绝大部分杜威在华讲演的翻译任务。其中，刘伯明还跟随杜威辗转镇江、扬州、常州、上海、南通、徐州、无锡等地，共承担了 40 次讲演的翻译任务①，被学者认为是"在杜威中国之行中发挥巨大作用"的"不得不提"的教育家。②郑晓沧除了担任杜威在华第二个演讲——1919 年 5 月 7 日在浙江省教育会发表的"平民教育之真谛"的翻译外，还在 1920 年 6、7 月间承担了杜威 7 个讲演的翻译任务。③由此我们就不难理解为何学界将南京高师称为"联络杜威讲演的总机关"。④

由于杜威来华主要是北京大学和南京高师负责邀请，因此他在华第一年的活动主要集中在北京大学和南京高师，仅到过北京高师两次。第一次是 1919 年 7 月，参观北京高师工程系，对学生们利用暑假期间，自己动手为学校盖了三幢教室表示极大的赞赏。第二次是 1919 年 11 月 14 日，出席北京高师学生自治会成立大会，发表了题为《学生自治》的演讲。在演讲中，杜威高度评价了该团体，说："诸君在学校的自治，实在是养成将来国家自治的预备。诸君今日是在这里做民治的学徒 Apprentice，将来就是一个大民主国里能自治的国民。"⑤杜威和北京高师关系开始密切是在 1921 年。杜威原计划 1920 年夏天回国，后经挽留又延长了一年。在这一年里，杜威陆续在北京高师发表了 4 次演讲，详见表 5-7：

---

① 参见陈文彬:《五四时期杜威来华讲学与中国知识界的反应》，复旦大学 2006 年博士学位论文，第 25～26 页。
② 同上注，第 26 页。
③ 参见谢长法:《借鉴与融合：留美学生抗战前教育活动研究》，河北教育出版社，2001 年，第 71～72 页。
④ 王剑:《杜威、孟禄的中国之行与东南大学》,《东南大学学报（哲学社会科学版）》2002 年第 3 期。
⑤ 杜威:《学生自治》,《新教育》1919 年 10 月第 2 卷第 2 期，第 166 页。

表 5-7　1921 年杜威在北京高师演讲一览

时间	内容	地点
1921 年 3 月 6 日	论中国的美术	北京高等师范学校美术演讲会
1921 年 6 月 14 日	南游心影	北京高等师范学校
1921 年 6 月 22 日	教师职业的现在机会	北京高师学生自治会
不详	哲学与教育	北京高师平民教育社

其中，6月22日在学生自治会的演讲是杜威在回国前夕作的"对于北京的教师和学生最后的演讲"。在演讲中，他结合北京高师的情况，鼓励学生要专心于教育事业，增进职业的精神，以谋教育的改良和国家的强盛。他说北京高师"学生都是有为的青年，并且我所教的一班，又是已经做教师、回来研究教育的，这种求学的热心使我永远不忘。以诸位的经验，真正可做组织事业为社会的中坚，应当先由自己以身作则，然后推而广之，增进你们的学问、提高职业的精神。诸位在师范所得的知识将来都极有价值，而特别学科研究的心得尤其能给社会上许多好处。还过于所学的知识外，最重要的、不要忘记的就是对于教育要有信仰心，然后心才可专。这种职业的精神和为教育而牺牲自己的毅力，较你们所学的知识格外可贵"。① 在这一年里，杜威还给北京高师教育研究科的学生讲授了两个学期的"教育哲学"课，获得了学生一致好评。如导之记载："杜威先生之教授我们的论理学及教育哲学，每次上堂，都用打字机印好本章所讨论的重要问题，以及本章的大纲，讲演时，即按照大纲讲下去。前后所用的两本书：'How We Think'和'Democracy And Education'两本书都是他自己著作的，但是他还下充分的预备功夫。"② 学生们非常重视杜威的授课。如常道直就对杜威的每一次授

---

① 《教师职业之现在机会》，见单中惠、王凤玉编：《杜威在华教育讲演》，教育科学出版社，2007 年，第 446 页。

② 导之：《我们不应当如此吗？》，北京高师平民教育社：《平民教育》1921 年 2 月 20 日第 29 号，第 21 页。

课，都做了详细笔记，并将笔记进行了整理，以《教育哲学》为名，在《平民教育》第26、27、28、29、30、31、33、34、35、38号上连续刊出，以便"使那没有机会听讲的人，也如同亲自聆他的言论一样"。①1922年，商务印书馆将该讲义汇编成《平民主义与教育》一书出版，杜威亲自作序，明确表示对常道直的感谢："序者欲表示对于常君之谢意，因其费心力将其讲词发表出来并译之成华文，俾多数人得以受其益，并望此讲词能供兹所指出之宗旨之用。"②

此外，北京女高师对于杜威来华也密切关注。除了校方参与杜威的来华邀请外，女高师学生们还积极前往教育部会场听杜威讲演的教育哲学。其中陈定秀对于杜威前后共16次的演讲都"逐次聆其宏论，笔以记之"③，而且还将此笔录发表于《北京女子高等师范文艺会刊》。同时，女高师也邀请了杜威来校演讲。1921年5月10日，杜威在女高师发表演讲《教授青年底教育原理》，进一步强调了教育的民主主义和儿童中心论，指出"教授的原理，就是使学校内的教育，和学校外的教育，成为一致"，认为教师在教育儿童时应注意"学校附近状况""儿童家庭状况"以及"儿童身心状态"，要使"其他一切普通知识，与儿童需要相合"，同时还要不断地思考怎样使儿童的环境与儿童发生一种关系。只有切实试行上述原理，才能"使儿童得真正的知识"。④

二 南京、北京高师与孟禄来华

孟禄（Paul Monroe，1869—1947），哥伦比亚大学师范学院教育部主

---

① 杜威博士讲授，常道直笔记:《教育哲学》，北京高师平民教育社:《平民教育》1920年12月20日第26号，第18页。
② 杜威博士讲授，常道直译编:《平民主义与教育》，《附录》，北京高等师范学校《教育丛刊》编辑处:《教育丛刊》1922年3月第3卷第1集，第26～27页。
③ 杜威讲演，陈定秀笔述:《教育哲学》，《北京女子高等师范文艺会刊》1920年第2期，"讲演"第1页。
④ 钱用和、陈定秀笔记:《杜威博士讲〈教授青年底教育原理〉》，北京女高师文艺研究会编:《北京女子高等师范文艺会刊》1922年第4期，第35～38页。

任，在教育史、教育行政、比较教育等领域享有极高的学术声望，曾任美国国务部教育研究会研究员、美国国际教育学会远东部主任、世界教育会会长等职。早在1913年孟禄就曾来华考察过教育，但"为时既短，故其评论中国之教育多得自浮面之观察，而鲜鞭辟近里之谈"[①]，影响不大。1921年杜威离华不久，孟禄再次访华，并以其丰富的教育经验，积极参与中国的教育活动，很大程度上推动了中国新教育运动的发展。

（一）北京高师与孟禄的中国之行

孟禄是在北京高师陈宝泉、邓萃英等人的力邀下决定再次访华的。1919年冬，陈宝泉组织师范学校校长欧美教育考察团赴美考察，"得孟禄博士析疑指导之益尤多"[②]，于是邀请孟禄来华调查教育状况。孟禄欣然应允，但因诸多原因未能成行。1921年夏，孟禄应邀作为校董之一来华参加北京协和医学院落成典礼。行前，他致电中国教育界，愿借此机会践前日之约，邓萃英即以其弟子的身份和严修、范源濂等人，电请孟禄延长旅行时间，以调查各省教育。

北京高师联合教育界人士组织了"实际教育调查社"，负责筹划孟禄此次调查与讲学事宜。该社《启事》说："曩者尚志学会、讲学社及北京各校会迭约杜威、罗素诸先生公开讲演，促进文化，国人之思想界为之一振，教育理论方面，其成效故昭然可睹，然此理论如何而可施诸实际，则非集合学识经验丰富之教育家为实际的调查研究不易为功，故同人等应时势之需要，组织实际教育调查社。"[③] 该社的筹备处就设在北京高师，校长邓萃英被公推为筹备处的临时主任，教育科教师王文培、汪懋祖为协助。考虑到孟禄来华"不通中国语言，不识中国情形……于四月之间，调查八九省之教育"的情

---

① 汪懋祖:《孟禄博士之来华与实际教育调查社之缘起》，北京高等师范学校《教育丛刊》编辑处:《教育丛刊》1922年2月第2卷第8集，第1页。
② 同上。
③ 《实际教育调查社启事》，北京高师平民教育社:《平民教育》1921年9月10日第37号，第45页。

况，筹备处从"调查事项"和"调查方法"两方面提出了具体的意见。关于"调查事项"，他们认为应该调查学制及其施行之机关，包括"教育行政机关（教育部、教育厅、劝学所）、各种学校（初等、中等、高等）、教师训练（师范讲习所、初级师范、高等师范）、学校经济和学校设备"。关于"调查方法"，他们提出了5种方法："（1）不专注重城市教育，乡村教育亦宜留意。（2）择一二代表省份为详密之调查。（3）在同一地方尽力视察各种之学校。（4）请教育部通知各省先事预备以备咨询。（5）备相当表册以便搜集调查材料。"[①] 此外，筹备处还制定了"孟禄博士调查学校行程表""孟禄博士参观北京学校日程表""学校普通状况填写表"等，并将调查区域分为四区：北京、保定、太原、开封为第一区，南京、无锡、上海、杭州、南通为第二区，福州、厦门、广州为第三区，济南、曲阜、天津、奉天为第四区。可见，孟禄来华之所以能够成行，北京高师是功不可没的，以至于"外间传说，本校包办此事，欲借孟罗（禄）之偶像，以扩展其势力"。对此，《教育丛刊》曾专门予以澄清："夫年前杜威、罗素两博士来华，均由北大及他学团先期派人赴沪招待。此次孟罗（禄）匆匆抵京，他校既未推代表为博士长途之向导，本校为研究教育之最高之机关，自属责无可诿，而外间竟有误会，殊可痛惜也。"[②]

（二）北京高师对孟禄教育调查的全程报道与思考

1920年5月20号，《平民教育》34号预告特刊《孟禄特号》，"本号论文除由本社社员自行撰述外，特请刘廷芳博士、杨荫庆、李建勋、张耀翔诸先生担任著作，篇幅较前增多一倍有余"。[③]1921年9月10日，《孟禄特号》

---

① 王文培：《孟禄博士调查教育前之筹备》，北京高等师范学校《教育丛刊》编辑处：《教育丛刊》1922年2月第2卷第8集，第1～2页。
② 《欢迎孟罗（禄）博士》，《本校纪事》，北京高等师范学校《教育丛刊》编辑处：《教育丛刊》1921年10月第2卷第5集，第51页。
③ 《平民教育》杂志编辑部启：《本社刊印〈孟罗（禄）特号〉预告》，北京高师平民教育社：《平民教育》1921年5月20日第34号。

于孟禄抵京当天得以刊行。特号刊载了范源濂的《范静生先生介绍孟禄博士文》、汤茂如的《孟禄博士来华之任务与中国之教育前途》、杨延庆的《孟罗（禄）氏的著作》、邓萃英的《孟禄之国家教育观》、张耀翔的《门罗（孟禄）眼中之中国教育》、王卓然的《孟禄先生论现代教育之趋势》、李建勋的《孟罗（禄）先生与哥校教师院及中国留学生之关系》等文章。特号选择孟禄到京当日，向国人较为全面地介绍了他的生平、著作、教育思想及其实践活动，并表达了对他即将在中国进行的教育调查的殷切希望。梁启超称赞此举道："北京高师者，国人所仰为教育界之总神经者也。其于今日之调查与擘画所负责任益重大。平民教育杂志，高师学团中一有为之高论机关也，今于先生来华伊始，丛刊特号以表欢迎，且以促社会之注意，吾知团中人必更有以张大先生之业，而为吾教育前途大有选矣。"① 除了平民教育社外，北京高师其他团体也都积极开展了欢迎孟禄来华的活动。如学生自治会于 9 月 13 日召开了欢迎孟禄博士来华调查教育的大会，孟禄在会上发表了关于《教育上之新潮流与师范生》的演讲。

随着孟禄教育调查活动的展开，北京高师《平民教育》和《教育丛刊》又分别于 1922 年 1 月 25 日和 1922 年 2 月特刊"实际教育调查号"，对孟禄的教育调查活动进行了高度的评价。黄公觉认为："去岁九月，我国有实际调查之设，诚为我国破天荒之举。其有裨于我国教育，至大至钜。"② 两号还详细刊载了孟禄教育调查过程中一些重要会议和演讲的内容。如曹配言整理的《实际教育调查社开会纪要》《孟禄与各校代表讨论教育》；曹配言、郭威白、谭书麟、黄公觉等整理的《孟禄在实际教育社提出讨论之问题》；陈宝泉、汪懋祖、陶行知整理的《孟禄博士与各省代表讨论教育之大要》；等等。其中，《孟禄在实际教育社提出讨论之问题》一文与中国教育关系最为

---

① 《梁任公先生介绍孟禄博士文》，北京高师平民教育社：《平民教育》1921 年 9 月 10 日第 37 号。
② 黄公觉：《实际教育调查之说明》，北京高师平民教育社：《平民教育》1922 年 1 月 25 日第 44、45 期合刊，第 1 页。

密切。该文详细记载了孟禄提出的关于中国教育的"学校的组织""学校的内容""学校的教授法""学校的效率""教授职业""学校经费来源""学校监察""成人教育""特别或特需教育""学校的建筑""私立学校与政府的关系"等11个问题及其意见。① 此外,《教育丛刊》还全文刊载了孟禄在北京高师和在沪的演讲《共和教育》、在保定的演讲《教育问题之新势力》、在太原的演讲《学生之机会与责任》、在南京的演讲《中国之学生运动》、在江苏一师的演讲《旧教育与新教育的差异》、在沈阳高师的演讲《学生运动之目的和效率》、在北大的演讲《大学之职务》以及在北京高师附中所作的演讲《女子教育》。②

在"实际教育调查号"中,王文培和王卓然以翻译和助手的身份,分别撰文表达了他们随同孟禄调查教育的感想。王卓然为孟禄教育调查的长路随员,据他本人所说:对于孟禄"考察时所发表的批评与意见,差不多我都有记录"。③ 他把这些意见和批评都进行了整理,撰文《孟禄博士调查教育之注意点》,较完整地总结了孟禄的教育调查方法。此外,他还撰写了《孟禄在华日记》一文,详细记载了孟禄在华教育调查的事项,为后人的研究提供了方便。王文培为孟禄在北京、保定、太原、开封第一区的随同调查员。在第一区调查完毕后,他即撰文《随同孟禄博士调查教育后之感想》,从课堂教授方法、教育经费、学制问题、学生出路问题、科学教育以及社会教育等方面④对当时中国的教育进行了剖析,既肯定了成就的存在,也尖锐地指出了一系列问题,这对促进时人更好地认识中国教育无疑是大有助益的。

---

① 曹配言、郭威柏(白)、谭书麟、黄公觉合记:《孟禄在实际教育社提出讨论之问题》,北京高师平民教育社:《平民教育》1922年1月25日第44、45期合刊。
② 《孟禄博士演讲选录》,《附录》,北京高等师范学校《教育丛刊》编辑处:《教育丛刊》1922年2月第2卷第8集,第6～32页。
③ 王卓然:《孟禄博士调查教育之注意点》,北京高等师范学校《教育丛刊》编辑处:《教育丛刊》1922年2月第2卷第8集,第1页。
④ 王文培:《随同孟禄博士调查教育后之感想》,北京高等师范学校《教育丛刊》编辑处:《教育丛刊》1922年2月第2卷第8集,第1～7页。

孟禄来华恰逢中国高师改大浪潮,北京高师利用孟禄教育调查的结果,有力地批判了"合并派"的主张,论证了北京高师升格师范大学的必然性。时任校长李建勋说:"(一)博士此次参观之结评,谓中国缺陷太多,实属不错。但中学之教员即系高师毕业之学生,则中学办理之不良,即高师之咎也。(二)新学制一行,则中学改为六年,分为初高两级。而办理更不容易,此项人才,仍当由高师培养之。因为以上原因,知现在之高师,非改革绝不能适于存在。"① 更为可贵的是,师生们还超越了对孟禄学说的"简单肯定和否定",认识到创造中国自己的教育调查理论的重要性。无羁在《孟禄博士去了》一文中指出:"我们对于他所供给的方法,也须加以考虑,不能盲从。在美国觉得是很好的方法,在中国不必一定好。""欧美各国的文明,各能自成一个特殊的'式',就在他们国人肯努力创造一种和他们社会很适应的制度和学说出来。我们若是对于文化的创造,自己一点也不努力,没有真正的判别,纵令今天学的是德国式,明天学的是美国式,后天又学的是日本式,恐怕学了几十年,外国式还是外国式,中国的文化还是中国的文化,不见得会有长进……所以我们吸收别人的长处,固是要紧,对于别人指导我们批评我们的地方,也应该特别尊重,但是总不要忘却自己才好!"② 根据《20世纪二三十年代"新教育中国化"运动研究》一文考证,中国较早提出"新教育中国化"思想是在1924年的《中华教育界》③,而明确提出"新教育中国化"问题,掀起新教育中国化运动则到了1927年庄泽宣的《如何使新

---

① 《孟禄与中国教育界同人在中央公园饯别会之言论》,《新教育》1922年2月第4卷第4期,第659页。
② 无羁:《孟禄博士去了》,《附录》,北京高等师范学校《教育丛刊》编辑处:《教育丛刊》1922年2月第2卷第8集,第35~36页。
③ "我们相信一个国家的教育应有特创独立的精神才能真有造于国家。决不是东涂西抹,依样葫芦地抄袭外国教育所能奏效。所以我们希望教育界从今后应多多依据本国的历史与实况,建立本国的教育。"吴冬梅、俞启定、于述胜:《20世纪二三十年代"新教育中国化"运动研究》,《河北师范大学学报(教育科学版)》2005年第3期。

教育中国化》[①]。而北京高师学生能于1922年就提出以上看法，确实是极为可贵的。

（三）南京高师与孟禄的中国之行

除了北京高师对孟禄来华的包办外，南京高师在孟禄来华一事上也颇为热心。一则郭秉文即是实际教育调查社的发起人之一，且南京高师还给该社捐助一千元。[②]二则1921年9月5日孟禄在其女儿陪同下抵达上海时，郭秉文与陶行知、黄炎培等到码头迎接。在上海期间，郭秉文提出了孟禄游华日程之意见书。[③]三则1921年10月16日孟禄专程考察南京高师和东南大学的科学教育[④]。孟禄高度评价："我到了南京，如同到家。因为在家在此，都是天天与一群活泼有力的青年相聚，情形是一样的。哥伦比亚师范院与此校之性质，绝对相同。而且郭秉文博士，是中国学生第一个在我手中得博士学位的人。"[⑤]汤茂如就称南京高师是"孟禄看的得意的学校"[⑥]。四则陶行知担任了孟禄在华教育调查的第二区，即南京、无锡、上海、杭州、南通等地的翻译工作。主要翻译的演讲有1921年9月7日在江苏省教育会的《共和的教育》、1921年10月22日在江苏第一师范的《旧教育与新教育之差异》、1921年10月31日在广东省教育会的《平民主义在教育上的应用》、1921年11月23日在浙江省教育会的《学理与应用》和《科学与教育》等。另外，刘伯明也于1921年10月19日在南京公共演讲厅担任了孟禄《中国之学生运动》的演讲翻译。陈鹤琴还随同孟禄在无锡、济南、天津、奉天与唐山等地进行了教育调查。

---

① 吴冬梅、俞启定、于述胜：《20世纪二三十年代"新教育中国化"运动研究》，《河北师范大学学报（教育科学版）》2005年第3期。
② 《国立东南大学与实际教育调查社社务事务往来函》，第二历史档案馆藏，全宗号648，案卷号634。
③ 《门罗氏昨晚已抵京》，《晨报》1921年9月11日。
④ 王卓然：《中国教育一瞥录》，商务印书馆，1923年，第124页。
⑤ 同上注，第133页。
⑥ 汤茂如：《孟禄看的得意的学校》，《新教育》1922年第4卷第4期。

此外，孟禄在民初高师还作过多次演讲，如1921年在北京高师学生自治会上作的《教育上之新潮流与师范生》（由王文培口译）、11月5日在广东高师作的《新教育与科学》（由汤茂如口译）、12月6日在沈阳高师作了演讲（题目不详，凌冰口译）、12月14日在北京女高师附中作的《女子教育》（凌冰口译）[①]以及1922年1月4日，即孟禄启程回国之前在南京高师作的《报告孟禄博士的在华活动》（葛承训、程宗潮记录）[②]等。

第三节　教育民主化的探索与实践

随着教育学科建制的逐步完善以及杜威、孟禄来华的影响，民初高师教育研究的氛围也日趋浓厚。尤其是南、北两大高师，积极投身于"新教育运动"的大潮，在教育民主化与教育科学化探索方面做出了诸多卓有成效的努力。北京高师《教育丛刊》第一集刊出的《"德谟克拉西"的沿革》一文中就提出要把民主模式运用到教育上，它说理想中的"德谟克拉西"就是"个人中间，和各阶级中间的机会均等，这不但说政治上的机会，教育上的，社会上的，经济上的种种机会都在内"。[③]在这种思想的指导下，高师师生们从"教育对象""教育内容""教育过程""教育管理""教育经费"等方面对"教育民主化"展开了讨论和实践。

[①] 参见《1921年孟禄在华演讲一览表》，陈志科：《留美生与中国教育学》，南开大学出版社，2009年，第238页。

[②] 《陶行知全集（第11卷）》，四川教育出版社，2005年，第45～46页。

[③] 徐德嵘译：《"德谟克拉西"的沿革》，北京高等师范学校《教育丛刊》编辑处：《教育丛刊》1919年12月第1卷第1集，第1页。

一 女子高等教育的发展

"教育民主化"表现在教育对象上,一方面要打破特权阶级垄断受教育权的局面,大力开展平民教育;另一方面也要保障女性受教育的权利,兴办女子教育,开展"男女同学"。清末兴学以来,经过教会女子学校的纷设、女子留学教育的兴起、维新派女学堂的开办以及女子教育在壬子癸丑学制中的确立等,女子教育,尤其在中等教育方面取得一定的发展,但是由于封建传统思想的影响,男女不同校,女子教育,尤其是高等教育一直没有发展起来。"五四"新文化运动时期,教育民主化思想日渐深入人心,男女同学的呼声渐高,女子高等教育开始蹒跚起步。

（一）北京女高师与近代中国女子高等教育的萌始

中国近代女子高等教育萌始于北京女高师的成立。1919年4月,北京女子师范学校"遵部令改组女子高等师范学校,仍委方还为校长,订定高等师范暂行简章"[1],北京女高师正式成立。和以前的初级、中级女子教育相比,北京女高师除了办学的规格、规模以及在名称上加上"高等"字样之外,其"女子高等教育"特质还表现在以下几个方面:

第一,从办学宗旨来看,确立了"超贤妻良母主义"要旨。该要旨虽已在北京女子师范学校时期"以造就小学校教员及蒙养园保姆"[2]的办学宗旨中有所体现,但到了女高师时期,受"五四"新文化运动中女子教育思潮的影响,明显具有了"教育平权,发展个性"的特征。其办学宗旨明确规定为"养成女子师范学校、女子中学校教员、管理员及小学校教员、管理员、蒙养园保姆"[3]。

第二,从学科体系和课程设置来看,已与其他高师学校无二。如前所

---

[1] 《北京女子高等师范学校十周年纪念册》1918年。
[2] 《北京女子师范学校一览》1918年。
[3] 璩鑫圭等编:《中国近代教育史资料汇编·实业教育 师范教育》,上海教育出版社,2007年,第1070页。

述，女高师筹建之初，即与其他高师一样，设本科及预科、选科、专修科、研究科等，本科除了家事部外，其他国文部、数物化部、博物部也均与其他高师相同。在1922年"改部为系"中，也是除了家事系外，其他教育哲学系、国文学系、英文学系、历史学系、数学物理系、物理化学系、生物地质系、体育系、音乐系均与其他高师相同。其具体的课程设置也是除了个别具有"家政"特点外，与教育部1913年所颁布的有关高等师范学校课程标准基本相同。可见，女高师学生已经享有了与男子同等意义的师范教育。

第三，从生源来看，质量明显提高。与北京女子师范学校相比，女高师的学生录取有三个明显变化：一是对预科考生的学历要求提高，即要毕业于女子师范或女子中学，或具同等学力；二是年龄下限提高至18岁；三是选拔更为严格，无论是预科生还是专修科学生，均规定"由各省教育行政长官选送，到校复试……倘程度未及志愿留京者，酌设补修科以资造就。但补修科生除学费外，一切费用概归本省津贴"[①]。这一方面体现了女高师办学程度之提高，另一方面也说明经过清末以来"女学"的发展，女高师对其"女子高等教育"办学定位的自信。

第四，从学生活动来看，独立张扬的个性日益凸显。女高师学生们不仅先后发起组织了学生自治会、文艺研究会等多个校园文化社团，而且还积极投身于全国的妇女运动，相继发起组织了"北京女学界联合会"（1919年5月）、"北京女子工读互助团"（1919年12月）、"女子参政协进会"（1922年7月）、"女权运动同盟会"（1922年8月）等，成为北京女学界妇女运动的重要骨干力量和"五四"新潮女性文化的引领者。[②]

（二）近代女子高等教育的新里程——南京高师首开"女禁"

北京女高师的成立标志着中国近代女子高等教育的诞生，南京高师首开

---

① 璩鑫圭等编：《中国近代教育史资料汇编·实业教育 师范教育》，上海教育出版社，2007年，第1072～1076页。

② 何玲华：《新教育·新女性：北京女高师研究》，中国社会科学出版社，2007年，第92页。

"女禁"则把近代女子高等教育推进到了一个新的阶段。南京高师开"女禁"之议始于1919年12月7日陶行知在校务会议上提出的《规定女子旁听法案》。该法案指出:"查中国女子高等教育最不发达,中等学校毕业以后,女子几无上进之路。"由此陶行知建议:"本校各科功课,有宜女子旁听者",应该"通融办理,容其旁听,遂其向学之志愿,未始非辅助女子教育进行之一法"。同时,他还提出了几条具体办法:"一、本校各班有余额时,除本校职教员、学生、毕业生旁听外,得酌收女子旁听生;二、本校各科功课,是否宜收女子旁听生,由各科分科教务会议提议,由校务会议议决施行;三、女子旁听生必具中等学校毕业之程度;四、设女子旁听生顾问,由校长于本校女子职教员中推定,司接洽指导事宜;五、旁听细则由各科主任教员协同教务主任定之。"[①] 该法案1920年1月14日复经校务会议讨论,校务委员郭秉文、刘伯明、陆志韦、杨杏佛等均极表赞成,一致通过,并议决同约北京大学自1920年暑期正式招收女生。

南京高师第一届女生的招生工作主要由陶行知负责。1920年4月15日校务会议上,他提出正式招收女生提案:"学生有应试资格来校应试者,苟能及格,不论男女均可录取。"[②] 5月17日教育部批文《咨各省区南京高师校招考新生请查照选送文》,并附录《南京高等师范学校招考简章》:"凡男女同学具有完全师范或中学及同等程度之学校毕业、身体坚强品行端正、经考试及格者皆得入学。"自此,南京高师开女禁具有了制度上的效力。6月2日陶行知在校务会议上提出并通过了"招收特别生办法",也包括女特别生。[③]

招考女生虽然遭到江苏省议会绝大多数议员,甚至包括张謇和江谦的明确反对,但经过郭秉文、陶行知等人的努力,南京高师如期开考,且报名者

---

① 《陶行知全集(第1卷)》,四川教育出版社,1991年,第328页。
② 同上注,第94页。
③ 朱泽甫编著:《陶行知年谱》,安徽教育出版社,1985年,第24页。

十分踊跃。据《国立东大、南高、中大毕业同学总会会刊》记载："母校南高时代，历届所招学生，类系男性，而女性不与焉。殆至民十，学校当局对师资人才，主张男女兼收，凡有志于师范教育，而资质优异之女子，亦在拔取之列。招收女生之风，遂创始于是年秋。以高师名声籍籍，著于江南，女生应考者，异常踊跃。"① 在陈独秀、张国焘、茅盾等人的鼓励下专程从上海来南京投考的张佩英（后改名张蓓蘅）也回忆道："第一年投考南高师的女生约百余人，大半是在各省女中或师范多年任职的教师，正式录取的只有8人。其中7人是教会学校出身，另一人是南京一女师毕业。第一年还招收了50多位旁听生。"②

为加强管理，南京高师还任命女教师李玛利（伊利诺大学教育硕士）任女生指导部主任，专门负责女生的学习与生活。和当时北京大学开女禁相比，南京高师一则是最早以正规程序招收女正科生的高等学校。北京大学虽也曾计划1920年暑假正式招收女生，但报名者（预科英文班的7名女生）初试就没有通过。首批女正科生是1920年10月通过预科试验而改为正科生的王兰等人。二则招收的旁听生数额较多。北京大学旁听生的招生虽较早，1920年2月3名旁听生就入校读书，但总共招了9名，且受到严格限制。《修正旁听生章程》规定："（四）旁听生不得改为正科生……（六）旁听生平时对内对外均应称'北京大学旁听生'，不得通称北京大学学生。"可见，如果从制度性的突破以及招收正科生来说，南京高师是中国首开女禁，开创男女同学的高等院校，成为中国女子高等教育的里程碑，揭开了中国教育史上崭新的一页。正是在这个意义上，竺可桢在1962年南京大学60周年校庆时才有这样的题词祝贺："东南学府，为国之光。男女同学，唯此首创。"此后，南京高师每年都招收女生。第二年暑期学校中，即有女生（包

---

① 《南高时代男女同学之第一页》，国家图书馆藏《国立东大、南高、中大毕业同学总会会刊》1938年。

② 张蓓蘅：《我成为中国首届男女同校女生之追忆》，《高教研究与探索》1987年第2期。

括非正式生）80余人参加，1922年正式生增加到12人。1923年在校女生达到73人。①

由于男女同学提供了男女交往的环境，极大地丰富了校园生活，给南京高师带来了新的气象。一是女学生开始参加学校及社会的各种活动。如李金英就曾被推选为学校英语俱乐部主席。张佩英回忆道："为了把女生拉出'闺房'，男生们便选她们在各种社团任职。英文系的李金英学习成绩拔尖，尤其是英语更是每每名列全校第一。于是同学们便选她任英语俱乐部的主席，她则以国语和南京话讲得都不好为由而不肯'出山'，男生们则齐声劝道：'既然是英语俱乐部，不讲中文也无妨。'就这样，李金英便被推上了'主席'的宝座。"另外，李金英1922年还作为南京基督教代表之一，参加了在北京举行的世界基督教会议，并在会上发言。②另据《东大南高女生生活概况》记载：女学生到了星期日，"赴玄武湖本校教育科附设之昆明小学校指导该校儿童作业。此外如遇假期或纪念日，又时召集邻居妇女儿童茶话，既可联络感情，且更可藉此以启迪其思想，将来并拟依次扩充为妇女补习班，及儿童义务学校"。③二是男女同学互相砥砺，学业颇为长进。如有校友回忆："个人造就，尤有一日千里之势，与男同学并驾齐驱，无一日落后。男女同学间，互慕才华，于学业进修上，切磋琢磨，得未曾有，而于学术之修养，进步益多。"④三是男女生同堂听课，一起活动，使校园平添了许多生气。张佩英回忆："对于大多数男生来说，姑娘们离得是那么的近，又是那么的远，真是若即若离，非即非离。他们举止审慎，彬彬有礼，格调高尚，谈吐文雅。有些大胆的男生则时不时地以俱乐部事务、班级活动、野炊郊游

---

① 《国立东南大学一览》（学生名录），东南大学档案馆，密级032。
② 郑天倪：《女教育家李金英略传》，见政协广东省中山市委员会文史编辑委员会编：《中山文史（总第13辑）》，1987年，第81页。
③ 倪亮、崔之兰：《东大南高女生生活概况》，《学生杂志》1922年7月5日第9卷第7号，第11页。
④ 《南高时代男女同学之第一页》，国家图书馆藏《国立东大、南高、中大毕业同学总会会刊》1938年。

或者是向教授和学校当局请愿为借口来接近女生,这些拙笨的举动常常引来姑娘们的阵阵嘲笑。而事实上,女生们很喜欢共享这份令人兴奋的追求,大家打心底里都想把男生吸引到自己身边来。每当她们收到熟悉的或不曾打过多少交道的追求者的生日卡、圣诞卡、纸条、鲜花、礼物时,历来都是将'秘密'摆到桌面上,从不遮遮掩掩、避人耳目。有位负责清扫垃圾、收发信件、通报客人的女工友,令女生们啧啧称奇,因为这位工友能极其欢快地叫出她们乐意接待的人的名字,也能准确无误地对她们不愿意见的男同学轻蔑地发出逐客令。"① 此外,女学生还开始勤工俭学,谋求生活独立。如李金英入学第二年就到当地教会办的女中及新民中学兼课,"借以继续攻读"②。此种新气象在社会上影响颇大。熊希龄来校参观时曾赞道:"男女同校,令粗犷之男生,渐次文质彬彬;令文弱之女生,渐呈阳刚之气,颇有意义。"③ 美国克兰公使夫人来校参观,对首届男女同学的学习和生活"极为称许","特捐银四千元,资助东南大学女学生学额2名,高等师范女生学额10名,两校合办之暑期学校女生学额20名,以为提倡女子高等教育之助"。④

(三)北京高师对"男女同学"的理论探讨

南京高师和北京大学"开女禁"之后,社会舆论大哗,"反对之声虽不甚有力,然匿笑腹诽者大不乏人"。加强对"男女同学"的研究,在理论上为其奠筑依据依然是学界之急务。林砺儒即指出:"此问题尚在研究之中途",希望师生们"与世界教育家共负研究解决此问题之责"。⑤ 在此方面贡献最大的当推北京高师。

---

① 张蓓蘅:《我成为中国首届男女同校女生之追忆》,《高教研究与探索》1987年第2期。
② 郑天倪:《女教育家李金英略传》,见政协广东省中山市委员会文史编辑委员会编:《中山文史(总第13辑)》,1987年,第81页。
③ 龚放等:《南大逸事》,辽海出版社,2000年,第379页。
④ 南京大学校庆办公室校史资料编辑组、学报编辑部编:《南京大学校史资料选辑》,南京大学内部交流资料,1982年,第133页。
⑤ 林砺儒:《男女同学问题之研究》,北京高等师范学校《教育丛刊》编辑处:《教育丛刊》1922年3月第3卷第1集,第9页。

在南京高师校务会议通过男女同学议案之后的两年间，北京高师《教育丛刊》《平民教育》等杂志先后登出了多篇研究男女同学问题的文章，如刘爽的《男女共同教育研究》、薛鸿志的《男女灵敏的比较》、邓萃英的《覆高师同学论"女子问题"书》、陈兆蘅的《男女学生学力差别之科学的研究》、邓萃英的《改革女学制度议》、林砺儒的《男女同学问题之研究》、黄公觉的《男女合教所根据的理由》、曹配言的《北高招取女生的经过及感想》、史地部四年级学生邬翰芳翻译的《男女同校之原理》、曾作忠翻译的《男女同校之在美国》等文章，《平民教育》还专门为此开设了"男女同学"研究专号。统观师生们的文章，对"男女同学"的研究主要集中于以下几个方面：

第一，男女平等方面。黄公觉就批判旧教育"注重在男子方面。对于高深的学问，女子是没有权利去求的，这是大背机会均等之意"。① 同时，他从"平民主义教育"思想出发，指出："人人有受教育的均等机会。应用到男女方面上，就是说，男女两性都有受教育的均等机会。不特于初等教育与中等教育，两性皆有受教育之均等机会；就是说到高等教育，两性都有受教育的均等机会。"② 因此，"要开放男子种种学校，俾女子有受教育的均等机会"。③ 薰宇则从工学主义教育中男女平等的思想出发，提出要消除受教育权利上的男女差别，实行男女同学。他说："因为'工学主义'主张无论什么人，以作（做）工和求学为生活，是以人为标准；男人是人，女人也是人，男人应当求人的生活，实行'工学主义'，女人也应当求人的生活，实行'工学主义'。并且无论那（哪）一种学，或那（哪）一种工，没有单是男人能作（做），或单是女人能作（做）的。所以教育制度上不当有男女的区别。"④ 可

---

① 黄公觉：《男女合教所根据的理由》，北京高师平民教育社：《平民教育》1921年10月25日第40号，第27页。
② 同上注，第20页。
③ 同上注，第27～28页。
④ 薰宇：《工学主义普遍的实现和教育》，北京高等师范学校工学会编：《工学》1919年第1卷第2号，第3～4页。

见，师生们多认为男女平等是"男女同学"的基础，因为男女平等，所以应该有同等受教育的权利。同时，师生们还把"男女同学"当作实现男女平等的一个重要手段来提倡。刘爽就从批判"男外女内"的天职说着手，认为"男女同学"可以进一步证明男女平等的思想。他说："男外女内，是社会上偶然的事实，不是'天经地义'永久不变的原则……这种思想就是社会上一切阶级制度的发源地。"既然"男外女内"不是社会的必然原则，那么"男女受共同的教育，做同等的事业，也没有什么背弃天职不背弃天职"①，"这男女共学，就是除掉这个污点的最好方法……既共学之后，才知道男女并没有怎么大的差别，不过生理上稍有不同，都有谋生的能力，没有什么天然高低的阶级。"②邓萃英也认为通过男女同学，有利于提高女子的地位，实现男女平等。他说："男女教育，理论上，实际上，均不应为严格之区别。况共和国家，男女皆有受平等教育之权利，教育者，不宜歧视之。""男女共同教育，不是蔑视女子的个性，是尊重女子的人格，解放他们的束缚的。简单说，就是：给女子一个相当的机会，使他们尽力发展他们的个性，脱去那些思考（？）习惯和环境的牢狱。"③

第二，男女智力、体力的差异问题。反对"男女同学"者曾指出："女子的智力体力，都很软弱。若使和男子受同等的学科，将过劳生病，有违于教育的目的。"④针对这种论调，陈兆蘅指出中国学校中女子偏差的原因："非女子学力之不若男子，乃是女子不肯尽力和其他原因使然的。"⑤刘爽也认为

---

① 刘爽：《男女共同教育的研究》，北京高等师范学校《教育丛刊》编辑处：《教育丛刊》1920年3月第1卷第2集，第2页。
② 同上注，第7页。
③ 邓萃英：《改革女学制度议》，北京高等师范学校《教育丛刊》编辑处：《教育丛刊》1919年12月第1卷第1集，第1页。
④ 《中国妇女问题讨论集》第1册，《民国丛书》编辑委员会：《民国丛书》，上海书店出版社，1989年，第185页。
⑤ 陈兆蘅：《男女学生学力差别之科学的研究》，北京高等师范学校《教育丛刊》编辑处：《教育丛刊》1922年1月第2卷第7集，第10页。

女子智力不比男子差，完全能够男女同学，并举例道："若智力不但不比男子弱，恐怕还要比男子强些呢。例如北京高师附小的优等生，若拿人数比较，还算女子为多；美国各男女合班的大学中优秀分子，也是女子占多数，这都是女子的智力不比男子弱的实证。"①黄公觉则从本能、一般智慧与变量等方面考察了两性的心理差异，得出结论说："男女的差别极小，并不像以前的人看得两性的差异极大。"②至于生理方面，"这种差别，是很小的，不致有碍于求学……且男女共学，因形式精神各方面的观摩感化，又能使女子觉悟其身体的缺点，而生锻炼培养心"。"女子的智体，不但不足为和男子受同等学科的累；且因和男子同学，越发有益于他们的智体。"③当然，师生们并不否认男女之间在生理、心理上的差异，而是主张对其进行科学的研究，使男女同学得以更好地开展。刘爽就针对男女的这些差异，提出了新的研究课题："（1）什么学科是男女应当共学的，什么学科是应当分教的。（2）堂内和堂外校内的编制应该怎样——有分别或是无分别。（3）中学时代，男女的情欲特别发达，应该用甚么方法去防范男女间的道德危险。"④陈兆蘅也认为男女学生存在着学力的差别，且"在教授法上和课程的分配上都是很有关系的"，"非有精细的科学的方法之研究不能说明"，因此，他采用实验心理的方法对其进行研究，并将研究结果发表在《教育丛刊》上⑤。薛鸿志在《男女灵敏的比较》⑥一文中也介绍了美国威斯康星大学的心理学教师斯塔齐关于男女差异性的试验方法。

---

① 刘爽：《男女共同教育的研究》，北京高等师范学校《教育丛刊》编辑处：《教育丛刊》1920年3月第1卷第2集，第3页。
② 黄公觉：《男女合教所根据的理由》，北京高师平民教育社：《平民教育》1921年10月25日第40号，第21页。
③ 刘爽：《男女共同教育的研究》，北京高等师范学校《教育丛刊》编辑处：《教育丛刊》1920年3月第1卷第2集，第3页。
④ 同上注，第8页。
⑤ 陈兆蘅：《男女学生学力差别之科学的研究》，北京高等师范学校《教育丛刊》编辑处：《教育丛刊》1922年1月第2卷第7集，第1页。
⑥ 薛鸿志：《男女灵敏的比较》，北京高师平民教育社：《平民教育》1921年3月5日第30号。

常道直则进一步倡导大家根据文中斯塔齐的方法进行试验,"将我们所得实验结果和他比较,看是否符合",以增加对男女同学的研究力。[1]

第三,从道德和经济的角度进行论证。道德问题是当时反对"男女同学"者"最重要的理由","社会一般人看见这种新制度,没有一个不大惊小怪的。那一班冬烘先生们,尤其愤慨填膺,拿什么'败常乱德'的话大肆其攻击"。[2]针对这种攻击,邓萃英一针见血地指出:"我国今日女学之所以难发达,女子职业之所以不振,女子在社会中所以无相当地位,其最大原因,非在男女不平等,乃在女子不自由。其所以不自由之惟一原因,即在宋儒脑中之贞节观念……吾人不欲拯救女同胞则已,否则非先破此关不可。此关一日不破,我女同胞一日无自由余地。"[3]刘爽也指出男女同学不但不会造成道德的沦丧,反而会促进男女加深了解,避免这种情况的发生。他说:"因为男女共学,精神上生理上都受了莫大的感化。既可减少男女间的好奇心,又可养成互以人格相尊重的习惯。"[4]又说:"若男女共学,日夕接触,彼此相知既深,自发畏敬之念,互以人格相尊重,精神相敬爱;所以这种卑鄙不合理的行为,自然就不会发生。"[5]但是,师生们对于这一点,尤其是在中学实行男女同学的道德问题,还是比较担心的。林砺儒就认为:"顾我国社会素乏男女自由交际之道德。今一旦聚血气未定之少年男女于一室,势难保无牺牲,而牺牲之多寡,则为教育家之责任,且在少年男女之自觉。"[6]周调阳也

---

[1] 常道直:《"平民教育"之新解释》,北京高师平民教育社:《平民教育》1921年2月20日第29号,第3页。

[2] 美国 Alice Woods 著,邬翰芳译:《男女同校之原理》,北京高等师范学校《教育丛刊》编辑处:《教育丛刊》1921年3月第2卷第2集,第6页。

[3] 邓萃英:《覆(复)高师同学论"女子问题"书》,《附录》,北京高等师范学校《教育丛刊》编辑处:《教育丛刊》1920年3月第1卷第2集,第1页。

[4] 刘爽:《男女共同教育的研究》,北京高等师范学校《教育丛刊》编辑处:《教育丛刊》1920年3月第1卷第2集,第8页。

[5] 同上注,第6页。

[6] 林砺儒:《男女同学问题之研究》,北京高等师范学校《教育丛刊》编辑处:《教育丛刊》1922年3月第3卷第1集,第10页。

说道:"一二年来,国内各大学校专门学校,次第开放女禁,允许女生入学,俾有求高深学问之机会。至中等学校,遍查国内,开放者绝少,以中等学生适当春情发动时期,生理上心理上均起激烈之变化,最易发生性欲冲动,故多迟疑观望,不敢遽尔实行。"[1]

师生们还从经济的角度论证了男女同学的实用性。黄公觉就认为:"现在为女子特设种种学校,实在是国家财力所办不到,即使将来富庶,可以这样办,也未免浪费了。"[2]"所以最经济的方法,当为开放男子种种学校,使一律收容女生。"[3] 刘爽也认为:"就我国今日的经济状况观之,非采共同教育制度,男女绝无教育平等的希望。若在这样经济状况的下边,还去主张男女分教,简直和不许女子受教育一样。若男女共学,学生的担负可少,办学的经费也可减轻。"[4] 此外,师生们还通过翻译西方著作来为男女同学寻求理论支持。如邬翰芳就翻译了美国 Alice Woods 的著作《男女同校之原理》。在译文中,他首先介绍了 Alice Woods 关于"男女同校"的定义:"就是一班男女从幼年到成人,不分界限,共同受教育,共同游戏,并且有自由的交际,彼此做很和爱快乐的伴侣。"[5] 同时,他还重点介绍了 Alice Woods 对"女子与男子有同样的天性""男女应该有均等的机会,去选择所学的东西""将来的世界不是互竞的,是互助的"等问题的阐述,以此来进一步论证"男女同学"的必然性与合理性。[6]

---

[1] 周调阳:《北高附中实行男女同校后一年来经过之概况》,北京高师平民教育社:《平民教育》1922年5月10日第51期,第13页。

[2] 黄公觉:《男女合教所根据的理由》,北京高师平民教育社:《平民教育》1921年10月25日第40号,第28页。

[3] 同上注,第27页。

[4] 刘爽:《男女共同教育的研究》,北京高等师范学校《教育丛刊》编辑处:《教育丛刊》1920年3月第1卷第2集,第6页。

[5] 美国 Alice Woods 著,邬翰芳译:《男女同校之原理》,北京高等师范学校《教育丛刊》编辑处:《教育丛刊》1921年3月第2卷第2集,第1页。

[6] 同上注,第3～7页。

此外，师生们还结合本校"男女同学"的实践对其进行理论探讨。如曹配言的《北高招收女生的经过及感想》，通过对北京高师招收女生具体经过的实地调查，揭示了"江南江北人才的比较问题""各省教育家对于男女同学问题的怀疑态度""女子教育问题，实在是根基太浅"[1]等阻碍中国实行男女同学的一些基本问题，并且提出了三点希望："甲、希望本校明年当特别函达各省，选送女生；乙、希望各地教育家，提高女子教育，以备应考；丙、希望女同学努力预备，以便明年升入北高。"[2]阮淑贞也撰文《我底（的）一年来男女同校的生活》，叙述了她在男女同校学习和生活中的亲身感受：先是抱着一种"怀疑的心理"，接着由"怀疑而进入谅解期"。她指出男女合校的主旨是"使女子自己抵励期与男子的程度相等"，"为提高女子程度"。因此，作为一名女子就应该"选择自己性情所近的功课，发奋努力，不要有所阻挠"，否则，就会造成"学业上的损失"和"前途的危险"。[3]周调阳撰写的《北高附中实行男女同校后一年来经过之概况》一文，详细记述了北高附中招考前的准备、招考的经过、开学后的情形以及学校将来的计划，指出："男女同校，确系利多弊少；且在财政困难之中国，欲扩充女子教育，使女子有受（教育）同等之机会，男女同校，尤不可缓。"[4]在该文中，周调阳还针对中学男女同学问题"空设理论，以致毫无结果"的情况，主张通过男女同学的实践来进一步论证其理论的合理性。齐彭纪在《高师附小五年级乙组男女合教的概况》一文中也通过记述北京高师附小男女同学的具体情况，得出了"男女合教，前途必收好结果"的结论。[5]

---

[1] 曹配言：《北高招取女生的经过及感想》，北京高师平民教育社：《平民教育》1921年10月25日第40号，第31～32页。

[2] 同上注，第32页。

[3] 阮淑贞：《我底（的）一年来男女同校的生活》，北京高等师范学校《教育丛刊》编辑处：《教育丛刊》1922年5月第3卷第3集，第9～11页。

[4] 周调阳：《北高附中实行男女同校后一年来经过之概况》，北京高师平民教育社：《平民教育》1922年5月10日第51期，第24页。

[5] 齐彭纪：《高师附小五年级乙组男女合教的概况》，北京高师平民教育社：《平民教育》1922年12月10日第57、58号，第49页。

除了北京高师外，其他高师也纷纷展开对"男女同学"的理论探讨。如成都高师的校内刊物《四川学生潮》针对"1920年春，北京已开始实行男女同校了，而在成都，三个剪了发的女学生，却无法存身"的现象，在其第10期上专门开辟了"男女同学问题"专号，发表了一系列关于男女平等和妇女解放的文章，"围绕着男女合校、经济独立、社交公开、婚姻自主等问题，激烈抨击了封建文化思想和伦理道德"。①

（四）近代女子高等教育的扩展——民初高师"男女同学"之实践

北京高师是继南京高师之后第二个实行"男女同学"的高师学校。1921年4月，北京高师数理化补习社开始招收女生，"本社亦步北京大学，及医专之后尘开女禁矣，以后女生多闻风而至"②。1921年暑假，北京高师开始招收女生，录取了刘光沅、曾繁顺、阮淑珍、黄志瑜和何镇楚五人。1921年暑假，北京高师"以本校师范部及附属小学，均实行男女同学，而独于附属中学，采取男女分校制，似乎太不一致。且以各大学校及专门学校，开放女禁，俾女子有求高深学问机会；而环顾国中，女子中等学校，为数绝少，女子受中等教育之机会，远不若男子之机会多；加以女学校各学科程度，又不及男学校远甚，如是而欲其与男子竞争入专门学校或大学，宁非大难。故本着：（1）使女生多有受教机会；（2）提高女生程度；（3）试办中学校男女同学"③，决定在附中也实行男女同学，招收了女生一班。这是当时中国较早实行男女同学的中学，据学生回忆："去年暑假北京高等师范附属中学开放女禁，招取女生一班。据余所知，中国中等学校实行男女同学者，除长沙岳云中学，广州执信学校外，恐只有此校矣。"④

---

① 《四川大学史稿（第一卷）》，四川大学出版社，1985年，第80页。
② 《数理化补习学社第"五""六""七"三期经过情形之报告》，《附录》，北京高等师范学校《教育丛刊》编辑处：《教育丛刊》1921年10月第2卷第5集，第52页。
③ 周调阳：《北高附中实行男女同校后一年来经过之概况》，北京高师平民教育社：《平民教育》1922年5月10日第51号，第14页。
④ 同上。

广东高师何时开始招收女生颇有争议。《中山大学史稿（1924—1949）》记载的时间为 1919 年 11 月间，认为这"是五四运动影响的结果"。①《中山大学校史（1924—2004）》也记载道："民国八年……十一月各级招收女生。"②此说应指广东高师附属小学招收女生。1920 年 10 月，广东省政府颁布《饬广东高等师范学校实行男女同校令》，称："照得教育所以增进国民之程度，女子与男子同属国民，即应受同等之教育，不宜有畸轻畸重之分。文明先进诸国，凡教育事业，并不歧视男女，学制具在，班班可考。我国狃于故习，男女之畛域过严，因之教育未能刷新……是高等师范男女同校，按诸文明国之先例，参以世界之潮流，考之今日教育家之议论，宜属有利无弊，自应亟图实现，以符男女平等之义。"该饬令成为中国第一个公布大学开放女禁的政府官方文件。根据饬令，广东高师实行男女同校："即便遵照，查明现在高等预科各班学生，可添设名额若干，学科应如何酌量增加，妥议一切办法，克日呈复，以凭通令招考，切毋延误。"③可推断广东高师男女同学最早应始于 1921 年初。

武昌高师 1922 年 9 月正式招收女生，实行混合编班，开了湖北省男女同学风气之先。武昌高师的开女禁一则与《武汉星期评论》的直接施压敦促密切相关。1921 年 11 月 19 日陈潭秋在《武汉星期评论》上发表《赶快组织"女界联合会"》一文，号召武汉妇女团结起来，"抱定决心，向前奋斗去"，揭开了武汉妇女运动的开端。12 月 10 日起，《武汉星期评论》连载了刘子通《改造湖北教育之意见书》，指出湖北男女不能共学，是"部章规定之无当"和"负教育之责者，固陋苟安，太不思改良，以应环境之需求也"。意见书强调男女共学是提高妇女人格和地位之重要方法，因此要"扩充男女共学之机会"，并指出武昌高师"尤亟开放"。接着，该刊又于 12 月 3 日、

---

① 黄义祥编著：《中山大学史稿（1924—1949）》，中山大学出版社，1999 年，第 9 页。
② 吴定宇主编：《中山大学校史（1924—2004）》，中山大学出版社，2006 年，第 8 页。
③ 原载《申报》1920 年 11 月 23 日（7），转引自段云章、倪俊明编：《陈炯明集》（上），中山大学出版社，2007 年，第 505 页。

17日、24日分别刊登了《希望武昌高师招收女生的事快些实现》的读者来信、《女同胞时机已到矣》和《美国男女同校发达的情形同各国的比较》的文章，号召女同胞团结猛进，以求迅速解决"开女禁"问题，并介绍了美国、英国、法国等男女共学的具体情况以资借鉴。二则武昌高师开女禁也与湖北女子师范学校有一定的关系。湖北女子师范学校学生直接参与了要求武昌高师开女禁的运动，该校学生夏之栩就曾回忆："我们为要求武昌高师开女禁，也闹过一阵。后来这个学校就招收女生了。"①并且该校校长王式玉曾企图用"（武昌）高师开女禁的办法，要这五名学生去投考高师"，已平息她们领导的学校风潮，但遭到五名学生的拒绝。②

（五）对近代女子高等教育的捍卫——北京男、女高师并校的争论

北京男、女高师并校之议的兴起，除了前述"男女同学"在高师师生中的风行和实施之外，办学经费不足和力图升格师范大学的努力也是两个重要原因。在办学经费方面，北京男、女高师都可谓捉襟见肘，"频年来因款项支绌，不惟不能发展，即现在急需品（如理化仪器等等）亦无力备办。两校学生均感受莫大痛苦"，尤其是女高师，"即如理化器械一项，完全假借于男高师，倘时间冲突，就该缺课。其他如参考书籍等，更属寥寥"。③对此，《晨报》曾以《可怜的女高师》为名进行了详细报道："现在本校寝室已经住满了，教室已经用罄了，即夜间自习，亦在教室里头。食堂已经坐不下，礼堂集会的时候几无立足的余地，运动场只有两处小小的网球场和篮球场。澡堂每两星期每人只可洗一回的，厕所下课的时候更拥挤得不堪，厨房的场地偏小简直是一所鲍鱼之肆，栉沐室每人只有七平方寸的面积，教员预备室数十位的教员连校长都在一个小屋里头。冬季寝室无款购煤，室亦太狭，不能生炉子，冬季同学冻病的非常多。图书室中除了几本古书和新杂志外别无

---

① 吴殿尧主编：《亲历者说：建党纪事》，解放军出版社，2011年，第382页。
② 湖北省妇女联合会编：《湖北妇运史资料（第2辑）》，1984年，第53页。
③ 《北京男女高师生之并校运动》，《晨报》1921年4月27日第812期。

长物。物理化学及博物室里头只有初级时代买的七零八落的仪器标本。家事科亦没有实习的地方。体操用的操棚，园艺用的校园亦没有。这样看起来，教授、训练、实验、自习、研究，困难的情形真达到极点了。那一种的实验器械，不是由各教员从他校临时用网篮带来的么。物理实验因为实验时间与男高师冲突，不能借来，因以停讲者有好多次。"①

升格师范大学可谓是两个高师广大师生的共同愿望，前多论及，兹不赘述，再加上经费限制，遂萌发了男女高师并校之意。《晨报》就曾指出："男高师虽设备较完善，但学生犹以为不足，极力运动扩充。且鉴于近来科学日益发达，修业四年深虞不足，所以屡欲改办师范大学以宏造就，第以受经费限制，不克如愿，因此亦有意与女高师合并，使经费充加（两校合并每年经费有六十余万，勉强可办一师范大学），可以达到办师范大学目的。"于是，两高师学生自治会部分成员发起并校之议，并讨论了初步的步骤："大概以男高师地址办理科，女高师地址文科，待学潮平静后，两校学生即将此事提交各该校自治会，详细讨论办法，再共同运动要求改办师范大学。"②

男女高师并校之议很快引起社会各界的关注。1921年4月27日，《晨报》专门刊发了《北京男女高师生之并校运动》，予以支持："此事既出自两校学生自动，又有莫大利益，教育当局恐未有不赞成者。师范大学成功，则教育人材（才）可望倍出。吾国教育前途，或可抱乐观矣。"③该议题也在男、女高师师生中引发了激烈讨论。女高师烛光女士就在《我对于女子教育解放的主张》一文中赞成男女高师并校，认为此举既可节省经费，又可锻炼道德，同时还可为男女将来共同服务社会提供便利。④ 程俊英则在《晨报》上发文公开表示反对，认为男女高师的合并会"无形之中，消灭了一个女子求学的机关"。她列举了男女高师不宜合并的四条理由：一是与其两校合并以

---

① 《可怜的女高师》，《晨报》1921年4月21日第806期。
② 《北京男女高师生之并校运动》，《晨报》1921年4月27日第812期。
③ 同上。
④ 烛光女士：《我对于女子教育解放的主张》，《四川教育新潮》1920年4月16日第1期第4版。

节省经费,不如要求政府增加经费;二是女高师独有女校的特性,"我们女校应有的学科,男校是绝对不行的地方很多,并且不是他们不必学,简直是他们不能学";三是女性最适合为人师表,因此"教育这个职业,应该得让我们女子独占的","男高师不必再扩充了,不必再增加预算了,不必再添招学生了";四是针对社会对男女同学尚有不认可的情形,不如一方面开放男高师,一方面保存女高师。总之,"男女教育的设施经营要平衡发达,男女教育的经费要平均,女子教育的经费目下要大大的增加,各种专门学校要一律开放使女生多得一点求学的机会,专门女子的学校要保存扩充发达才好"。①

以《晨报》为基地,围绕程俊英的观点,北京高师学生也展开了讨论。张滐对程文提出批评,认为两校"只有合并,一方面可以节省经费,一方面又可谋求发展,这才是两全的计策"。他还指出,教师并不是女性独有的职业,男性也愿意专心从事教育。②武少稷则支持程俊英的观点,认为:"一方面为欢迎男女同校制的女学生,开放各男校,一方面仍保存女校,使大多数不欢迎男女同校制的女学生也有求学的机会,然后一方面极力普及女子教育,一方面鼓吹男女同校的利益,等到开放了的学校生好的效果来,人人都承认男女同校是一种好制度的时候;自然他们都来开放了的男校而不去女高师了,那时女高师无人去,才是可以说合并的话的时候,才不至屈枉人,才是慈悲的人作(做)的事,何必定要消除了这惟一的女高师,剪断了大多数不欢迎男女同校制女学生的路,强逼他们来男女同校的学校呢?"③林葆颐对此亦表示认同:"男女高师不是绝对的不可合并;不过时机尚早,在时机未到之先,我们为提倡男女同学计,不能不主张各专门学校实行招考女生。使女子得和男子受同等的教育,非但得达开通风气的目的,并且还可以免却

---

① 程俊英:《对于男女两高师合并之我见》,《晨报》1921年5月7日第822期。
② 张滐:《程俊英女士的〈对于男女两高师合并之我见〉的批评》,《晨报》1921年5月10日第825期。
③ 武少稷:《张滐先生的〈程俊英女士的对于男女两高师合并之我见的批评〉的批评》,《晨报》1921年5月13日第828期。

社会的非难。这才是真正的办法。"① 周传儒也撰文表达了自己对此问题的观点："我本只希望男高师独立改大学，而不希望两校合并的。"他进一步分析了男女高师合并后的利弊，指出："男女两校合并之不能遽成事实，因为困难及阻碍太多。"②

在这场讨论中，虽然个别言论较为偏颇，如程俊英认为："我们女子的性情，最精细，最忍耐，最有道德，最适合于作人师表的"，"就美国教育的现状说起来，舍了女子简直无教育可言"，因此，女子应独占教育这个职业。此外，推源"教"字的性质，只含有"女子"二字，"男子是丝毫不许他干与的"。③ 但是争论双方无疑都是从男女高师两校的发展着眼，都具有某种程度的合理性。之后，该问题搁置，师生们积极投入独立高师改大运动中。

二 学生自治运动

"教育民主化"表现在教育过程和教学管理上，就是要以学生为中心，培养学生的自治能力，提倡学生自治。所谓"学生自治"，最早可追溯到中世纪的"学生型大学"。现在大学里所保存的学生自治传统也可上溯到1531年，宗教革命领袖路德的好友 Trazendorf 在德国 Golblerg 中学创行学生自治制，让学生们选出委员，维持校规、砥砺品行及补助课业等，同时还选出裁判员十数人处理同学间争执事件。1897年，美国人 W. Gill 用学生自治制成功改良了纽约一个校风极差的学校，引起了教育界的重视，学生自治在欧美，尤其是在美国广泛流行起来。

（一）北京高师与学生自治

北京高师是中国最早成立学生自治团体的学校，"学生自治会是本校提

---

① 林葆颐：《张瀍君为男女高师合并问题答武少稷先生的批评》，《晨报》1921年6月8日第854期。
② 周传儒：《男女两高师合并问题平议（续）》，《晨报》1921年5月20日第835期。
③ 程俊英：《对于男女两高师合并之我见》，《晨报》1921年5月7日第822期。

创最早。自己提创的而且自己将来要去做的"①。1919年11月14日，北京高师废除学监制，"从前关于训育的事项，现在大半由自治会处置"。②在学生自治会成立大会上，杜威、蔡元培和蒋梦麟应邀发表了演讲。其中蒋梦麟对"学生自治"进行了较为全面的阐释。他说："学生自治，并不是一种'时髦'的运动，并不是反对教员的运动，也不是一种机械性的组织。学生自治，是爱国的运动，是'移风易俗'的运动，是养成活泼泼地（的）一个精神的运动。"实施自治以后，学校风气的好坏归咎于学生自治精神的完善程度，因此，"学生自治既不是一个空虚的美名，大家就要去干这自治的事业，大家就负了重大的责任"。主要有四大责任：（一）"提高学术程度的责任"，他说目前我国学校程度太低，"做学生的，先要从自己身上着想，自己问自己，自己的责任，是不是已经尽了……学生对于学术方面，要有兴会，要想得透，要懂得彻底。不要模模糊糊的过去"。（二）"公共服务责任"，即"本自己的愿意，对于团体做公益的事"。（三）"产生文化的责任"，他指出："自治团体，要有生产力。农人自治，要多生农产；工人自治，要多出工作；学生自治，要多产文化。多产文化的方法，就是多设种种学术研究团体。"（四）"改良社会的责任"，他说："学生事业，不仅在校内；要与社会的生活相接触。以学生所得的知识，传布于社会，作（做）社会的好榜样。使社会的程度，渐渐提高。"蒋梦麟也指出了实行学生自治需要解决的问题。他说："学生团体，是全校团体的一部分。学生团体所做的事，是全校负责任的。所以学生团体与学校中他团体有密切关系。要联络进行，共谋全校幸福。"因此，实行学生自治需要解决以下三个问题：（一）"学生个人和教职员个人或团体的问题"。（二）"学生团体和教职员个人的问题"。（三）"学生自治团

---

① 经亨颐：《高师教育与学生自治》，《附录》，北京高等师范学校《教育丛刊》编辑处：《教育丛刊》1921年4月第2卷第2集，第3页。
② 黄公觉：《北京高师的学生生活》，《附录》，北京高等师范学校《教育丛刊》编辑处：《教育丛刊》1923年2月第3卷第7、8集合刊，第11页。

体和教职员团体的问题"。① 这里，他实际上指出了学生自治的权限问题，他认为"治而不自"和"自而不治"都不是真正意义的自治，只有两者都有一定的限度，才能有真正的自治，自治才能达到预期的效果。蒋梦麟从学生自治的精神、责任和需要解决的问题出发，对学生自治进行了重新的阐释，使其内容更为充实，也更具有可行性，无疑对北京高师乃至全国的学生自治产生了很大的推动作用。尤其是他提出的提高学术、公共服务、产生文化、改良社会的四大责任，不仅在当时对青年学生有重大的指导意义，即使在今天也是非常重要的。

北京高师师生们也积极撰文宣传、介绍学生自治。汪懋祖在《美国公民教育之新趋势》一文中就介绍了美国学生自治的具体情况，他认为学生自治是"利用儿童社会的本能，导之于有组织的活动；以发展其共和精神，而为平民政治之预习者也"，具有"增进训育，整美校风，提高学生人格，发展公民能力"的作用，应该大力提倡。同时，他还强调了教师在学生自治中的职责："在平民主义之自治团体下，教职员处于辅导地位，其职责在引进学生入于轨道；其自己之人格，能力及学生信仰，最宜注意。"② 经亨颐也针对当时"校长教员的多不愿意学生自治，结果双方误解，竟是有宣战的样子"，批评道："长此下去，恐怕学生自治底（的）真义永远不能表见，学校信用永远不能成立，到底也不是教育底（的）本义。"他指出应该从现阶段的"第一期学生自治会"过渡到"第二期学生自治会"，即校长职员既要对其进行"积极的指导"，又"不可以威权用事，不可以束缚学生精神"。③ 夏宇众则提出了和"学生自治"相近的概念——自律辅导主义，他指出，自律辅导主

---

① 蒋梦麟：《学生自治——在北京高等师范演说》，见曲士培主编：《蒋梦麟教育论著选》，人民教育出版社，1995年，第135～137页。

② 汪懋祖：《美国公民教育之新趋势》，北京高等师范学校《教育丛刊》编辑处：《教育丛刊》1921年3月第2卷第1集，第7～8页。

③ 经亨颐：《高师教育与学生自治》，《附录》，北京高等师范学校《教育丛刊》编辑处：《教育丛刊》1921年4月第2卷第2集，第4页。

义"即视学生身心上、个性上、年级上种种特殊之点,及自律力强弱之度而调剂吾之放任干涉之量,循循辅导以达到养成生徒有完全自律能力之目的"。他认为无论小学还是中学都应当实行这一主义,"近日小学教授上,皆曰当取自学辅导主义。吾侪对于今日中学管理训练上,据学理经验斟酌调剂,亦曰当取自律辅导主义"。① 此外,北京高师还于每月土曜日(即星期六)下午举行一次自治谈话会,专门研究自治方法。②

北京高师学生自治会也在实践中不断完善自己的组织。它在成立之初仅设有评议部和干事部,"评议部议决会内一切应行事宜,干事部执行评议部交来一切案件"。干事部之下分设 15 个学区,"其划分方法则以一寝室为单位,或以一自习室之前后院为划分界限——即本校十二个寝室为十二个学区,自习室之前后院为两学区,工学会自习室为一特别学区"。③1920 年 2 月,学生自治会修改简章,实行委员制,分设自习室、寝室、教室、食堂、出版、体育、卫生、庶务八个委员会,又组织了一个各委员会主席联席会议,"每遇有较重大的事情发生时,即由庶务委员会主席召集解决之"。④ 后来,该会组织几度变更,到 1923 年分委员会和议事会两种:委员会由各班选出委员组成,委员会之上又有各委员联席会议,由各委员会委员与学生自治指导委员会委员组成;议事会由从每班选出的委员中再选出一人组成,议事会之上也设有议事联席会议,由议事会议事员与学生自治指导委员会委员组成。委员会和议事会的关系是:"凡各委员会不能解决的事项,即由各委

---

① 夏宇众:《自律辅导主义与中学校训练》,《北京高等师范学校周刊》1919 年 3 月 3 日第 61 号,第 13 页。
② 《全国高等师范学校校长会议本校报告》,《北京高等师范学校周刊》1919 年 3 月 3 日第 61 号,第 48 页。
③ 丁文渊:《本校学生自治会前二次修改简章之经过》,《附录》,北京高等师范学校《教育丛刊》编辑处:《教育丛刊》1923 年 12 月第 4 卷第 8 集,第 11 页。
④ 同上注,第 12 页。

员会自行提出议事会，或经过议事会转交学校决定。"①

北京高师不仅注重开展学生自治，而且由于其师范性质，学生毕业后多是教师，因此他们更注重培养学生掌握指导中等学校学生自治的能力。1921年，经亨颐出任北京高师总务长（一说总干事），兼学生自治指导委员会长。他在就职演说中说："我兼任自治指导委员底（的）职务，是帮助诸君向外宣传自治精神；诸君将来也是指导学生自治底（的）人，所以我今天要讲学生自治问题，先声明一句话，我立于本校职员地位对于诸君立于学生地位帮助你们自治还是小事；我要和诸君同立于教育者底（的）地位，研究怎样维持外面一般中等学校底（的）学生自治？就是指导你们指导学生自治，这是本校毕业生重要的职分。顺应新思潮，不但不可以消极，我以为更加吃紧呢！"②他进一步鼓励学生："现在外面实在缺少这种人才，非托你们赶快出去救济不可！不要现在未毕业时代在校内做一个很能干的自治委员，将来出去仍是做一个束手无策的教员。"③

北京高师的学生自治取得了显著成效。如1923年该会所进行的事情主要有三件："一件就是学校财政公开案，一件就是高师（等）师范大学计划实现案，一件就是直奉战争期间为救济京师妇孺而组织的义勇队。"④这三件事都是关系到学校发展和国家社会的重大事件。对这三件事的积极参与，体现了学生自治会在北京高师学生生活中的重要作用。同时，学生的生活也基本实现了自治，"寝室之清洁，自习之秩序，均以自治为主，故平均学生

---

① 黄公觉：《北京高师的学生生活》，《附录》，北京高等师范学校《教育丛刊》编辑处：《教育丛刊》1923年2月第3卷第7、8集合刊，第12页。
② 经亨颐：《高师教育与学生自治》，《附录》，北京高等师范学校《教育丛刊》编辑处：《教育丛刊》1921年4月第2卷第2集，第3页。
③ 同上注，第4页。
④ 黄公觉：《北京高师的学生生活》，《附录》，北京高等师范学校《教育丛刊》编辑处：《教育丛刊》1923年2月第3卷第7、8集合刊，第12页。

五六十人止（只）用夫役一名，供扫除汲水之役而已"[1]。另外，学生毕业后也多在中学生中积极推行学生自治。如匡互生和周予同、刘薰宇、周卫群等人就于1925年在上海成立"立达学园"，并在学园中积极推行学生自治。"他们认为学校的使命，不只是传授各科知识，而应该是培养具有远大理想和优秀品质的人……教师以身作则，引导学生主动地去做应该做的事，自觉地不去做不应该做的事。"[2]魏野畴毕业后也在陕北联合县立榆林中学推行学生自治，"在他的指导下，学校成立了学生自治会、读书会、话剧研究会，学生们走出校门，开展反苛捐杂税、反迷信和反拉差拉伕的斗争，积极开办贫民学校，利用假期到农村搞宣传，激发人们投身于火热的革命斗争"[3]。

（二）北京女高师与学生自治

北京女高师学生自治会成立于1919年12月17日。事实上它可追溯到该年5月6日。是时，在"五四"运动的影响下，在李大钊和北京大学学生会的指导下，女高师学生连夜成立学生自治会，由陶玄、王世瑛主持，下设评议、干事、纠察三部。其早期活动主要为"经常派代表和北京学生联合会联系，参加会议，编写刊物，到街头讲演宣传，游行请愿等，投入了五四运动的战斗"[4]。正式成立后，学生自治会宗旨定为"本互助之精神，谋个人能力之发展，及校务之发达"。其组织形式沿袭早期的三权分立式，分为三部：评议部、干事部和纠察部。评议部主要是"议决会中应行事项"；干事部下又分四股：庶务股、贩货股、讲演股和出版股，其主要职责为"执行评议部议决事案，并其他应行事项"；纠察部主要"纠察值日之勤怠者"，每日在每

---

[1] 《北京高等师范学校校长会议本校报告》，《北京高等师范学校周刊》1919年3月10日第62号，第5页。
[2] 蔡端：《火烧赵家楼的第一人》，见北京师范大学校史资料室编：《五四运动与北京高师》，北京师范大学出版社，1984年，第261页。
[3] 张守宪、董建中等：《魏野畴烈士传略》，见陕西省革命烈士事迹编纂委员会编：《魏野畴：传略·回忆·遗文》，陕西人民出版社，1981年，第4页。
[4] 程俊英：《回忆女师大》，见朱杰人、戴从喜编：《程俊英教授纪念文集》，华东师范大学出版社，2004年，第347页。

个教室、自修室安排值日 3 人,在宿舍安排值日 1 人,"由全体轮流"。①

女高师自治会成立后作为颇多。有学者即指出它"是五四时期北京女学界联合会的主要力量,也是后来女权同盟会的发起人,此外还是平民教育的生力军,凡是有关学联发起社会活动,都会有她们"。②第一,邀请"学生自治"最早的提倡者与发起者蔡元培和西方教育家罗素莅会演讲。蔡元培在女高师学生自治会的演讲共两次。第一次是 1920 年,蔡元培主要讲了三个方面:其一,强调"自治会可以试验学生办事的能力,独立的精神",有助于学生完全人格的养成;其二,从"学校即社会"以及尊重学生个性出发,对以"学生没有自治的能力"而反对学生自治的言论加以反驳;其三,鼓励女高师借鉴北京大学"学生会"的经验,办好"自治会"。③第二次是在 1923 年初,蔡元培首先"就自治消极积极两方面去立论和引证",接着强调学生自治的"自治性"与"互助性",主张本着民主平等的原则,处理团体自治活动中有关兴废、行止、人我、群己等问题。在演讲中,蔡元培还对"学生自治"活动中出现的偏离"管理自己"自治本义,擅干校务以致引发"风潮"的现象,提出了批评:"从前的学生,到不得已时,全体都慎始慎终的改革,还没有好结果。现在呢?任凭几个人的武断,闹得现在农专法专都不像样子,所以我们在这潮流之中,都不知不觉地受其害。这点还望诸君注意!"④罗素于 1920 年在女高师学生自治会发表了《布尔塞维克的思想》的演讲。结合女高师的校情,罗素主要从实现男女平等出发来论证俄国"共产制"的优越性:"除了共产主义以外就不能给女子以应享的权力及应得的位置了。在俄国男女间的关系,可说是比世界上哪一国男女间的情形也好。""有了共产制,男女就可以一样的了;无论作(做)什么事,也都不自私自利了;

---

① 《女高师半年来之学生集会》,《申报》1920 年 3 月 17 日。
② 何玲华:《新教育·新女性:北京女高师研究(1919—1924)》,中国社会科学出版社,2007 年,第 182 页。
③ 《蔡孑民先生演讲"学生自治"》,《北京女子高等师范文艺会刊》1920 年第 2 期,第 43～44 页。
④ 蔡元培:《自治之成因与范围》,《北京女子高等师范周刊》1923 年 1 月 17 日第 14 期。

大家都是为着公益事业来尽义务，所以对于社会，也稍为接近些，也有较广一点的社会观念了。既不拘于自身少数的事，而个性也可乘此发展，有此精神，也可以有了新道德的发现。"基于上述优越性，罗素在演讲中号召"我更希望世上个个文明国，都应当以这种大好新主义来实地试验！"① 该演讲经迭谦笔记，先录入《北大日刊》，后又在《民国日报》1920年11月29日发表。

第二，进一步深化对"学生自治"的理论探讨。女高师学生对"学生自治"的基本要旨和意义进行了较为深入的阐发。她们不仅从学生个人层面来解析"学生自治"，认为是"学生能够自己治理自己；切实说明，就是学生自己发展个人本能，来应受教育指导，以做成一个完全的人"②，并且还从群体的角度，指出"因为恐怕个人单独行动，有时不免有点不对的地方，所以大家联合起来营共同生活……互相发达，连同一气，发表精神"③，"'学生自治'之义为何？本学生意志之自由，为道德之服从，以维持学校之秩序，并所以使学校之生活与社会一致也"。她们认为"学生自治"的意义就在于："养成适于社会生活之完全人格"，"培养对公共生活的兴味与公共责任心"。④ 尤为可贵的是，学生们还颇为冷静地分析了"学生自治"出现的问题及应对之策。林保权就对学生自治过多干涉校务提出批评："学生自治会，是法国英国提倡起来，美国先实行底。他们底教育精神是怎样？我国许多教育家都不用心细察，看见他们底整齐样子，就以为学生自治可以在管理方面帮忙。各个提倡起来，几乎到处学校都有了学生自治会。可惜多在管理范围以内，那会内职员，都是一个个传达命令，代执行干涉手段的役使。这也叫做'自治'？是误会得很了。不如改称'代治'，倒极名副其实罢"⑤。对于林保权提

---

① 《布尔塞维克的思想》，见袁刚、孙家祥、任丙强编：《中国到自由之路：罗素在华讲演集》，北京大学出版社，2004年，第206～207页。
② 林宝权：《学生自治在教育上的价值》，《北京女子高等师范文艺会刊》1920年第2期，第33页。
③ 同上。
④ 王世瑛：《学生自治》，《北京女子高等师范文艺会刊》1920年第2期，第32页。
⑤ 林宝权：《学生自治在教育上的价值》，《北京女子高等师范文艺会刊》1920年第2期，第33页。

出的现象，学生自治会干事王世瑛认为校方和教育者须"因势诱掖其'理'，勿使'意气'，从事而自恣"。①

第三，创办刊物。1920年2月女高师自治会发行革命性刊物——《北京女高师半月刊》第1期。发刊词称当时的社会是"黑暗的时代"，我们"断不可使这漫漫长夜延长下去，应当想着如何使浑浊的社会澄清，如何使黑暗社会光明"，后被北洋政府内务部查办而停刊。②1922年8月，自治会发起成立了北京女权运动同盟会，并代为发行其机关报——《女权运动特号（创刊号）》，被称为"从事女权运动者所不可不读"的刊物。③此外，它还刊行了《女界钟》（1919年5月22日，仅1期）、《女高师附中学生会杂志》（1922年4月，仅1期），并参与刊行了《北京女高师文艺会刊》（1919年6月—1924年，共出6期）。④其中，《女界钟》为自治会创办的第一个政治性刊物，被指责为"这是《五七》一类的刊物，不许付印"，后自治会成员自己油印，发至北京学界。⑤

此外，女高师自治会还着手革新学校的具体管理制度。《晨报》曾提道："北京女子师范自治会成立后，对于校中之专制恶习，虽不敢一旦推翻，但亦渐渐着手革新，职员所以颇恨自治会。校长夫人因此久不到校治事，以示反对。有朱监学者，更宿意与自治会为难。近因学生回家事，两方意见发生冲突，□前学生之在京有家者，星期六回家，星期日午后即须回校，后经自治会通过，准于星期一清早回校，已得校长同意照行。乃朱监学则执意以为星期日不回校必须说明事故，格外请假，否则记过扣分。自治会方面因朱说

---

① 王世瑛：《学生自治》，《北京女子高等师范文艺会刊》1920年第2期，第33页。
② 中华全国妇女联合会编：《中国妇女运动百年大事记（1901—2000）》，中国妇女出版社，2003年，第22页。
③ 《新刊介绍》，《自由论坛》，《妇女杂志》1922年第8卷第10号，第43页。
④ 《1915年—1927年北京妇女报刊统计》，见刘宁元：《北京近现代妇女运动史》，北京出版社，2009年，第99页。
⑤ 程俊英：《回忆女师大》，见朱杰人、戴从喜编：《程俊英教授纪念文集》，华东师范大学出版社，2004年，第348页。

与原议不合，据理与争，朱甚愤，闻正在运动解散自治会。自治会之危机已至，未知该校学生将何以打破此难关也。"①

女高师学生自治会的工作也颇有成效。蔡元培曾评价其"办得很好，很有条理，也能保守自治的本意，真是前途希望无穷！"②《晨报》也曾评论道："即此次学潮，该校学生于课业上并未受何种重大影响。是盖去冬今春之学生群运动，大半在星期日或星期六，皆与上课不相冲突，而各校学生多有藉此息学者，惟该校则始终上课，学生缺席人数与平素相仿佛，此则其学生自治会布置得法之结果也。吾以是知女学生之自治能力，实不下于男生。"③

（三）南京高师与学生自治

南京高师的学生自治始于1919年12月31日，虽稍迟于北京高师与女高师，但却成为"五四时期各项工作开展得比较好的学校"。④主要表现在以下几点：

第一，准备较为充分。郭秉文在全校范围内对学生自治工作进行了系统协调。先是废止学监处，将其训育工作交由事务处（由庶务处改名而来）负责，除设训育主任外，不再安设专门的训育人员。训育主任对全校训育实施的具体措施负有指导之责。在此基础上成立学生自治会，具体办理原由学监处管训的许多事项。

第二，成立学生自治委员会。学校还在校务会议下设立学生自治委员会，由全体教职员工共同担负辅导工作。第一届学生自治委员会委员有刘伯明、陶行知、陈鹤琴、廖世承等，他们深谙美国自治会组织，对学生自治颇有研究，在他们的具体指导下，南京高师的学生自治会自然卓有成效。如陶行知就于1919年10月学生自治会成立前夕在《新教育》上发表了《学生自

---

① 《女高师自治会之危机》，《晨报》1920年4月13日第466期。
② 蔡元培：《自治之成因与范围》，《北京女子高等师范周刊》1923年1月7日第14期。
③ 《女高师自治会之危机》，《晨报》1920年4月13日第466期。
④ 张雪蓉：《1920年代我国现代大学学生自治制度研究——以国立东南大学为中心》，《南京社会科学》2006年第12期。

治问题之研究》一文,对"学生自治"的概念、施行的必要性、办得妥当的好处、办得不妥当的弊端、与学校的关系以及规定范围的标准、应注意之要点等都详加剖析①,被时人赞为"尤肯做具体的研究"②。他在学生自治会成立大会上又发表演说,指出学生自治"是自动主义贯彻德育的结果,是我们数千年来保育主义、干涉主义、严格主义的反应,是现在教育界一个极重要的问题",他还明确了学生自治的含义,指出其有三个要点:"第一,学生是指全校的同学,有团体的意思;第二,自治指自己管理自己,有自己立法执法的意思;第三,因为学生还在求学时代,就有一种练习自治的意思。"③陈鹤琴于南京高师学生自治会成立前夕也曾著文《学生自治之结果种种》,罗列了欧美学校实施学生自治之成效,深入分析了我国实施该制度的种种障碍,且以问答的方式一一予以解释。④学生自治会成立后,他担任校游艺委员会主任,在他的大力提倡下,通过年级之间举行各种竞赛、交易会、联谊会,开展表演、讲座、辩论等活动,使学生的面貌大为改观,"一种动的、有生气的、有活力的校风产生了"。⑤刘伯明对学生自治也"主谋规划","努力提倡学生活动,注意全人训练"。⑥针对实行学生自治过程中出现的过分强调民主、自由等现象,他著文指出:"国家要强盛,非实行民主政治不可;学校要昌明,非实行学术自由不可。中国受封建主义统治两千年,旧的积习过深,阻力很大,需要作长期奋斗。但自由的真谛何在?民主的涵(含)义何在?自余观之,共和精神非他,即自动地对于政治负起责任。自由必与负责相结合,而后始为真正之民治。仅有自由为之放肆,任情任意而行,而无中心相维系,则有分崩离析、群体分裂之祸。仅负责而无自由,谓之屈服,

---

① 《陶行知全集(第1卷)》,四川教育出版社,1991年,第28~32页。
② 谬金源:《读陶行知先生的〈学生自治问题之研究〉》,见《陶行知全集(第1卷)》,四川教育出版社,2005年,第636页。
③ 见孙培青主编:《中国教育管理史》,人民教育出版社,1996年,第541页。
④ 《新教育》1919年第2卷第3期,第23~31页。
⑤ 北京市教育科学研究所编:《陈鹤琴全集》第6卷,江苏人民出版社,1991年,第622页。
⑥ 转引自龚放等:《南大逸事(上)》,辽海出版社,2000年,第172页。

此军国民之训练,非民治也。盖民主政治,虽重自由,然有自由必附以负责之精神。真正的自由与负责,讲到底,是同一事物的两面,唯负责而后有真正之自由,唯自由而后可谓真正之负责。而欲达到民主共和,应自学生自治始,这是南高的群育纲领。"①

第三,组织较为完备。自治会实行三权分立。下设议事(立法)部、纠察(司法)部和执行(行政)部三个机构。议事(立法)部是立法、议事机构,由每自修室选出议事员一人组成(大抵有议事员二十余人),主要职责是:(1)议决和修订本会简章;(2)议决本会进行事宜;(3)制定本会会员规则;(4)通过预算决算;(5)质问及弹劾各部职员。该部设正副部长各一人,由议事员中互选,部长及部员任期半年,不得连任兼任。本部分常会、临时会两种,常会两星期举行一次,临时会由部长临时决定,本会所议事项,关系到学校的行政工作的,得请教职员列席参议。纠察(司法)部由每自修室选出纠察员一人组成,设正副部长各一人,由纠察员互选中产生,以半年任期为限,不得兼任和连任,主管司法事宜,主要职责是:(1)维持本会秩序;(2)劝告及惩罚。该部是调解处理机构,学生间的矛盾纠纷,依据矛盾的大小,一般分为三种处理方式:(1)一般矛盾由各室纠察员自行处理;(2)较大问题要进行公开仲裁,由本部全体部员处理;(3)严重问题由本部协助自治委员会处理。执行(行政)部是组织执行机构,设正副部长各一人,由每自修室选出一人为初步当选人,经全体委员复选产生,任期半年为限,不能连任和兼任。为便于开展工作,该部下设值务科、进德科、学艺科、卫生科、经济科等。②

第四,学生自治活动成效显著。一是学生生活基本实现自治。相菊潭即有辑录:"本校对于智育方面,特重自修。讲堂所授,开示涂辙,引起学者之兴味,使之自求愤悱。待问则随时可质之于诸师。科学之实习,文字之参

---

① 转引自朱斐主编:《东南大学史》(第1卷),东南大学出版社,2012年,第56~57页。
② 《南京高师学生自治会函件》,中国第二历史档案馆藏缩微胶片,全宗号648,卷宗号78。

考，各就所乐，反复指导焉。弦诵相闻，人人自奋于学，无束缚之弊，而有自励之实。复以其暇，分科设会，研求智识。初不限于课本讲义之注入也……本校校规无明文之规定，举凡校务会务有关于学生者，悉委学生自治，教师则指导之而已……本校念体育发达须运动有恒，而运动有恒须养成习惯，故于正课之外，每日规定早操，始由教师授以方法，晓以利益，继则各自操练，以自强为主。既无司令之人，且无监督之员，本各个之毅力，不拔之精神，而为永久之操练，迨习惯既成，视为固常，遂欲罢而不能矣。"①二是激发了学生们学术研究的兴趣。执行部下设学艺科，该科的主要任务就是组织各个学科的研究会，如文学、史地、哲学、英文、数理化、教育、工学、农业等，各研究会"就其自身的研究，作成论文，集合拢来刊行一本会刊"②，共刊发了《数理化杂志》《教育汇刊》《史地学报》《文哲学报》《工学丛刊》《农业丛刊》《农业教育》《体育丛刊》等刊物。三是培养学生广泛能力和爱好。学艺科还组织了各种社团，如体育、演说、图画、国乐、西乐、军乐、戏曲、摄影等，使体育、艺术活动成为当时校园文化的重要组成部分。张其昀回忆称："南高师的学生自治会最有生气，课外研究又设立各种研究会，其目的在培养良好的公民资格，如公正无私，同情心，责任心，牺牲个人利益，尊重他人权利等事……南高师学生个性有极度发展，然绝不因主张之同意，隐隐有局部之对垒。学生界党同伐异之败德，母校独无征迹，这也是当年学校生活最感觉愉快的一点。"③有学者通过对《教育杂志》所列出的历年学潮事件进行统计，得出结论：南京高师，包括后来的东南大学在当时各校学潮频繁发生的年代，能够"显得比较平静和理智"，学生自治会

---

① 相菊潭：《本校自动主义之实施》，《南京高等师范学校校友会杂志》1918年第1卷第1期，第42～44页。
② 曹刍：《东南大学南京高师学生生活》，《学生杂志》1922年7月5日第9卷第7号，第9页。
③ 张其昀：《南高的学风》，见左惟等编：《大学之道——东南大学的一个世纪》，东南大学出版社，2002年，第181页。

功不可没。[1]

三　教育经费独立运动

北洋军阀时期，各军阀无心发展教育，且经常挪用、占用教育经费，甚至连最起码的维持教育现状的经费也无从保证。教育界认识到要真正实现教育的民主化、平民化，就必须划定专门教育经费，实现教育经费的独立。北京高师《平民教育》在1919年就提出了教育独立，包括教育经费独立的主张："教育属于政治的范围，支配于官僚势力之下，那是不行的……所谓'平民主义的基础'是什么呢？就是使教育事业建设于多数平民势力的上面，得一种永久的，坚确的，不可动摇的根据；换句话说，就是要经费、机关，都是独立的，并不要倚靠官僚一二套命令来提倡，或颁布几部章程来作模本。"[2] 并断言："倘若不然，那么，本来是军阀、官僚……的子子孙孙，恐怕谁也不肯抛弃其特权，来过平民社会里'一律平等'的生活。"[3] 随着教育独立之议的高涨，高师学校纷纷投入教育经费独立运动。

（一）北京高师、女高师与北京国立八校罢教索薪运动

1921年4月14、15日，北京国立专门以上各校相继宣布罢课。北京高师推举经亨颐、马裕藻、何炳松、黄人望、刘玉峰、张贻惠、程时烃七人参加了各校教职员代表联席会议。同时，北京高师《教育丛刊》也开始了对此事的连续报道。师生们纷纷撰文谴责北洋政府的欠薪行为，声援国立八校教职员学生的索薪行动。夷初在《弥近理而大乱真的政府维持教育的办

---

[1] 张雪蓉：《美国影响与中国大学变革（1915—1927）——以国立东南大学为研究中心》，华龄出版社，2006年，第101页。

[2] 伥工：《教员罢工所得的觉悟》，北京高师平民教育社：《平民教育》1919年12月20日第11号。转引自中共中央马恩列斯著作编译局研究室编：《五四时期期刊介绍》第1集上册，生活·读书·新知三联书店，1978年，第344页。

[3] 光舞：《平民主义与普及教育》，北京高师平民教育社：《平民教育》1919年12月27日第12号。转引自董宝良、周洪宇主编：《中国近现代教育思潮与流派》，人民教育出版社，1997年，第381页。

法》一文中对5月14日国务会议通过的"经常费及偿还积欠"两条办法，一一加以剖析，他指出这种办法"是古人说的'弥近理而大乱真'，恐怕终瞒不过人的"，并发出了"政府糊涂到这个田地"的控诉。① 源瑞则把新华门"六三"事件和1919年"五四"运动期间的"六三"事件联系起来，控诉了政府对教育界的残杀。他说自1919年"六三"事件后，"从此中华民国便开了军警残杀教育界的局面，教育界的厄运，转而之于四方……不料这个'六三'，又演出这么一幕惨剧！什么堂堂的首都，什么皇皇的政府，什么鼎鼎大名以文治号招（召）而骗得外国文学博士的长乐老"。② 汪懋祖和福针对社会上一部分人对这次索薪行动的无知和污蔑，分别撰文《教潮之分析及所得之教训》《愿国人平心裁判》，借以唤起普通民众的理解和支持。汪懋祖认为教职员并不是"'嚣张''要挟''惟利是图'……'为政党利用'"，而是"纯为解决教潮自身之问题，绝对不含他种作用，为因政府拖欠教育经费，已非一次；失信不止一朝，欲图一劳永逸，不可不敲钉转脚。故不惜忍痛牺牲短时间之光阴，以求教育经费独立；则庶几脱政治旋涡，而教育得遂其自由发展"。③ 他说教职员都是"文弱之师儒学子，除以极诚恳之态度笔舌呼吁外，试问尚有何法。故始终抱守'至诚之心豚鱼可格'八字及'公理战胜'四字之迷信"，而政府镇压索薪行动的目的则"在解散八校，代以奴隶教育"，因此，"此次汹涌之教潮，实为新旧交战"。④ 福针对社会上"疑教职员受政党利用""疑教职员纯为自身的金钱问题"两种论调，指出："这次教职员的罢工，完全是苦心孤诣，要想维持危如累卵的教育和做到百年树人的

---

① 夷初：《弥近理而大乱真的政府维持教育的办法》，《附录》，北京高等师范学校《教育丛刊》编辑处：《教育丛刊》1921年5月第2卷第3集，第4页。
② 源瑞：《又是一个"六三"！——教耻纪念》，《附录》，北京高等师范学校《教育丛刊》编辑处：《教育丛刊》1921年6月第2卷第4集，第22～23页。
③ 汪懋祖：《教潮之分析及所得之教训》，北京高等师范学校《教育丛刊》编辑处：《教育丛刊》1921年6月第2卷第4集，第1页。
④ 同上注，第2～3页。

大计。""愿国人扪心自问，明白这点意想，大家起来平心裁判才好。"①

北京高师师生号召全国的教育界都联合起来，谋求教育经费的独立和教育事业的进步。源瑞就说："教育是立国的根本大计，不可不有确定的基础，若乘着这个时机，大家起来，一齐设法解决这个问题，无基金的确定基金，无经费的急筹经费。索性大家费点力量，彼此呼应的把这件事弄得妥妥当当，叫他（它）以后永永不发生意外，教育界得以安步前进，岂非莫大的幸福！"②他号召大家起来进行"彻底的觉悟"和"根本的解决"，他说："'六三'！'六三'！我们这种痛，一痛再痛，屡痛而不已，难道就要接连下去长此白痛了吗……我们应该从这一回，起一番彻底觉悟了！我们应当知道这种诚恳委曲的愚忠，是万万感动不了魔鬼的了！我们应当知道这种恭顺诚恳的请愿，看得起他们是人的办法，是永远不可再用的了！我们应当知道这种奸诈卑劣，不知道什么是教育的东西，是再不能望他维持教育的了！我们应该从此牢牢的（地）记住这般东西，永远是教育界的仇敌了！我们应该知道我们这教育界和这仇敌是终不能两立的了！我们现在应当从'正本清源'的目标，想一个根本解决的法子，拼命的（地）进行下去，不要再像这样姑息容忍，在这黑暗地狱中讨生活了！"③仲逵和楚禅也号召要打破"教育界"和"劳动界"的界限，实现全国总同盟。仲逵说："教育事业，在习惯上都把他（它）看作一种纯粹的精神事业，所以世界上的教育家，直到现在尚很少和劳动家接近。而劳动家亦因此不很承认教育家可以和他们合成一气。因此教育界里边的同盟罢工的事情，到现在尚是很少……有的：就是

---

① 福：《愿国人平心裁判》，《附录》，北京高等师范学校《教育丛刊》编辑处：《教育丛刊》1921年6月第2卷第4集，第16～18页。
② 源瑞：《告同业》，《附录》，北京高等师范学校《教育丛刊》编辑处：《教育丛刊》1921年5月第2卷第3集，第5页。
③ 同上注，第23页。

从我们这次罢课起头。"① 楚禅则参照世界其他国家的经验来论证教育界和劳动界联合的必要性，他说："支（芝）加哥政府……将教职员中之露头角者，先后免除三十六人，因此，教职各员皆起恐慌，直至劳动同盟会作示威运动，芝加哥政府始将三十六（人）复职。迩来伊利诺（Illinois）邦立大学及华盛顿大学等，均组织教职员会加入劳动同盟矣。"由此他得出结论："不承认精神和劳动之绝对的分别，而承认教育事业亦是劳动事业的一种。"②

值得一提的是，师生们在激烈地谴责北洋军阀统治和号召联合斗争时，也冷静地认识到了国民性改造问题的重要。如常道直就分析了这次索薪运动中"政府为'麻木不仁'，不知教育的重要，专搜括金钱供军人之挥霍。而一般社会，对于社会生活泉源之将绝，亦尚熟视无睹，一若毫不关他们的痛痒者"的现象，指出其原因在于"我国现在的衮衮（衮衮）诸公，大多数的脑筋都还是几十年以前的旧脑筋，他们何尝梦想到教育的价值和现代各国教育的现状？他们对于这些学校不敌视已经够了，安能望他们重视呢？"③ 从而提出了"广布教育的常识"、普及"平民主义观念"的课题："一个没有平民主义的观念的民族，永久不能组成一个巩固的平民主义的国家。一个完全没有教育常识的社会，怎样能希望有稳固的教育基础呢……只有广布教育的常识，使一般人皆知道教育是国家的命脉，是平民主义之唯一的保障。"④

为了谋求教育经费独立问题的彻底解决，北京高师师生很快又投入了争

---

① 仲逯：《"教育经费独立"的罢教风潮和世界劳动纪念》，《附录：北京国立学校"教育经费独立"运动经过情形纪要》，北京高等师范学校《教育丛刊》编辑处：《教育丛刊》1921年6月第2卷第4集，第3页。

② 楚禅：《五一纪念与八校同盟》，《附录：北京国立学校"教育经费独立"运动经过情形纪要》，北京高等师范学校《教育丛刊》编辑处：《教育丛刊》1921年6月第2卷第4集，第4页。

③ 导之：《北京国立学校教职员罢工的感言》，北京高师平民教育社：《平民教育》1921年4月1日第31号，第23页。

④ 同上注，第22～24页。

取"教育列入宪法"的斗争。1922年夏,国会制定新宪法,北京高师师生在校长李建勋的带领下,"即为一度之研究,议定宪法中教育专章草案,由中华民国宪草修正请愿团持向众议院请愿,并经议员袁麟阁等将原案提出于宪法会议"。[①] 同时,师生们还把该议案提出讨论于海王村学会(即北京教育界同人组织研究教育问题的会议)。师生们要求"教育列入宪法"的原因,《中华民国宪草修正请愿团李建勋等请愿书》中说得很清楚:"我国……现在学校组织分大学、专门、中学、小学四级,而年来因财政之困难,不特未能发展,且以基金无著,恐有不能维持之虞",而以前"天坛宪法草案关于教育止(只)有初等教育义务一条,其余大学、高等中学均付阙如,殊欠完密",因此,"请愿将学校组织及基金定入宪法以维国本而重教育事"。[②]

为了进一步为"教育列入宪法"作理论上的论证和参考,北京高师师生们或撰文或演讲来表述自己对该问题的看法。李建勋在《关于教育行政上之五大问题》一文中,就把教育立法问题列为第一个。他说:"共和国家断不容有帝制色彩的教育制度,一种民治国,宪法上一定要有教育法律……我主张中国一定要有教育法律,教育法律定了出来,人民即可执之以为促进教育的鞭策……方能使教育向前进步。"[③] 向英在《德意志新宪法之教育思潮》[④]一文中高度评价了德意志把教育列入宪法的做法,为北京高师要求"教育列入宪法"的斗争提供了国际上的参证。查良钊教授在《我们希望制宪议员在宪法上关于教育之规定》的讲演中也列举了世界各国宪法对于教育的规定,

---

① 《北京高师对于教育列入宪法之要求》,北京高等师范学校《教育丛刊》编辑处:《教育丛刊》1923年2月第3卷第7、8集合刊,第1页。
② 《中华民国宪草修正请愿团李建勋等请愿书》,《北京高师对于教育列入宪法之要求》,北京高等师范学校《教育丛刊》编辑处:《教育丛刊》1923年2月第3卷第7、8集合刊,第6~7页。
③ 李建勋讲演,萧树棠笔记:《关于教育行政上之五大问题》,北京高师平民教育社:《平民教育》1922年4月25日第50期,第2页。
④ 向英:《德意志新宪法之教育思潮》,北京高等师范学校《教育丛刊》编辑处:《教育丛刊》1923年2月第3卷第7、8集合刊。

指出"教育是国家生存之命脉,而宪法则为国家根本之大法",所以,制宪议员应该"在宪法中规定教育专章"。他还进一步讨论了在宪法中规定教育专章时应注意之点,如议员们要有"远大之眼光","须从永久之根本上着想",关于教育之规定"应具有原动力","应注重富有动力之原则",应该"含有现代教育之基本原理并适应世界与国家进化之需要",等等。① 在师生们和其他教育界人士的共同努力之下,1923 年 4 月 17 日,宪法委员会提出《教育专章草案》,"虽有未尽善处,而普及教育,教师待遇,奖学基金,经费成数,均能顾及,在中国教育史上,不可谓非一进步"②。

北京女高师也从始至终积极参与了这一运动,并在运动中发挥了重要作用。一则是推举吴卓生、陈淑、徐蘅、李贻燕、陈钟凡五人参加了各校教职员代表联席会议,其中李贻燕担任会议文牍组干事,并被推举为教育基金委员会委员。二则为了声援索薪运动,女高师于 1921 年 5 月 18 日下午二时在大礼堂开"话别会",李贻燕、陈钟凡及学生代表陶玄发表演讲,明确提出三个主张:"第一,教育经费非确实而独立不可。第二,男女教育之经营设施,非平均发达不可。第三,要男女教育平均,非要求女子教育经费之大大的增加不可。"并勉励全校师生"今后仍当以国民资格为维持教育生机的奋斗,希望诸同学尚当百折不挠,继续运动"。③ 三则女高师附属中小学教职员也于 5 月 19 日发出通告,决定"停止职务,呈请政府速予维持",并递交辞职呈文,称"惟青年学子之精神以教育为之命脉。停顿一日,即消沮一日,机能之运用,万不可久行停止。用特请赐睿断,速准国立北京专门以上各校教职员所请各节,俾得早日复职,定期开课,以维教育而固国本,不胜迫切

---

① 查良钊讲,袁晴晖、杨国礎记:《我们希望制宪议员在宪法上关于教育之规定》,北京高师平民教育社:《平民教育》1922 年 12 月 10 日第 57、58 期合刊,第 31～32 页。
② 李建勋:《中华民国宪法问题内之教育专章》,《中国教育宪法问题》,教育编译馆,1935 年,第 4～5 页。
③ 舒新城:《近代中国教育史料》,中国人民大学出版社,2012 年,第 427 页。

待命之至"。① 四则积极参加了"六三"请愿活动，其中教授汤璪真"内部重伤，两眼发直，全身已失知觉"，职员刘兴炎"额轧破伤"，王本仪、陈君激、梁惠贞、刘因民、赵林书等学生均受重伤。②

（二）武昌高师与校款运动

武昌高师成立之初，校款由湖北省在应解中央专款下照拨。据统计，1919年"五四"运动前，武昌高师在校学生251人，年经费110640元，每个学生年平均440元左右③，总体而言还算充裕。其经费出现危机始于1920年。一是由于时局不靖，军阀混战，国家财政每年的支出大多数耗于军费。军费年年增加，学费年年减少，以至于出现"财政艰绌，或应付未能如期，或筹措未能足额"④的窘况。二是由于湖北督军王占元的刁难。王占元因不满武昌高师在"五四"运动中的活跃表现，遂通过湖北省长公署于1920年5月发布"武昌高师经费应由中央直接拨发案"，根据该案，武昌高师于1920年后经费要改列中央预算开支，经费日益艰绌。1920到1921年，曾两度因经费无着不能开学，并三次向湖北省政府借款。

1921年湘鄂战事发生，王占元被驱，但校款问题仍未解决，欠教职工薪金数月，师生们不得已典卖衣物，以资糊口。武昌高师学生们遂议决"本奋斗牺牲之精神，直捣京门，与麻木不仁的政府战个胜负"⑤。一是组织了二百多人的"请愿团"，"北上请愿"；一是留校学生组织"干事会"，"专在湖北方面运动，以期和北京请愿团'同声相应'"。10月2日，校款"请愿团"到京，立即开展了有组织的请愿活动：派代表谒见教育部次长和京中各名流、团体，请求援助，并拟就宣传文件——《教育泪》。5日举行了游行活

---

① 舒新城：《近代中国教育史料》，中国人民大学出版社，2012年，第433页。
② 同上注，第435页。
③ 吴贻谷主编：《武汉大学校史（1893—1993）》，武汉大学出版社，1993年，第83页。
④ 中华民国史事纪要编辑委员会编：《中华民国史事纪要（初稿）》（中华民国九年正月至十二月），中华民国史料研究中心，1980年，第41页。
⑤ 洪为法、何其宽：《国立武昌高师校款运动始末记》，《学生杂志》1922年1月5日第9卷第1号，第62页。

动,"受伤的竟有十五六人之多"。迫于压力,内阁提出高师经费"自十年度起,按照九年度预算数目,由汉口京汉铁路货捐局按月发给"①,不料此款属于湖北地方款项,非中央所有的经费,遭到湖北省议会的反对。请愿团接着一面"刊行《教育血》,分散各界",揭露政府之欺骗,求援于国人,一面派代表继续接洽,并拟订了两种解决方案:"一请马次长在他方面设法,或即指定由鄂烟酒税项下拨发。二或照京八校例子和前王鄂督成案,请交通部承认,由汉口路电两局按月拨发"②。11月12日,阁议通过了"教部提议案","资由财教两部协商,自十年度起,所有该校经费,照该校原列九年度预算,每月一万八千余元,指定在湖北烟酒税项下发给"③。在得到湖北烟酒税务局回电允照拨后,11月14日,校款请愿团返校。

诚如有成员指出:和北京国立八校罢教索薪运动相较,"他们逼居京城,运动起来,近水楼台,总比我们学校远离数千里外的容易得多。且他们有八校联合起来,群策群力,更比我们学校'单枪匹马'强悍得多。既因离京太远,又因单独一校,所以运动校款,前前后后,所出的力,所烦的心,也比京八校耗费得多"④。此次校款运动被认为是"开中国教育界空前绝后之纪元"⑤的事件,全国各大报章纷纷予以报道。如《学生杂志》主编杨贤江即鉴于"这次武高学生的校款运动,确是学生运动史上值得注意的一件事情",特请武昌高师学生洪为法、何其宽"把这次运动的始末情形记载出来,刊登本志,使读者诸君晓得我国学生求学的困难,并促起对于政治现状该有的一种觉悟"。⑥此外,《民国日报》和《申报》也分别以《武昌高师之厄运》《鄂高师教员也罢工了》《鄂高师也罢课了,原因总是无钱》《鄂高师索款就此了

---

① 洪为法、何其宽:《国立武昌高师校款运动始末记》,《学生杂志》1922年1月5日第9卷第1号,第65页。
② 同上注,第64页。
③ 同上注,第65页。
④ 同上注,第60页。
⑤ 同上注,第62页。
⑥ 《〈国立武昌高师校款运动始末〉记附白》,《学生杂志》1922年1月5日第9卷第1号。

结》《武昌高师革新的写真》《武昌高师近况 谈校长复职返校》《武昌高师仍有风波》等① 和《武昌高师学生催拨校费》《武昌高师之校款运动》《鄂高师代表团北上请愿》《鄂高师代表团因经费而奔走》《武昌高师教师罢教》《解决武昌高师罢课之办法》《鄂高师代表与鄂督》《武昌高师款无着落,公举代表赴京呼吁》《武昌高师学生二百人赴京请愿》《武昌高师全体学生北上请愿解决经费通电》《鄂高师学生北上请愿》《鄂高师学生抵京赴教育部请愿》《鄂高师学生经费财部不肯解决》《鄂高师学生赴京请愿惨剧》《江苏教育会代武昌高师呼吁》《鄂高师通电全国乞主持公论》《鄂请愿学生被殴后之教部》《鄂学生请愿被殴后情况》《鄂学生请惩行凶兵警》《鄂高师赴京请愿团电》《鄂高师之经费问题》《武高师请费团被殴之反响》《武高师请愿团之活动观》《武高师运动之主张与响应》《武高毕业生请解决基金,严惩军警》《鄂督电无钱可拨予高师费》《武昌高师毕业生吁请拨费给母校》《鄂高师经费解决》《鄂高师经费解决后之请愿团》《鄂高师费仍在商洽中》《鄂高师经费又生波折》《鄂高师学生将向财部索款》《鄂高师经费问题近讯》《鄂高师经费已成悬案》《鄂高师经费仍无着落》《鄂学生赴财部索款争得印花票十万》《鄂高师校款解决请愿团出京》《鄂高师经费已解决》《鄂高师请愿团出京》② 等为题对此次校款运动进行了连续追踪报道。

校款运动也给武昌高师带来了革新之风。洪为法、何其宽即指出:"同学们都本着这次奋斗的精神,和衷共济,要将校内改进一番。"③《民国日报》在1921年11月29日的报道中也指出:"武昌高师,立在被武力压迫的武昌城中,不能自由发展,也是当然的事。本可以原谅的,现在他们是觉悟了,

---

① 中国人民政治协商会议兴山县委员会文史资料研究委员会编:《兴山县文史资料·第3辑·谈锡恩先生专辑》,1987年,第170~183页。
② 《申报索引》编辑委员会编:《申报索引(1921—1922)》,上海书店出版社,1988年,第72页。
③ 洪为法、何其宽:《国立武昌高师校款运动始末记》,《学生杂志》1922年1月5日第9卷第1号,第66页。

决意排除困难,来作革新的事业。"并称其"革新的事业,很可乐观"。该报道还列举了武昌高师革新的举措:一是添聘教员,"各部已自行分途办理,大致就绪"。二是改良学校制度,"校长宣布三个方针,积极进行,一改良学制,二革新学校行政,三审查经济。这三项事,由校长教职员和学生三方面合作"。三是发挥学生自治能力,于11月24日"由各级选出二人,起草自治会章程,参照全国著名学校之自治会章程,以期尽善尽美"。四是扩充贫民教育,"原来已列入校友会各股,规划甚详,现在只须竭力去作(做)"。①

(三)成都高师与四川教育经费独立运动

由于军阀混战,四川教育经费经常被克扣和拖欠。据《新教育》记载:"川中小学教师薪修之薄,乃全世界所无,其最少者,每年只有铜钱四五十串。具有常识之士,望而绝足","省垣各专门学校,教职员积薪未领者有至数千元之多"。②1920年9月1日,四川省教职员联合会集会,要求教育经费独立,四川教育经费独立运动由此开始。作为四川省的高等学府,成都高师赫然成为该运动的领导和中坚力量。

首先,成都高师学监、日文、经济学教员王右木即是四川教育经费独立运动的领袖,全程推动了该运动的发展。其最要者为四:一是发表演讲。《国民公报》曾报道了他在1920年9月1日四川省教职员联合会上的演讲,称:"王右木君演说,言词甚为激昂:吾以国民资格,教育家资格,均应质问政府。吾川国家税收及地方税每年合计不下三千余万元(王君历举某款收入若干,某税收若干,言之甚详,记者未悉记),而国税数年来未解中央,何以最少量之教育费每年不过六十万余元,无款开支?以此欺诈国人,万万不能承认,如再能忍受下去,吾人人格安在?语至激烈,经二三人劝阻,始息。"③二是发起成立该运动的领导机构,创办刊物。1920年,王右木组织

---

① 《民国日报》1921年11月29日。
② 《川当局筹议中之教育计划》,《新教育》1922年8月第5卷第1、2期,第266~267页。
③ 《国民公报》1920年9月6日。

马克思主义读书会,"除演述马克思学说外,并分析时事问题。如遇社会上发生重大社会问题,读书会的成员即须参与推动问题之解决"。1921年11月,他又在读书会的基础上组织中国社会主义青年团四川支部,亲任书记。该支部即成为教育经费独立运动的领导机构。为了配合运动发展,他还创办了《人声日报》,宣传十月革命和马克思主义。三是利用全国教育独立运动会召开之机,将四川教育经费独立运动推向高潮。他在成都高师附中主持召集了各校社会主义青年团负责人会议,坚定"要发展教育,传播革命思想,一定要把教育阵线稳着,首先要争取教育经费独立"①,接着举行了教职员和学生代表会议以及各种群众性会议,决定和全川各地联系,以便相互支援。②他指示袁诗荛、张秀熟"要多多散布革命种子,建立川北据点",积极争取无政府主义者,使其在斗争中转变为坚强的马克思主义者。③四是亲自参加请愿活动。如1922年6月13日,他"亲身率领一千余学生到省议会请愿",再次要求省议会开会议决经费独立案,并前来旁听,趁机向议员们宣传教育经费独立的必要性和重要性。④此外,王右木在领导教育经费独立运动时,还在工人群众中做了大量的工作,使该运动进一步发展成为影响更加广泛的社会活动。成都劳动自治会曾发表声明,支持该运动:"此次争取教育经费独立一事,诚为一种正大之要求,而关于吾川教育前途之点,不谓为不大。"⑤

其次,成都高师的教职员和学生也积极参与了教育经费独立运动,尤其是在1922年6月12、13日的请愿事件中,师生们表现突出。一是学生代表刘度和省中、省师、附中等校学生代表以及数百名学生齐集省议会议长熊

---

① 《四川马克思主义运动先驱者——纪念王右木诞生一百周年》,四川大学出版社,1988年,第255页。
② 怒海:《一九二二年四川教育经费独立运动》,见中国人民政治协商会议四川省委员会文史资料研究委员会编:《四川文史资料选辑(第28辑)》,四川人民出版社,1983年。
③ 同上注,第279～280页。
④ 同上注,第273～274页。
⑤ 《民视日报》1922年6月30日。

晓岩住宅，质问其缺席议会缘由。二是在学生们的强烈要求和支持下，部分议员召开议会议决教育经费独立案，遭到军警残酷镇压："学生伤四十余人，教职员亦有受伤者。"①《四川日报》以"高师学生捣毁熊议长私宅之骇闻"为题对此予以报道。对此，成都高师还专门发了《成都高师诘问四川日报函》，澄清事情的经过，并斥责该报"言论之含带臭味，自丧人格"。②校长吴玉章也于同年10月发出公函《为教育经费独立运动为成都高师辩诬函》，指出："熊□必欲迁怒，报纸从而推波，已不可解……凡此避实就虚，有意嫁祸，无非擒王射马，离间同群。是高师以其地位影响，首当其冲。"③

第四节 教育科学化的探索与实践

"新教育运动"的又一大主题是要实现教育科学化。教育科学化，"简单的说，就是解决教育问题，须一一秉之科学的方法。科学方法，从根本上说，就是分析的考查，正确的测量，细心的记录，和根据事实的判断。科学的教育，并不在堆积知识，而在方法。其目的就是在要得着这种方法"。④诚如廖世承曾指出的，由于"师范学院为研究教育学术的中心""师范学院与

---

① 怒海：《一九二二年四川教育经费独立运动》，见中国人民政治协商会议四川省委员会文史资料研究委员会编：《四川文史资料选辑（第28辑）》，四川人民出版社，1983年，第274页。

② 《成都高师诘问四川日报函》（1922年6月13日），《四川军阀史料（第三辑）》，四川人民出版社，1985年，第520页。

③ 程文、陈岳军编著：《吴玉章往来书信集》，重庆大学出版社，1993年，第76页。

④ 杨国礎：《我们刊行这本专号的旨趣》，北京高师平民教育社：《平民教育》1923年4月第63、64期合刊，第1页。这和我们今天的"教育科学化"定义基本一致："用科学的方法，即通过教育实验、教育统计、心理测验等手段对教育问题进行分析和实验，以促进教育成为一门可以量化的科学。"见孙培青主编：《中国教育史》，华东师范大学出版社，2000年，第389～391页。

中小学保持密切的联系"和"师范学院学生须懂得实验的方法,明了实验的重要,然后到社会服务,能随时出现问题,随地实验,有不能解决的,可报告母校,提供专家讨论"①等三个因素,高师学校在民初教育科学化的探索与实践中贡献颇大,尤其是南北两高师在教育科学化运动中起到了中心的作用。南京高师教务主任陶行知就倡导"教育学要科学化,实行科学教育",他指出:"教育的理论应植根于自然科学,并把教育学的研究成果,广泛地运用到实践中去。"②刘伯明也指出:"我们正处于科学昌明之世,要想成为真正的学者,必须进行严格的科学训练。科学之用于教育,足以培养独立精神和高尚思想,并促进教育的科学化。"③本节主要选取教育测量、教育统计、心理测验、具体的教授法四种"科学的方法"来阐释民初高师师生们为教育科学化所做出的贡献。

一 教育统计和教育调查

用科学的方法对各地教育施行统计和调查,既是教育科学化的必然要求,也是其得以实现的第一要义。高师师生充分认识到了教育统计和教育调查对于教育事业的重要意义。北京高师薛鸿志就认为教育事业,"应从调查及实验方面下手,以谋教育独立,筑不拔之根基",调查与实验,"为谋教育独立之要道",而教育统计学,实为"识此要道之基本智识",必须先有了教育统计学的知识,而后调查和实验,"入手之时方能有稍当明晰之步骤;所得之结果,始可作实际应用之根据"。④王文培从教育改革的角度提出改革学制的第一步,应该从"施行各地有组织的教育调查"做起,"调查乃是要搜集各种资料,以为新建设之列据 Data,必有一定列据,然后着手改革,方

---

① 汤才伯主编:《廖世承教育论著选》,人民教育出版社,1992年,第493页。
② 朱斐主编:《东南大学史》(第一卷),东南大学出版社,1991年,第47页。
③ 同上注,第75页。
④ 薛鸿志:《教育统计学述要》,北京高等师范学校《教育丛刊》编辑处:《教育丛刊》1921年12月第2卷第6集,第1页。

有把握"。① 南京高师郭秉文也指出:"教育事业之改进,不能凭玄想与空谈,非先实地调查,洞察现状,严密批评,提出解决办法,无从进行。"② 陶行知也认为教育统计"在教育学术上的重要,不让于数学在物理学上的重要",是归纳教育事实的必修学科。③

师生们还强调要用科学的方法进行教育统计和调查。王文培在和旧时的教育统计和调查比较的基础上指出:"现在所谓教育调查,不是说一个门外汉顺便参观几个学校,写几百个字的报告,就算是调查。我所想的是美国的 Educational Survge (Survey) 那种办法。那种调查要组织数人或数十人专门调查的团体,要用数月至数年的工夫,要费千元至万元的经费,调查一市一县或一省的教育,及其他有关系的实在情形。他们的报告必须有积极的和建设的供议,这方才有裨实用。本地现行教育优点如何,劣点如何,本地需要如何,财力人力又如何,都能调查彻底,然后才可以声言学制改良。"④ 李昂则通过翻译美国桑代克博士著的《教育度计之性质目的与方法》一文,介绍了教育统计的"正误案法"和"比位法"(亦称"功序法")。⑤ 1921 年,随着孟禄在华教育调查活动的展开,北京高师师生对于教育调查和统计的宣传也达到了高潮,如前所述,《平民教育》和《教育丛刊》两杂志还曾为此刊发了研究专号——"实际教育调查号",全方位地对教育调查展开论证和介绍。

民初高师在平时的教学活动中也非常重视教育统计和教育调查。北京高师教育研究科就把"教育统计"和"教育调查法"作为学生必修的专业课程。其中教育统计由李建勋教授,该科学生薛鸿志就曾根据其教授的笔记撰

---

① 王文培:《改革学制的第一步》,北京高等师范学校《教育丛刊》编辑处:《教育丛刊》1921 年 10 月第 2 卷第 5 集,第 2 页。
② 郭秉文:《十年之教育调查》,《新教育》1922 年 2 月第 4 卷第 3 期,第 369 页。
③ 章开沅、唐文权:《平凡的神圣——陶行知》,湖北教育出版社,1992 年,第 159 页。
④ 王文培:《改革学制的第一步》,北京高等师范学校《教育丛刊》编辑处:《教育丛刊》1921 年 10 月第 2 卷第 5 集,第 2 页。
⑤ 美国桑代克博士著,李昂译:《教育度计之性质目的与方法》,北京高等师范学校《教育丛刊》编辑处:《教育丛刊》1921 年 12 月第 2 卷第 6 集。

成《教育统计学述要》一书，可见该课程是很受学生欢迎的。另外，薛鸿志还编译了《教育统计》和《教育统计法》两本书，"图表百余个，参考书十余种"，"专重公式及算法之说明，理论从略，以便于应用为目的"。① 北京高师学生的毕业实习项目中，也列有教育调查一项，规定其内容包括"学校参观京内外学校、学事调查北京教育概况、教育统计"三项，并且在所有实习事项中次数规定的最多，要前后实习 28 次，调查成绩也要占到实习总成绩的 10%。② 另外，北京高师还充分利用暑假时间让学生从事教育统计和教育调查的活动。放假之前，学校给每个学生发两份调查表，一份是关于学校的调查表，一份是关于社会的调查表，"俾学生各就其居住地或经行地之学校、社会现状分别调查，填注表内，既以练习学生作（做）事之能力，并以供本校实际之研考。此外，并出种种研究问题，任学生各就所见及者作为笔答"。学校对于学生的调查结果也非常重视，规定所有结果"均于暑假后入学时送交各教务主任，评定分数，更开教务会议（决）公决作为学年试验分数之一种，与他项成绩合算之"。由于学校的充分准备和严格要求，暑假的教育调查经常取得较为可观的成绩，"学生搜集乡土产物及绘图演算自著论说者，亦颇不乏"。③

北京女高师也开设了教育统计的专业课程，师生们积极开展教育考察和统计。其中最具代表性的当是 1922 年博物系四年级组织的地质修学旅行。该系学生 22 人随同地质教授章鸿钊等由北京出发，历时 9 天，调查了天津、济南、崮山、泰安、大汶口等处的地质，采集矿物岩石及化石标本数十种。学生回校后提交了《山东地质旅行报告》，对此次旅行所采集的岩石、

---

① 《北京高师教育丛书一览》，北京高等师范学校《教育丛刊》编辑处：《教育丛刊》1923 年 2 月第 3 卷第 7、8 集合刊（书前页）。
② 《本校教生实习大纲》，《附录》，北京高等师范学校《教育丛刊》编辑处：《教育丛刊》1922 年 3 月第 3 卷第 1 集，第 19～20 页。
③ 《全国高等师范学校校长会议本校报告》，《北京高等师范学校周刊》1919 年 3 月 3 日第 61 号，第 47 页。

化石及途中观察的趵突泉、黑龙潭、济南地质、崮山地质、大汶口地质、泰山地质一一加以研究,并做出科学的总结。此次旅行被视为中国近代女大学生考察地质之始。武昌高师亦专门定有"修学旅行","以参观各省学校、工厂及社会教育为目的,各部学生于本科第三年行之",其具体做法是"修学旅行的时间和地点由校长规定,旅行之中由教员充任管教员,任命学生以临时职员的身份担任事务员、会计员、运输员、书记员、通信员。旅行中,学生一律身穿校服,听从教员安排。必要时,随时召开科学研究会或参观批评会。旅行的日记和报告应在归校后一周内交给校长"。① 其中规模较大的是1921年和1922年春天组织的赴日教育调查,包括了全校本科三年级所有学生,历时均在一个月左右。成都高师三年级学生也于毕业前派员率领赴长江各省及日本各处,实地考察教育状况。据姜亮夫回忆,他毕业时教育调查的路线是"先去重庆……参观女二师,在女二师听了一位国文教员上课……由重庆坐船去汉口……参观武昌高师……第一次见到黄侃先生……再坐船去南京,在南京参观了东南大学、金陵大学和南京高师……到上海……参观了中华书局、商务印书馆……南下到杭州……重点参观文澜阁《四库全书》及浙江图书馆",此后,学生们根据自己喜好,分赴各地参观,"有的人要北上参观,有的人想回四川,有的人想回云南",姜亮夫则"北上参观北大、北师大及清华"。② 广东高师各部三年级学生亦例行旅行考察教育。如1921年1月20日《广东群报》即刊文"批广东高师学生呈请实行旅行考察教育文",称"该校英语、数理化、博物各部第三年级学生黄裳元等,拟于来年毕业期前同赴香港、上海、日本等处考察教育,并参观各学校工场"。③ 沈阳高师博物部的学生则常去沿海地区如旅顺、大连、烟台、广宁等地旅行兼考察,甚

---

① 吴贻谷主编:《武汉大学校史》,武汉大学出版社,1993年,第66页。
② 姜亮夫:《忆成都高师》,见王元化主编:《学术集林(卷二)》,上海远东出版社,1994年,第281~282页。
③ 转引自段云章、倪俊明:《陈炯明集(下卷)》,中山大学出版社,2007年,第532页。

至"每年旅行一次，采集动植物矿各种标本"①。为了切实提高成效，成都高师还于1923年教育调查前报请教育部称："惟各生考察虽有专员指导，而于各地方情形究未熟悉，非得各该地学校指示不为功"，从而得到湖北、江苏、福建、奉天、山西教育厅、京师学务局、北京各国立学校和武昌、南京、广东各高师学校的接洽。②

高师学校还非常重视发挥毕业生的作用，鼓励他们在服务的地方进行教育调查和统计。北京高师第二届英语部毕业生张健在经教育部派赴英国入爱丁堡大学后，校长陈宝泉就亲自向教育部呈请拨给其经费以便对英国进行教育调查。③张健对此非常感激，在来函中附："筱庄夫子函丈前捧训谕，敬悉此次考察教育系蒙夫子之呈请，铭感曷极。故接通知后，即竭力踏实进行，谨慎将事，务期洞知英法各中小学真像（相），确有心得，方为勿负我夫子培植人材（才）之至意，奖励受业之苦心，是以此度调查纯注意研究英法之教育实在状况，不敢为敷衍参观薄之报告，所获一得之，愚必先贡献于母校，上以备我夫子之采择，下以供同学之讨论。"④值得一提的是，北京高师《教育丛刊》也为毕业生发表教育调查和统计成果提供了有利的平台。该刊发刊词指出他们"得了一种特殊的机会"，就是"本校年来毕业的同学，散处全国各地服务者，前后计算起来，差不多有七八百人了。此七八百人中，在中等学校，间或在他种学校，所担任的功课及职务，据最近的调查所得，差不多各项功课，各项职员都是有的。且每人都是在教育学、教授法、心理学、论理学等科上，曾经充分的研究过了一番"。为了充分利用这个优势，《教育丛刊》鼓励毕业生们要把"实际上经验和心得，用归纳的实验的方法，拿教育者的眼光，来做这个批评的事业……本其现时实际应用上的结果，回过来，推论前此在校时于某种学科上，或某项训练上，受益之浅深；各撰就

---

① 《高师博物生旅行》，《盛京时报》1921年6月14日。
② 《训令第一百七十一号 十二年五月八日》，《教育公报》1923年第10卷第5期，第22页。
③ 《本校纪事》，《北京高等师范学校周报》1918年3月4日第27号，第3页。
④ 《本校纪事》，《北京高等师范学校周报》1918年11月18日第50号，第2页。

意见，寄给本刊发表，供校内同人建议改进的计划之参考"。①《教育丛刊》还详细规定了毕业生调查和统计的范围："（1）报告现时所服务学校之状况。（2）调查所在地方社会教育之情形。（3）述年来所担任某科教授上之心得，与教科书应行改良之点。（4）由现时实际应用上之结果，推论前此在校时各科教授上之得失，以供母校教授改良之参考。（5）述现时教育制度之利弊，以征求母校职教员及同学之意见。凡关于此种往返讨论之函件，皆代为披露。"②

在学校的支持和鼓励下，北京高师毕业生的教育调查和统计取得了很大的成就。其中报告现时所服务学校之状况的成果有：刘薰宇的《河南省立第一师学校的现状》③、李树声的《湖北郧山中学校现时状况报告书》④、俞时鉌的《广西省立第二中学概况》⑤、郭世英的《陕西省立女子师范学校现状之报告》和《陕西私立成德中学校现状之报告》⑥、王庚身的《山西川至中学七年度周年概况》⑦、杜丕功的《陕西省联合县立榆林中学校概况》⑧、王鸣冈的《江苏省立第三中学概况》⑨、刘渭广、蒋起龙的《浙江省立第二中学校的现状》⑩、濮承祝的《山西省立第五师范学校八年度概况》⑪、房玉辉的《直隶省立第七

---

① 《发刊词》，北京高等师范学校《教育丛刊》编辑处:《教育丛刊》1919年12月第1卷第1集。
② 《本刊启事三》，北京高等师范学校《教育丛刊》编辑处:《教育丛刊》1919年12月第1卷第1集（书前页）。
③ 北京高等师范学校《教育丛刊》编辑处:《教育丛刊》1919年12月第1卷第1集。
④ 同上。
⑤ 同上。
⑥ 同上。
⑦ 北京高等师范学校《教育丛刊》编辑处:《教育丛刊》1920年3月第1卷第2集。
⑧ 同上。
⑨ 同上。
⑩ 同上。
⑪ 北京高等师范学校《教育丛刊》编辑处:《教育丛刊》1920年6月第1卷第3集。

中学校概况》①，王士楫的《江苏省立第七师范学校概况》②，樊树芬的《北京扶轮第五国民学校概况》③，周维垣的《服务上各种报告》④，梅占魁的《山东省立第四师范学校概况》⑤，姜维翰、徐懋秩的《江西省立第七中学校八年度概况》⑥，等等；调查所在地方社会教育之情形的成果有：傅绍曾的《望嘉丽调查记》⑦和《马来人之文化》⑧，郑定谟的《福建泉州调查报告书》⑨，朱隆勋的《山西大同县调查报告》⑩，张健的《英法中小学校教育调查报告书》⑪，等等。此外，北京女高师国文部学生王世瑛毕业后，进入该校附中教授国文。她也写报告详述了自己以胡适的《中学的国文教学讲演录》所指示的教学方法进行国文教学，取得了不错的成效⑫。同为国文部毕业生的罗静轩也撰文报告了她在女高师附设补习学校的教育服务情况。⑬

二 教育测量与心理测验

教育测量、心理测验是测量学生智力水平及学习能力、学习成绩的方法。20世纪20年代，在世界试验教育学派和杜威实用主义教育思想的影响下，中国教育界出现了一股提倡教育测量和心理测验的潮流。

---

① 北京高等师范学校《教育丛刊》编辑处：《教育丛刊》1920年6月第1卷第3集。
② 同上。
③ 北京高等师范学校《教育丛刊》编辑处：《教育丛刊》1920年12月第1卷第4集。
④ 同上。
⑤ 同上。
⑥ 同上。
⑦ 北京高等师范学校《教育丛刊》编辑处：《教育丛刊》1919年12月第1卷第1集。
⑧ 北京高等师范学校《教育丛刊》编辑处：《教育丛刊》1920年3月第1卷第2集。
⑨ 北京高等师范学校《教育丛刊》编辑处：《教育丛刊》1919年12月第1卷第1集。
⑩ 北京高等师范学校《教育丛刊》编辑处：《教育丛刊》1920年12月第1卷第4集。
⑪ 《北京高等师范学校周报》1918年11月18日第50号；1919年3月3日第61号；1919年3月10日第62号。
⑫ 王世瑛：《两学期国文教学的报告》，《北京女子高等师范周镌》1923年第39期第19～21版。
⑬ 罗静轩：《一年的服务报告》，《北京女子高等师范周镌》1923年第39期第21～23版。

（一）南京高师与教育测量、心理测验

南京高师是教育测量和心理测验在中国早期传播与实践的主阵地，主要是在俞子夷、陈鹤琴等指导和组织下进行的。俞子夷1914年赴美国、欧洲考察教育时，即积极搜罗书法量表、算数测验量表和比奈－西蒙量表等，回国后不仅在南京高师附小试用，还积极向国人推介。1918年他担任南京高师教育科教授，并主持附小工作后，又根据桑代克书法的构造原则，编制了《小学国文毛笔书法量表》，行书正书参半，分正书和行书中字、正书和行书小字等四类。该量表为中国人自编的第一个教育测验表，陈鹤琴评价道："此量表一出，而国中小学界遂知教育成绩可用客观标准考察矣。"[①]

将南京高师，乃至全国的教育测量和心理测验运动推向高潮的则是陈鹤琴和廖世承。陈鹤琴早在留美期间就对教育测量和心理测验颇感兴趣，他回忆说："那时候，在心理学家伍德沃斯的指导下，我曾选定自己的博士论文的题目为《各民族智力的比较研究》，准备去作一次广泛的智力测验，结果虽然没有成功，可是我对测验的兴趣实始于斯。"[②]1919年8月回国任南京高师教育科心理学、儿童教育学教授期间，他又发表演讲《心理测验》，将教育测量和心理测验视为科学方法和中国新教育改革的利器。他指出："近数百年来，科学发达的结果，农业上、工业上、商业上、医药上无一不用科学方法来处理……试问教育上是否也用科学的方法？像我国从前的教《三字经》，读四书，固然是不科学的。就是现在换了教科书，也何尝能适合儿童的心理？不合儿童的心理，便不能说是科学的。又如儿童的智愚，也无鉴别的方法。算命看相的，规定一个人是适于习商，一个人是适于读书，这个岂能可靠……唯今日所欲讲的心理测验才是科学的方法，在教育上算是最新的利器。"[③]

---

① 北京市教育科学研究所编：《陈鹤琴全集》第5卷，江苏人民出版社，1991年，第957页。
② 北京市教育科学研究所编：《陈鹤琴全集》第6卷，江苏人民出版社，1991年，第638页。
③ 陈鹤琴讲，杨贤江、华超记录：《心理测验》，《教育杂志》1921年第13卷第11号，第61页。

廖世承在美留学期间也非常注重对教育测量和心理测验的学习和探讨。他在《三三制问题》一文中就说："我在美时，喜研究测验，迩时各种测验，已日渐发达，但注意之人，尚属少数。"[①] 他不仅在美国哥伦比亚大学教师学院暑期课程班里修习了教育心理和统计的实际应用、小学教育测量等课程，而且还在美国做了两个非智力因素测验——道德判断测验和智力诚实测验，在此基础上，撰写了博士论文《非智力因素的量化研究》(*A Quantitative Study of Non-intellectual Elements*)，成为第一个获得布朗大学博士学位的亚洲人。此项研究，据学者考证，"领先于当时的时代"[②]。1919年8月回国后担任南京高师教育科教授期间，他积极践行和提倡教育测验。他指出："中国有时较美更为急进，每逢一种新学说或新主张发生时几有全国风靡之势。此种现象，一方面表示革新精神，殊可为中国前途庆，但一方面无实验结果，以为基础，实难持久。因此不久即生厌倦之心，致引起怀疑者之反对，而另一种新学说即随之而起。故吾人改革时，须抱定宗旨，如何改进，用何方法以达到目的，均须熟思详考，以实现其主张也。"[③] 他还针对"测验之名词，已为近年一般教育家所袭用，可谓风行一时，顾实际上之收效尚鲜，而在中学教育上，更少贡献"，为此专门撰文《测验与中学校》详析了"良好测验之效用"以及"教育测验之种类"，并且根据中国中学教育实况，列举了几种"可以试行"的美国教育测验的实例，如美国儿童之书法标准分数图表、爱玄斯之书法标准图表等以为参考。[④]

在南京高师执教期间，陈鹤琴和廖世承积极合作于教育测量和心理测验

---

① 廖世承:《三三制问题》，见汤才伯主编:《廖世承教育论著选》，人民教育出版社，1992年，第55页。
② 孔令帅、张民选:《非智力测验的先行者——记廖世承先生在美国布朗大学的学习和学术》，《现代基础教育研究》2012年第2期。
③ 廖世承:《三三制问题》，见汤才伯主编:《廖世承教育论著选》，人民教育出版社，1992年，第56页。
④ 廖世承:《测验与中学校》，见汤才伯主编:《廖世承教育论著选》，人民教育出版社，1992年，第49～54页。

的研究与推广。诚如有学者指出的,二人"提倡测验不遗余力,开测验学程也,编造测验也,同学生往各处测验也,而测验之事业,遂日形发达矣"①。1920年,陈鹤琴与廖世承联手在南京高师创建了我国较早的心理实验室,并在国内率先将比奈－西蒙智力量表用来测验投考的学生和在校学生,南京高师附小"以智力及教育测验代替入学试验",南京高师及附中"以之代替入学考试之一部分"②。经过一年半的测验,他们搜集整理了《比奈—西蒙智力测验材料》,编著了《智力测验法》一书,于1921年由南京高师教育科发行,后又作为南京高师学校丛书第二种由商务印书馆发行,成为我国最早的智力测验专著。该书旨在"引起读者对于智力测验的兴味……而能殚精研思,用科学的方法,去解决教育上一部分的困难问题",不仅介绍了智力测验的性质、功用、标准及用法,而且还分门别类地介绍了35种智力测验,其中编译国外23种,自编12种,且于"每种后附以做法说明和测验的性质……核算的方法和校阅的标准,并报告各种测验的结果。书末另附录各项重要参考书及中西名词对照"③。对于自编的测验,虽然著者曾自谦地指出"里边有几种测验,或者不大适合中国社会上的情形",但这毕竟是智力测验中国化的早期尝试,领了时代风气之先。如前所述,南京高师校长郭秉文为该书作序时给予了高度评价:"南京高师心理学教授陈君鹤琴、廖君茂如,鉴于是项测验之重要,合著《智力测验法》一书,一方引起国人之注意,俾了然于其价值之所在,而一方又示明种种方法,俾用之者有所率循,将来纸贵一时,可无待言。"④

在29个团体测验的基础上,廖世承又参照了1919年美国教学总局组织

---

① 见黄书光:《陈鹤琴与现代中国教育》,上海教育出版社,1998年,第42页。
② 郭秉文:《智力测验法序言一》,见陈鹤琴、廖世承:《智力测验法》,商务印书馆,1930年,第1页。
③ 《智力测验法序言二》,见陈鹤琴、廖世承:《智力测验法》,商务印书馆,1930年,第3页。
④ 郭秉文:《智力测验法序言一》,见陈鹤琴、廖世承:《智力测验法》,商务印书馆,1930年,第2页。

心理学专家编制的"团体智力测验"量表,编造了"廖氏团体智力测验"。该测验共有甲乙两个量表,各包括五种测验,即算术理解题、填字、理解的选择、同异、形数等。① 每种量表试验时间约为 40 分钟,适用于小学三年级至初级中学二年级,既可做"分组之工具""考查成绩之根据",又可做"诊断之工具"和"职业指导之工具"。② 该测验影响颇大,曾于 1923 年被中华教育改进社在全国进行教育调查时用作测验全国学生智力的工具。

陈鹤琴还在 1921 年夏南京高师新生入学考试"教育经验"一科测试的基础上对考试方法进行改良。针对"寻常学校考试,实乏科学的方法,以致弊窦丛生",他主张"科学的考试法",即"批阅试卷完全用客观的方法",并总结了其四个优点:"不为教师的态度、精力所影响""校阅试卷非常容易非常省时""核算分数非常划一非常真确""师生间不致有所误会"。该文刊发在《新教育》第三卷第五期,文末,作者呼吁:"寻常学校的考试法,是主观的。我所主张的是客观的。客观的考试法较好主观的考试法虽如上述,然它的价值,究竟比主观法高多少,那非作者所能对答。若欲完满地解决这个问题,非经长期的实验不可。所以现在我介绍这种客观的考试法,希望读者把它研究一番,研究后,我们再定取舍。"③ 此外,陈鹤琴还单独编译了《理解性之学习法》的测验报告(《心理》一卷 号)、《镜画试验》(《心理》一卷四号)、《一个算数测验》(《新教育》四卷三期)以及由商务印书馆出版的《中学默读测验两类》《小学默读测验五类》等小册子。

在陈鹤琴、廖世承的提倡和推广下,南京高师 1921 年夏在新生入学试验中即增加了"教育经验",运用客观的方法对学生教育常识加以测试。试题采用判断正误的形式,"下边的句子,有些是错的,有些是不错的。如果你以为不错的,就在括弧里边画一个'+'号,如果你以为错的,就画一个

---

① 周调阳编:《教育测量精义》,中华书局,1926 年,第 113 页。
② 同上注,第 119 页。
③ 陈鹤琴:《科学的考试法》,见吕静、周谷平编:《陈鹤琴教育论著选》,人民教育出版社,1994 年,第 18~24 页。

'一'号"①。20个测试题,既包括了对国内教育界改革动态的测试,如"中国男女同学从南京高等师范学校起""改良学期考试,当从严禁学生临时强记着手",又包括了对国外教育新思潮的考量,如"德谟克拉西的教育的真意是要使人人得一样的教育""首倡幼稚园教育不是裴斯泰洛奇""团体游戏可以发展儿童的公民道德";既包括了对儿童心理生理发展认识的考查,如"儿童与成人无所分别:不过儿童比成人小一点""儿童的背脊渐趋佝偻,是因为在教室内所坐的椅子,比较桌子太低的缘故",也包括了对学科教授的考查,如"代数一科凡中学学生皆当读的,因为人人都有升学的机会""儿童习字每星期一次就够了""关于技能的传授,教师当叫儿童常常学习""小学生当于两课之间,至少须休息30分钟";既包括了对儿童教授法的测试,如"用演绎的教授法教授儿童比较用归纳的教授法费时得多""儿童性好争斗,当用禁压手段来管理他""若要引起儿童的兴趣,必须利用演讲的教授法""不当叫儿童多用机械的记忆力",也包括了对儿童管理的考查,如"儿童的卫生教师也应当注意""当儿童学习一事的初步时候,教师必须精细监视""教室的光线当从儿童坐次的左右两边进来""若要儿童对于教师演讲注意,必须叫他坐得端正""在休息的时候,不应准儿童喧哗和游玩"。此外,还包括了对教师教授时注意事项的考查,如"教师上新的功课,不必详细说明,只要叫学生预备到什么地方就够了""授课的第一天,教师不必依时到教室和退席"等。此种测验不仅"使校阅的少费时间,少费精力",且"算的非常真确,比较寻常批阅试卷的方法,相差不知多少"②,在当时影响颇大。

此外,南京高师附小也在教育测量和心理测验方面贡献颇多。一是编制了多个测验量表。主要有用问答法的"默读测验""算学应用题测验""白话文缀法量表""算学混合四则测验""图画量表""算学练习测验""小学社会

---

① 陈鹤琴:《科学的考试法》,见吕静、周谷平编:《陈鹤琴教育论著选》,人民教育出版社,1994年,第19页。

② 同上注,第19~21页。

自然测验"[1]等。附小还针对"近来国内小学教员,对于书法量表有新旧两种的分别,颇感不便,平时教学又觉新量表好的一端似乎不够",不仅改正了江苏一师附小所造的书法量表的标准,"改原定度数成 T 分数",且把新旧两种量表"想法衔接",制成了"行书小字量表"和"正书小字量表"。[2]附小还担任江苏师范附小联合会及苏浙皖三省师范附小联合会的常任测验研究组主任委员,编制了"三省小学生体育标准""三省小学校入学标准"等量表。二是开展了对测验问题的研究。主要涉及三个方面:"分数的证验""测验形式的研究"和"测验功能的研究"。"分数的证验"研究是通过"把历年学生各种测验的分数记载,统计每次比上次增减的情形"。关于"测验形式的研究",共有两次,一次是"用历史地理自然三科所教的材料,出难易不同的问题三十句,编造问答法、选择法、是非法三种形式,叫四班五六年学生测验,然后抽选一百人的成绩统计";第二次是将三科教材分难易混合排列,并加入三四年级的材料,"统体有九十个问题,在三年到六年的八班里随意抽选一百二十人测验,然后再抽选一百人的成绩统计"。关于"测验功能的研究",附小一是通过统计两次测验三年级以上各年级学生的成绩来论证"现在已成的测验,是不是可靠",二是用沃的斯相关度求各类间的相关度来论证"各种测验是不是各有各的功用"。[3]三是对教育测验和心理测验的积极推广。附小师生们在研究与实践的基础上,还纷纷撰文总结其经验和教训。主要有《编造算数测验的方法》(《初等教育》,第一卷第四期)、《编造小学书法测验方法的概要》(《新教育》,第六卷第四期、第八卷第四期)、《小学算数应用题测验概要》(《心理》,第三卷第一期)、《初小算数测验编造法》(《教育杂志》,第十六卷第四号)、《小学毛笔书法 T 成绩的算法》(《心理》,第二卷第二期)、《小学校毛笔书法标准》(《新教育》,第五卷第一二期)等。

---

[1] 《测验编造和测验研究》,见中央大学实验小学校编:《一个小学十年努力纪》,中华书局,1928 年,第 268~269 页。

[2] 同上注,第 268 页。

[3] 同上注,第 270~274 页。

(二)北京高师与教育测量和心理测验

北京高师的教育测量和心理测验主要是在教师张耀翔的指导和组织下进行的。张耀翔于1920年毕业于哥伦比亚大学，获心理学硕士学位。毕业后即任教北京高师，讲授心理学，创办了我国最早的一个心理实验室，并主编了《心理》杂志，成为我国最早的心理学刊物，南北心理学专家如陆志韦、陈鹤琴、余天休、廖世承、艾伟等都在上面发表文章，影响很大。张耀翔非常重视教育测量和心理测验。他在《智慧测量》一文中指出"智慧测量"是针对"人之智慧至不齐"而采取的"量材之方法"，而"吾国量智慧之方法，无论量普通智慧，或量各专门科智慧，皆完全属于主观，不属于客观；出乎武断，不出乎法定；一人有一人之量法，一人一时亦各有其量法……吾国一日不统一智慧测量法，则吾国教育一日不得谓之治"[1]，因此提出要在我国建立统一的智慧测量法。《教育丛刊》评价该文"是改造教育为一种科学之初步"，"是制造中国智慧度量衡之先声"。[2]

为了探索教育测量和心理测验的方法，张耀翔进行了一系列的试验。1920年12月，张耀翔在北京高师附中、附小以及平民学校的协助下，发起了"识字试验"。1921年初，他在北京8所学校进行了该试验，并把试验结果刊登在《教育丛刊》上，"以备教育专家与心理专家之考证"。[3] 同时，张耀翔还在北京高师儿童心理学科考试中，进行了新法考试的试验，"极蒙诸同学之认可"。[4] 1922年11月14日，张耀翔利用北京高师14[5]周年成立纪念日举办成绩展览会的机会，开放心理实验室，"将年来研究所得之心理测验方法百余种陈列并实验"，任由来宾参观。此外，他还在心理实验室里组

---

[1] 张耀翔：《智慧测量》，北京高等师范学校《教育丛刊》编辑处：《教育丛刊》1920年12月第1卷第4集，第8页。

[2] 同上注，第1页。

[3] 张耀翔：《心理学贡献（续）》，北京高等师范学校《教育丛刊》编辑处：《教育丛刊》1921年4月第2卷第2集，第5页。

[4] 同上注，第3页。

[5] 此处当为10周年成立纪念日。

织了一次民意测验,"意在利用此种观众,与此种时机,窥探吾民真正舆论之所在",成为我国最早的民意测验。其具体做法是组织教育研究科十来个学生给每位来宾分发一份问卷,内含问题8条,"关于最近国家大事者三条,关于地方内政者三条,关于社会心理者二条,关于风俗改良者一条"①,题目都极为简单,回答时也只需三五个字。来宾拿到问卷后,要求在专设的答台上答复,不记姓名,答完后投入票柜。这次民意测验的结果作为资料保存在了北京高师心理实验室,并对外开放,鼓励其他学者进一步对此从事研究,"凡欲研究者,随时来此接洽,无任欢迎"。②1923年,北大学生罗志儒就根据这些资料撰成《"民意测验"的研究》一文,发表在《心理》第二卷第二号上,"这次研究曾经张耀翔先生指导,研究的结果,复经张先生的修正,并承张先生特许将材料借出,真使我感谢不了"。他针对张耀翔在《民意测验》中的研究"都是单个问题的,并未求出各个问题间的关系,且未利用性别与年龄两项答案,以考查彼此差异的所在",决定从这两个方面进一步展开研究,"遂将材料拿来,从事整理了半月。虽不敢说有完满的结果,但觉值得一试,而张先生所说的'极饶兴趣',更是不错"。③

为了切实达到教育测量的目的,张耀翔在自己试验的基础上提倡新法考试:"我是主张废止考试者!我是主张废止旧法考试,代以心理学试验体材之考试者。"他分析了旧法考试的弊病以及带给学生的痛苦:"分为三时期:第一为预备时期死记的痛苦;第二为临考时搜肠索句,无病呻吟的痛苦……第三为考试以后疑惧的痛苦,即不知所答合不合阅卷人之私意,阅卷人肯不肯予以及格的痛苦。"他指出他所主张的新法考试,除保存考试的功用外,"能减去第一种痛苦之大半,完全免去第二、第三种痛苦"④。他所公布的

---

① 张耀翔:《民意测验》,中华心理学会:《心理》1923年2月第2卷第1号,第1页。
② 同上注,第18页。
③ 罗志儒:《"民意测验"的研究》,中华心理学会:《心理》1923年4月第2卷第2号,第1页。
④ 张耀翔:《心理学贡献》,北京高等师范学校《教育丛刊》编辑处:《教育丛刊》1921年3月第2卷第1集,第3页。

甲、乙两种"新法考试",如"辨真伪",即判断题目所提示的命题的内容,或表述的是非;如"再识",也是要求于几种答案中选择正确的,认出错误的。这在今天看来虽然极为普通,但在当时确实不失为新的考试方法,引起了教育界的高度赞扬,黄公觉就认为:"现在张先生(耀翔)根据智慧测量之方法定出新法考试,可谓于考试一方面,开一新法纪元。"①

值得一提的是,张耀翔的主张还进一步启发了英语部一年级学生杨鸿烈对新法考试的思考。杨鸿烈分别罗列了旧法与新法考试的优点和缺点,他指出新法考试虽然具有能够"客观的评定分数的标准"和"试者和被试者的时间比较的经济"两个优点,但同时还存在着三大缺点:"答案太机械""不能查出答案错误的原因"和"不能考察(查)出被试者旁的能力"。他指出,"用简单机械的方法去考验繁复不过的智力,才力"是新法考试不如旧法考试的根本之点。在此基础上,他得出结论:"我们现在已经知道旧法的考试是被人攻击得体无完肤的了,应时而起有心理学根据的新法考试也引起一般人的注意,但是新法考试就可尽考试的能事,就算得完备无缺的方法吗?我们且平心静气的(地)考察一下,恐怕是新的未必胜过旧的,这话实在不是一时的意气,乃是有很多的理由事实可以证明的。"②杨鸿烈对新法考试的反思,引起了汪懋祖的注意。汪懋祖指出杨鸿烈"以客观态度,迹考试制度发展之途径,评新旧考试方法之得失,虽挽近他种杂志上亦多载有类似之作,而教育界应声附和之新法考试,尚无人焉批评其弱点。以一年生之程度而能为此作,尤为难得"。③

在张耀翔的提倡和影响之下,北京高师其他师生也积极投入对教育测量

---

① 黄公觉:《读以上各篇后的感言》,北京高师平民教育社:《平民教育》1921年11月10日第41、42期合刊,第41页。
② 杨鸿烈:《考试制度的研究》,北京高等师范学校《教育丛刊》编辑处:《教育丛刊》1922年5月第3卷3集,第6页。
③ 汪懋祖:《考试制度的研究·序言》,杨鸿烈:《考试制度的研究》,北京高等师范学校《教育丛刊》编辑处:《教育丛刊》1922年5月第3卷第3集,第2页。

和心理测验的探讨和宣传。除了张耀翔之外,北京高师师生也在《心理》杂志上发表了一系列文章,如黄公觉的《近代心理学大家詹姆斯传》[①]和《近代心理学大家文德史略暨著述》[②]、罗濬的《现代心理学之运动》[③]、邬翰芳的《工作与疲劳》[④]、程时煃的《日本学者对于皮奈西门测验法之研究》[⑤]和《南满教育测验》[⑥]、汤茂如的《中学四年级生职业选择之调查》[⑦]、周调阳的《性欲问题之研究》[⑧]和《中国学生两性心理之研究》[⑨]等等。黄公觉还在《教育丛刊》上发表《教育测验及度量衡的功能》,指出教育测量具有16种功能:"(1)由于指示生徒之实况而帮助教授。(2)发见生徒作业优劣之点。(3)由于指示一班之实况而帮助视察。(4)作准确的、可靠的测量。(5)补助考查方法。(6)发见各制度之差异。(7)发见个别之差异。(8)测量生徒个别之能力。(9)测量教师之教授能力。(10)测量教科之效率。(11)断定生徒之弱点所在。(12)校对已施之教授。(13)供给断定弊点及教育指导之材料。(14)帮助补救耗费之学科。(15)以一种科学的方法去表示成绩。(16)准确测量某种机能。"[⑩]并断言"测验及度量衡乃解决教育一切问题的手段"。[⑪]

1922年北京高师教育研究科毕业生张秉洁、胡国钰编译了美国教育家十余人1918年出版的《教育测量》一书,"凡关于教育测量之历史,性质,

---

[①] 中华心理学会:《心理》1922年1月第1卷第1号。
[②] 中华心理学会:《心理》1922年3月第1卷第2号。
[③] 中华心理学会:《心理》1922年1月第1卷第1号。
[④] 同上。
[⑤] 中华心理学会:《心理》1922年7月第1卷第3号。
[⑥] 中华心理学会:《心理》1923年2月第2卷第1号。
[⑦] 中华心理学会:《心理》1922年10月第1卷第4号。
[⑧] 中华心理学会:《心理》1923年4月第2卷第2号。
[⑨] 中华心理学会:《心理》1923年6月第2卷第3号。
[⑩] 黄公觉:《教育测验及度量衡的功能》,北京高等师范学校《教育丛刊》编辑处:《教育丛刊》1923年2月第3卷第7、8集合刊,第4页。
[⑪] 同上注,第1页。

目的，方法，用途以及其组织，统计法，参考书等均一一备载"。① 该书对于教育统计法叙述得尤为详细，"凡未习统计者，皆可由自修而知统计的各方法……译者在统计中于必要的地方亦有所增加，务求读者能明瞭（了）统计的方法为度"。② 更为可贵的是，张秉洁、胡国钰在全面介绍西方教育测量的同时，还详细地介绍了中国教育家最近所创作的各种教育测量方法，使该书更贴近于中国教育的实际。如北京高师丛书《教育测量》出版预告中所说的："欲改良教育行政制度乎？欲使教授法适合于学生之心理乎？欲谋学校管理更经济而更有效乎？欲知调查学校之最好方法乎？那末，就不可不读，现将出版之教育测量。"③ 此外，北京高师教务课事务主任程时煃还通过介绍国外的研究成果和方法，以供国人借鉴。如他在《日本学者对于皮奈西门测验法之研究》④一文中就介绍了日本心理学家久保良英氏对于皮奈西门测验法的研究概况。另外，他还在《南满教育测验》⑤一文中介绍了日本在该地所进行的教育测验情况。

1923年麦柯来华，平民教育社于3月31日专门召开了欢迎麦柯博士来京进行教育测量的会议，并于5月20日印行了教育测量专号。该专号既刊载了教育测量理论性介绍的文章，如杨成章的《教育测量是什么？》、袁晴晖的《教育测量之价值》、何雨农的《测量在教育上的地位》，也刊载了有关教育测量具体教授和操作方法的文章，如章璞的《师范学校教育测量的教授》、周调阳的《应用于教育测量上之统计法》；既回顾了教育测量的发展历史，如赵惠谟的《教育测量的历史》，也关注了近年来世界和我国教育测量的发展变化，如杜元载的《日本最近各中学校的心理测验》、杨国礎的《我

---

① 《北京高师教育丛书一览》，北京高等师范学校《教育丛刊》编辑处：《教育丛刊》1923年2月第3卷第7、8集合刊（书前页）。
② 《教育测量》，北京高师平民教育社：《平民教育》1922年5月25日第52期，第34页。
③ 《北京高师丛书〈教育测量〉出版预告》，北京高师平民教育社：《平民教育》1922年5月25日第52期（书后封皮）。
④ 中华心理学会：《心理》1922年7月第1卷第3号。
⑤ 中华心理学会：《心理》1923年2月第2卷第1号。

国近年来的心理测验运动》、余先砺的《美国近年来的心理测验情形述要》。此外，麦柯还为该专号撰文《中国教育的科学测量》，介绍了他和中国各地教育家在会议上提出的关于中国教育测量如何展开的 16 条意见，并设计了 67 条具体的进行计划，基本涉及教育测量的各个方面，对中国的教育测量无疑起到很好的指导作用。该专号出版之后，影响颇大。如姚以齐在《本社四年来的回顾》中提到的："本专号出版之后，真有'纸贵洛阳'之概，而麦博士今年上期在北大、师大、燕大、女高师四校合组的心理测验班，暑假时在中华教育改进社所开实施教育心理测验讲习会，及该社第二次年会，讲演心理教育测验的时候，都说本专号是现在中国研究教育测量的绝好参考资料，劝听众都人手一本，这也可见本专号的价值了。本号共印一千八百份，现在只余十数册，而各埠尚纷纷来函购取，几有应接不暇之势。"[①] 此外，《平民教育》其他刊号、《教育丛刊》等也发表了关于教育测量的文章。[②]

值得一提的是，北京高师还把心理测验运用到了招生的具体工作中。北京高师附中于 1921 年招考新生时"除学科试验、体格检查照章举行……新增一种'心理考查'方法以资参考"，试题由程柏如先生制成，测验结果"异常满意"。[③] 1922 年，北京高师招生简章也明确规定除了学科试验外，入学考核还包括"举行口试、体格检查及心理测验。体格检查于考试前举行，不及格者不得与学科考试"[④]。对于 1923 年入学心理测验的结果，薛鸿志还曾撰文《心理测验与学科成绩结果之研究》进行了分析，指出以心理测验和

---

① 姚以齐：《本社四年来的回顾》，北京高师平民教育社：《平民教育》1923 年 10 月 30 日第 68、69 期合刊，第 3 页。
② 如麦柯：《教育测验之通行计划》，琴一：《日本心理测验之新发展》，北京高师平民教育社：《平民教育》1922 年 10 月 10 日第 54 期。赵惠谟：《心理测验之功能及其用途》，北京师范大学：《教育丛刊》1923 年 7 月第 4 卷第 4 期。
③ 《北京高师附中心理考察之第一次成绩》，《附录》，北京高等师范学校《教育丛刊》编辑处：《教育丛刊》1921 年 12 月第 2 卷第 6 集，第 1 页。
④ 《北京高等师范学校招考简章（1922 年编订）》，《附录》，北京高等师范学校《教育丛刊》编辑处：《教育丛刊》1922 年 9 月第 3 卷第 5 集，第 25 页。

学科成绩"二种分数平均选拔学生,则智力聪颖者不致见遗。较之昔日专尚学业成绩为取录之标准者,妥善多矣"①,进一步论证了心理测验的必要性。

此外,北京女高师也在兼职心理学教师张耀翔的指导和组织下积极提倡教育测量和心理测验,并在全国高等以上专门学校中首开将心理测验纳入入学考试之先河。1921年,鉴于"向来学校施行之入学考试,单只考察(查)人之学来知识;于人之学习能力,从不特别过问……现在之考试,不啻以富贫为取去;现在之高等教育,不免为一种阶级教育",为了"注重学力"起见,女高师在入学考试中加入心理测验。"与他科并重"。②1922年女高师又在国文部招生过程中引入心理测验,包括迷津试验、数形交替、划除余数、浅对、科提士算学测验、八卦试验、推数试验、词类选择、数目校对试验等。③同时,女高师对麦柯的教育测验也非常关注。1923年4月22日,借中华心理学会第九次讲演大会在校召开之际,女高师邀请麦柯演讲《真理试验》。④

三 教学法实验

随着新教育的开展,民初高师师生们对注入式的旧式教学方法也开始了反思与批判。常道直指出旧教育"把儿童活泼的天机都压制下去,造成一般'半身不遂'的国民",并认为这种教育是"精神的谋杀者之教育"。⑤数理部学生式民则通过参观北京几个小学的教学情况,批判了旧式教学方法的"整

---

① 薛鸿志:《心理测验与学科成绩结果之研究》,《附录》,北京高等师范学校《教育丛刊》编辑处:《教育丛刊》1923年2月第3卷第7、8集合刊,第56页。
② 张耀翔:《心理测验与本届入学考试》,《北京女子高等师范周刊》1922年10月22日第3期第5版。
③ 同上。
④ 麦柯讲演,刘作炎笔记:《真理试验》,《北京女子高等师范周镌》1923年5月20日第33期第1版。
⑤ 导之:《精神的谋杀者之教育》,北京高师平民教育社:《平民教育》1921年2月20日第29号,第20页。

齐严肃"对儿童的戕杀:"这四个字的代价,就是拿儿童的黄金光阴和他的兴味买来的,在学校里头所得的和儿童所失的价值,实在不相等。"① 师生们认识到要推行新教育,教学方法必须改革,教师"须要尊重学生的个性,教授要适合学生的需要,在合理的范围内须给学生以充分的自由"。② 他们强调教育方法"首在发展儿童的本能,尊重儿童的个性",其方法"是启发的,不是注入的;是自动的,不是被动的;是令儿童思想自由的,不是令儿童专重记忆的;是训练儿童活泼的独立的,不是训练儿童拘束的奴隶的"。③ 在此基础上,师生们对西方,尤其是美国的设计教学法进行了积极的探讨。

设计教学法是杜威的弟子——克伯屈(William Heard Kilpatrick)首次提出来的,是"要教学建立在儿童兴趣和需要之上,将有目的的活动作为教育过程的核心或有效学习的依据。在教学组织上废除班级授课制,打破学科体系,以儿童有目的的活动作为所设计的学习单元,以组织教学活动"。④ 受杜威来华及其实用主义教育思想的影响,设计教学法在中国广泛传播。

设计教学法在中国的正式研究与试验始于南京高师附小。1919 年秋,俞子夷在附小一班开始试行设计教学法,将一节课时间定为 30 分钟。上课时,先由学生中领袖或教师提出研究材料,再由学生们自由作业,其情形颇似现在的幼稚园,学生们非常自由。但由于准备欠充分,对于儿童的作业也没有制定明确的目标,试行结果"往往今天和明天,前月和后月,常在同一

---

① 式民:《参观北京小学教授感言》,《北京高等师范学校周刊》1919 年 3 月 3 日第 61 号,第 18 页。
② 常道直:《"平民教育"之新解释》,北京高师平民教育社:《平民教育》1921 年 2 月 20 日第 29 号,第 3 页。
③ 宏图:《平民教育谈》,北京高师平民教育社:《平民教育》1919 年 11 月 1 日第 4 号。转引自董宝良、周洪宇主编:《中国近现代教育思潮与流派》,人民教育出版社,1997 年,第 382 页。
④ 吴洪成、彭泽平:《设计教学法在近代中国的实验》,《高等师范教育研究》1998 年第 6 期。

水平线上，没甚进步发展可说"。① 1920 年秋，南京高师附小将设计教学法试验增至两级，开始采用"分系设计法"，又称"合科设计法"。通过参照福禄培尔（F. W. A. Froeble）和蒙台梭利（M. Montessori）的幼稚园课程设计，对原来的科目进行整合，"分做 observation, play, hand-work, stories, physical exercises 几系，分别把各种问题，设计学习"。其中成就颇著的是数学教学，开始从游戏方法入手，被认为是"值得纪念的一件事"。② 但由于学级、时间和学科课程的限制，活动课程和儿童个性尚难充分发展。1921 年，南京高师附小设计教学法试验增至 4 个学级，"每天早晨加设随意谈话课，所有作业，大半由此产生"。1922 年秋，南京高师附小又行"混合设计法"③，废除课程表、教科书，打破学科、年级界限，让学生自己发现问题，引发设计动机，自己加以设计，实行，最后全体讨论，做出评判。和以前相比，学生自主活动明显增多。1923 年，南京高师附小全面实行设计教学法试验，"试验学级增至十三"④，打破了学级和时间的限制。经过近五年"收——放——再收——再放"⑤ 的反复探索，南京高师附小的设计教学法试验渐趋成熟，成为当时设计教学法试验的传播中心。如前提到沈百英就指出："参观南高附小的，每年不知有多少，真可说是'络绎不绝'了，做南高附小参观笔记的，也不知有多少，在中国小学教育界的出版物上，也可说都有他们的教学概况了。"⑥

北京高师附小也是设计教学法试验的一个重要阵地。第一，该校非常注重设计教学法在课堂教学上的研讨与推广。如附小教员石登阁在国三乙级国

---

① 《十年来教学概况》，见中央大学实验小学校编：《一个小学十年努力纪》，中华书局，1928 年，第 9 页。
② 同上注，第 10 页。
③ 同上。
④ 同上。
⑤ 李剑萍、杨旭：《中国现代教育史——中国教育早期现代化研究》，人民教育出版社，2011 年，第 236～237 页。
⑥ 沈百英：《参观南高附小杜威院、维城院纪略》，《教育杂志》1923 年第 15 卷第 11 号，第 1 页。

语练习会施行设计教学法的实践基础上，撰写了《我的"国三乙级国语练习会"设计教学法经过的报告》，刊登在北京高师《教育丛刊》第三卷第四集"现代教育思潮研究号"上。① 崔唐卿在附小一年级施行设计教学的基础上撰写了《小学一年级设计教学的实际》，刊登在北京高师《教育丛刊》第三卷第七、八集合刊上。② 赵其章在高小三年级历史科教学中实施了设计教学法后，也撰写了《历史科设计教学法的实例》，刊登在《平民教育》第五十三期。③ 其中，石登阁一文不仅记录了试验的详细经过，还从自己的教学实际出发，论证了设计教学法的价值，他指出："就近来所经验的，和从前所用的'三段法''五段法'或是'不三不五的顺序'比较起来，以前的教法，虽然不能说是一无可取，但是总觉着不如现在用设计教学法所得的效果。"④ 第二，该校非常注重在校外教授中施行设计教学法，如齐彭纪指出附小"施行校外教授，已数年于兹。无论任何科目，任何教材，得在室外教授者，则在室外行之；得在校外教授者，则在校外行之。校内之博物馆、图书馆、植物园以及银行、商场等，皆为施教的地方。校门以外，近者如海王村公园，远者如天坛、先农坛、三贝子花园、商品陈列所、国子监等处，亦均为吾校施教之场所"。⑤ 影响较大的校外教授活动主要有王锡兰于1922年4月11日在北京高师附小高三甲级所做的一个"中央农事试验场旅行"的设计教学法试验和齐彭纪于1922年4月间在附小高等科各年级学生做的旅行

---

① 石登阁：《我的"国三乙级国语练习会"设计教学法经过的报告》，《附录》，北京高等师范学校《教育丛刊》编辑处：《教育丛刊》1922年6月第3卷第4集。
② 崔唐卿：《小学一年级设计教学的实际》，北京高等师范学校《教育丛刊》编辑处：《教育丛刊》1923年2月第3卷第7、8集合刊。
③ 赵其章：《历史科设计教学法的实例》，北京高师平民教育社：《平民教育》1922年6月10日第53期。
④ 石登阁：《我的"国三乙级国语练习会"设计教学法经过的报告》，北京高等师范学校《教育丛刊》编辑处：《教育丛刊》1922年5月第3卷第4集，第41页。
⑤ 齐彭纪：《校外教授的报告》，《附录》，北京高等师范学校《教育丛刊》编辑处：《教育丛刊》1922年6月第3卷第4集，第35页。

颐和园的设计教学法试验等。第三，该校还非常注重对设计教学法的理论探讨。王锡兰对"中央农事试验场旅行"试验总结道："这个设计所包含和互相联络的科目，有乡土、图画、缀法、读法等等。实地旅行，完全是乡土科的教学。旅行的时候和旅行以后，可以作写生画和记忆画；整理旅行的笔记，便是缀法。最后还要给他们讲一篇游记的文章，以补他们旅行记（作文）的缺点。"①齐彭纪对旅行颐和园试验总结道："不重课本之教学，专取实在的事物为教材。至其教学之方法，则使学生自动的研究，而教者纯立于指导的地位。换言之，即设计教学法之一种。其所收之效果，较之室内教授，不止倍蓰。"②附小教员李梦九还根据自己对设计教学法的理解和实践总结出《设计法的三 W》，他说设计法，"是筹设计划某事物，使儿童对于某事物能充分自动的明瞭（了），并且用十分自动的兴味去做，得一个完全美满的结果出来"；③为什么要采用设计法呢？是因为要"改教科本位为儿童本位""改输入态度为指导态度""改严整教室为优美环境"；设计法该怎样去实施呢？"第一步要先从各个儿童的智力测验著（着）手……第二步再接续实行设计法。实施的程度，可分目的、计划、实行、判断四阶段"。④此外，附小还出版了设计教学法的专著。影响较大的是崔唐卿"本着他的研究和实验"著成的《设计式的游戏操》和《小学实施设计教学法》。《设计式的游戏操》"材料适于儿童生活的需要，且饶兴味，方法活泼自然，深合于儿童学习的心理。绝不是从前那种机械的课本儿童厌恶学习的可比，凡研究小学教育的，不可不各备一本"。《小学实施设计教学法》分为三编，上编叙述的是设计教学法的简要原理，中编介绍了设计教学法实施的方法，下编列举了许多设计教学法

---

① 《设计教学法的一个实施要目》，《附录》，北京高等师范学校《教育丛刊》编辑处：《教育丛刊》1922 年 6 月第 3 卷第 4 集，第 33 页。
② 齐彭纪：《校外教授的报告》，《附录》，北京高等师范学校《教育丛刊》编辑处：《教育丛刊》1922 年 6 月第 3 卷第 4 集，第 34 页。
③ 李梦九：《设计法的三 W》，《附录》，北京高等师范学校《教育丛刊》编辑处：《教育丛刊》1922 年 5 月第 3 卷第 4 集，第 38 页。
④ 同上注，第 39～40 页。

实施的成例，是"现在设计法中，最为完善，研究小学教育欲采用设计教学法者，不可不各手一编"。①

和附小积极推行设计教学法实践活动相呼应的是，民初高师师生们从理论上对设计教学法进行全方位的探讨。其中影响颇大的是北京高师《平民教育》的"设计法号"。《平民教育》将其第四十三号定为"设计法号"专号，于1922年1月10日出版发行。该号刊行之缘由即是基于对设计教学法价值的极度肯定。如该号《预告》就指出："诸位不是要改造中国的教育吗？诸（位）不是要实行新教育吗？新教育的目的，经杜威来华在各处讲演，我想大家都知道，却是只有目的而不想出达到目的的方法，是不行的，现在美国的教育家已经想出新教育的方法，名为设计法。我们中国的教育者，应当赶紧去研究这个方法，实行这个方法，是不待言的了。因此本志于第43号特刊设计法号。"②黄公觉也在该号撰文指出："自从这种方法（设计法）出现，可谓于教授法方面开一新纪元。从前所有的一切旧方法，不久将归于失败的地位，这是可以预言的。"③

其次，该号从理论上进一步探讨了设计教学法的内涵。康绍言通过和旧教学法的比较，揭示了设计教学法以儿童为中心的本质特征："教育一方将本身作成有价值的生活，一方根据目的的行动，预备将来最高的生活，这就是设计法唯一的主张。"④叶德生从教与学两方面提出了设计教学法的要义，他认为教者应"先使学科单元内容有完善之组织，以适合于儿童之能力与需要"；学者也要"使所有之知识，变为自己之知识，并非开卷了然，闭卷茫然，知识是知识，自己是自己，徒为教师教科书之奴隶；当为自由的，能用

---

① 北京师范大学:《教育丛刊》1923年9月第4卷第5集（书前页）。
② 《本志第四十三期预告》，北京高师平民教育社:《平民教育》1921年11月10日第41、42期合刊（讲演录第一集）（书后封皮）。
③ 黄公觉:《设计的标准》，北京高师平民教育社:《平民教育》1922年1月10日第43号，第28页。
④ 康绍言:《甚么是设计所包含底（的）概念？》，北京高师平民教育社:《平民教育》1922年1月10日第43号，第4页。

思考的，讨论一问题，有合理的自由，独立的思想"。① 常道直则通过和杜威的教育哲学进行比较，揭示了设计教学法所体现的新教育的真谛，如"以教育为经验之继续改造"、教材应"专注意儿童兴趣所集中且与其将来生活有重（要）关系之数点""训练思想比较知识之获得尤为重要"等等。② 此外，罗濬在《设计法初步之研究》一文中对设计教学法进行了较为全面的介绍，涉及设计教学法的概论、意义、特点、要素、效力、范围以及关于设计教学法容易产生误解的地方和设计教学法应该注意之点。③

再次，该号也非常注重对设计教学法具体操作过程的介绍。薛鸿志就介绍了美国侯雷斯门小学在课外实施的设计教学法活动，介绍了该校为了"滋补培养学生的生活和发明这种滋养的方法"而创设的学童会社的程序细目，指出："此种组织专为个人特殊才力而设的，可策励学生的进步，并备有健全竞争的机会，收满足的效果。"④ 黄公觉也介绍了"设计"的"证同之标准""兴趣之标准""完成之标准"和"评价之标准"，并从"内容或结果"和"经济"两方面分别对"评价之标准"进行了详细的示例。⑤

此外，北京高师康绍言、薛鸿志编译的《设计教学法辑要》影响也颇大，成为中国最早出现的设计教学法的专著。该书是由北京高师校长李建勋亲自校订的，并作为北京高师教育丛书第一种于1922年3月出版。全书分9章，约8万余言，介绍了设计法的理论及实际需要，并列举了一到五年级

---

① 叶德生：《设计教授法之要义》，北京高师平民教育社：《平民教育》1922年1月10日第43号，第11～12页。
② 导之：《杜威的教育哲学与设计教法》，北京高师平民教育社：《平民教育》1922年1月10日第43号，第15～16页。
③ 罗濬：《设计法初步之研究》，北京高师平民教育社：《平民教育》1922年1月10日第43号，第4～11页。
④ 薛鸿志：《侯雷斯门学校 Horace Mann School 设计法之示例》，北京高师平民教育社：《平民教育》1922年1月10日第43号，第28页。
⑤ 黄公觉：《设计的标准》，北京高师平民教育社：《平民教育》1922年1月10日第43号，第28～32页。

施行设计法的示范,"有志研究设计法者,颇可以此为参考之资料"。[①] 同年5月,北京女高师附小主任孙世庆也编辑出版了《设计式的教学法》,比《设计教学法辑要》更进一步,不仅"译笔是中国腔调,很容易看",而且除了论述设计教学法的意义、范围、标准及纲要等,还在下编分述了施行设计教学法的实例,被学者称为"破天荒的有中国的实例了"。[②]

综上所述,民初高师在新教育运动中做出了重大贡献。它们在全国开办教育专攻、专修科、教育研究科,招收教育专业研究生,把教育学作为一门专门学术来进行研究。同时,它们的教育类学科建设也取得了丰硕成果。在注重学校内部建设的同时,民初高师也非常注重中外教育思想的交流,积极推动了杜威、孟禄的来华活动。此外,民初高师在民主教育和科学教育方面也成就突出。但正如林砺儒的批评:"在五四运动前后,北京高师流行一种'新教育思想',称为自动主义、理想主义……在当年军阀横行、政客奔走权门的情况下,这种思想有其进步的一面,可以保持教育界一定的干净。但他们企图以教育促成社会的改良,这就显出改良主义的空想性。"[③] 民初高师对新教育运动的积极参与,也在一定程度上反映了青年学生深受"教育救国"论的影响,把教育看作是救国的根本。在半殖民地半封建社会的旧中国,这无疑是抓错了根本,也不可能达到救国的目的。对此,一些学生也有所觉察,如楚图南在《单纯的教育改造社会论者可以觉醒了》一文中就发出呼吁:"单纯的教育改造社会论者,和平的社会革命论者,我敢告诉你们,此时可以觉醒了!趁这个机会,联合起来,作武力革命,推到(倒)这个旧社会的

[①] 《〈设计教学法辑要〉出版预告》,北京高师平民教育社:《平民教育》1922年1月10日第43号(书后封皮)。

[②] 俞子夷:《读了十二本设计教法专书的书后》,见董远骞、施毓英编:《俞子夷教育论著选》,人民教育出版社,1991年,第123页。

[③] 林砺儒:《北京师范大学校史拾穗》,见《学府丛刊》编辑组:《学府丛刊》第1辑,北京师范大学出版社,1985年,第81页。

死尸，建设未来的新中国！"① 当然，我们也应该看到，正是因为这些师生们的新教育实践，推动了近代中国新式教育体系的建立，他们对教育功能的肯定乃至夸大对今天实施"科教兴国"战略具有重要的启示意义。

---

① 楚图南:《单纯的教育改造社会论者可以觉醒了》，见《楚图南集》第2卷，云南教育出版社，1999年，第158页。

第六章　民初高师与新史学建设
——以南京、北京高师为中心

20世纪初年，在外来思想文化，特别是日本史学著作和理论的影响下，梁启超先后发表《中国史叙论》和《新史学》，高举起"史学革命"的大旗，对封建史学进行了猛烈的批判，由此引发了一场批判旧史学的新史学潮流，拉开了中国现代史学的序幕。辛亥革命之后，特别是"五四"新文化运动时期，随着新思想和新文化的宣传，批判旧史学，建设新史学的问题再次被提了出来，并很快形成了一种思潮。这次史学思潮不仅继续展开对旧史学的质疑和批判性思考，而且还从史学观念、功能和作用、研究对象和内容，以及研究方法等诸多方面进行重新认识和阐述，使得新史学建设有了更为明确的现代化目标，现代史学开始建立。民初高师的历史地理部（以下简称史地部）大都具备了现代史学规模，成为"五四"时期史学建设的重要阵地。它们不仅汇集了一批学有专长的新式学者，设置了系统的专业性课程，培养了大批史学专业人才，为现代史学建设准备了有生力量，而且还通过组织史学团体，创办史学刊物，为广大师生提供了研究新史学的园地。在学校的支持和鼓励下，师生们积极展开对新史学的研究。一方面，他们猛烈批判传统旧史学，积极引进西方史学理论和研究方法，力促中国史学实现由旧到新的转变；另一方面，他们又在"镕（融）合新旧学说"[①]的基础上，从史学研究的目的、研究内容、研究方法、历史教授法等方面对现代史学理论进行了积极的探讨。

[①]　北京高等师范学校史地学会：《史地丛刊》1922年6月第2卷第1期，书中（70）。

第一节　民初高师史地部的建立与发展

中华民国南京临时政府非常注重高师史地部的创设。1913年2月教育部公布《高等师范学校规程》，明确把史地部作为本科的六部之一，规定其课程设置，"通习科目为伦理学、心理学、教育学、英语、体操……分习科目为历史、地理、法制、经济、国文、考古学、人类学"，学额为三十人，修业年限为三年，生源"由预科毕业生升入"。① 根据这一规程，各高师史地部相继建立。

最早成立史地部的是北京高师。1913年8月，北京高师史地部开设，以原博物部教务主任彭世芳为教务主任，招收"预科升入兼有由浙省送入者"，后加上"前优级师范学堂公共科毕业生张大鉌陆恢（承贾）呈年请续学"② 共24人，组织了一年级一班。后逐年扩充，层级递进，到1916年8月，形成了三个年级三个班的格局。武昌高师史地部成立于1914年，招收本校预科毕业生共42人③，组织一年级一班。1917年在学校"归并六部为四部"的改革中，史地部改为国文史地部。1922年，史地部再次独立设置，取名为历史社会学系。沈阳高师1918年设置了国文史地部本科，并在原两级师范的基础上，设置史地专修科。南京高师1919年将国文部"增加历史地理教

---

① 《高等师范学校规程》，见宋恩荣等编：《中华民国教育法规选编（修订版）》，江苏教育出版社，2005年，第425～426页。
② 《北京高等师范学校周年概况报告之一（民国三年五月）》，《本校纪事》，《北京高等师范学校校友会杂志》1916年4月第1辑，第98页。
③ 原定为26人，见《记武昌高等师范学校报告概况》，朱有瓛主编：《中国近代学制史料》第3辑下册，华东师范大学出版社，1992年，第675页。

材",改为国文史地部,"意在强调史地与国文并重"①,"以期适合中等学校教科之情形"②。北京女高师于1919年8月成立时即在文科之下设置史地部,学制3年。1922年许寿裳"取消预科,改部为系",史地部改为历史学系。成都高师1916年7月经教育部批准,决定增设史地部,后因"本校历来文史不分家"③,不了了之。

一 史地部创设及相关活动

（一）民初高师史地部的课程设置

教育部在《高等师范学校规程》的基础上,制定了《高等师范学校课程标准》,规定了史地部的课程设置。详见表6-1。

各高师史地部成立后大都参照此标准,进行了本部的课程设置。北京高师制定《北京高等师范学校校规·立学规则》,规定：史地部的课程一是包括各部通习的科目——伦理学、心理学、教育学、英语、体操五门课程；二是专设课程,有伦理学、心理学及教育学、历史、地理、(测绘学)、法制经济、国文、英文、考古学、人类学、体操。④此外,还有世界语、德语、乐歌等随意科（即选科）。武昌高师史地部成立后,课程"依部定高等师范学校课程标准办理,所变通者,不过教授时间不足者稍为增益……是此外无他变更也"。⑤北京女高师史地部成立之始其课程也包括两部分：一是文科共同必修科目：伦理、心理、教育、国语、英语、音乐、体操；二是史地部专设科目：历史、地理、法制、经济、社会学、人类学、考古学、制图及模型。

---

① 《1918年南京高等师范学校现行简章》,见朱有瓛主编：《中国近代学制史料》第3辑下册,华东师范大学出版社,1992年,第644页。
② 《南京高等师范学校概况》,《新教育》1919年第1卷第1期,第109页。
③ 璩鑫圭等编：《中国近代教育史资料汇编·实业教育 师范教育》,上海教育出版社,1994年,第1052页。
④ 《北京高等师范学校一览》1913年,第50页。
⑤ 《记武昌高等师范学校报告概况》,见朱有瓛主编：《中国近代学制史料》第3辑下册,华东师范大学出版社,1992年,第675页。

表6-1 民初高师史地部课程设置

	第一学年 第一学期	每周时数	第二学期	每周时数	第三学期	每周时数	第二学年 第一学期	每周时数	第二学期	每周时数	第三学期	每周时数	第三学年 第一学期	每周时数	第二学期	每周时数
伦理学、心理学、教育学	伦理学	2	同前	2	同前	2	西洋伦理学史	2	同前	2	同前	2	中国伦理学史	2	同前	2
	心理学	2	心理学	2	同前	2	教育学	3	教育学	3	教育史	3	教育史、教授法	5	教育史、学校卫生、教育法令	5
历史	中国史、东亚各国史、西洋史	8	同前	8	同前	8	中国史、东亚各国史、西洋史	9	同前	9	同前	9	中国史、西洋史、史学研究法	9	同前	9
地理	地理学通论、中国地志、中国人文地志	5	同前	5	同前	5	地理学通论、亚洲志、海洋洲志	5实验(1)	同前	5实验(1)	地理学、通论、欧洲志	5实验(1)	欧洲志、美洲志	4实验(1)	美洲志、非洲志	4实验(1)
法制经济							法制总论、经济总论	3	公法生产	3	私法通论、私法交易	3	私法分配消费	3	国际法、财政	3
国文	讲读	4	同前	4	同前	4										
英语	讲读	5	同前	5	讲读	3	同前	3	同前	3						
考古学、人类学													考古学概要	3	人类学概要	3
体操	普通体操及游戏、兵式训练	3	同前	3	普通体操及游戏、兵式训练	3	同前	3	同前	3	普通体操及兵式训练	3	同前	3		
合计		29		32		28实验(1)		28实验(1)		28实验(1)		29实验(1)		29实验(1)		

成都高师仅在国文部和英文部开设了历史课程。如1918年国文部开设的中国史、东亚史，英文部开设的西洋史。① 此期课程设置主要是效法日本模式，较清末分类科的史地类相比，一是取消了经学大义等封建伦理课程，增设了考古学、人类学、体操等，体现了民国"注重道德教育，以实利教育，军国民教育辅之，更以美感教育完成其道德"的教育宗旨。二是每周授课从清末的36小时减为28—29小时，减少了7—8小时，一定程度上减轻了学生负担，有利于学生全面发展。但是，它也不可避免地存在着过多注重面的铺设，而对于专业性课程有所欠缺等弊病。

高师史地部不断调整课程设置。北京高师一年级学生的历史课"三年九月（1914年9月）起酌定每周十一小时，比照标准时间约加二小时"。地理课"自三年九月（1914年9月）起，每周酌定为六小时，比照标准时间约加一小时"。二年级的历史课"自去年（1915年）9月起，酌定每周十小时，比照标准时间约加一小时。又以现授之西洋史课本为迈尔当通史，其内容对于美国史一部分过于简略，故自本年（1916年）4月起每周酌加美国史一小时，用孟纲麻氏之美国史纲要为课本"②。1917年以"突出主科，多设科目，以便培养具有专长的师范人才"③为标准，北京高师还大幅度改订课程，一方面减少非专业科目④，另一方面采取强调"应提前教授"⑤、增

---

① 参见王东杰：《学术"中心"与"边缘"互动中的典范融合：四川大学历史学科的发展（1924—1949）》，《四川大学学报（哲学社会科学版）》2006年第4期。
② 《北京高等师范学校周年概况报告之二（1915年7月）》，《本校纪事》，《北京高等师范学校校友会杂志》1916年4月第1辑，第125～127页。
③ 《报告》，《教育公报》1917年7月20日第4年第9期，第31～45页。
④ 根据《教育公报》第4年第9期的报告，国文、英语、数学等科，"比照原订标准，国文每周减少一小时，英语每周减少五小时，数学每周减少一小时"。而本科的这些科目，因为"历史地理等主科俱增加钟点，不得不减少辅科教授时数，且西洋史、外国地理既用英文课本教授，即可代英语一科，故本科第一学年英语每周比照原订课程标准减少二小时，第二学年停止教授"。
⑤ 如中国史和西洋史，因为"均系史地部主科，且极繁难复杂，西洋史用英文课本教授，兼有文字之困难，故提前由预科起即开始特别教授，每周各二小时"。见《史地部预科及本科改定课程标准之说明》，《教育公报》1917年7月20日第9期，第42页。

加课时①，根据科目的具体难易情况，适当调节课时②等方法对专业科目予以加强。武昌高师到 1915 年也将"主课史地每周加授三小时"③，其中历史"第三学期加授 2 小时"，教授中国史（自第一篇"总序"起至第七章"上古史结论"止）和西史（第一学期自"总论"起至"巴比伦亚述利亚及察尔丁王国"止；第二、第三两学期改授英文迈尔《通史》，自"巴比伦"授起至"波希之役"止）。④ 武昌高师还非常注重教材建设，如在教授中国史时，不仅"拟据正史及学案及中外约章，授宋元明清之史，并以《春秋》授史法，以《周易》授史理，以期天人相通"。⑤ 南京高师在 1918 年设置的史地部课程也包括了中国伦理学史、西洋伦理学史、教育史、文学史、中国史、西洋史、东亚各国史、史学研究法、地学通论、中国地理志、世界地理志、地质学、制图学及制图、考古学、国文史地研究报告、实地教授及参观⑥16 门之多。

---

① 如"地理一科系史地部主科，且极繁难复杂，中国地志范围太广，参考宜详，外国地志用英文课本教授，兼有文字之困难，故拟自第一学年起，每周授地理学通论及人文地理学共三小时，中国地志、外国地志各二小时，比照原订课程标准增加二小时。第二学年每周加授地理实习二小时，比照原订课程标准增加四小时。第三学年裁去地理学通论及人文地理学，仍授中国地志、外国地志、地理实习，每周各二小时，比照原订课程标准增加二小时"。见《史地部预科及本科改定课程标准之说明》，《教育公报》1917 年 7 月 20 日第 4 年第 9 期，第 42 页。
② 如"中国史自本科第一学年起，每周授二小时。东亚史、西洋史，每周各授三小时，共计八小时。第二学年中国史加授一小时，东亚史、西洋史照原钟点继续教授，共计九小时。第三学年中国史、西洋史照原钟点继续教授，东亚史减去一小时，加授史学研究法，每周一小时，皆与原订课程标准适合"。见《史地部预科及本科改定课程标准之说明》，《教育公报》1917 年 7 月 20 日第 4 年第 9 期，第 42 页。
③ 《武昌高等师范学校详陈意见及三年度校务实况报告 1915 年》，见潘懋元、刘海峰编：《中国近代教育史资料汇编·高等教育》，上海教育出版社，2007 年，第 746 页。
④ 同上注，第 747～748 页。
⑤ 同上注，第 751 页。
⑥ 《1918 年南京高等师范学校现行简章》，见朱有瓛主编：《中国近代学制史料》第 3 辑下册，华东师范大学出版社，1992 年，第 644 页。

"五四"以后,高师史地部基本形成了较为科学的学科与课程体系。北京高师史地部到1921年,其课程就包括国文、国语、日文、伦理学、论理学、教育制度、学校行政法、法制经济、教授法、实践教授法、地理实习、制造模型、中国通史与断代史(古代、中古、近代)、西洋通史与断代史(古代、中古、近代)、史学史、文学史、哲学史、政治史、经济史、文化史、史学理论与历史研究法、思想史、民族史、历史地理学。南京高师史地部到1922年所设课程包括中国文化史、初级中国史、中国中古文化史、中国条约史、中国政治思想、本国史、中国近世文化史、中国古代文化史8门中国史,西洋文化史、东亚史、西洋中古哲学史、西洋近世文化史、西洋古代文化史、东亚各国史、英国经济史、西洋中古文化史、西洋近世哲学史、南方诸国史、西洋十九世纪哲学、印度哲学、美国经济史、最近五十年世界史、英国宪法史、欧战及战役史、欧洲政治思想史、西洋上古史、美国政治、联邦政治20门世界史。[1] 北京女高师史地部到1922年改为史学系后,其课程设置亦有很大变化,包括必修课:史学通论、中史、东亚史、西史、法学通论、教育学、社会学、人类学、作文、英文、体操;选修课:心理学、教育史、模范文、文字学、音乐、德文、法文。[2] 可见,此期高师史地部课程设置的内容已较为完备,初步显示出了现代史学研究格局的基本框架。

(二)北京、南京高师史地部的教师与教学

北京高师史地部教师多有留学经历,他们给史地部带来了渊博的史学知识,营造了浓厚的史学研究氛围。详见表6-2:

---

[1] 参见表5-1:1919年进校学生所修史地学课目举例、表5-2:1920年进校学生所修史地学课目举例、表5-3:1921年进校学生所修史地学课目举例,陈宝云:《学术与国家:〈史地学报〉及其学人群研究》,安徽教育出版社,2010年,第268~271页。
[2] 《北京女子高等师范周刊》1922年12月17日第11期。

表 6-2 北京高师史地部部分教师概况

姓名	籍贯	职务及担任课程	教育经历
王桐龄	直隶	教务主任，中国史、东洋史	前清增生，日本第一高等学校毕业生，东京帝国文科大学史学科毕业生
王用舟	直隶	西洋史	日本早稻田大学预科毕业
章嵌	浙江	中国通史	1919年留学日本二年
熊遂	江西	西洋史、西洋近世史、西洋通史	美国伟（威）斯康新（星）大学政治经济科学士，朴（普）林斯顿大学硕士
何炳松	浙江	教务主任，西洋史	日本第一高等学校第一部文科和东京帝国大学文学部史学科毕业
黄人望	浙江	中国史、文学史	前清附贡生，日本早稻田大学历史地理科毕业
朱希祖	浙江	西洋史	不详
凌善安	广东	不详	游学美属檀香山国立师范学校，上海约翰大学文科毕业
沈士远	浙江	中国史	不详
马寅初	浙江	西洋史	美国耶鲁大学学士，哥伦比亚大学硕士、博士
高仓瑾	江苏	西洋史	美国本薛佛大学铁路管理科硕士
陶履恭	直隶	教务主任	不详
刘昊卓生	浙江	西洋史	美国兰格灵女子大学音乐及美学专科毕业，纽约哥伦比亚大学文科硕士
邵开绪	直隶	不详	本校毕业
张国辉	福建	欧洲最近世史	美国法学博士
陈曾则	不详	中国通史	不详

（根据北京师范大学档案全宗号1，卷85、86、87、88整理）

南京高师史地部教师情况相对比较复杂，既有留美归国学者，又有国学大师。这样一个中外交融、传统与现代并蓄的教师队伍，对于学生们拓宽视野和把握国内外学术发展的最新态势，无疑十分有利。部分见表6-3：

表6-3　南京高师史地部部分教师概况

姓名	籍贯	职务及担任课程	教育经历
柳诒徵	江苏	中国史教授，讲授"中国文明史"，后改"中国文化史"及亚洲各国史（包括东亚史、南亚史、西亚史、北亚史、日本史、朝鲜史、印度史等）	旧学渊博，对汉书极熟
徐则陵	江苏	历史系主任、西洋史指导员，教授欧洲文化史、史学方法等课程	以秀才考入金陵大学，后留美，教育专科
陈衡哲	湖南	西洋史教师、历史指导员	芝加哥大学硕士
萧纯棉	江西	经济系主任、经济学与经济史教授、经济史指导员	美国加利福尼亚大学经济学硕士
梁启超	广东	中国政治思想史讲师、指导员	不详
顾泰来	江苏	大战史及政治思想史教授、中国史指导员	东吴大学毕业，1920年自费留学美国哈佛大学
杜景辉	不详	历史教授、指导员	曾在哥伦比亚大学修历史学博士学位

　　教师们在教学实践活动中非常注重教学方法的灵活性。南京高师徐则陵在教授"史学方法"时，"用中国的史料讨论新的史学方法，举一反三，融会贯通"。[①] 柳诒徵的教学方法则是"以探求书本为原则"，不仅在课堂上注重学生研究能力的培养，而且在平时也经常要求和鼓励学生从事研究活动。他认为学生们经过小学一、二年级"完全据实物讲授历史"，三、四年级"以实物与教材对照学习"，五、六年级和中学阶段"以书本教学为主，并逐渐引导学生阅读历史文献资料"，到高等专门学校大学里面，"就可以谈到历

---

① 郭廷以口述，张朋园等整理：《郭廷以口述自传》，中国大百科全书出版社，2009年，第69页。

史的学术了"。① 据郑鹤声回忆:"他讲中国史的时候,并不编辑课文,或某种纲要,仅就一朝大事,加以剖析,而指定若干参考书籍,要我们主动去阅读……读了以后,要把心得记在笔记本上……他老人家逐字逐句地阅看,加以眉批……他要学生平时以阅读正史('二十四史')为主,并经常从正史中出许多研究题目,要我们搜集材料,练习撰作能力,由他评定甲乙,当做作业成绩,并择优选登在《史地学报》或《学衡》上发表。"② 竺可桢的教学则是"运用科学方法,以实践为主。除课堂讲授外,辅以野外实习,择其成绩优异者,列举姓名,牌示办公室外,免除期中或年终大考"。③

教师们将史学研究和历史教学相结合,在教学的基础上取得了丰硕的学术研究成果。北京高师王桐龄在教授"中国史"课程的基础上,于1912年编纂了《中国史讲义》。该讲义以不同历史时期中国境内各主要民族的盛衰兴亡为经,以汉文化之消长变迁为纬,叙述了中国四千年来历史演变的大势,在当时的通史著述中具有一定的影响。齐思和就认为该书"实为内容最详细的中国史"④。1922年,他又在教授"东洋史"课程的过程中,著成《东洋史》⑤一书,以汉民族的发展为经,其他邻近民族为纬,叙述了整个东亚地区的民族发展流变史,全书约40万字,实为一部民族史巨著。此外,王桐龄在北京高师任教期间发表的著作和文章还有《历史上汉民族之特性》⑥、《中国文化之发源地》⑦、《亚洲地理之缺点》⑧、《历史上中国六大民族之关系》⑨、《中

---

① 《中华教育改进社第一届年会会议记录》,《新教育》1922年第4卷第3期。
② 《郑鹤声自述》,见高增德、丁东编:《世纪学人自述》(第2卷),北京十月文艺出版社,2000年,第5~6页。
③ 同上注,第6页。
④ 齐思和:《近百年来中国史学的发展》,《燕京社会科学》1949年第2卷。转引自赵梅春:《王桐龄〈中国史〉的特点》,《史学史研究》2004年第1期。
⑤ 王桐龄:《东洋史》,商务印书馆,1922年。
⑥ 《历史上汉民族之特性》,《庸言》1913年11月第1卷第23、24号。
⑦ 《中国文化之发源地》,《地学杂志》1914年1月。
⑧ 《亚洲地理之缺点》,《地学杂志》1914年2月。
⑨ 《历史上中国六大民族之关系》,《庸言》1914年4月第2卷第4号。

国历代党争史》①、《儒墨之异同》②、《尚俭堂诗存》③等。何炳松在教授"西洋史"的基础上,编译了西洋史讲义。其中《中古欧洲史》和《近世欧洲史》编译出后,"国内大学生学习中古和近代欧洲史,以及中学历史教师教西洋史,都采用这两本著作"。④1921年2月,何炳松在北京高师学生江奂若等的协助下,翻译了鲁滨逊的《新史学》。"何炳松先生译美国鲁滨生(即鲁滨逊)(James Harvey Robinson)著《新史学》一书,曾被本世纪二三十年代国内许多大学历史系采用为讲授历史研究法的教材,影响颇大……此书原著出版于1912年,何先生于1920年在北京大学、北京高师讲授历史研究法,即用以为教本,于次年译成中文,由商务印书馆出版。"⑤何炳松研究章学诚史学的动机,最初也是出于教学工作的需要。他为了讲授"历史研究法"课程,开始手抄章学诚《文史通义》,"迨掌北大、北高师两校文史时,尝手钞(抄)实斋章氏之《文史通义》,以与其所译《新史学》相印证"⑥。后来随着研究的不断深入,尤其是在了解内藤氏《章实斋年谱》的内容之后,才"怀着发扬光大中国学术——章氏史学,公诸世界的民族使命,而去研究"⑦,并在研究的基础上,著成了《读章学诚〈文史通义〉劄记》,于1922年在北京高师《史地丛刊》发表,成为中国以现代科学方法研究章学诚史学的第一个学者。此外,何炳松在北京高师任教期间发表的文章和译著还有:《从历史

---

① 《中国历代党争史》,求知学社,1922年。
② 《儒墨之异同》,求知学社,1922年。
③ 王桐龄:《尚俭堂诗存》,北京高师图书馆,1922年。
④ 赵镜元:《史学家何炳松》,见刘寅生、谢巍、何淑馨编:《何炳松纪念文集》,华东师范大学出版社,1990年,第381页。
⑤ 谭其骧:《本世纪初的一部著名史学译著——〈新史学〉》,见刘寅生、谢巍、何淑馨编:《何炳松纪念文集》,华东师范大学出版社,1990年,第74页。
⑥ 金兆梓:《何炳松传》,见刘寅生、谢巍、何淑馨编:《何炳松纪念文集》,华东师范大学出版社,1990年,第226页。
⑦ 谢巍:《发扬光大章学诚史学之第一人》,见刘寅生、谢巍、何淑馨编:《何炳松纪念文集》,华东师范大学出版社,1990年,第127页。

到哲学》[1]、《西洋中小学的史学研究法》[2]、《西洋史与他种科目的关系》[3]、《美国教育制度》[4]等。南京高师柳诒徵1919年在国文史地部教授"中国文化史"课程时开始根据课程编写《中国文化史》讲义，至1921年基本完成。该讲义采用西方章节体和中国传统纲目体相结合，按时代分编，按专题分章，章节内以作者本人的论述为纲，取各类资料为目，"重点是教育、学术、宗教、文艺等精神文化为主体的东西，尤其强调孔子儒教的决定作用"[5]，引起了学界的极大好评。胡先骕就指出该书"开斯学之先河"[6]。蔡尚思指出该书"不失为从出版到解放前各种《中国文化史》的'老母鸡'"[7]。梁漱溟认为自己是深受该书启迪，"从而有《中国文化要义》一书出版"。[8] 胡适也认为该书"列举了无数的参考书籍，使好学的读者可以依着他的指引，进一步去寻求他引用的原书，更进一步去寻求他不曾引用的材料"[9]，可算是中国文化史的开山之作。

二 史学研究团体和刊物的创办与发展

高师史地部成立后，为了方便师生们的学术研究，纷纷成立各种研究团体，创办研究性刊物。其中北京高师史地学会1915年2月成立，可谓是当

---

[1] 北京高等师范学校史地学会：《史地丛刊》1921年1月第1卷第2期。
[2] 北京高等师范学校《教育丛刊》编辑处：《教育丛刊》1922年1月第2卷第7集。
[3] 北京高等师范学校《教育丛刊》编辑处：《教育丛刊》1922年3月第3卷第1集。
[4] 〔美〕Elict：《美国教育制度》，何炳松译，商务印书馆，1921年。
[5] 张文建：《柳诒徵和〈中国文化史〉》，《学术月刊》1985年第5期。
[6] 胡先骕：《梅庵忆语》，《子曰丛刊》1948年第4辑。
[7] 蔡尚思：《柳诒徵先生学述》，见柳曾符、柳佳编：《劬堂学记》，上海书店出版社，2002年，第2页。
[8] 梁漱溟：《评〈中国文化史〉》，见柳曾符、柳佳编：《劬堂学记》，上海书店出版社，2002年，第223页。
[9] 胡适：《评柳诒徵编著〈中国文化史〉》，《清华学报》1932年第8卷第2期。

时最早的史学专业学会[①]。该学会成立后,规模逐年扩充。

表6-4 史地学会会员人数表

年别	1915	1916	1917	1918	1919	1920	1921	1922
会员人数	会员68人	会员109人	会员125人,校外会员2人	会员119人,校外会员4人	不详	会员243人	会员274人	会员294人

(参见《史地学会一览表》,《北京高等师范学校十周年纪念录》,1918年。《本会会员录》,北京高等师范学校史地学会:《史地丛刊》1920年6月第1卷第1期,第135～143页。《本会会员录》,北京高等师范学校史地学会:《史地丛刊》1922年2月第1卷第3期,第1～2页。)

比史地学会成立时间晚,但有后来居上之势的是南京高师的史地研究会。它的前身是国文史地部学生于1919年10月1日成立的地学研究会,1920年5月13日经全体会员议决,"鉴于地学与史学,似不宜偏此忽彼"[②],改称史地研究会。该会持续到1926年,成员由最初的70余人发展到近百人。

史地学会和史地研究会分别本着"研究历史地理,增进学识,联络感情"和研究"史学、地学"[③]的宗旨,自成立之日起,就积极联络会员,展开各种学术活动,"同学本诸心得笔之于书,或开会以演讲之,或投诸杂志以刊布之,数年以来,未或间断也"。[④]主要有三:

第一,组织调查。史地学会会员武学易回忆:"实地调查,为正确知识之原则,旅行远足,乃证实记录之法门。本部专修历史地理学科,关于山川之形势,地质之变迁,古迹之沿革,物产之状况,推至社会风俗,教育现

---

① 据俞旦初先生考证,目前所知以1908年成立的贵州陆军小学历史研究会和湖北史学会为最早的专业史学学会,但都时间较短,影响有限。史地学会是"五四"新文化运动时期全国高校中最早成立的史学专业学会,成立后长期保持相对活跃的状态。参见胡逢祥:《现代中国史学专业学会的兴起与运作》,《史林》2005年第3期。
② 《记录》,《史地学报》1921年11月第1卷第1期。
③ 《南京高等师范学校史地研究会简章》,《史地学报》1922年5月第1卷第3期。
④ 何炳松:《发刊词》,北京高等师范学校史地学会:《史地丛刊》1920年6月第1卷第1期。

况，及工业商业交通等，在在皆必须研究，此修学旅行，所以为史地部之必要也。每届春秋佳节，本部辄出旅行，鄙以助手资格，时克追随厥后，握管记录，责诸同学。"[①] 史地研究会从 1921 年下半年起，也由竺可桢带领分赴雨花台、栖霞山、燕子矶、龙潭、紫金山、汤山、高资等处考察地质，还到南京古物保存所调查古物保存情况，并据此写出了考察报告。此外，他们还在全国发起史地教学现状和中小学史地教材使用情况的调查，并向各地发出了函询表格。

第二，举行通常讲演会。据统计，1915—1920 年，史地学会举行通常讲演会 40 余次，作讲演 109 次[②]，涉及门类非常丰富。部分演讲如表 6-5：

表 6-5　北京高师史地学会部分演讲

门类	讲演者	题目
社会史	高荣魁	北京二十年来社会风尚之变迁
	刘　经	中国饥馑史略
文化史	方庆尧	中国近代文化变迁之由来
	苏从武	宋代学术史略
	王嘉宾	文字源流考
	熊梦飞	周末学术史
经济史	林学时	川盐之产地制法与引第之限制及对于全国之影响
	王继儒	国债史略
	金传昕	中国渔业史

---

① 武学易：《北京高师史地部筹备旅行计划书》，北京高等师范学校史地学会：《史地丛刊》1922 年 6 月第 2 卷第 1 期，第 1 页。

② 《本会沿革》，北京高等师范学校史地学会：《史地丛刊》1920 年 6 月第 1 卷第 1 期，第 133 页。

续表

门类	讲演者	题目
宗教史	秦儒杰	宗教之派别及其特色
	刘谓广	佛教谈
	张志铭	国教问题之研究
制度史	傅绍曾	中国专制政体关系于人心之研究
	许 毅	唐代兵制之研究
世界史	陈 璋	巴尔干问题述略
	李培栋	滇缅勘界史
	高鸿威	列强经营远东之大势

有些演讲还涉及史地学科的研究方法问题，如张羡东的《研究历史之要点》等。这些讲演稿的质量都很高，常被当时一些刊物采用。如赵夔龙于史地学会第一次通常会的讲演稿《中国火器源流考》，就发表在当时颇有影响的《学生杂志》第二卷第六号上。史地研究会也定期举行会员演讲，如缪凤林演讲"历史与哲学"，胡焕庸讲"纪元问题"，陈训慈讲"何谓史"等。

第三，邀请校内外名家开设学术专题演讲。史地学会主要有：白月恒的《山东与中国之关系》、杜威的《历史学的研究》、美国德却尔博士的《美国政府建设之经过》、梁启超的《佛教东来之历史地理的研究》。其中梁启超还于1922年3月18日至6月4日在该会做了关于《历史上民族之研究》等问题的长期讲演。对此，史地学会特赠给他一枚刻有"史学大师 梁任公先生惠存"字样的银杯，以示感谢。根据"会务记事"记载，继梁启超之后，拟定的讲演者有胡适、张蔚西、沈兼士等，皆是当时名流。史地研究会邀请的名家演讲主要有：姚明辉的《史地之研究》、朱进之的《近代文化之起源》、徐则陵的《史料之搜集》、竺可桢的《欧洲战后之新形势》《月蚀》、李宜之的《德国社会情形》、摩尔的《苏州之地质》、葛敬中的《欧洲社会概况》、陈衡哲的《中国史学家之责任及机会》、翁文灏的《万国地质学会之略史》、江亢虎的《游俄杂谈》、顾泰来的《Lecky 论历史政治》、梁启超的《历史统计学》等。

　　第四，发行刊物。史地学会后期的主要活动即是刊行《史地丛刊》。1920年6月，《史地丛刊》创刊，"史地同学，自此遂得一正式发表心得之机关以就正于邦人士"①。虽然还是将历史学与地理学合为一起，但它仍然是中国较早以史学研究为主要内容的期刊②。该刊采用竖版及新式标点，文言、白话均可。原定每学年刊行3期，后因资金和学潮等问题而改为不定期刊物，截止到1923年4月，共出了2卷6期。稿件来源以在校学生和毕业生为主，由史地部教员审定发表，要求"以关于历史地理之范围为限"，"阐扬史地学理以活用于现世诸种问题"。③从刊登的文稿来看，大半属于历史或历史地理，单纯地理类的文章较少。

　　史地研究会从第三届胡焕庸任总干事后，主要活动也转向编辑出版会刊。1921年11月，《史地学报》创刊，以"共阐前古之积绪，而期今后之精进"为宗旨，季刊，"拟多载有趣味实用之短篇"④。从第一卷第二期起实行分栏，设有评论、通论、史地教学、研究、古书新评、读书录、杂缀、世界新闻、中外大事记、气象报告、书报绍介、史地界消息、调查、史地家传记、谭屑、专件、选录、书报目录、通讯、卷首插图等20个栏目。⑤从第二卷后改为月刊，但实际上并未按月发行。1926年10月停刊，共出4卷20期。稿件来源以会员投稿为主，"皆是课程作业中的优良作品"⑥，"有论述当

---

① 何炳松：《发刊词》，北京高等师范学校史地学会：《史地丛刊》1920年6月第1卷第1期。
② 20世纪20年代出现的专门性的史学研究期刊还有：东南大学史地研究会：《史地学报》1921年；中国史地学会：《史学与地学》1926年；南京中国史学会：《史学杂志》1929年；燕京大学史学系：《史学年报》1929年；成都大学史学研究会：《成大史学杂志》1929年等。
③ 《本刊投稿规则》，北京高等师范学校史地学会：《史地丛刊》1920年6月第1卷第1期。
④ 《记录》，《史地学报》1922年4月第1卷第2期。
⑤ 《编辑要则》，《史地学报》1922年5月第1卷第3期。
⑥ 郑鹤声：《记柳翼谋老师》，见柳曾符、柳佳编：《劬堂学记》，上海书店出版社，2002年。

代时事者,有援引古事以为参考者;关心中国时势,也放眼世界局势","当前时势之分析与古史研究齐头并进"。①

史地学会和史地研究会前后都维持了7年,通过组织调查、举办通常演讲会、邀请校内外名家开设学术专题演讲、发行刊物等活动,成为早期两大专业历史学会。它们之所以能取得如此成就,除了以南、北高师史地部为依托,拥有一支史学专业的骨干力量外,主要还有以下几个方面:

第一,管理较为规范。

首先,对会员的管理比较严格。史地学会成立之初明确规定"本会会员以本校历史地理部暨预科中志愿入历史地理部之全体学生组织之"②,保证了会员的稳定性。1922年新简章又进一步明确了会员的权利和义务,规定:"一、本会会员有选举权及被选举权但以在京者为限。二、本会会员有提议权及表决权但表决权以在京者为限。三、本会会员有享受赠送本会丛刊之权利。四、本会会员有纳会费之义务。五、本会会员对于本会丛刊有投稿之义务。六、本会会员有报告服务状况及教授心得之义务。"③同时,还规定"在校会员"一经入会,"不得退会"。④史地研究会则按不同情况把会员分为甲种普通会员(在校同学愿为本会会员者)、乙种普通会员(甲种普通会员离校愿继续为本会会员者)、通讯会员(校外同志由会员二人以上之介绍经评议会之通过者)、名誉会员(本校教职员及校外史地专家由本会敦请者)和永久会员(以上四种会员热心会务一次,缴足会费二十元以上者)五种,这样就进一步加强了学会对会员的约束与管理,对于学会正常秩序的维持起了

---

① 彭明辉:《柳诒徵与〈史地学报〉》,见柳曾符、柳佳编:《劬堂学记》,上海书店出版社,2002年,第228页。
② 《北京高等师范学校历史地理学会简章》,《本校规程》,《北京高等师范学校校友会杂志》1916年4月第1辑。
③ 《北京高等师范学校史地学会简章》,《会务纪事》,北京高等师范学校史地学会:《史地丛刊》1922年6月第2卷第1期,第2页。
④ 《北京高等师范学校史地学会简章》,北京高等师范学校史地学会:《史地丛刊》1921年1月第1卷第2期,第130页。

很好的作用。

其次，实行严格公开的经费管理方式。史地学会和史地研究会的经费都主要来源于会员缴纳和捐助，如史地学会"每个会员每年需缴纳现洋一元，九月间一次交清。如遇有特别需款之处，则由本会会员捐助或向学校申请补助"。① 史地研究会成立之初，"会员每学期小洋二角"②，自从第五届开始，规定毕业会员每人每年缴费一元，学报送阅。在校会员每领学报一册，缴小洋一角。到1923年毕业会员每年会费二元，一次交足，在校会员分两次缴纳会费，每年小洋十六角。③ 为了保证经费的正常周转，史地学会于1922年10月31日第三次职员会议还专门就经费问题通过议决案："责成发行股于最短时间要回各处代售费，以后凡寄售者非先交现款不发者；责成会计股赶快按新简章索会费（干事部已照办）；责成会计股开列本会会员积欠表（由新旧会计共同负责）。"④ 学会还实行经费公开制度，于每一学期末由会计进行核算，并刊登出来，供会员们监督。如"史地学会报告"中就刊登了会计李永清核算的经费用度情况。⑤

第二，经营方式较为灵活。

首先，两个学会的办社思想较为开放，保证了新鲜力量的不断入社。史地学会创设时，就规定除了史地部学生之外，也允许本校教员及他部学生入会，"由本会会员二人介绍入会"即可。⑥ 1922年，学会又进一步扩大了会员的范围，把会员分为甲、乙两种，甲种会员包括"本校历史地理部全体学生""本校历史地理部毕业生"，以及"本校历史地理部现任职员及专任教

---

① 《北京高等师范学校史地学会简章》，北京高等师范学校史地学会：《史地丛刊》1921年1月第1卷第2期，第130页。
② 《南京高等师范学校史地研究会简章》，《史地学报》1922年5月第1卷第3期。
③ 《国立东南大学史地研究会简章》，《史地学报》1924年第3卷第1、2期合刊。
④ 《史地学会纪事》，《北京高等师范学校周刊》1922年11月5日第175期。
⑤ 《史地学会报告》，《北京高等师范学校周报》1919年2月10日第58号，第16页。
⑥ 《北京高等师范学校历史地理学会简章》，《本校规程》，《北京高等师范学校校友会杂志》1916年4月第1辑。

员"。乙种会员是指"除甲种会员外有愿加入本会者"。① 史地研究会自创设之初对会员的要求就非常宽泛,"凡本校史学系、地学系或其他科系同学有志研究史地者,皆得为本会会员。本校毕业同学入会者亦为会员"。② 大量会员不断加入,学会的规模也日益壮大。

其次,积极探索高效的管理方式,保证了社务运行效率的不断提高。史地部成立初期实行的是以职责细目划分的管理方式,仅设正副会长、书记、会计、庶务五种职员。随着规模的不断扩大,1920年开始以类属部别进行划分,设立了总务股、书记股、会计股、庶务股、编辑股、印刷股、发行股、交际股八个机构。1922年又把八个机构精简为干事部、研究部、编辑部、出版部四个机构。同时,在研究部之下成立了12个组,有"地方调查组""时事编辑组""中史研究组""西史研究组""史学研究法组""史学原理组"等,规定"各该组举组长一人或二人管理本组一切事务"。③ 史地研究会初始职员也仅分干事、书记、会计、编辑四类。自1922年第六届起,增设了调查、出版、图书三部职员。同时,会员们开始分组研究,"由会员分投签名",相继成立了史学组、中国史组、西洋史组、地质学组、东亚史组、历史教育组、世界地理组、中国地理组、气象学组等,"其中签名过少的中亚史学、考古学、地理教育各组未能成立"。④ 各组都制定具体的研究范围和方向,并设指导员负责指导,如白眉初指导中国地理、竺可桢指导世界地理、柳诒徵指导中国史、徐则陵指导西洋史、陈衡哲指导历史、曾膺联指导地质学等⑤。其中,规模最大的中国史组又分门研究,共分七个门:种族门、社会门、政治门、经济门、宗教门、学术门、国际门,各门分设主任一名,

---

① 《北京高等师范学校史地学会简章》,《会务纪事》,北京高等师范学校史地学会:《史地丛刊》1922年6月第2卷第1期,第2页。

② 《南京高等师范学校史地研究会简章》,《史地学报》1922年5月第1卷第3期。

③ 《北京高等师范学校史地学会简章》,《会务纪事》,北京高等师范学校史地学会:《史地丛刊》1922年6月第2卷第1期,第2～3页。

④ 《史地研究会第六届情形汇记》,《史地学报》1923年1月第2卷第2期。

⑤ 参见《会务》,《史地学报》1922年5月第1卷第3期。

负责搜集史料,编辑《中国史研究论文集》,以《史地学报》专号的名义发行。①到1923年第七届以后,该会又建立了总务部,以学会总干事兼任正副主任,统管文牍、庶务、交际、书记、会计等干事,负责处理日常杂务,并增设研究、讲演二部,以加强学术研究工作。这些对于推进会中各项研究事业的开展和专业人才的培养,显然有着积极的意义。

两学会在经营杂志方面也不断进行改革。例如,《史地丛刊》第一、二期均由史地学会发行,北京同文印书局印刷,仅刊登北京高师校内刊物的广告,如《北京高师数理杂志》《北京高师理化杂志》《北京高师博物杂志》等,基本不以营利为目标。到了第三期,编辑们鉴于"学潮""资金"等问题,将该刊的印刷发行"统由上海中华书局承办"。借助中华书局的实力和名望,《史地丛刊》得以继续刊行。《史地丛刊》还改变了长期以来报刊文章冗长乃至十数期连载的编辑方法,明确提倡适合于学术刊物的短文,"一期登完,务使每册自成起讫",不接收"题简文长"②之作。《史地学报》成立后,借鉴《史地丛刊》的编辑方针,也以提倡短文为务,"研究栏内诸篇,以后拟减少篇数,力革续登之弊"③,"拟多载有趣味实用之短篇"④。同时,它也非常注重实效性,如第一卷第四期"本当于国内各杂志报章中,广择关于史地之文字,以转载传布",但由于本期稿件颇多,"又恐时间失效,只成陈迹"而未列;收到北大史学系主任朱希祖的《收回澳门意见书》,"正欲于评论及之,恐时久势异而不果"。⑤《史地学报》的发行非常灵活,它不仅由商务印书馆总发行,保证了刊物的及时出版,而且还专设发行部,建立了自己的发行网络,在18个城市建立发行所,在14个城市及新加坡、中国香港两地设有分售处。⑥

---

① 《史地研究会第六届纪录》,《史地学报》1923年5月第2卷第4期。
② 《本刊启事一》,北京高等师范学校史地学会:《史地丛刊》1920年6月第1卷第1期。
③ 《编辑谈》,《史地学报》1922年8月第1卷第4期。
④ 《记录》,《史地学报》1922年4月第1卷第2期。
⑤ 《编辑谈》,《史地学报》1922年8月第1卷第4期。
⑥ 参见《史地学报》1922年4月第1卷第2期。

此外，为扩大影响，它不仅将学报赠送指导员、会员、校内教师以及"外界团体及名人"①，同时还与国内一些学术机构相互交换刊物，如《史地学报》创刊后，就寄赠北京高师史地学会以示联络之意，史地学会很快回函，寄上《史地丛刊》一、二期，表示"以后出版，自当随时寄奏，以便互相交换"。②此外还有北京地质调查所的《地质学报》、中国地学会的《地理杂志》、中国科学社的《科学杂志》等。为此，它成立图书部，"专门保管交换及赠送所得之书籍"。③

第三，南京、北京高师史地部教师的支持也是两学会能够较长时间存在并不断发展的重要因素。史地学会得到了史地部代理主任何炳松和多位教师的鼓励与支持。他们不仅积极参加学会，多次应邀进行演讲，并且还为《史地丛刊》撰稿，一定程度上提升了刊物的学术水准。通观《史地丛刊》，共有教师7人发文13篇，占到了刊物总文章数的1/4强。其中发文最多的当属何炳松，发文5篇。事实上，《史地丛刊》即是在何炳松的主持下发行的，而且他亲自担任编辑部主任，负责全刊的编辑工作。如《史地丛刊》第一期登载的《本刊启事二》中就提道："本期题目次序系由何柏臣（何先生别号）先生编定。"④史地研究会实行指导员制度，柳诒徵、朱进之、童季通、徐则陵、竺可桢、白月恒、陈衡哲、曾膺联、萧纯锦、王毓湘、梁启超、顾泰来、杜景辉等都担任过指导员，"其人格和学术理念对会员的熏陶十分深巨"。⑤其中，柳诒徵的贡献最大。他在《史地学报》发表的文章达21篇，还承担了大量的学生论文指导工作，如陈训慈回忆《史地学报》史学方面的文章就"主要由劬师（指柳诒徵）热心指导助成。当时二年级以上各班同学

---

① 参见《会务》，《史地学报》1922年4月第1卷第2期。
② 《通讯》，《史地学报》1922年8月第1卷第4期。
③ 《史地学报》1922年8月第1卷第4期。
④ 《本刊启事二》，北京高等师范学校史地学会：《史地丛刊》1920年6月第1卷第1期。
⑤ 陈宝云：《学术与国家：〈史地学报〉及其学人群研究》，安徽教育出版社，2010年，第35页。

所发表之历史方面不成熟论文,大部分系劬师先为命题"[①]。郑鹤声连载于《史地学报》第三卷第七、八两期的《汉隋间之史学》,也是由柳诒徵确定选题,并指示其门径,从清章宗源《(隋书·经籍志)考证》入手,参考《隋书》以前各正史及刘知几《史通》等,反复研读写成。[②]

三 史学专业人才的培养

良好的师资配备,科学的学科、课程设置,营造了南、北高师史地部浓厚的学术氛围,奠定了培养史学专业人才的基础。而史地学会和史地研究会的组织以及各种学术活动的开展,又为史学专业人才提供了各方面的锻炼。在北京高师史地部培养的学生中,在史学界影响较大的主要有常乃惪[③]、李泰棻[④]、魏野畴[⑤]、张大鈖[⑥]、熊梦飞[⑦]、孟士杰[⑧]、楚图南[⑨]、周传儒[⑩]、杨鸿烈[⑪]等。南京高师史地部主要有陈训慈、缪凤林、胡焕庸、张其昀、向达、郑鹤声、刘掞黎、束世澂等。他们在校期间积极向《史地丛刊》和《史地学报》投稿,发表了一系列的史学文章。详见表6-6和6-7:

---

① 陈训慈:《劬堂师从游胜记》,见柳曾符、柳佳编:《劬堂学记》,上海书店出版社,2002年,第85页。
② 郑鹤声:《记柳翼谋老师》,见柳曾符、柳佳编:《劬堂学记》,上海书店出版社,2002年,第103页。
③ 常乃惪,别号燕生,山西榆次人,北京高师史地部1920年6月毕业生。
④ 李泰棻,别号革痴,直隶西宁人,北京高师史地部1917年6月毕业生,后任北京大学教员。
⑤ 魏野畴,原名魏风标,号明轩,笔名金士,化名魏子云,陕西省兴平县板桥乡魏家村人,北京高师史地部1921年毕业生。
⑥ 张大鈖,别号仲和,四川华阳人,北京高师史地部1916年6月毕业生。
⑦ 熊梦飞,别号仁安,湖南宁县人,北京高师史地部1919年6月毕业生,后任长沙郡中学教员。
⑧ 孟世杰,别号咸宇,京兆大兴人,北京高师史地部1916年6月毕业生,后任天津南开中学教员。
⑨ 楚图南,别号图南,云南文山人,北京高师史地部1919年预科生。
⑩ 周传儒,别号书舲,四川江安人,北京高师史地部1919年预科生。
⑪ 杨鸿烈,别号宪武,云南晋宁人,北京高师史地部1920年在校生。

表 6-6 《史地丛刊》主要学生撰稿人及其发表的文章

作者	数量	作品名
吴相如	2	《历史教授革新之意见》、译杜威的《历史和地理之意义》
卢成章	1	《中国史上纪元法之商榷》
李荫清	2	《唯物的历史观与科学的历史》、译《历史的计案问题教授法》
萧 澄	3	《汉译佛典小史》《中国史学思想发达史略》《三皇五帝考》
邬翰芳	1	译《国际联盟的障碍》
楚图南	1	《云南土人状况》
梁绳筠	2	《历史谈》《读史通劄记》
于炳祥	2	《中国文化起源于农业》《法国革命与俄国革命之比较》
贾 伸	2	《人类之原产地》《读史的眼光》
周传儒	2	《工业革命与近代社会问题》《李悝之经济政策》
董寝滋	1	《研究历史应当注意的三点》
杨玉如	1	《历史的实验室的教学法》
谷凤池	1	《历史研究法的管见》

表 6-7 《史地学报》主要学生撰稿人及其发表的史学文章

作者	数量	作品名
陈训慈	6	《史学观念之变迁及其趋势》《中国史之传播》《历史之社会的价值》《史之过去与将来》《清史感言》《史学蠡测》
缪凤林	4	《三代海权考证》《历史与哲学》《研究历史之方法》《历史之意义与研究》
张其昀	3	《柏拉图理想国与周官》《火之起源》《读史通与文史通义校雠通义》
胡焕庸	2	《欧史举要》、译作《各国历史所受地理之支配》
刘掞黎	3	《史法通论》《与顾颉刚先生书》《读顾颉刚君与钱玄同先生论古史书的疑问》
郑鹤声	4	《司马迁之史学》《清儒之史地学说与其事业》《清儒对于"元史学"之研究》《读王船山先生〈读通鉴论〉(宋论)》

其中影响较大的是李泰棻、魏野畴和郑鹤声。李泰棻,字革痴,号痴庵,1896 年生于河北阳原县揣骨疃村,18 岁考入北京高师史地部。读书期间,他就开始了历史学方面的研究与创作。他先是翻译了美国人 Wolfson 的史著 Essentials in Ancient History。① 翻译完之后,他即感觉此书在美国虽是名著,却不太适宜中国,遂立志自编一本详细的西洋通史。于是,他用一年多时间,浏览了大量英、日文欧美史籍,在不到 20 岁的时候,就编著成了 100 万言的《西洋大历史》,成为当时中国最详细的一部西方历史著作。该书 1916 年初版就在学术界和出版界产生了很大的影响,有学者指出:"彼时中国出版界,消沉寂寞,匪特学生不知译作,除北京大学教授之外,多固步自封,默而不宣,先生此书出版,出版界居然轰动一时,谓学生界之别开生面者。"② 1921 年,此书上古、中古二期出版,章士钊、陈独秀、吕夏等认为李泰棻在青年学者中"可称无辈",该书在中国人所编的西洋历史中是"最详细"的。章士钊说:"其搜讨之勤,裁取之善,已恶然叹为鸿裁……而在吾国则年少锐进,用力勤而心得多如斯人者,在愚观之,可称无辈。"③ 陈独秀也说:"我们中国人所编的所译的西洋历史,从来没见过有如此详细又如此谨严,实是佩服。"④ 同时,赵炳麟、吕夏、温雄飞、刘复等高度评价了该书对融合中西文化,促成"世界文化的对话"做出的重大贡献。赵炳麟说:"其着眼于世界主义而融化泰东西之文明,可谓具史学之能事矣……世界大势渐趋大同,欧美勃兴之起源,皆足备吾人之探索,允宜人手一编,以资借镜,所以嘉惠于士林者,讵浅鲜哉。"⑤ 吕夏也说:"李君是著上下古今,源源本本于泰西文化之由来、变迁如示诸掌。世人欲辨析东西文化之异同,

---

① 《李泰棻先生评传》,见王森然:《近代名家评传》(初集),生活·读书·新知三联书店,1998 年,第 379 页。
② 同上。
③ 《章序》,李泰棻:《西洋大历史》,北京求知学社印刷部,1924 年,第 1 页。
④ 《陈序》,李泰棻:《西洋大历史》,北京求知学社印刷部,1924 年,第 1 页。
⑤ 同上注,第 1~2 页。

沟通而融会之，则其有需于此书者至巨。"①北京高师老校长陈宝泉对李泰棻于学生时代能出此巨著，对北京高师能培养出像李泰棻这样的学生更是颇感骄傲："国家设学于师范外别有高等师范，所以研讨凡百教授之术而为国内已成年者培养其师资，故必崇其艺，升其途，以储之于素，一旦出所学示国人，人罔弗悦服。以为此必储于素者久，故其教成年也绰乎有所余，条然沛然而动无不宜也……西史凤繁驳，号难治，国人所藏半出于移译，近数年来，辑著成书者尤鲜，苟非储之有素，何以得此？世之著述家搜其所录，步趋古贤，犹称艰巨之业，而人亦多以杰作舆之。此则将出而与域外之史家相抗冲，奏凯歌于世界文字之林者，于乎其杰作也夫，其真艰巨也夫！"②继《西洋大历史》之后，李泰棻又写成了《欧战史要》《新著世界史》《西洋近百年史》《中国史纲》《史学研究法大纲》《西周史征》《记录以前之人类史略》《国民军史稿》《今文尚书正伪》《方志学》《阳原县志》《痴庵所藏历代吉金图考》《痴庵藏印拓片》《痴庵藏金》正、续集等等。他的史学著作既涉及西方历史，又涉及中国历史的研究；既有史实的编纂，又有史学方法的探讨；既有对经学的研究，又有对方志学的涉猎，此外还有对甲骨文和金文的搜集与考证，遂使其成为中国近现代史上卓有成效的历史学家。王森然在《近代名家评传》一书中，将他与王闿运、廖平、严复、康有为、梁启超、王国维、陈独秀、李大钊、胡适、郭沫若等大家相提并论，并称赞他与郭沫若二人是学术界"后起之秀"③。柳诒徵则视其为仅次于梁启超的新史学家，认为"中国'史界革命'之后，新史学之书，不及旧者之多。通贯新旧能以科学方法剖国故者，当推梁氏《历史研究法》，李泰棻之《中国史纲·绪论》

---

① 《吕序》，李泰棻：《西洋大历史》，北京求知学社印刷部，1924年，第2～3页。
② 《陈序》，李泰棻：《西洋大历史》，北京求知学社印刷部，1924年，第3～4页。
③ 《李泰棻先生评传》，见王森然：《近代名家评传》（初集），生活·读书·新知三联书店，1998年，第382页。

次之"①。

  魏野畴，原名魏凤标，号明轩，陕西省兴平县板桥乡魏家村人。1917年春考入北京高师史地部。求学期间，他深受李大钊开设的"唯物史观"和"史学思想史"等课程的影响，认为历史是客观的不断发展进步的。针对当时许多历史学家还用以前的"纲鉴"手段编教科书，"还是以朝代的兴亡做历史的分期的，把历史碎割为无数的断片，零块"②，魏野畴指出他们"眼光太偏窄，太忠于旧习惯，连时代的趋势都不明白，怎么会做20世纪的新历史"③，遂立志用唯物史观编写一部中国近代史，并于毕业前夕，完成了《中国近世史》的初稿。该书写成后，蔡元培就认为写得不错，答应帮助出版。后因蔡元培离京，此事被搁置。1922年北大历史系主任朱希祖为该书作序："颇能指示吾国种种背时之谬，及当代之趋势。言简而要，能去浮辞。""不失为中学校以上之良好史书也。"王子休也指出《中国近世史》具有一系列的优点和特点："科学的方法""正确的目标""世界的眼光""全用语体文""革命的情绪"等等。④1930年，该书在商务印书馆、开明书店和申江书店出版发行，毛泽东看到这部书后，曾称道"写得有水平"。⑤

  郑鹤声，字萼荪，浙江诸暨人。1920年夏考入南京高师国文史地部，初以学中文为主，后则专攻史学。求学期间，他就酷爱史书，不仅读完了"四书""五经"《纲鉴易知录》等书，并翻阅了"二十四史""九通"《资治通鉴》《史通》《文史通义》等，遂"有志于中国史学史的撰述"⑥，并撰成了十数万言的毕业论文——《汉隋间之史学》。该文共分为《导言》《史官之作用》《史

---

① 柳诒徵:《史学概论》，见柳曾符、柳定生选编:《柳诒徵史学论文集》，上海古籍出版社，1991年，第116页。
② 魏野畴:《中国近世史》，开明书店，1930年，第3页。
③ 同上注，第2页。
④ 王子休:《中国近世史·序》，见魏野畴:《中国近世史》，开明书店，1930年，第2页。
⑤ 麻星甫:《师范群英 光耀中华》第2卷，陕西人民教育出版社，1992年，第157页。
⑥ 《郑鹤声自传》，见晋阳学刊编辑部编:《中国现代社会科学家传略（第二辑）》，山西人民出版社，1982年，第250页。

家及史著上》《史家及史著中》《史家及史著下》《史著之体例》《五大史家之史学》《史界之现象》《三大史案之经过》《结述》。论文不仅在章节安排和写作重点上已然与梁启超在1926年讲演《中国历史研究法补编》时所设计的史学史撰写框架大体一致，并且在《导言》中提出了中国史学史的分期问题，认为其大致经历了黎明时代（三代）、昌盛时代（汉隋）、中衰时代（唐明）和蜕分时代（清代）四个时期。柳诒徵读完后即在封面上批注"一时无两"[①]。论文还先后被《史地学报》第三卷第七、八期和《学衡》第三十三、三十四、三十五期刊载。1924年由上海中华书局出版单行本，柳诒徵为之题词："海内学者，咸谈史学，高心空腹，束书不观，前方清儒，远规西哲，精博之作，罕一二觏……南都学子，不染此俗，沉潜乙部，时有英杰，郑生鹤生，尤好深思……钻研古书，运以新法，恢弘史域，张我国光，厥涂孔多，生其益勖。"[②] 后来，郑鹤声又相继撰写了《司马迁之史学》（1923年7—8月）、《清儒之史地学说与其事业》（1924年2月）、《清儒对于"元史学"之研究》（1925年3—5月）、《读王船山先生〈读通鉴论〉〈宋论〉》（1925年6月）、《各家后汉书综述》（1926年12月）、《正史总论》（1929年5月）、《史与史字之解释》（1929年11月）等文，对各时代史学基本状况进行了系统讨论，得到学界的高度评价："这些论文，在资料上爬梳尤勤，不仅于史官制度沿革、重要史家与史著、各类史体之流变、学风之转换、关系史学之重大事件，甚至史官的日常生活及境遇等皆有所考论，对于各时期史地学的观念与方法亦作了初步的理论归纳。"[③] 此外，郑鹤声在南洋海交史方面的研究也颇具盛名，其代表性著作为《郑和》和《郑和遗事汇编》。其中，《郑和》被学者认为具有"史料上旁征博引，竭泽而渔""注意小说杂记的史料

---

① 《郑鹤声自传》，见晋阳学刊编辑部编：《中国现代社会科学家传略（第二辑）》，山西人民出版社，1982年，第251页。
② 同上注，第238页。
③ 胡逢祥：《历史学的自省：从经验到理性的转折》，《华东师范大学学报（哲学社会科学版）》2004年第1期。

价值""阙疑精神""二重证据法之运用""弘扬民族精神，服务抗战"① 五大优点。《郑和遗事汇编》也被时人赞为"材料之搜集，极为完备，这非他书所能及也"。②

综上所述，南京、北京高师史地部不仅设置了科学、系统的史学课程，延揽了一批学有专长的史学教师，培养了一批史学专业人才，而且还在中国较早创办了史学研究机构和史学期刊，已然成为中国近代史学研究的一方重要阵地。

第二节 南京、北京高师与"五四"时期的史学

"五四"时期，走中西结合的现代学术之路，差不多已成为史学界的理论共识，只是在如何结合以及以何种文化为主导的问题上，各派史家仍存在着很大的争议。作为现代史学建设两方重镇的南、北高师，一者从注重民族文化传承的立场出发，提出"昌明国粹，融化新知"的口号，要求在发扬本土史学优良传统的基础上，融入外来"新知"，进而推陈出新；一者一方面着手清理传统史学，对其展开批判与分析，另一方面积极引进西方史学，并希望"镕（融）合新旧学说，加以精锐之眼光，以为论断"③，逐渐形成了现代史学建设的两个不同路向。

一 对西方史学的引进

引进西方史学，是现代史学建设的一个重要方面。《史地丛刊》和《史地学报》刊登了多篇介绍西方史学理论和方法的专文。其中对于马克思主义

---

① 吴忠良：《传统与现代之间——南高史地学派研究》，华龄出版社，2006年，第147～149页。
② 《益世报·史地周刊》1948年9月28日。
③ 北京高等师范学校史地学会：《史地丛刊》1922年6月第2卷第1期，书中（70）。

唯物史观与美国鲁滨逊"新史学"的介绍影响最大。

（一）唯物史观

北京高师史地部师生对马克思主义唯物史观是持欢迎态度的，在《史地丛刊》4 期中共刊发了 5 篇介绍马克思主义和十月革命的文章：《唯物的历史观与科学的历史》《新史学导言》《苏维埃俄国述略》《工业革命与近代社会问题》《法国革命与俄国革命之比较》。其中《唯物的历史观与科学的历史》是《史地丛刊》的首篇文章，李荫清在文中对唯物史观进行解剖，认为唯物史观可分为"社会组织进化论"和"关于人类精神文化的变迁的说明"两大部分，分别说明了唯物史观和"政治法律""伟人个性""伦理宗教""学术文艺"的关系，期以"拿历史上的事实，来证明唯物史观的学理"。① 文章还征引了胡汉民在《建设》杂志上的《唯物史观批评之批评》的有关内容："马氏的唯物史观出世以后，举世大哗，一般神学哲学道学先生们遂群起鸣鼓而攻之，但是驳来驳去，马氏的学说还是根本未曾动摇，并且反有愈摩擦而愈光明的趋势。"指出那些否定唯物史观的人，"全是未曾澈（彻）底研究的原故"。② 该文对马克思主义唯物史观进行了高度的评价，认为："马氏历史观——马氏的历史哲学的方法和原理——的发明，可算是他一生最大的创造与供（贡）献；许多的学问（如历史社会学等）不能用一定的法则说明的，不能成为科学的；一旦得着他这唯物史观，也就能用一定的法则说明了，也自然就能成为科学了；他这不是为学问界开了一个新纪元吗？"③ 文章指出唯物历史观是一切社会科学的指南针，"唯物的历史观，以社会组织的变迁由于经济构造的变迁，由于生产力的发展程度而决定。物质的经济构造一变，其他以他（它）为基础的种种精神的构造都随之而变。历史学得了这个经济中心论的大原则，于是对于这历史上纷如乱丝的现象，就若网在纲，有

---

① 李荫清：《唯物的历史观与科学的历史》，北京高等师范学校史地学会：《史地丛刊》1920 年 6 月第 1 卷第 1 期，第 7 页。

② 同上注，第 1～2 页。

③ 同上注，第 1 页。

领可絜了。历史上从前不能说明的，至此也可以说明。从前没有普遍的原则的，至此也有了普遍的原则。于是科学的历史遂于此成立"。① 总之，唯物史观是"一种科学的历史观察法，是一种空前的社会哲学。人类的历史，必以动的社会为对象，以唯物史观的观察法去研究他（它），然后才可成为科学的历史学"。② 因此，研究历史应当"奉唯物的历史观为惟一的规律"。③ 在《新史学导言》中，何炳松也对唯物史观持肯定态度："新科学中最初有影响于历史的，要推经济学。Karl Marx 说唯有经济的解释，可以说明过去。这句话虽不免过当，但是他能够注重历史上最普通的而且永久的原质，实在难得的很。"④

南京高师国文史地部师生在对唯物史观进行介绍的同时，多对其持保留和反对态度。陈训慈认为唯物史观在论经济关系时，不免有言过其实之处，他指出："若囿于马克思早年著作，或误信后起激进者之铺张，则转足使经济史观失其当有之位置焉。"⑤ 徐则陵也指出唯物史观作为"史之经济大解释派"，视人类的物质需要为人类活动的唯一原因，据此无以解释那些出于人类之意识的活动，如埃及人之建石陵，古希腊人之建柱式庙宇等，"其误在偏重客观而抹杀主观方面，殊不知人类活动以主观的势力为主要原因"，"偏而不全，非根本之谈也"。⑥ 缪凤林也认为："尽管唯物史观足以解释一部分史事，但社会现象至为复杂，要难尽概；至于无产阶级代替有产阶级，更在未知之数。"⑦ "起于物质需要之活动，诚不可以缕计；然活动之起于精神需要者，又何可胜言。若埃及人之建石陵，若希腊人之筑神庙，若老子之著

---

① 李荫清：《唯物的历史观与科学的历史》，北京高等师范学校史地学会：《史地丛刊》1920 年 6 月第 1 卷第 1 期，第 23～24 页。
② 同上注，第 22 页。
③ 同上注，第 24 页。
④ 何炳松：《新史学导言》，北京高等师范学校史地学会：《史地丛刊》1922 年 6 月第 2 卷第 1 期，第 3 页。
⑤ 陈训慈：《史学观念之变迁及其趋势》，《史地学报》1921 年 11 月第 1 卷第 1 期。
⑥ 徐则陵：《史之一种解释》，《史地学报》1921 年 11 月第 1 卷第 1 期。
⑦ 缪凤林：《历史与哲学》，《史地学报》1921 年 11 月第 1 卷第 1 期。

五千言，若孔子之教杏坛，唯物史家遇此，惟有结舌不知所对而已。"① 不难看出，师生们不服膺唯物史观，主要在于他们对其存在误解，认定唯物史观实际上就是主张经济因素为历史发展的唯一因素论，是一种极度重视经济因素的物质史观。这一方面根源于马克思、恩格斯对经济因素的过分强调，对此，恩格斯曾自责道："青年们有时过分看重经济方面，这有一部分是马克思和我应当负责的。我们在反驳我们的论敌时，常常不得不强调被他们否认的主要原则，并且不是始终都有时间、地点和机会来给其他参预交互作用的因素以应有的重视。"② 另一方面也与当时中国史学界对马克思主义唯物史观经济因素的侧重宣传不无关系。如李大钊在《我的马克思主义观》中就认定"唯物史观的要领，要认经济的构造对于其他社会学上的现象，是最重要的；更认经济现象的进路，是有不可抗性的。经济现象虽用他自己的模型，制定形成全社会的表面构造（如法律、政治、伦理，及种种理想上、精神上的现象都是），但这些构造中的哪一个也不能影响他一点"③。在《唯物史观在现代史学上的价值》一文中，他甚至认定和唯物史观"比较起来，还是'经济史观'一辞（词）妥当些"。④

（二）鲁滨逊"新史学"

最早、最系统地把鲁滨逊"新史学"理论介绍到中国的是何炳松。他1912年赴美入加利福尼亚州立大学选修历史、哲学，恰逢鲁滨逊《新史学》出版，遂十分推崇："他（鲁滨逊）的历史知识，很渊博的；他的史学思想，很新颖的。"⑤ 并强调《新史学》一书"虽然统是属于欧洲史方面，但是很可以做我们中国研究历史的人的针砭"。⑥1917年回国后，何炳松在北京高师

---

① 缪凤林：《历史之意义与研究》，《史地学报》1923年11月第2卷第7期。
② 《恩格斯致约·布洛赫》，见《马克思恩格斯选集》第4卷，人民出版社，1972年，第479页。
③ 李大钊：《我的马克思主义观》，见《李大钊文集》（下），人民出版社，1984年，第53页。
④ 李大钊：《唯物史观在现代史学上的价值》，见李守常：《史学要论》，商务印书馆，2017年，第25页。
⑤ 何炳松：《〈新史学〉译者导言》，见《何炳松文集》第3卷，商务印书馆，1997年，第7页。
⑥ 《何炳松文集》第3卷，商务印书馆，1997年，第21页。

史地部教授西洋史、历史研究法等课程,并在北京大学兼授"历史研究法",所用的教材即是鲁滨逊的《新史学》一书,颇受学生的欢迎。如他本人后来回忆说:"同学中习史学的人,统以这本书为'得未曾有'。"① 1921年2月,本着"要打破俗套,去利用各种新科学上的新学说;而且要使历史同入各种学问革命的潮流里面去"②的目的,何炳松在北京高师教授傅东华和学生江凫若等的协助之下,把鲁滨逊的《新史学》翻译为中文本,成为中国史学界完整翻译过来的第一部西方史学理论著作。1924年,《新史学》作为"北京大学丛书"第十种,由商务印书馆出版。该书"在二三十年代曾风行一时,深受史学界欢迎"③。朱希祖即评价该书"是很合我国史学界的程度……把史学界陈腐不堪的地方摧陷扩清了,然后慢慢的想到积极的建设方面去……是很有功于我国史学界的"④。谭其骧也说该书对"解放以前一段时期的我国史学界起过一定的破旧立新作用"。

在何炳松的影响下,北京高师史地部学生也积极投入研究鲁滨逊的新史学之中。如谷凤池撰成《历史研究法的管见》一文,指出研究历史的要点不是所有的"史事",而应该"下选择的功夫",并且还摘抄了鲁滨逊的一段话加以说明:"人每以历史为记载往事之书,所以历史教本中,除去'争战''缔约''君主继承''疆域沿革'等事外,绝少他事。但现在我以为历史中过去的'状况(Condition)'同'制度(Institution)'比单个的'事件(Event)'重要的多。我们所当知到(道)的,在'人民的生活如何''建筑如何''他们读的什么书''他们对于宗教同科学的观念如何''他们如何被统制''他们的制作品如何''他们经营的是什么事'。所贵乎新历史者,'事件'与'状况'都在研究之列。使吾辈明瞭过去的情形,和现在作对比的研

---

① 何炳松:《〈新史学〉译者导言》,见《何炳松文集》第3卷,商务印书馆,1997年,第21页。
② 同上注,第8页。
③ 谭其骧:《本世纪初的一部著名史学译著——〈新史学〉》,见刘寅生、谢巍、何淑馨编:《何炳松纪念文集》,华东师范大学出版社,1990年,第74页。
④ 朱希祖:《新史学·序》,见《何炳松文集》第3卷,商务印书馆,1997年,第5页。

究；因此可得较优的生活。并且藉此得知人类'理想''信仰'同'发明'何自而来？其发达的程序如何？又人类知识增加后，关于生活，有何变迁？"谷凤池希望以这段话"来作我们研究历史的参考"。他说："通常人研究历史最大误点，在以了解事实为最终目的。盖研究历史，固不能舍却事实，但非其最终目的；而最终目的，即在明白一时代之状况。详究事实，不过为求达目的之手段。"谷凤池对鲁滨逊及其新史学进行了高度的评价："鲁先生为现在最有名，而头脑最新的历史家，我们读过他的话，可以知所取法了。""鲁先生之言，可谓最公允而得当，颇足以作为吾人研究历史的新指南。"①

南京高师国文史地部师生也对鲁滨逊"新史学"予以很大关注。有学者就肯定他们"同时与北京学者的传播遥相呼应，扩大了其在中国的影响"。②

第一，积极介绍鲁滨逊及其弟子和同事的代表作。其中张其昀介绍了鲁滨逊的《近世欧洲发达史》，指出该书"趋重于社会经济及精神方面之发展以掘发人生隐微之动机，且于欧洲以外诸族事业之进步，亦多所论列"③。《史地学报》之《史学界新闻》栏目中则介绍鲁滨逊的《新史学》："近今史学之趋势，大变政治史观之旧，欧美著专书论之甚夥，而吾国则向未有之……其破坏旧史，倡导新经，实研究历史者不可不读之书也。"④张其昀介绍了鲁滨逊弟子汉斯的《近世欧洲政治社会史》，将其与鲁滨逊的《近世欧洲发达史》相提并论。⑤陈训慈也总结此书有三大优点："融贯人事之各方面，无偏重政治或社会之弊""长于叙次之观念与方法，使读者得了解之最高之效率""表达之流畅，清晰与生动"。⑥胡焕庸介绍了鲁滨逊的同事——比尔德（Beard）等人著的《美国国民史》(The History of American People)："以

---

① 谷凤池:《历史研究法的管见》，北京高等师范学校史地学会:《史地丛刊》1922年2月第1卷第3期，第3~4页。
② 李勇:《鲁滨逊新史学派研究》，安徽人民出版社，2004年，第223页。
③ 美国葛立芬著，张其昀译:《美国人之东方史观》，《史地学报》1921年11月第1卷第1期。
④ 《史学界新闻》，《史地学报》1922年4月第1卷第2期。
⑤ 美国葛立芬著，张其昀译:《美国人之东方史观》，《史地学报》1921年11月第1卷第1期。
⑥ 《新书介绍》，《史地学报》1922年4月第1卷第2期。

史学家之眼光，搜集史料，而以教育家之方法编纂排比，故是书遂成为最新式最合宜之美国史课本。全书内容，不偏重政治，尤不偏重大人物之叙述，故定名曰美国国民史，尊重叙述历史上对于美人生活中影响最深远之各大潮流。其与今日美人生活有密切关系；并能藉此以解释现代之事实之史料，皆在所不（应为必）录，否则皆在所必弃，其采取史料之标准如此。"①

第二，积极整理并征引新史学派的代表作目录。在整理方面做出较大贡献的主要是王庸，他在《初学通史》中列举了Robinson，Breasted和Beard的 Outlines of European History、Robinson 和 Breasted 的 Ancient and Mediaeval History，在《近世史·通史》中列举了 Hayes 的 A Political and Social History of Modern Europe、Robinson 和 Beard 的 The Development of Modern Europe、Schapiro 的 Modern and Contemporary European History，在《近今欧战史》中列举了 Hayes 的 A Brief History of the Great War 等，在《近代各国史举要》中列举了 Beard 和 Baglay 的 The History of American People 等，在《史学研究》中列举了 Robinson 的 New History 等。②《史地学报》刊载的《美国新出史书摘要》中也列举了 Robinson 和 Beard 的 History of Europe, the 18th and 19th Centuries, the Opening of 20th Century and the World War，C. A. Beard 的 History of United States 等；③在材料征引方面，主要有徐则陵《史之一种解释》把 Robinson 的 The New History 和 H. E. Bames 的 The Past and Future of History 列入参考文献；陈训慈《史学蠡测》把 Robinson 的 The New History 等列入《附录一》。

第三，密切关注该学派的学术活动。《史地学报》的《史地界消息》一栏中多次登载鲁滨逊新史学派的活动。如第二卷第三期《史地界消息》摘译了桑代克（L. Thorndike）在1922年10月 History Outlook 上批评 H. G. Wells

---

① 《美国国民史》《史地学报》1923年3月第2卷第3期。
② 王庸:《欧史举要》，《史地学报》1921年11月第1卷第1期。
③ 《美国新出史书摘要（1921年三月至八月）》，《史地学报》1922年4月第1卷第2期。

的 The Outline of History 的文章，并评价道："桑氏所确信，亦史家之公言也。"① 第三卷第四期《史地界消息》中有陈训慈对汉斯（Hayes）生平与著作的介绍。② 第二卷第五期《史地界消息》记录了鲁滨逊和桑代克在美国科学史联合会上的活动："去年（1922）十二月二十八日，美国史学协会（年会之时）之一部分与美国科学共进会联合会于Cambridge，讨论关于科学史事项。该会主席，即《新史学》（New History）之著者饶冰逊教授 Prof. J. H. Robinson，是日开会词中力陈史学与科学精神之重要。"③

第四，翻译该学派学人的代表作。这主要集中在对理论上紧紧追随鲁滨逊的巴恩斯著作的翻译。主要有：陈训慈翻译了其 The Past and Future of History，并以《史之过去与将来》为名发表在《史地学报》第一卷第二期上；王庸翻译了其《社会学与历史之关系》，发表在《史地学报》第二卷第四期上；向达毕业后翻译了其大部头的著作——作为《社会科学史丛书》（The History of Social Science Series）之一种的《历史》（History），1930年由商务印书馆出版。此外，胡焕庸还翻译了比尔德（Beard）等人的《美国国民史》（The History of American People），在《史地学报》第三卷第四、五、六、七、八和第四卷第一期上连载。

二　对传统史学理论的认知

在译介西方史学的过程中，师生们借鉴西方史学建立中国现代史学的目标愈来愈明确，而要建立现代史学，就必须进一步正视传统史学。南、北高师师生们在20世纪初期以来"新史学"思潮对传统史学认知的基础上，对传统史学展开了更为全面、具体的清理。

北京高师继承了"新史学"思潮对传统史学的批判态度，进一步展开对

---

① 《史学界消息》，《史地学报》1923年3月第2卷第3期。
② 《近世欧洲政治社会史·绍介补言》，《史地界消息补缀》，《史地学报》1924年12月第3卷第4期。
③ 《史地界消息》，《史地学报》1923年7月第2卷第5期。

传统史学的全面批判。黄人望从总体上对"旧史学"展开批判,认为旧史零乱不堪,难以使读者了解历史的真相。"我们中国的史书,都成于各代,单有分析的编纂,从没有系统的研究,故人家说我们中国的史,不叫做(作)断烂朝报,就叫做(作)一片糊涂帐(账),即使念完了亦不过号称'博闻强记',增加一点谈助和作文的材料罢了。而于国家的盛衰,文化的变迁,政治的沿革,社会的情状……恐仍茫然毫不知道哩!"① 梁绳筠则专门批判了传统史书的编纂体例,认为编年法"若是为叙述进化,阐明因果,恐怕这编年法,是甚不完全"。纪传年表法又把历史事实分述各处,"一条事情,他(它)分的四零五散",不能得以全面系统的展现。纪传年表法中"本纪"记帝王,"传"记权贵大臣,这样史书则成了私人的传记,此法也就成了"为私人做传志的方法"。志书法记载的内容上多是"附会穿凿,迷信灾祥"的议论。"纪事法"反映的是"史以纪事"的治史思想,"以为揭明事实的首尾,就算尽了修史的能事"。② 因此,他主张要对传统史书体例进行改造,"古人修史的方法已不适用,我们研究新历史应当另创一个方法"。③ 对于旧史的诸多弊端,何炳松也有清晰的认识,他说:"从前的历史家差不多专以叙述人名地名为极则……旧日历史家,又有偏重政治史的毛病……几件特别的事实,断不能代表人类各种事业的全部。又有以为人类是处于一治一乱的循环里面的。历史家对于乱事,津津乐道,对于平时,轻轻略过。以为研究各种制度的和平进步,是专门学者的事业,不是普通人所可能的。"④ 同时,他还从进化论的角度,通过和其他社会科学 19 世纪以来的发展相比较,批判了传统史学的停滞不前。他说:"自十九世纪以来,社会科学,日新月异,而

---

① 黄人望:《本国史的研究》,又作黄伯峋:《研究本国史的指导》,北京高等师范学校史地学会:《史地丛刊》1920 年 6 月第 1 卷第 1 期,第 41 页。
② 梁绳筠:《历史谈》,北京高等师范学校史地学会:《史地丛刊》1921 年 1 月第 1 卷第 2 期,第 20 页。
③ 同上注,第 24 页。
④ 何炳松:《新史学·导言》,北京高等师范学校史地学会:《史地丛刊》1922 年 6 月第 2 卷第 1 期,第 1 页。

要以进化二字为宗。返（反）观史地著述，犹是陈陈相因，以'明灯''殷鉴'诸旧说炫世人之耳目。一若研究历史地理之徒，不识进化二字之于意云何。岂非可异之事耶。吾人既深信人类为进化之动物，则可知古今环境，断不相同，中外人情，当然互异。互异者，不能强同；不同者，终于殊异。空间迥异，中外无符合之端。时间不同，古今无一辙之理，彼之援古例今，以中拟外者，又何其愚也。"①

不过，北京高师师生对传统史学的批判并不像20世纪初期"新史学"思潮那样简单地全盘否定，而是肯定了其中一些积极的成分。如萧澄就肯定了中国传统史学的一些优点，如"评论人物之公平"，"对于人物及事实为总括的论赞，冀启发后之读史家"，"司马迁之史识，较西洋近世史学无逊色，特如年表，于世界上以司马氏为创始祖，即编入历史，亦以史记为最古"。②梁绳笃也认为传统史书的体例存在着一定的长处，如"编年法"，因为"以事系月，以月系年，年经事纬"，可以使人一目了然；志"若从制度的沿革损益上看来，自有他（它）本身的价值；比较那专为皇帝做纪，后妃作传，还算得当的多"；"纪事法"是以事件发展为主的记述形式，用此法所作的史书能使读者"审理乱之大趋，述政治之得失，首尾毕具，分部就班"③，是一种较好的史体。

在对传统史学重新认识的基础上，师生们还展开了对传统史学的研究与考证工作。综观《史地丛刊》，其中涉及此类的文章有：《史记本纪起于黄帝？》《三皇五帝考》《读章学诚〈文史通义〉劄记》《读〈史通〉劄记》《李悝之经济政策》《古代东方诸国之神话史与中国神话之考较》等6篇，占到

---

① 何炳松：《〈史地丛刊〉发刊词》，北京高等师范学校史地学会：《史地丛刊》1920年6月第1卷第1期，第1页。
② 萧澄：《中国史学思想发达史略》，北京高等师范学校史地学会：《史地丛刊》1921年1月第1卷第2期，第60页。
③ 梁绳笃：《历史谈》，北京高等师范学校史地学会：《史地丛刊》1921年1月第1卷第2期，第19～21页。

了文章总数的 1/10 强。其中影响较大的是何炳松的《读章学诚〈文史通义〉札记》。何炳松通过研读《文史通义》《校雠通义》，从繁多的卷帙中，用钩元提要的方式，将两书中有关史学的议论基本上都予以整理，并归纳为二：一为作史的主张，一为整理旧国史的方法。这为后来学者研究章氏文章提供了很大方便。朱希祖就对此作了极高的评价："何君伯臣所著《文史通义札记》，提要钩玄，条举件系；且能以欧美新史学，冲量比例，发扬其精光。"① 何炳松不仅重视章学诚的《文史通义》，他在史地部讲授"历史研究法"课程时，还高度评价了中国古代史学的其他著述，他说："讨论文史异同并批评吾国史法者，莫过于刘知几之《史通》，章学诚之《章氏遗书》，及顾炎武之《救文格论》。综合史事示人以比事属辞之法者，莫过于顾炎武之《日知录》，及赵翼之《陔余丛考》与《廿二史札记》。此外如《二十二史》之《考证》，诸史籍中之序文及凡例，以及历代名家之文集，东鳞西爪，尤为不胜枚举。"② 此外，朱希祖《文史通义札记序》③ 一文中对章学诚《文史通义》的研究和梁绳祎《读〈史通〉札记》④ 中对刘知己的《史通》的研究也影响较大。师生们在批判旧史学弊端的同时，能够肯定其中的积极成分，并且还对其进行了整理和研究，他们对待旧史学的态度已然趋于成熟。

和北京高师侧重批判不同的是，南京高师师生对传统史学积极加以推崇。在《史地学报》的文章中，处处透露着作者们认定中国传统史学、史籍与史法远比西方悠久、丰富的自信。柳诒徵就曾明确指出中国史官的创设与史籍的丰富是其他国家所不能比的。在史官的创设方面，他认为早在黄帝时期就设史官，"累世相承，莫不以国史为重，绳绳继继，信而可证，非若他

---

① 朱希祖：《文史通义札记序》，北京高等师范学校史地学会：《史地丛刊》1922 年 2 月第 1 卷第 3 期，第 1 页。
② 何炳松：《历史研究法》，见《何炳松文集》第 4 卷，商务印书馆，1997 年，第 6 页。
③ 朱希祖：《文史通义札记序》，北京高等师范学校史地学会：《史地丛刊》1922 年 2 月第 1 卷第 3 期。
④ 梁绳祎：《读〈史通〉札记》，北京高等师范学校史地学会：《史地丛刊》1922 年 6 月第 2 卷第 1 期。

国初无专掌史职之官，惟凭私家记载，所传异辞也"，并且中国古代州县及各级官府都设有史官，分为太史、小史、内史、外史等类别。① 在史籍方面，柳诒徵指出："世界各国莫不有史，而史籍之多且备，莫如吾国"②，中国既有州县所修的志书和国家的正史等官修史书，还有私家所修的史书，"即以最狭义之史部言，亦有千门万户之观，非他国所得比也"。③ 陈训慈强调中国史学起源最早，三代即有史学："吾国先民重尚人事，君主早有掌书之官"，夏商时期就设立了太史。正是依据三代史学的记载，孔子最迟当在公元前六世纪末即删定《尚书》，成为中国第一部史书，也是世界第一部史书，"中国史学之起源早，而历代之史学又颇发达，在科学停滞之吾国，而史学之光彩昭耀，固不可谓吾国学术上之特色矣"。④ 郑鹤声将中国史学分为四期："三代史学为黎明时代""汉隋间之史学为昌盛时代""唐明间之史学为中衰时代""清代之史学为蜕分时代"，并对各期史学作了比较系统的阐述。他还非常推崇中国传统史学著作，如对《史记》作了"故书新评"："不惟我国唯一之史书，即求之世界史籍著述，亦罕其俦"⑤，"司马迁《太史公书》，实集其成，综贯前贤，笼络百代……司马迁之于史界，筚路蓝缕，以启山林，无愧开山之祖，抑亦史界著作之杰者"。⑥ 针对时人对传统史学偏重政治史而忽视民史、群史的批评，郑鹤声特举《史记》的社会史观予以驳斥。他说："全书之中，凡各方之风俗、人情、物产、土泽、农商、工虞、牧畜、交通之属，散见各篇，靡不极其利弊，洞厥本末，社会情况，了如指掌，至理妙

---

① 柳诒徵：《史学概论》，见柳曾符、柳定生选编：《柳诒徵史学论文集》，上海古籍出版社，1991年，第98页。
② 同上注，第98~99页。
③ 同上注，第99页。
④ 陈训慈：《史学蠡测（续）》，《史地学报》1924年10月第3卷第3期。
⑤ 郑鹤声：《太史公司马迁之史学：读太史公书〈史记〉》（续），《史地学报》1923年8月第2卷第6期。
⑥ 郑鹤声：《太史公司马迁之史学：读太史公书〈史记〉》，《史地学报》1923年7月第2卷第5期。

用,卓绝千古……史记以社会全体为史之中枢,故不失为国民的历史。"① 张其昀则高度评价了刘知几和章学诚的史学著作:"中国评论史学之专书,自刘知几始……章君之书,盖吾国史学评论第二部名著。"在他看来,近代西方史家所研究的史学问题都被刘知几和章学诚"道其精微"了,因此,他"本刘章二子所言,旁及他书,插以己意",撰成《刘知几与章实斋之史学》,以期发扬光大之。②

南京高师师生对传统史学也持有科学的态度,他们在积极推崇的同时,也能明确认识到传统史学的某些不足。如张其昀就指出刘知几和章学诚的史观没有脱离道德史观和政治史观,二人"不逮之处,则在近世西洋史家能吸收科学发明之精华,故于人类起源、演进及未来诸观念,皆有实证以张其新理;二君则为时地所限,故阙而不详,无足怪也"。"至于哲学史观,虽有明道之志,而语焉不详,刘君依违于宗教史观,而特重命世天才,英雄奇事,此西人所谓个人史观也。若夫区区碌碌人理常事,则以为可以废而不载。与社会史观之究心于群众之势力与隐微之动因者,大相径庭。章君虽屡言地图之要,然于地理与历史之关系,亦未能质言之也。至于刘君言史职求真,章君亦详言考订史源,深符于科学史观之精神。终以中国科学向未发达,故西洋所谓经济史观,群众心理史观,远非二君心思所能经纬。"③ 陈训慈也承认传统史学偏重政治史的倾向:"吾国历史,自来轻忽社会情形,实不可讳……欲就中国求社会史家,几不可得。"④

上述可知,南、北高师师生们虽然对中西史学都能持较为全面的认知态度,但其侧重点是不同的。北京高师在全面引进西方史学的同时,侧重对传

---

① 郑鹤声:《太史公司马迁之史学:读太史公书〈史记〉》(续),《史地学报》1923 年 8 月第 2 卷第 6 期。
② 张其昀:《读史通与文史通义校雠通义(刘知几与章实斋之史学)》,《史地学报》1922 年 5 月第 1 卷第 3 期。
③ 同上。
④ 陈训慈:《史学观念之变迁及其趋势》,《史地学报》1921 年 11 月第 1 卷第 1 期。

统史学的批判与改造；南京高师在对西方史学批判性引进的同时，突出宣传传统史学的重要性及其价值。正是从这个意义上说，南、北高师已然具有了学界称为"南学"与"北学"之分野①的征象。究其原因，转型时期中国社会的复杂局面导致南、北高师师生们对现代史学的不同理解固然是主要方面，但师生们学术背景的不同也是不容忽视的一个重要因素。有学者即指出："谙熟于传统史学或传统学术根底较深的学者，多主张从传统史学寻找其更新和发展的因素，因而在认识和理解现代史学时更多思考的是如何挖掘传统史学的资源为现代史学所用；而对西方新史学了解较多，或更了解世界学术发展大势的学者，则多主张积极学习和引进西方新的史学理论和学说，考虑更多的是如何借鉴西方新史学来建设中国的现代史学。"②无疑，此种分野在一定程度上反映了"五四"时期史学的活跃和繁荣。

三 对现代史学理论的初构

虽然南、北高师师生们对中西史学认知的侧重点不同，但是他们对于现代史学的建构思路却是殊途同归，即都旨在为重构新社会价值体系提供有益的资源借鉴。为此，无论重传统，还是重引进，二者都对传统史学和西方史学有了较为深入的了解，并且在研究实践中兼容并蓄，非常注重中西史学的融合，既大力引进西方史学思想，把握世界史学最新动态，又对中国传统史学"去粗取精，去伪存真"，进而"融合新旧学说"，并力求推陈出新。在这一思路的指导下，师生们从史学研究的目的、研究内容、研究方法、历史教授法等方面对现代史学理论进行了积极的探讨。从不同侧面阐发现代史学精神。

（一）史学研究的目的

北京高师师生对现代史学研究目的的阐发主要集中在以下两点：第一，

---

① 吴忠良：《传统与现代之间——南高史地学派研究》，华龄出版社，2006年，第50页。
② 刘俐娜：《由传统走向现代——论中国史学的转型》，社会科学文献出版社，2005年，第107～108页。

借助历史进化的观念,认为史学是将历史与现实联系起来的中介。何炳松在《史地丛刊》发刊词中指出:"古今环境,断不相同。中外人情,当然互异。互异者,不能强同;不同者,终于殊异;空间迥异,中外无符合之端;时间不同,古今无一辙之理,彼之援古例今,以中拟外者,又何其愚也。"① 并概括了现代史学研究的目的:"当推求过去进化陈迹,以谋现在而测将来。"② 梁绳筠也认为:"历史是为的明白现在,就是揭明人类进化的程序,那末,不关人类进化的事情,可以从略。"③ 第二,主张史学研究的目的不仅是对历史的客观记载,而且要对历史事实之所以如此的原因和结果进行剖析。李泰棻指出史学目的有四:一是"察变",即知古今政治社会变迁之大概,这是历史研究的第一要务。二是"探原",即须追述古今政治社会变迁原因。三是"求例",即从已往史事中找出规律以供参考。四是"知来",即通过了解历史,知道未来发展趋势。④

南京高师师生多继承了中国传统史学的"实录"精神,强调史学的求真目。他们认为治史应当求真,要了解人类活动变化的痕迹,并能求得"人事之公例"。缪凤林指出:"旨真而后有信史,而后有真正之共同历史观念之可能……夫史为演化,史之真,亦为逐渐发达之程序。治史既以旨真。"⑤ 郑鹤声也认为:"史者,往事之影印录也,务求史绩,不尚虚浮,必使读者得了然于当时之景况而得判决之真相,斯为善也。"⑥ 陈训慈则引用美国新史学派的观点,指出史之目的"为与现今人类以过去之完全而可靠之写真,使吾人于文化之如何发生与何以发生,得有极真实之了解也"⑦。师生们还将对史

---

① 何炳松:《发刊词》,北京高等师范学校史地学会:《史地丛刊》1920年6月第1卷第1期。
② 同上。
③ 梁绳筠:《历史谈》,北京高等师范学校史地学会:《史地丛刊》1921年1月第1卷第2期,第25页。
④ 李泰棻:《西洋大历史·绪论》,中华书局,1930年,第13~14页。
⑤ 缪凤林:《研究历史之方法》,《史地学报》1922年4月第1卷第2期。
⑥ 郑鹤声:《读王船山先生〈读通鉴论〉(宋论)》,《史地学报》1925年6月第3卷第7期。
⑦ 陈训慈:《史之过去与将来》,《史地学报》1922年4月第1卷第2期。

学求真目的的阐发与进化论以及"致用"相结合。如缪凤林就指出"真"并不是"一定不变，放诸四海而皆准，俟诸百世而不惑"，而是"随史之演进活动而演进活动，与史同在时之历程之中，有未可以固执者"。同时，他还借用实用主义大师哲姆斯（William Jame）关于真理本质的探讨，指出"真"的本质"即控御环境之工具，应付事物之权衡而已"，因此，"吾人今日研究历史，当实施此的，而求所以应付现今问题之法"。①可见，师生们的"求真"论已然是现代意义上的史学"求真"，通过与进化论、"致用"等的统一，史学由此也具有了独立的内在价值。

（二）史学研究内容的扩展

北京高师师生们主要针对"古人修史因为他抱了垂训主义，所以那非'善可为法恶可为戒'的材料，简直不取……又因为他们抱了资治主义，所以那'无裨治道不关理乱'的材料，一概置而不录"②，主张"把政权的转移，政体的组织，行政的得失，治乱的久暂，国势的隆替，民生的利害"③等都寻出来，搞清楚。邬翰芳指出真正的史学研究应当留心全体人类生活的历史，"第一就要留心生计的状态……第二要留心民族的思想……第三就要留心社会的生活"。④董寝滋也指出研究历史应当注意"社会的状态"和"经济的活动"，不仅"须于普通情形，有关于社会人类进化之阶级及法则者，特加注意"⑤，而且还要加强经济史的研究，因为"经济的活动，于国计民

---

① 缪凤林：《历史与哲学》，《史地学报》1921年11月第1卷第1期。
② 梁绳筠：《历史谈》，北京高等师范学校史地学会：《史地丛刊》1921年1月第1卷第2期，第22页。
③ 董寝滋：《研究历史应当注意的三点》，北京高等师范学校史地学会：《史地丛刊》1922年6月第2卷第1期，第1页。
④ 杜威女士讲演，邬翰芳笔记：《历史学的研究》，北京高等师范学校史地学会：《史地丛刊》1920年6月第1卷第1期，第123页。
⑤ 董寝滋：《研究历史应当注意的三点》，北京高等师范学校史地学会：《史地丛刊》1922年6月第2卷第1期，第3页。

生,关系最密切最厉害"。① 吴相如则强调了对思想状况的考察,因为"思想为一切生活之基础,凡文艺、学术、道德、政治莫不出于是。则究其递演之程序,而现状所以致此,其因果之关系,不难了然于胸中也"。②

南京高师师生们对扩展史学研究内容理解得更为宽泛,除了要打破单纯的政治史,对政治、社会、经济、文化、学术等方面都网罗无疑,做到"质性之繁复"外,还隐含了现今史学研究中书写"宇宙史"的大趋势。陈训慈就认为史学内容的扩充还包括"时间之拓展"和"空间统一":"时间之拓展"即以往史学叙述历史,最远不过数千年,现在因为地质学、考古学等学科的发展,"皆足为荒渺之远古,放其光明",人类最早的历史至少可以推到75万年前。和王国维以及疑古学派一样,师生们已然将考古发现和历史研究紧密结合起来。"空间统一"即以往的旧史家常常严守民族之分,现在则要统观世界,以明了人类进化的共同轨迹。③ 因此,师生们非常重视史料的挖掘与运用。缪凤林在文字资料之外,特别强调文物史料(可分为古言与古物),"凡人类之文物,遗传于后世者,皆史料也"。④ 张其昀则把当时"汉族西来说"的提出,认为是国人向来"不重视器物为史料之故"。⑤

(三)科学的史学研究方法

用科学的方法来研究历史,因"五四"运动对"科学"的提倡而成为中国史学界的共识。但何谓"科学的方法"？南、北高师师生们从不同的角度进行了讨论。北京高师师生对科学史学研究方法的探讨主要集中在两个方面:第一,在探求"历史之公理公例"的基础上,利用历史规律来研究历

---

① 董寝滋:《研究历史应当注意的三点》,北京高等师范学校史地学会:《史地丛刊》1922年6月第2卷第1期,第3页。
② 吴相如:《历史教授革新之意见》,北京高等师范学校史地学会:《史地丛刊》1920年6月第1卷第1期,第34页。
③ 陈训慈:《史学蠡测》,《史地学报》1924年4月第3卷第1、2期合刊。
④ 缪凤林:《研究历史之方法》,《史地学报》1922年2月第1卷第2期。
⑤ 张其昀:《读史通与文史通义校雠通义(刘知几与章实斋之史学)》,《史地学报》1922年5月第1卷第3期。

史。如谷凤池就据此归纳出历史研究的三种方法:其一,依据进化律来研究历史。他指出:"历史既有进化性,治历史者,最好依据进化律而研究之。不只外观其进化的现象,而在发明其进化的途径,同进化的要素。"其二,依据连续律研究历史,"所谓某时期终,某时期起,特年月上的划分,而历史的进化,仍是承上接下的进行"。其三,依据因果律研究历史,"能按果溯因,就因推果,则全部历史之起伏,可推知矣"[1]。梁绳笃则提出要在历史研究中运用"反行的演绎法",即"以归纳为主,演绎为副,用以寻出因果的关系,求出公理公例,转用公理公例,作人类的向导,以解释别的事实"。[2] 第二,借鉴其他学科的研究方法。如何炳松主张借鉴人类学、古物学、社会同动物心理学,同比较宗教的研究,"要明白古代人类的状况,就不能不研究现在的人类学。至于研究比较宗教,可以明白各种宗教的起源。至于研究社会心理学,可以使我们明白人类文化传播的原理。人类是从动物进化而来的。人类同动物肉体上相同的地方,近世比较解剖学已经证明。人类心理上亦何尝没有动物心理的遗迹?所以我们不能不研究动物心理学"。[3] 谷凤池曾把政治学、经济学、宗教学、社会学、古生物学等视作"研究历史的辅助学科",指出:"欲研究历史,不可不研究群众心理。且群众发生运动,背后必有重因,或受经济的迫压,或受政治宗教的束缚,所以欲研究历史,政治、经济、宗教等学,也不能不研究。他如社会学、古生物学等,无不与历史有密切关系。"[4] 梁绳笃也把生物学的方法运用到历史研究中,提出了"发生法"。其具体的步骤是:(一)说明进化的单位;(二)说明进化经过的程序;

---

[1] 谷凤池:《历史研究法的管见》,北京高等师范学校史地学会:《史地丛刊》1922年2月第1卷第3期,第2~3页。

[2] 梁绳笃:《历史谈》,北京高等师范学校史地学会:《史地丛刊》1921年1月第1卷第2期,第28页。

[3] 何炳松:《新史学·导言》,北京高等师范学校史地学会:《史地丛刊》1922年6月第2卷第1期,第4页。

[4] 谷凤池:《历史研究法的管见》,北京高等师范学校史地学会:《史地丛刊》1922年2月第1卷第3期,第4页。

(三)说明进化的方向和进化的原动力;(四)推测将来进化的程度。[1]

在借鉴其他学科研究方法这一点上,南京高师师生与北京高师观点一致,他们也认为史学孤立发展已经不可能,必须借鉴其他学科,为其所用。陆惟昭就指出:"政治经济人类地理社会等科,乃为研究历史之基本科学。学史者当先学此数科,然后于古今活动变迁之故,能探本穷源,得其真相。"[2]王庸指出:"史家必需有社会学的训练,而后综合的历史始克有成。"[3]陈训慈也明确指出:"历史有赖于他学科之辅助。"[4]把其他学科的研究方法引入历史学的研究,提出用跨学科的方法研究历史,从而实现历史学研究方法的创新,这一思路在当时是颇有新意的,有学者指出"是突破历史考证学局限的尝试"。[5]但是,对于利用规律研究历史这一点,南京高师师生们多持保留态度。他们从自然科学与史学研究对象的不同出发,指出自然现象可任意分析、综合,"人类自个别事实以外,实有强烈不可离析之全体性";"自然界无精神的原动力,人事演进则全以心理为其主原";自然现象可往复实验,发现规律,人事"前者已逝,后者未来","安得断定人事之常例"?[6]缪凤林也指出:"科学之特色,为系统之知识,换言之,即有公例之学耳。然史家之求公例,困难实甚。"[7]史学不可能像科学那样由公理推测未来现象,"史事绵延,其前进为不可预测,纵在事后可以因果解释,而在事前固非吾人所能置喙也"。[8]即便是利用因果律研究历史,陈训慈也将其限定在一定的范围

---

[1] 梁绳筟:《历史谈》,北京高等师范学校史地学会:《史地丛刊》1921年1月第1卷第2期,第29页。
[2] 陆惟昭:《中等中国历史教科书编辑商例》,《史地学报》1922年5月第1卷第3期。
[3] 巴纳著,王庸译:《社会学与历史之关系》,《史地学报》1923年5月第2卷第4期。
[4] 陈训慈:《史学蠡测(续)》,《史地学报》1924年10月第3卷第3期。
[5] 张越:《新旧中西之间——五四时期的中国史学》,北京图书馆出版社,2007年,第337页。
[6] 陈训慈:《史学蠡测》,《史地学报》1924年4月第3卷第1、2期合刊。
[7] 缪凤林:《历史与哲学》,《史地学报》1921年11月第1卷第1期。
[8] 缪凤林:《研究历史之方法》,《史地学报》1922年4月第1卷第2期。

内,"吾人推求因果,亦但就可能之内,有以殊于自然界必定之因果"。①

(四)关于历史教授法的探讨

因为史学自身的特殊性,史学教授也极易受到学者观念与社会学术思潮的影响。在对"科学的史学研究方法"探讨的同时,南、北高师师生们也投入了对"科学的历史教授法"的建构,从教授观点、教授方法、教科书的编纂等方面进行了积极的探讨。

观点的正确是历史教授的"先决条件",师生们对历史教授法的探讨首先就是从对教授观的研究开始。北京高师卢成章认为教授本国历史应当遵循的主旨有四,即"启发儿童之爱国心""传达古来之文化""陶冶儿童之识力""修养儿童之品性"。而要达到以上四旨,教授时就应注意以下几点:"注意事实因果之关系";"输入国家观念","表扬伟人";"注意儿童识力之陶冶";"破除种族之谬见"。② 南京高师徐则陵的视野则更为广阔,剖析也更深刻,他从应该注意增进"个己之群性效能""适应国家需要"和"兼顾世界需要"三个注意事项出发,总结了14条历史教授观点:"发展领会人群现状之能力""发展生活贯通文化演进之观念""陶养关心社会之倾向""发展对于过去之同情""涵养公共理想上达企图以激起己群觉心""发展正当国家观念""发展国际正谊之观念与国际同情""涵养知识活动之兴趣使之常在""训练整理事实自下结论之能力""训练解决问题之能力""训练判断力""发展想象力""训练协作精神""培养美感"。③ 这里,南、北高师师生们基本上都是从培养现代公民的角度提出了自己的历史教授观,否定了道德史观与政治史观以及狭隘的民族主义,彰显了进化的观念,树立了关注现实、关注国家需要与世界正义的意识,强化了历史教育对于个人、国家和社会的重要作用。

在对教授观探讨的基础上,南、北高师师生一方面积极译介西方历史

---

① 陈训慈:《史学蠡测》,《史地学报》1924年4月第3卷第1、2期合刊。
② 卢成章:《普通学校本国历史教授之研究》,北京高等师范学校《教育丛刊》编辑处:《教育丛刊》1919年12月第1卷第1集,第1~4页。
③ 徐则陵:《学校设历史一科应以何者为目的》,《史地学报》1923年1月第2卷第2期。

教授法，如北京高师李荫清翻译了 Mendel E. Branom 的《历史的计案问题教授法》，讨论了计案问题教授法。杨玉如翻译了 A. C. Wilgus 著的《历史的试验室的教学法》，指出该法"乃是读历史和教历史，在试验室中多于教室，俨若理化之学与理化试验室者然"①，另一方面，他们也提出了自己对历史教授法的理解，如北京高师陆光宇提出了"行演绎法于未教授之先"，"行归纳法于既教授之后"的方法：在"未教授之先，教师将内容一一解剖之，为内容解剖表发布，学生则一览无遗，洞见纲要。或将每节内容，解剖说明亦可，然后讲解课本"，这样，"庶可得缕分条析之益，较囫囵吞枣者，得效必多"。为了便于说明，他还拟定了一个"五分钟提示——三十五分钟演绎——十分钟归纳"的实地教案。②南京高师徐则陵主张"记忆力"与"解释力"并重，并以"1583年（万历十一年）利玛窦到肇庆"一句为例分析了学生学习历史的心理过程③，以资教师们教授时借鉴。

师生们在讨论历史教授法的同时，对历史教科书的编纂也提出了自己的见解。第一是对现行教科书的批评。北京高师卢成章批评道："论宗旨、体例、材料，均甚幼稚。非失之泛漫，即失之偏激。非失之芜杂，即失之单简。与普通学校本国历史教授之主旨相违。"④南京高师陆惟昭也指出其令人不满之处主要有二：一是编纂内容与材料不相符合，二是教科书形式简略。⑤第二是提出了编纂的注意事项。卢成章罗列了选择教材的三个标准："宜侧重平民，不宜侧重君主""宜兼重制度学术，不宜专重政治""宜侧重近世事

---

① A. C. Wilgus 著，杨玉如译：《历史的试验室的教学法》，北京高等师范学校史地学会：《史地丛刊》1922年6月第2卷第1期，第1页。
② 陆光宇：《历史教授法革新论》，北京高等师范学校《教育丛刊》编辑处：《教育丛刊》1919年12月第1卷第1集，第1～2页。
③ 徐则陵：《历史教育上之心理问题》，《史地学报》1922年第2卷第1期。
④ 卢成章：《普通学校本国历史教授之研究》，北京高等师范学校《教育丛刊》编辑处：《教育丛刊》1919年12月第1卷第1集，第2～3页。
⑤ 陆惟昭：《中等中国历史教科书编辑商例》，《史地学报》1922年5月第1卷第3期。

实"。①陆惟昭也提出了必须注意的三个要点:"要发挥历史之意义""要明白教科书之组织""要为中学生读"。②第三是提出具体的教科书编纂方法,甚至亲自尝试编辑课程纲要和教科书。北京高师常乃惪在《教授小识》中提出要"把现在历史教科书的形式改成圆周法的形式",即"从一课起渐渐扩大的圆周"。为了便于说明,他举了编纂一部中国历史课本的例子:"第一课先将全部历史的大要说了,以下假如用一分二,二分四的法子,那么,第二第三两课便是一个圆周,第四课至第七课(共四课)便又是一个圆周,第八课至十五课(共八课)便又是一个圆周,以下类推。第一周内所有的事情,第二周一定还要有,但于这个以外,更加些详细的枝叶,以下一层一层都是这样。"③徐则陵曾拟定了《高级中学世界文化史学程纲要》,编辑了127课,设置了世界文化史一课的授课时间、学分,述及了教学上应注意的事项和教授该课程应具有的理念。④

(五)"疑古"与"信古"

以往学者多认为疑古思潮源自北大的胡适和顾颉刚,事实上北京高师师生的疑古思想早已形成。钱玄同在北京高师执教期间,就产生了"疑经"思想:"我前几年对于今文家言是笃信的,自从一九一七以来,思想改变,打破'家法'观念,觉得'今文家言'什九都不足信……我现在以为古文是假造的……今文是口说流行,失其真相的,两者都难凭信。"⑤1921年他还取刘知几《史通》的篇名"疑古"为号,在给人题字时他也多次署名"疑古玄同"。贾伸也认为:"读史是要有识力的,要有眼光的,要与古人争辨是非

---

① 卢成章:《普通学校本国历史教授之研究》,北京高等师范学校《教育丛刊》编辑处:《教育丛刊》1919年12月第1卷第1集,第2~3页。
② 陆惟昭:《中等中国历史教科书编辑商例》,《史地学报》1922年5月第1卷第3期。
③ 常乃惪:《教授小识》,北京高等师范学校《教育丛刊》编辑处:《教育丛刊》1920年12月第1卷第4集,第2~3页。
④ 徐则陵:《高级中学世界文化史学程纲要》,《史地学报》1923年5月第2卷第4期。
⑤ 钱玄同:《论今古文经学及〈辨伪丛书〉书》,见顾颉刚:《古史辨》第1册上编,上海古籍出版社,1982年,第30~31页。

的；不是将古人的剩话、遗事，在我脑子上画几道印痕就完了。"[①] 读史应该"辨伪误"，应从"书之伪""事之伪"两方面着手。他指出："史书既是这样不可靠，注释书简又是这样的多错误；我们费九牛二虎之力，得些虚伪荒谬的智识，岂不可惜吗……那末，我们欲得真确智识，只是要去鉴别了"，并且还提出了四种鉴别之法："内证法""旁证法""校雠法""择本法"。[②] 梁绳筠高度评价了西洋人的"怀疑"精神，认为"希腊的黄金文化导源于怀疑"，而中世纪的黑暗则是由于"笃信基督教"，"笃信师说和古训"，丧失怀疑的精神所致。近代西方文明的再造也是"从'不笃信古说'中得来。换言之，全是从'怀疑'中胚胎"。他指出："怀疑！怀疑！一转念间，你破坏了多少陈腐的古说；一刹那时，你又成就了多少新鲜的文明。可惜你不肯早临中国，福吾中华。"同时，他也高度评价了刘知己的"怀疑"思想，认为这是"令吾人有'仰之弥高'的感想"，"这种精神是很可佩服的"。[③]

南京高师师生们则早在古史讨论之前就开始质疑疑古思想，表达了他们注重文化传承，即"信古"的立场。柳诒徵就曾针对当时的疑古风气，专门撰文《论近人讲诸子之学者之失》，批评道："吾为此论，非好与诸氏辩难，只以今之学者，不肯潜心读书，而又喜闻新说。根柢本自浅薄，一闻诸氏之言，便奉为枕中鸿宝，非儒谤古，大言不惭，则国学沦胥，实诸氏之过也。诸氏自有其所长，故亦当世之学者，第下笔不慎，习于诋诃，其书流布人间，几使人人养成山膏之习，故不得不引绳披根，以箴其失。"他指出："吾国唐虞三代，自有一种昌明盛大、治教并兴的真象，故儒家言之，墨家言之，即好为谬悠之说、荒唐之言之庄周亦反复言之。"他还曾直接批评胡适："论学之大病，在诬古而武断，一心以为儒家托古改制，举古书一概抹杀。

---

① 贾伸：《读史的眼光》，北京高等师范学校史地学会：《史地丛刊》1922年6月第2卷第1期，第1页。
② 同上注，第1~5页。
③ 梁绳筠：《读史通劄记》，北京高等师范学校史地学会：《史地丛刊》1922年6月第2卷第1期，第14~16页。

故于书则斥为没有信史的价值……于礼则专指为儒家所作。"[1]缪凤林也批评胡适道:"抑古人已死,固可不问是非而厚诬之,痛斥之,以为快耶?"[2]众所周知,在后来的古史讨论中,北京高师的钱玄同和南京高师的柳诒徵、刘掞黎还成了双方的关键性人物,此不赘述。

南、北高师在对现代史学理论探讨的过程中存在着趋时新与重传承、疑古与信古的截然分岭,胡先骕就指出:"当'五四'运动前后,北方学派方以文学革命整理国故相标榜,立言务求恢诡,抨击不厌吹求。而南雍师生乃以继往开来融贯中西为职志……自《学衡》杂志出,而学术界之视听以正,人文主义乃得与实验主义分庭而抗礼。"[3]胡氏之言虽不无偏颇之处,但也道出了当时史学界"北方学派"和"南雍师生"之间不同的治史取径。基于在中西结合的史学建设之路上该以何种史学为主导这一问题的分歧,南、北高师走上了不同的史学建设之路,呈现出"北学"与"南学"之分野,这在一定程度上也是现代史学建设多元发展的必然趋势。

综上所述,南、北高师在"五四"时期现代史学建立的过程中发挥了重大作用。它们通过开设史地部,开展历史学科建设,招收史学专业研究人才,把史学作为一门专门学术来进行研究。同时,还成立学会,发行史学期刊,为广大师生提供了一个自由发表史学研究成果的园地。正是在这些园地里,师生们一方面积极引进西方史学思想,一方面对中国传统史学重新考量,并且还从史学研究的目的、研究内容、研究方法、历史教授法等方面对"五四"时期现代史学的建设进行了积极的探讨,南、北高师已然成为"五四"时期史学建设的两方主要阵地。

---

[1] 柳诒徵:《论近人讲诸子之学者之失》,《史地学报》1921年11月第1卷第1期。
[2] 缪凤林:《评胡氏诸子不出于王官论》,《学衡》1922年4月第4期。
[3] 胡先骕:《朴学之精神》,《国风》1936年10月第8卷第1期。

主要参考文献

一、档案

北京师范大学馆藏档案全宗号 1，卷号 5、15、27、85、86、87、88、116、117、118、119、120、121、122、123、124、132、294、295、296、300、351、368、383。

第二历史档案馆藏：全宗号 648，案卷号 634。

东南大学档案馆：密级 032。

四川大学档案馆藏：国立成都师范大学档案第 1 卷。

中国第二历史档案馆藏：缩微胶片，全宗号 648，卷宗号 78。

二、报刊

《北京高等师范学校校友会杂志》《北京高等师范学校周报》《北京高等师范学校周刊》《北京女学界联合会汇刊》《北京女子高等师范文艺会刊》《北京女子高等师范周镌》《北京女子高等师范周刊》《北京师大周刊》《晨报副刊》《地学杂志》《妇女杂志》《工读》《工学》《国风》《国立东大、南高、中大毕业同学总会会刊》《国立广东大学概览》《国立武昌高等师范学校周报》《国民》《国文丛刊》《国语月刊》《教育潮》《教育丛刊》《教育汇刊》《教育与民众》《教育杂志》《南京高等师范学校校友会杂志》《平民教育》《青年杂志》《人声》《少年中国》《沈阳高等师范周刊》《实际教育》《史地丛刊》《思想与时代》《四川教育官报》《四川教育新潮》《现代妇女》《心理》《新教育》《新教育评论》《新青年》《学衡》《学生》《学生杂志》《燕京社会科学》《庸言》《中华教育改进社年会特号》《子曰丛刊》

三、文献史料

北京大学校史研究室编:《北京大学史料》第1卷(1898—1911),北京大学出版社,1993年。

《北京高等师范学校一览》,1913年。

《北京高等师范学校十周年纪念录》,1918年。

《北京女子师范学校十周年纪念册》,1918年。

北京师范大学校史编写组:《北京师范大学校史(1902—1982)》,北京师范大学出版社,1982年。

北京师范大学校史编写组编:《人民教师的摇篮》,北京师范大学出版社,1980年。

北京师范大学校史资料室编:《碧血溅京华:纪念三一八惨案六十周年》,北京师范大学出版社,1986年。

北京师范大学校史资料室编:《五四运动与北京高师》,北京师范大学出版社,1984年。

陈明章:《国立武汉大学》,南京出版社,1981年。

陈乃林主编:《师范群英 光耀中华》第11卷下册,陕西人民教育出版社,1994年。

陈崧编:《五四前后东西文化问题论战文选》,中国社会科学出版社,1985年。

陈学恂:《中国近代教育文选》,人民教育出版社,1983年。

陈学恂主编:《中国近代教育史教学参考资料》,人民教育出版社,1987年。

崔运武:《中国师范教育史》,山西教育出版社,2006年。

龚放等:《南大逸事》,辽海出版社,2000年。

龚放等:《南京大学》,湖南教育出版社,1995年。

广州市人民政府地方志办公室编:《地方史志与广州城市发展研究》,广州出版社,2013年。

国立广东大学编:《国立广东大学概览》,1926年。

洪银兴主编:《南京大学》,浙江大学出版社,1999年。

湖北省妇女联合会编:《湖北妇运史资料(第2辑)》,1984年。

黄义祥编著:《中山大学史稿(1924—1949)》,中山大学出版社,1999年。

江苏省立第二师范学校新学社编辑部编:《杜威在华演讲集》,群益书社,1919年。

江苏省陶行知教育思想研究会编:《纪念陶行知》,湖南教育出版社,1984年。

姜德铭主编:《我之爱国主义》,中国戏剧出版社,2001年。

李友芝等编:《中国近现代师范教育史资料》第1、2册(内部交流),1983年。

辽宁省教育志编纂委员会编:《辽宁教育史志资料(第2集上)》,辽宁大学出版社,1990年。

刘锡庆主编:《我与北师大》,北京师范大学出版社,2002年。

柳曾符、柳佳编:《劬堂学记》,上海书店出版社,2002年。

陆学艺、王处辉主编:《中国社会思想史资料选辑·民国卷(上册)》,广西人民出版社,2007年。

罗中枢主编:《四川大学:历史·精神·使命》,四川大学出版社,2009年。

骆郁廷主编:《流风甚美——武汉大学文化研究》,武汉大学出版社,2013年。

马新国、刘锡庆主编:《北京师范大学百年图志》,北京师范大学出版社,2002年。

《南大百年实录》编辑组编:《南大百年实录》,南京大学出版社,2002年。

南京大学校庆办公室校史资料编辑组、学报编辑部编:《南京大学校史资料选辑》,南京大学内部交流资料,1982年。

《南京高等师范学校一览》,1918年。

潘懋元、刘海峰编:《中国近代教育史资料汇编·高等教育》,上海教育出版社,2007年。

璩鑫圭、唐良炎编:《中国近代教育史资料汇编·学制演变》,上海教育出版社,2007年。

璩鑫圭、童富勇:《中国近代教育史资料汇编·教育思想》,上海教育出版社,1997年。

璩鑫圭等编:《中国近代教育史资料汇编·实业教育 师范教育》,上海教育出版社,1994年。

《申报索引》编辑委员会编:《申报索引(1921—1922)》,上海书店出版社,1988年。

舒新城编:《中国近代教育史资料》,人民教育出版社,1961年。

四川大学党委办公室、四川大学校长办公室编:《世纪名校——四川大学1896—2002》,四川大学出版社,2002年。

四川大学校史编写组编:《四川大学史稿》,四川大学出版社,2006年。

四川省地方志编纂委员会编纂:《四川省志:出版志下》,四川人民出版社,2001年。

宋恩荣等编:《中华民国教育法规选编(修订版)》,江苏教育出版社,2005年。

孙华旭主编:《辽宁高等学校沿革(1902—1982)》,辽宁人民出版社,1984年。

孙培青主编:《中国教育管理史》,人民教育出版社,1996年。

邰爽秋等编:《教育参考资料选辑·历届教育会议议决案汇编》,教育编译馆,1936年。

唐钺主编:《教育大辞书》(下册),商务印书馆,1930年。

王德滋主编:《南京大学百年史》,南京大学出版社,2002年。

王淑芳等主编:《北京师大逸事》,辽海出版社,1998年。

王学珍、张万仓编:《北京高等教育文献资料选编(1861—1948)》,首都师范大学出版社,2004年。

王学珍等主编:《北京大学史料》第2卷(1912—1937),北京大学出版社,2000年。

王元化主编:《学术集林(卷二)》,上海远东出版社,1994年。

吴殿尧主编:《亲历者说:建党纪事》,解放军出版社,2011年。

吴定宇主编:《中华学府随笔:走近中大》,四川人民出版社,2000年。

吴定宇主编:《中山大学校史(1924—2004)》,中山大学出版社,2006年。

吴文祺、张世禄主编:《中国历代语言学论文选注》,上海教育出版社,1986年。

吴贻谷主编:《武汉大学校史(1893—1993)》,武汉大学出版社,1993年。

《武汉大学》编写组:《武汉大学》,知识出版社,1987年。

谢红星主编:《武汉大学校史新编(1893—2013)》,武汉大学出版社,2013年。

《学府丛刊》编辑组:《学府丛刊》第1辑,北京师范大学出版社,1985年。

杨佩祯等主编:《东北大学八十年》,东北大学出版社,2003年。

袁刚、孙家祥、任丙强编:《中国到自由之路:罗素在华讲演集》,北京大学出版社,2004年。

张葆恩编:《国难文选》,上海大光书局,1936年。

张彬编:《经亨颐教育论著选》,人民教育出版社,1993年。

张允侯等编:《五四时期的社团》,生活·读书·新知三联书店,1979年。

政协广东省中山市委员会文史编辑委员会编:《中山文史(总第13辑)》,1987年。

政协武汉市委员会文史学习委员会编:《武汉文史资料文库》,武汉出版社,1999年。

政协义乌县委员会秘书处编:《义乌文史资料(第1辑)》,1984年。

中共泸州市委党史工作委员会办公室编:《恽代英在泸州》,1987年。

中共如东县委党史办公室编:《如东人民革命史》,上海人民出版社,1986年。

中共中央马克思恩格斯列宁斯大林著作编译局研究室编:《五四时期期刊介绍》第1集

（上、下册）、第 2 集，生活·读书·新知三联书店，1978 年。

中国人民政治协商会议辽宁省暨沈阳市委员会文史资料研究委员会编：《文史资料选辑 第 5 辑》，辽宁人民出版社，1965 年。

中国人民政治协商会议四川省委员会文史资料研究委员会编：《四川文史资料选辑（第 28 辑）》，四川人民出版社，1983 年。

中国人民政治协商会议兴山县委员会文史资料研究委员会编：《兴山县文史资料·第 3 辑·谈锡恩先生专辑》，1987 年。

《中华近代文化史丛书》编委会编：《中国近代文化问题》，中华书局，1989 年。

中华民国史事纪要编辑委员会编：《中华民国史事纪要（初稿）》（中华民国九年正月至十二月），中华民国史料研究中心，1980 年。

中华全国妇女联合会编：《中国妇女运动百年大事记（1901—2000）》，中国妇女出版社，2003 年。

中华全国妇女联合会妇女运动历史研究室编：《五四时期妇女问题文选》，生活·读书·新知三联书店，1981 年。

中山大学档案馆编：《孙中山与中山大学》，中山大学出版社，1999 年。

中央大学实验小学校编：《一个小学十年努力纪》，中华书局，1928 年。

中央档案馆编：《四川革命历史文件汇集 群团文件 1922—1925》，1986 年。

中央教育科学研究所编：《中国现代教育大事记》，教育科学出版社，1988 年。

朱斐主编：《东南大学史》（第一卷），东南大学出版社，1991 年。

朱麟公编：《国语问题讨论集》，上海书店出版社，1992 年。

朱有瓛主编：《中国近代学制史料》第 1 辑下册，华东师范大学出版社，1986 年。

朱有瓛主编：《中国近代学制史料》第 2 辑下册，华东师范大学出版社，1989 年。

朱有瓛主编：《中国近代学制史料》第 3 辑上册，华东师范大学出版社，1990 年。

朱有瓛主编：《中国近代学制史料》第 3 辑下册，华东师范大学出版社，1992 年。

四、主要人物文集、年谱、传记、日记、回忆录

北京师范大学《黎锦熙先生诞生百年纪念文集》编辑组编：《黎锦熙先生诞生百年纪念文

集》，北京师范大学出版社，1990年。

北京市教育科学研究所编：《陈鹤琴全集》，江苏人民出版社，1991年。

蔡振生、刘立德编：《陈宝泉教育论著选》，人民教育出版社，1996年。

曹伯言整理：《胡适日记全编（1919—1922）》，安徽教育出版社，2001年。

曹述敬：《钱玄同年谱》，齐鲁书社，1986年。

陈炳权：《陈炳权回忆录：大学教育五十年》，香港南天书业公司，1970年。

程文、陈岳军编著：《吴玉章往来书信集》，重庆大学出版社，1993年。

楚图南译，麻星甫、王淑芳选编：《楚图南集》，云南教育出版社，1999年。

董宝良主编：《陶行知教育论著选》，人民教育出版社，1991年。

董远骞、施毓英编：《俞子夷教育论著选》，人民教育出版社，1991年。

段云章、倪俊明编：《陈炯明集》，中山大学出版社，2007年。

冯爱群编：《胡适之先生纪念集》，台湾学生书局，1973年。

高勤丽编：《疑古先生——名人笔下的钱玄同，钱玄同笔下的名人》，东方出版中心，1999年。

高增德等编：《世纪学人自述》，北京十月文艺出版社，2000年。

顾迁龙编：《吕思勉遗文集》，华东师范大学出版社，1997年。

郭廷以口述，张朋园等整理：《郭廷以口述自传》，中国大百科全书出版社，2009年。

何炳松：《何炳松文集》，商务印书馆，1997年。

胡适：《胡适文集》，人民文学出版社，1998年。

金海观：《金海观全集》，方志出版社，2003年。

晋阳学刊编辑部编：《中国现代社会科学家传略（第二辑）》，山西人民出版社，1982年。

黎泽渝、刘庆俄编：《黎锦熙文集》，黑龙江教育出版社，2003年。

李大钊：《李大钊文集》，人民出版社，1984年。

李星华：《回忆我的父亲李大钊》，上海文艺出版社，1981年。

李永圻等编：《吕思勉先生年谱长编》，上海古籍出版社，2012年。

李泽渝等编：《黎锦熙语文教育论著选》，人民教育出版社，1996年。

李振民、张守宪主编：《陕西近现代名人录（续集）》，西北大学出版社，1991年。

林伟民编选：《海滨故人庐隐》，人民文学出版社，2001年。

刘思源等编:《钱玄同文集》,中国人民大学出版社,1999年。

刘寅生、谢巍、何淑馨编:《何炳松纪念文集》,华东师范大学出版社,1990年。

柳曾符、柳定生选编:《柳诒徵史学论文集》,上海古籍出版社,1991年。

鲁迅:《鲁迅全集》,人民文学出版社,1973年。

马克思、恩格斯:《马克思恩格斯选集》,人民出版社,1972年。

曲士培主编:《蒋梦麟教育论著选》,人民教育出版社,1995年。

陕西省革命烈士事迹编纂委员会编:《魏野畴:传略·回忆·遗文》,陕西人民出版社,1981年。

沈辉编,苏雪林著:《苏雪林文集(第2卷)》,安徽文艺出版社,1996年。

沈永保编:《钱玄同印象》,学林出版社,1997年。

水如编:《陈独秀书信集》,新华出版社,1987年。

汤才伯主编:《廖世承教育论著选》,人民教育出版社,1992年。

唐德刚整理:《胡适口述自传》,安徽教育出版社,2005年。

童富勇等编著:《陶行知传》,教育科学出版社,1991年。

王森然:《近代名家评传》(初集),生活·读书·新知三联书店,1998年。

吴玉章:《吴玉章回忆录·回忆五四前后我的思想转变》,中国青年出版社,1978年。

张大为等编:《胡先骕文存》,江西高校出版社,1995年。

张菊香、张铁荣编著:《周作人年谱(1885—1967)》,天津人民出版社,2000年。

张羽等编:《恽代英:来鸿去燕录》,北京出版社,1981年。

中国蔡元培研究会编:《蔡元培全集》,浙江教育出版社,1997年。

中国李大钊研究会编注:《李大钊文集》,人民出版社,1999年。

中国社会科学院近代史研究所中华民国史组编:《胡适来往书信选》,中华书局,1979年。

朱杰人、戴从喜编:《程俊英教授纪念文集》,华东师范大学出版社,2004年。

朱泽甫编著:《陶行知年谱》,安徽教育出版社,1985年。

五、学术著作

曹常仁:《陶行知师范教育思想的现代价值》,安徽教育出版社,2011年。

常乃惪撰:《中国思想小史》,上海古籍出版社,2005年。

陈宝云:《学术与国家:〈史地学报〉及其学人群研究》,安徽教育出版社,2010年。

陈志科:《留美生与中国教育学》,南开大学出版社,2009年。

董宝良、周洪宇主编:《中国近现代教育思潮与流派》,人民教育出版社,1997年。

方增泉:《近代中国大学(1898—1937)与社会现代化》,北京师范大学出版社,2006年。

何玲华:《新教育·新女性:北京女高师研究(1919—1924)》,中国社会科学出版社,2007年。

姜丽静:《历史的背影:一代女知识分子的教育记忆》,教育科学出版社,2012年。

姜涛:《"新诗集"与中国新诗的发生》,北京大学出版社,2005年。

李建勋:《中华民国宪法问题内之教育专章》,《中国教育宪法问题》,教育编译馆,1935年。

李剑萍、杨旭:《中国现代教育史——中国教育早期现代化研究》,人民教育出版社,2011年。

李泰棻:《西洋大历史》,北京求知学社印刷部,1924年。

李勇:《鲁滨逊新史学派研究》,安徽人民出版社,2004年。

刘捷、谢维和:《栅栏内外:中国高等师范教育百年省思》,北京师范大学出版社,2002年。

刘静白:《何炳松历史学批判》,辛垦书店,1933年。

刘俐娜:《由传统走向现代——论中国史学的转型》,社会科学文献出版社,2005年。

刘宁元:《北京近现代妇女运动史》,北京出版社,2009年。

刘瑞宽:《中国美术的现代化》,生活·读书·新知三联书店,2008年。

刘问岫编:《中国师范教育简史》,人民教育出版社,1984年。

卢燕贞:《中国近代女子教育史》,文史哲出版社,1989年。

罗廷光:《师范教育》,正中书局,1947年。

马啸风主编:《中国师范教育史》,首都师范大学出版社,2003年。

沈雨梧:《浙江师范教育》,天津古籍出版社,2002年。

舒新城:《中国教育建设方针》,中华书局,1937年。

舒新城:《中国新教育概况》,中华书局,1928年。

苏云峰:《三(两)江师范学堂:南京大学的前身》,台湾"中央"研究院近代史研究所,1998年。

孙培青主编:《中国教育史》,华东师范大学出版社,2000年。

田正平:《留学生与中国教育近代化》,广东教育出版社,1996年。

王翠艳:《女子高等教育与中国现代女性文学的发生——以北京女子高等师范为中心》,文化艺术出版社,2007年。

王存奎:《再造与复古的辩难:二十世纪二十年代"整理国故"论争的历史考察》,黄山书社,2010年。

王东杰:《国家与学术的地方互动:四川大学国立化进程（1925—1939）》,生活·读书·新知三联书店,2005年。

王桐龄:《东洋史》,商务印书馆,1922年。

王桐龄:《儒墨之异同》,求知学社,1922年。

王桐龄:《尚俭堂诗存》,北京高师图书馆,1922年。

王桐龄:《中国历代党争史》,求知学社,1922年。

王卓然:《中国教育一瞥录》,商务印书馆,1923年。

魏野畴:《中国近世史》,开明书店,1930年。

吴忠良:《传统与现代之间——南高史地学派研究》,华龄出版社,2006年。

谢长法:《借鉴与融合:留美学生抗战前教育活动研究》,河北教育出版社,2001年。

许小青:《政局与学府:从东南大学到中央大学（1919—1937）》,中国社会科学出版社,2009年。

杨天石:《哲人与文士》,中国人民大学出版社,2007年。

张素玲:《文化、性别与教育:1900—1930年代的中国女大学生》,教育科学出版社,2007年。

张雪蓉:《美国影响与中国大学变革（1915—1927）——以国立东南大学为研究中心》,华龄出版社,2006年。

张越:《新旧中西之间——五四时期的中国史学》,北京图书馆出版社,2007年。

章开沅、唐文权:《平凡的神圣——陶行知》,湖北教育出版社,1992年。

郑师渠:《在欧化与国粹之间——学衡派文化思想研究》,北京师范大学出版社,2001年。

左玉河:《中国近代学术体制之创建》,四川人民出版社,2008年。

后 记

本书是国家社会科学青年基金项目的结项成果，也是在我博士学位论文的基础上扩充而成。

项目获批之后，博士求学过程的点点滴滴再次浮现眼前：承蒙郑师不弃，得以忝列门墙。正是在他的鼓励和支持之下，我锁定了"北京高师与近代文化"这一选题。以北师大历史上一个重要阶段为切入点展开对近代文化的研究，既可以加深自己对近代社会、文化的理解，也可以为培育我三年的母校做点贡献，这个题目使我兴味盎然。撰写论文过程中，每每思路陷入僵局，郑师总能高屋建瓴，一语中地加以点拨。可惜那时学识尚浅，加之当局者迷，郑师之教导大多未能领悟透彻，毕业多年后方才慢慢有所体会。郑师的学术情怀与视野一直以来都是我孜孜以求的目标。

虽然有博士学位论文的写作基础，但该课题还是让我惴惴不安，如何最大限度地收集其他高师学校的史料，如何跳出北京高师的情结，同时瞩目七所高师，如何揭示高师学校整体和近代社会文化变革的关系，如何处理七所高师学校的差异……很长时间心情一直焦虑、茫然。幸运的是，焦虑过后是对学术的敬畏，茫然过后是对课题的尽力投入。感谢就职于七所高师所在城市的师友们，是他们的热情帮助为本书资料的收集打开了方便之门；感谢山西大学历史文化学院和教育科学学院的同事们，是他们的意见和修改使我避免了许多弯路；感谢曾发表本书部分章节的《光明日报》《教育学报》《北大史学》《江西社会科学》《史学理论与史学史学刊》的编辑老师们，是他们的点拨和鞭策使我能够及时反思，寻找突破；感谢我的父母、爱人和一双儿女，是他们的支持、鼓励和懂事让我能够每天按时坐在书桌前。感谢商务印书馆的编辑老师们，是他们一次次地把关、督促，才有了本书的日趋完善。

感谢在本书写作过程中所有帮助过我的认识或不认识的人！感谢他们，感谢生活。

我虽对"民初高师与近代社会文化转型"这个课题抱有浓厚兴趣且长久钻研，但由于学识有限，涉猎不广，因而难免出现不当之处，恳请读者指正！

2020 年 10 月于山西大学